# LES JARDINS

CAHIERS DE LA VILLA « KÉRYLOS », N° 35
BEAULIEU-SUR-MER (ALPES-MARITIMES)

# COLLOQUE

# LES JARDINS

ORGANISÉ AVEC LE SOUTIEN DE LA FONDATION KHÔRA

FONDATION KHORA
INSTITUT DE FRANCE

## ACTES

Jacques JOUANNA
et Nicolas GRIMAL éd.

PARIS
ÉDITIONS DE L'ACADÉMIE
DES INSCRIPTIONS ET BELLES-LETTRES
23, QUAI DE CONTI
2025

ISBN : 978-2-87754-725-3

# LES JARDINS

**Actes du 34e colloque**
**de la Villa Kérylos**
**à**
**Beaulieu-sur-Mer**
**les 11 et 12 octobre 2024**

*Sous le haut patronage de*

Sylvie Retailleau
*Ministre de l'Enseignement supérieur, de la Recherche et de l'Innovation*

Rachida Dati
*Ministre de la Culture*

*Sous la présidence d'honneur de*

Xavier Darcos
*Chancelier de l'Institut de France,*
*Président de la fondation Théodore Reinach*

Hugues Moutouh
*Préfet des Alpes-Maritimes*

*Sous la présidence de*

Nicolas Grimal
*Secrétaire perpétuel de l'Académie*
*des Inscriptions et Belles-Lettres, conservateur de la Villa Kérylos*

Jacques Jouanna
*Membre de l'Académie des Inscriptions et Belles-Lettres*

# ALLOCUTION D'ACCUEIL

Cette année, nos entretiens sont consacrés aux jardins, sans limitation historique, ni culturelle, même si, comme on peut s'y attendre dans le superbe cadre de la Villa Kérylos qui nous accueille, la Méditerranée et le Proche-Orient vont y tenir la vedette. Il nous a semblé, en effet, opportun, après avoir évoqué Délos et les origines du projet de Théodore Reinach et Emmanuel Pontremoli l'an dernier, de prolonger notre réflexion, en nous tournant vers l'extérieur de la Villa, vers l'écrin de verdure conçu avec l'aide de la regrettée Suzanne Amigues, qui fut élue correspondante de notre Académie en 2013, et qui nous a quittés en 2022. Helléniste, grande spécialiste de Théophraste – dont elle a publié l'œuvre intégrale, dont pas moins de dix volumes dans la Collection des Universités de France –, elle s'est consacrée avec passion à l'étude de la botanique, autant dans la littérature grecque que sur le terrain. Elle s'est montrée également fort généreuse envers notre Compagnie, lui laissant un important legs, qui nous a permis de créer un prix annuel en son nom, consacré aux études grecques et latines, et que nous avons décerné pour la première fois cette année.

Suzanne Amigues avait écrit pour la Villa un petit guide du jardin créé par la Fondation Reinach, *Les plantes du jardin grec*, que l'on peut toujours se procurer à la boutique du site, ici-même. Jean Leclant, alors Secrétaire perpétuel de l'Académie des Inscriptions et Belles-Lettres, en avait écrit une courte préface, remettant en contexte, entre autres et à la fois, les fresques de Boscoreale et la copie du discobole réalisée par Costas Dimitriadis pour les Jeux olympiques de 1924 à Paris. Nous avons pu admirer celle-ci dans la belle exposition que le Louvre et l'École française d'Athènes ont consacrée à Délos. Elle vient de réintégrer la Villa, il y a quelques jours, cette fois, bien à l'abri des embruns. Je ne résiste pas au plaisir de citer quelques lignes du texte de Suzanne Amigues :

« La Grèce antique n'a connu rien de comparable aux jardins suspendus de Babylone, ni à ces parcs magnifiques que les Perses appelaient des "paradis". Le jardin grec, bien plus modeste, alliait d'ordinaire l'utilité à l'agrément.

À la campagne, c'était surtout un verger et un potager : ainsi le père d'Ulysse cultivait en son clos vigne, figuiers, poiriers, oliviers et légumes. Mais dans une comédie d'Aristophane, un paysan chassé par la guerre de son petit domaine évoque avec émotion sa plate-bande de violettes, près du puits... Les citadins appréciaient les ombrages des jardins publics, tel celui de l'Agora, reconstitué par l'École américaine d'Athènes, ou celui du gymnase d'Académos, avec ses allées bordées de grands arbres où il faisait bon s'entraîner à la course. Les jardins fournissaient aussi les fleurs qui étaient tressées en couronnes pour les convives des banquets. Vers 300 av. J.-C. Théophraste nommait parmi les plantes "coronaires" la rose, le lis, la violette, la giroflée, le narcisse, la jacinthe, le safran et bien d'autres encore. Lui-même, auteur du plus ancien traité botanique conservé, semble avoir créé un jardin expérimental où étaient élevées notamment des espèces exotiques comme le cédratier, rapporté d'Orient par les compagnons d'Alexandre... »

Les planètes se sont alignées pour célébrer ici la mémoire de Suzanne Amigues, allant jusqu'à convoquer les Jeux olympiques, mais aussi le colloque organisé, au mois de mars de cette année, dans le cadre des XII$^{es}$ rencontres internationales « Monaco et la Méditerranée » sur le thème « Jardins en Méditerranée – Le temps de l'Abondance – Le temps des Vertus – Le temps du Merveilleux ».

Je vous invite donc à nous suivre dans « nos » jardins.

À tout seigneur tout honneur : notre parcours commence par la communication de notre confrère Thomas Römer, associé étranger de l'Académie, « Le jardin d'Eden et la condition humaine ». Il nous y guidera entre foi et réalité historique, qui ne se comprend que si l'on considère Adam comme le jardinier s'ouvrant à la connaissance. Notre confrère Jean-Robert Armogathe, évoquera, lui, « le divin jardinier », nous faisant, à son tour, entrer dans le jardin « où tout a commencé ».

Si le jardin d'Éden est le centre de la création, les jardins de l'Égypte pharaonique, dont Nathalie Beaux, dans sa communication, « Jardins, architecture et cosmologie dans l'Égypte ancienne », nous ouvre les portes, se veulent une reproduction du cosmos, quelle qu'en soit l'échelle. L'homme se fait ainsi copiste du démiurge, architecte à sa propre échelle de la création du monde.

Jacques Jouanna, membre de l'Académie des Inscriptions et Belles-Lettres, nous conduira dans le monde grec, avec une communication joliment intitulée « L'arborescence du vocabulaire des jardins en Grèce antique ». Trois communications seront ensuite consacrées au cœur même de notre sujet : aux deux cultures qui ont présidé à la création de l'hirondelle de mer qui nous accueille. Notre consœur Agnès Rouveret, évoquant « Les jardins romains comme paysage sensible et inventaire du monde (Ier s. av. J-C.-Ier s. ap. J.-C.) », nous livrera une analyse de la représentation matérielle des jardins – essentiellement à travers la peinture –, nous offrant ainsi la clef de leur représentation mentale. Notre confrère John Scheid nous entraînera dans la dimension religieuse et s'attachera, lui, à la sacralisation des paysages ainsi créés ou, mieux, recréés, analysant « Jardins et bois sacrés romains : spécificités et rôles religieux ». Enfin, et pour rester encore un peu dans le monde antique, notre confrère Carlos Lévy nous conduira vers les racines mêmes de la vie académique et universitaire, vers notre Compagnie donc, dans le jardin d'Académos, où tout commence, replaçant « La philosophie entre la bibliothèque et le jardin ».

Demain, nous quitterons l'Antiquité classique pour nous déplacer dans l'espace et dans le temps. Notre voyage commencera par la communication de Jean-Pierre Mahé, membre de l'Académie des Inscriptions et Belles-Lettres, « Le jardin et sa clôture : poétique arménienne de la conscience et du monde ». Puis Michel Zink, de l'Académie française, Secrétaire perpétuel honoraire de l'Académie des Inscriptions et Belles-Lettres, consacrera un exposé aux « Jardins d'amour du Moyen Âge ». Ensuite Henri Lavagne, membre de l'Académie des Inscriptions et Belles-Lettres, nous entretiendra de « Claude-Henri Watelet, l'*Essai sur les jardins*, 1774 : entre la jouissance de la nature et la théorie de la composition : le jardin paysager ».

Pour conclure, nous irons encore plus loin dans l'espace, et Alain Thote, membre de l'Académie des Inscriptions et Belles-Lettres, évoquera « Le jardin chinois aux XVIIe et XVIIIe siècles sous le regard des jésuites : séduction et incompréhension » ; puis Dominique Michelet, membre de l'Académie des Inscriptions et Belles-Lettres, nous emmènera « À la recherche des jardins d'avant la Conquête en Mésoamérique », avant que nous dégagions de nos entretiens, Jacques Jouanna et moi-même, quelques lignes de force.

Nicolas GRIMAL
Secrétaire perpétuel de l'Académie
des Inscriptions et Belles-Lettres

# LE JARDIN D'ÉDEN
# ET LA CONDITION HUMAINE

Les premiers chapitres de la Bible contiennent une réflexion sur la condition humaine, sur la relation qu'entretiennent les humains avec la divinité, mais aussi avec les animaux.

Le deuxième récit de la création de l'être humain, qui présente une vision alternative au récit de Genèse 1[1], situe les origines de l'être humain dans un espace clos, un jardin, qui deviendra, via le grec, le paradis.

Regardons d'abord le début de ce récit qui commence en Genèse 2,4[2].

## La situation de départ

« 2, 4 Voici les engendrements[3] des cieux et de la terre lorsqu'ils furent créés, au jour où Yhwh Dieu faisait une terre et un ciel.

2, 5 Aucun arbuste des champs n'était encore sur la terre, et aucune herbe des champs ne germait encore. En effet, Yhwh Dieu n'avait pas encore fait pleuvoir sur la terre et il n'y avait pas d'être humain pour travailler le sol.

2, 6 Un courant sortait de la terre et arrosait toute la surface du sol.

1. Th. Römer, « "Homme et femme il les créa" : la complémentarité entre le masculin et le féminin dans les deux récits de création de la Bible », *Comptes rendus des Séances de l'Académie des Inscriptions et Belles-Lettres*, 2018/4, p. 1737-1742.

2. La traduction est de moi-même et reprend celle de mon cours donné au Collège de France en 2024. Ont été consultés de nombreux commentaires du livre de la Genèse, et notamment ceux de J. C. Gertz, *Das erste Buch Mose (Genesis). Die Urgeschichte Gen 1-11* (Das Alte Testament Deutsch, 1), Göttingen, Vandenhoeck & Ruprecht, 2018, et D. M. Carr, *Genesis 1-11* (International Exegetical Commentary on the Old Testament), Stuttgart, Kohlhammer, 2021.

3. La Septante (LXX) a Αὕτη ἡ βίβλος γενέσεως, ce qui a donné le titre « Genèse » dans la traduction grecque. L'ajout « livre » avant *tôledôt* se trouve dans le texte massorétique (TM) en 5, 1.

2, 7 Yhwh Dieu forma l'être humain (*'ādām*) – poussière[4] – du sol (*'ădāmâ*). Il souffla dans ses narines une haleine de vie et l'être humain devint un être vivant.

2, 8 Yhwh Dieu planta un jardin en Éden à l'est, et il y plaça l'être humain qu'il avait formé.

2, 9 Yhwh Dieu fit germer du sol tout arbre, agréable à regarder et bon à manger, et l'arbre de vie au milieu du jardin, et l'arbre de la connaissance du bien et du mal.

2, 10 Un fleuve sort d'Éden pour arroser le jardin, et de là il se partage et il devient quatre nouveaux [fleuves].

2, 11 Le nom de l'un est Pishôn, c'est lui qui entoure tout le pays de Ḥawilâ où il y a l'or.

2, 12 Et l'or de ce pays est bon ; là il y a [aussi] le bdellium et la pierre de cornaline (?).

2, 13 Et le nom du deuxième fleuve est Guiḥôn, il entoure tout le pays de Koush.

2, 14 Et le nom du troisième fleuve est Ḥiddèqèl (Tigre), il coule à l'est d'Assour. Et le quatrième fleuve, c'est le Perat (l'Euphrate).

2, 15 Yhwh Dieu prit l'être humain et le posa dans le jardin Éden[5] pour le travailler et le garder. »

La situation de départ au verset 5 se caractérise par des constats négatifs, qui insistent sur l'absence de pluie. Contrairement à Genèse 1 où l'état primordial est caractérisé par l'eau, on trouve en Genèse 2 la terre sèche. D'emblée, on comprend que cette description s'adresse au paysan qui cultive la terre et qui a besoin de la pluie. La pluie fait, en effet, pousser « les arbustes des champs » et « les herbes des champs ». La deuxième expression revient en Genèse 3, 18 comme nourriture des hommes après la transgression et désigne des plantes cultivées et agricoles, alors que le premier terme fait penser à la végétation des steppes, petits buissons et broussailles.

L'absence de pluie signifie que cette terre ne donne pas encore de nourriture. L'importance de la pluie s'explique mieux à partir d'un contexte palestinien, puisque la fertilité du sol en Égypte et en Mésopotamie est surtout assurée par l'irrigation et par des canaux.

4. Le terme « poussière » interrompt le jeu de mots entre *'ādām* et *'ădāmâ* (comme chez les animaux), sa position est grammaticalement difficile ; il est donc possible qu'il s'agisse d'un ajout.

5. C'est une *Wiederaufnahme* (reprise) du v. 8. Deux différences : Éden est ici le nom du jardin, et le verbe pour « poser », « placer » n'est pas la racine *ś-y-m*, mais *n-w-ḥ*.

Le deuxième manque est l'absence d'un *'ādām* (être humain) pour travailler la *'ădāmâ*. La fin du v. 5 introduit déjà l'explication étymologique du terme *'ādām*. En même temps le texte indique d'emblée que le destin de l'être humain est le travail, le travail agricole ; le v. 15 qui provient d'un rédacteur postérieur fait de l' *'ādām* plutôt un jardinier.

Le thème du travail comme propre de l'homme se trouve aussi dans les mythes mésopotamiens :

> « Lorsque les dieux étaient des hommes, ils assumaient le travail et supportaient le labeur » (*Atrahasîs* I, 1-2)[6].

Suite au mécontentement des dieux inférieurs, les dieux supérieurs décrètent la création de la race humaine. La déesse Mami en est chargée et elle dit :

> « J'ai supprimé votre travail si pénible, et votre dur labeur, c'est à l'homme que je l'ai imposé » (*Atrahasîs* I, IV. 240-241).

D'une manière similaire, on trouve dans *Enuma Elish* VI, 7-8 le discours du dieu Marduk : « Je vais créer l'être humain, l'homme pour qu'il supporte la corvée des dieux, et qu'eux puissent se reposer. »[7]

Selon le récit biblique Yhwh Dieu[8] crée l'être humain à la manière d'un artisan puisque la racine *y-ṣ-r* (former) s'applique surtout au travail du potier. Cette idée se retrouve à la fois en Égypte et en Mésopotamie. En Égypte, on peut notamment citer un relief de Louxor dans le temple d'Amenhoteph III et à Dendera où l'on voit la divinité Khnoum former le Pharaon sur un tour de potier.

Contrairement aux mythes mésopotamiens selon lesquels les humains sont créés par un mélange de sang divin et d'argile, la Genèse évite l'idée du sang divin dans l'homme, le sang est remplacé dans la Genèse par le souffle divin que Yhwh insuffle à l'être humain dans ses narines et qui le rend vivant. L'allusion au sang n'est peut-être pas totalement absente à

6. « Le mythe d'Atrahasîs », dans R. Labat *et al.*, *Les religions du Proche-Orient antique. Textes babyloniens, ougaritiques, hittites*, Paris, Fayard, Denoël, coll. « Le trésor spirituel de l'Humanité », 1970, p. 26-36.

7. Pour une traduction française, cf. P. Talon, S. Anthonioz, *Enūma Eliš. Lorsqu'en haut* (Littératures anciennes du Proche-Orient, 22), Paris, Éditions du Cerf, 2019.

8. La juxtaposition du tétragramme et du terme *'elohîm* sert à faciliter la transition de Genèse 1, dont l'auteur utilise le mot générique « dieu », et Genèse 2, 4 sqq., où l'on trouve le nom propre du dieu d'Israël, Yhwh.

cause du jeu de mots entre le sang (*dam*) et l'homme (*'ādām*) pris de la terre rougeâtre (*'ădāmâ*)[9]. En Genèse 2, 7, c'est le souffle ou haleine de vie (*nišmat ḥayyîm*) qui fait de l'*adam* un « être vivant » (*nepheš ḥayyâ*).

Cette idée se trouve, par exemple, dans le discours d'Élihou dans le livre de Job :

> « Le souffle de Dieu m'a fait, l'haleine du Puissant me fait vivre... devant toi, je suis ton semblable. De l'argile j'ai été pétri » (33, 4 et 6).

## Des jardins royaux au paradis

La création de l'être humain est immédiatement suivie par la plantation d'un jardin. Ce jardin ressemble en effet à des jardins royaux, largement attestés dans le Proche-Orient ancien.

Particulièrement intéressant est l'image d'un jardin du roi assyrien Sennachérib construit vers 700 avant l'ère commune (fig. 1). Ce jardin est conçu autour d'une colline au sommet de laquelle se trouve peut-être un sanctuaire avec la statue du roi (ou d'un dieu ?). Ce jardin se veut sans doute le reflet d'un jardin divin. Il est arrosé par des canaux qui symbolisent l'abondance et la fertilité. La situation à proximité du palais / sanctuaire reflète l'idée que le jardin se trouve au centre ou à l'origine du monde. Le jardin est un espace clos, seuls y ont accès le roi et ses intimes. Une telle conception sous-tend aussi l'image du jardin en Genèse 2-3[10].

La plus importante documentation sur les jardins royaux vient en effet de l'époque néo-assyrienne. Les jardins ou parcs royaux (*kirimāḫu*) se retrouvent souvent dans les inscriptions de fondation néo-assyriennes, en particulier sous les Sargonides (722-612 av. J.-C.). Ces jardins apparaissent comme des régions montagneuses, les rois y introduisent des plantes et animaux venus de différentes régions de l'Empire, symbolisant leur pouvoir de domination et d'organisation de leur empire, celui d'être des jardiniers et également des chasseurs[11].

---

9. S. Anthonioz, « Le sang est la vie : réflexion sur la création humaine (Gn 2, 7) », *Revue biblique* 116, 2009, p. 4-15.

10. C. Uehlinger, « Anthropomorphic Cult Statuary in Iron Age Palestine and the Search for Yahweh's Cult Images », in *The Image and the Book. Iconic Cults, Aniconism, and the Rise of the Book Religion in Israel and the Ancient Near East* (CBET 21), K. van der Toorn éd., Louvain, Peeters, 1997, p. 97-156.

11. M. Novák, « The Artificial Paradise, Programme and Ideology of Royal Gardens », in *Sex and Gender in the Ancient Near East, Proceedings of the 47h*

FIG. 1. – Représentation des jardins royaux de Ninive, d'après un bas-relief du palais de Sennachérib. British Museum, référence ME 124939A. © Wikipédia.

On peut également mentionner le site de Ramat Rachel dans le sud de Jérusalem, dont les fouilles ont fait découvrir un palais et, à côté, un jardin abondant avec un système d'irrigation. Cette installation date de l'époque assyrienne et se poursuit jusqu'à l'époque perse[12].

L'idée selon laquelle les rois se font des jardins se trouve aussi dans la Bible, par exemple au début du livre de Qohéleth (Ecclésiaste) où l'auteur, du IIIe siècle avant l'ère commune, s'identifie avec le roi Salomon et se vante d'avoir construit des jardins :

> « 2,5 Je me suis fait des jardins et des parcs, et j'y ai planté toutes sortes d'arbres fruitiers ; 6 je me suis fait des réservoirs pour arroser de leur eau une pépinière de jeunes arbres. »[13]

*Rencontre Assyriologique Internationale*, S. Parpola et R. M. Whiting éd., Helsinki, Neo-Assyrian Text Corpus Project, 2002, p. 443-460.

12. Pour une présentation du site et du jardin : O. Lipschits *et al.*, *What Are the Stones Whispering? Ramat Raḥel: 3000 Years of Forgotten History*, Winona Lake, Eisenbrauns, 2017.

13. D'autres mentions d'un « jardin du roi » à Jérusalem en 2 Rois 25, 4 ; Jérémie 39, 4 ; 52, 7 et Néhémie 3, 15.

En évoquant le jardin dans le livre de la Genèse, on parle souvent de « paradis ». Le terme paradis vient du persan *pardes*, signifiant un enclos, souvent un domaine royal. *Pardes* devient en grec *παράδεισος* désignant un parc clos où se trouvent des animaux sauvages et une végétation abondante. Lorsque la Bible a été traduite en grec, on a utilisé ce terme pour traduire le mot hébreu *gan* (« jardin »). Ainsi, le jardin de l'histoire d'Adam et Ève devint le « paradis ».

### Le jardin d'Éden ou le jardin « en Éden »

Selon Genèse 2, 8, ce jardin se trouve en Éden, qui signifie « délices, plaisir », mais selon le v. 15 Éden est le nom du jardin. Ce glissement s'explique par le fait que le récit du jardin n'est pas l'œuvre d'un seul auteur ; un récit originel a été révisé par deux ou trois rédacteurs.

On a parfois fait un rapprochement entre Éden et le petit royaume araméen de Bit-Adini, situé entre l'Euphrate et le Chabour[14]. La localisation à l'est pourrait être un argument pour cette identification, de même la mention de l'Euphrate dans la description des fleuves du paradis.

Mais on a du mal à comprendre pourquoi l'auteur aurait voulu faire une telle référence, car ce royaume ne joue pas de rôle important dans la Bible hébraïque[15]. Il faut donc plutôt imaginer une région mythique, comme nous le verrons plus loin.

L'évocation du « jardin d'Éden » sert dans la Bible hébraïque à exprimer une situation d'abondance ou l'attente d'une restauration, comme le montrent les textes suivants qui mentionnent le jardin d'Éden ou le jardin de Yhwh :

> Genèse 13, 10 : « Loth leva les yeux et vit tout le district du Jourdain, qui était entièrement irrigué. Avant que Yhwh n'anéantisse Sodome et Gomorrhe, c'était comme le jardin de Yhwh, comme l'Égypte, jusque vers Tsoar. »

Il s'agit de la description de ce que le narrateur imagine avoir été la situation originelle avant la destruction de Sodome et Gomorrhe par Yhwh.

---

14. Cf. notamment A. Lemaire, « Le pays d'Éden et le Bit-Adini : aux origines d'un mythe », *Syria* 58, 1981, p. 313-133.

15. Il est seulement mentionné en Amos 1, 5 ; 2 Rois 19, 12 ; Ésaïe 37, 12 ; Ézéchiel 37, 23.

Ésaïe 51, 3 : « Ainsi Yhwh a pitié de Sion, il a pitié de toutes ses ruines ; il rendra son désert semblable à un Éden, et sa terre aride à un jardin de Yhwh. La joie et l'allégresse se trouveront au milieu d'elle, les actions de grâces et le chant des cantiques. »

Ézéchiel 36, 35 : « Et on dira : Cette terre dévastée est devenue comme un jardin d'Éden ; et ces villes ruinées, désertes et abattues, sont fortifiées et habitées. »

Ces textes envisagent la Judée restaurée après la dévastation babylonienne, aussi somptueuse et prospère que le jardin divin, mais qui sert ici de référence de comparaison (exagérée).

### L'arbre de vie et l'arbre de la connaissance du bien et du mal

Selon Genèse 2, 9 deux arbres sont singularisés parmi tous les arbres que Yhwh plante dans son jardin : l'arbre de vie et l'arbre de la connaissance du bien et du mal. Il existe un long débat pour savoir s'il y avait à l'origine du récit un seul arbre interdit, et pour savoir lequel était « l'arbre de la transgression »[16]. Il est également possible que la narration primitive ait mentionné seulement un arbre « au milieu du jardin » et que deux rédacteurs successifs l'aient qualifié respectivement de l'arbre de la connaissance et de l'arbre de vie[17].

« L'arbre de la connaissance du bien et du mal » est une création *ad hoc* et nullement attestée ailleurs, alors que « l'arbre de vie » est mentionné en Proverbes 3, 18 ; 11, 30 ; 13, 12 ; 15, 4, et encore dans la version grecque d'Ésaïe 65, 22. Un tel arbre apparaît sous différentes

16. Pour un résumé de cette discussion, on consultera T. N. D. Mettinger, *The Eden Narrative. A Literary and Religio-historical Study of Genesis 2-3*, Winona Lake, Eisenbrauns, 2007, p. 5-11.

17. Ainsi, par exemple H. Pfeiffer, « Der Baum in der Mitte des Gartens. Zum überlieferungsgeschichtlichen Ursprung der Paradieserzählung (Gen 2, 4b-3, 24). Teil 2 », *Zeitschrift für die alttestamentliche Wissenschaft* 113, 2001, p. 2-16, en part. p. 4-7. Une position différente assume que le récit originel comportait d'emblée les deux arbres. K. Schmid, « Die Unteilbarkeit der Weisheit: Überlegungen zur sogenannten Paradieserzählung Gen 2f. und ihrer theologischen Tendenz », *ibid.* 114, 2002, p. 21-39, défend l'idée selon laquelle les humains auraient pu manger de l'arbre de vie qui ne leur avait pas été interdit, mais c'est à mon avis une interprétation trop sophistiquée. Pour l'idée selon laquelle le récit originel contenait deux arbres interdits voir S. Wagner-Tsukamoto, « The Tree of Life. Banned or not Banned? A Rational Choice Interpretation », *Scandinavian Journal of the Old Testament* 26, 2012, p. 102-122.

formes en Égypte et dans le Proche-Orient ancien, mais pas directement sous la terminologie explicite « arbre de vie ».

En Égypte, on connaît une sorte de paradis après la mort où une divinité de l'arbre (il peut s'agir de différentes déesses comme Hathor ou Nout) nourrit le défunt, comme on le voit sur une représentation où un couple défunt reçoit de la part de Nout des offrandes ou de la nourriture (fig. 2).

Selon Jutta Krispenz, le récit biblique de l'arbre de vie dans le paradis serait alors à comprendre comme une polémique contre l'idée d'un « paradis dans l'au-delà » où les humains sont nourris pour l'éternité[18].

On trouve cependant des représentations similaires dans le Proche-Orient ancien. Sur un sceau découvert à Megiddo (fig. 3), on voit quasiment tous les objets et personnages du récit biblique du jardin : un arbre au milieu, des *keroubim* (des êtres ailés hybrides gardant un trône ou l'entrée d'un palais), des animaux et une femme (déesse ?) nue accompagnée d'un homme (prêtre ?).

Sur le plan littéraire, on peut encore mentionner un texte fragmentaire qui met en scène Inanna et son frère Utu, le soleil, dans lc pays mythique de Kur (BM 23631) où Inanna dit à son frère :

> « Moi ce qui touche aux femmes : faire l'amour, je ne connais pas, moi ce qui touche aux femmes, embrasser je ne connais pas, ce qui se trouve dans le kur, je veux que nous en mangions, ce qui se trouve dans le kur des cèdres, dans le kur des cyprès, je veux que nous en mangions » (IV, 19-26)[19].

Ce texte semble raconter comment la déesse de l'amour et de la sexualité a fait elle-même l'apprentissage de la vie sexuelle en mangeant les fruits du pays de *kur*. Ce trait n'est pas sans rappeler ce qui se passe dans le récit de la Genèse[20].

---

18. J. Krispenz, « Wieviele Bäume braucht das Paradies? Erwägungen zu Gen II 4b-III 24 », *Vetus Testamentum* 54, 2004, p. 301-318, en part. p. 310-315.

19. F. Bruschweiler, *Inanna, la déesse triomphante et vaincue dans la cosmologie sumérienne : recherche lexicographique* (Les Cahiers du CEPOA 4), Louvain, Peeters, 1987, p. 59.

20. G. Leick, *A Dictionary of Ancient Near Eastern Mythology*, Londres-New York, Routledge, 1991, p. 91.

FIG. 2. – Tombe thébaine TT 1 à Deir el-Médineh, XIIIe siècle avant l'ère commune. ©Wikipédia.

FIG. 3. – Sceau de Megiddo ; XIVe siècle avant l'ère commune ; d'après O. Keel, S. Schroer, *Schöpfung. Biblische Theologien im Kontext altorientalischer Religionen*, Fribourg-Göttingen 2002, fig. 30. © Stiftung BIBEL+ORIENT, Fribourg (Suisse).

## LES FLEUVES DU PARADIS ET SA LOCALISATION

Depuis les premiers commentateurs juifs et chrétiens, on s'est interrogé sur la localisation du « paradis terrestre » que l'on situait souvent quelque part en Mésopotamie et dans le Levant (par exemple au Liban, à cause de la mention des arbres du Liban en lien avec

Éden en Ézéchiel 31, 16[21]). Plus tard, on se mit à chercher, au loin, des pays fabuleux qui correspondraient d'une manière ou d'une autre aux descriptions bibliques ou à certaines interprétations du « jardin des délices »[22].

Les versets de Genèse 2, 10-14, qui, sur le plan diachronique, peuvent sans problème être identifiés comme un ajout postérieur contenant une spéculation savante, ont cependant joué un rôle important pour la localisation d'Éden. Cet ajout nomme un fleuve sortant d'Éden et se partageant en quatre branches. L'idée de quatre fleuves exprime d'abord la complétude (cf. les quatre confins du monde en Ésaïe 49, 36, les quatre vents célestes en Ézéchiel 37, 9 et Zacharie 6, 5).

On peut également rapprocher ces quatre fleuves du motif de la divinité des eaux-souterraines Ea / Enki tenant un vase dont jaillissent des flots d'eau, tantôt deux, tantôt quatre, comme sur le bassin cultuel du temple d'Assour conservé au Vorderasiatisches Museum de Berlin (fig. 4).

L'identification des deux premiers fleuves a toujours posé problème, alors que le quatrième, l'Euphrate, n'en pose pas. Ce fleuve est mentionné dix-neuf fois dans la Bible hébraïque ; le troisième fleuve, Hiddèqèl (de l'accadien Idiqlat), est le Tigre dont on précise qu'il coule à l'est du pays d'Assour (mentionné encore dans la Bible hébraïque en Daniel 10, 4, et dans la Bible grecque en Siracide 24, 25-26 ; Tobie 6, 2 et Judith 1, 6).

Le Pishôn n'est mentionné qu'ici. Il s'agit peut-être d'un nom créé *ad hoc* à partir de la racine *p-w-š*, « bondir »[23]. Le pays de Ḥawilâ (ici avec article, terme signifiant « pays de sable »), qu'il entoure, est attesté en Genèse 25, 18 comme pays des descendants d'Ismaël et en 1 S 15, 7 comme territoire des Amalécites, deux fois dans l'expression « de Ḥawilâ à Shour », Shour signifiant la frontière est avec l'Égypte. Cette description sert uniquement à caractériser les deux peuples mentionnés comme des groupes nomades qui vivaient au sud des terres cultivées palestiniennes.

21. R. Udo, « Erwägungen zur alttestamentlichen Paradiesvorstellung », *Theologischen Literaturzeitung* 123, 1998, p. 1153-1162.

22. Pour une histoire de la quête du paradis, cf. J. Delumeau, *Une histoire du paradis. Le jardin des délices*, Paris, Fayard, 1992 ; cet ouvrage résume son opus en 3 t.

23. Pour différentes identifications (Flavius Josèphe, Épiphane de Salamis, Bède le Vénérable : Ganges ; Sévérien de Gabala : Danube ; etc.) cf. A. Scafi, *Mapping Paradise, A History of Heaven on Earth*, Chicago, University of Chicago Press, 2006, p. 44.

FIG. 4. –Bassin cultuel avec une divinité tenant la source de quatre fleuves. Staatliche Museen zu Berlin, Vorderasiatisches Museum. © Olaf M. Teßmer.

En Genèse 10,7, Ḥawilâ apparaît comme petit-fils de Cham et fils de Koush, alors qu'il est, en Genèse 10, 29, le petit-fils de Sem.

En ce qui concerne la mention de l'or, elle n'aide pas beaucoup ; la Bible situe l'or souvent avec le pays d'Ophir qui apparaît en Genèse 10, 29 comme frère de Ḥawilâ. Selon 1 Rois 22, 49, on va chercher l'or d'Ophir par voie maritime via Eilat, ce qui indique la région de la mer rouge. Quant à la cornaline, qui se caractérise par sa couleur rouge, on la trouve notamment en Égypte entre le Nil et la mer Rouge et dans la partie est de la péninsule arabique. Le nom Ḥawilâ désigne donc probablement la péninsule arabique ou la partie occidentale de celle-ci, située au bord de la mer Rouge.

Le Pishôn pourrait alors désigner les mers qui entourent la péninsule arabique : la mer Rouge, l'océan Indien et le golfe Persique.

Le Guiḥon désigne une source dans la vallée du Cédron à l'est de Jérusalem. Les LXX distinguent cependant entre cette source (Γιων) et le fleuve mentionné ici (Γηων). Ce dernier mot est utilisé ailleurs pour traduire le mot *šīḥōr*, un des bras du Nil, qui peut aussi être utilisé comme *pars pro toto* pour le Nil (Jérémie 2, 18)[24]. Cela correspondrait à la mention du pays de Koush qui désigne la Nubie. Se pose alors la question de savoir pourquoi on n'a pas mentionné le Nil (*ye'ôr*) directement. Probablement parce que l'on voulait également faire une allusion à la source de Jérusalem et la mettre en parallèle avec le grand fleuve d'Égypte.

À cause de la mention du Tigre et de l'Euphrate, on a souvent tenté une localisation du jardin en Mésopotamie. Mais cela ne fonctionne pas avec les autres noms des fleuves.

Il s'agit donc d'une géographie construite, d'une géographie mythique qui veut lier le jardin en même temps à la Mésopotamie, à Jérusalem et aussi à l'Égypte, trois centres du judaïsme naissant à l'époque perse.

### L'installation de l'être primordial dans le jardin et la tradition de son expulsion

Le verset Genèse 2, 15 est une reprise du v. 8. Cet ajout insiste sur le fait que l'être humain devient un jardinier, alors que sa première fonction était d'être un agriculteur.

Le rédacteur a également transformé quelque peu la signification d'Éden, qui au v. 15 est devenu le nom du jardin.

Mais comme va le montrer la suite de l'histoire, l'humain ne peut rester dans le jardin.

La sortie du premier couple du jardin divin peut se comprendre comme la réinterprétation de la tradition de l'expulsion d'un être primordial du jardin de Dieu, telle qu'elle est attestée au chapitre 28 du livre d'Ézéchiel[25].

Dans le cadre prophétique d'un oracle contre le roi de Tyr, l'auteur compare ce souverain avec l'être primordial chassé du jardin divin :

> « 1 La parole de Yhwh me parvint : 2 Humain, dis au chef de Tyr : Ainsi parle le Seigneur Yhwh : Ton cœur s'est enhardi ; tu as dit : "Je suis Dieu, *je suis assis parmi les dieux*, au cœur des mers !" Pourtant tu n'es

24. Cette identification est également proposée par Flavius Josèphe, Bède le Vénérable et d'autres. Pour les références et d'autres attributions cf. A. Scafi, *ibid.*

25. Pour plus de détails, voir Th. Römer, « Du jardin d'Éden au jardin du Cantique des Cantiques », in *Mondes clos, cultures et Jardin* (Asdiwal, Suppl. 1), D. Barbu *et al.* éd., Genève, Infolio, 2013, p. 205-222.

pas divin, mais humain : tu prends ton propre cœur pour celui d'un dieu ! 3 Tu es plus sage que Daniel, rien de secret n'est obscur pour toi. (… ) 13 *Tu étais en Éden, le jardin de Dieu* ; tu étais couvert de toutes sortes de pierres précieuses, de sardoine, de topaze, de diamant, de chrysolithe, d'onyx, de jaspe, de lapis-lazuli, d'escarboucle, d'émeraude et d'or ; tes tambourins et tes flûtes étaient à ton service, préparés pour le jour où tu fus créé. 14 Tu étais un *keroub* protecteur, aux ailes déployées ; je t'avais placé dans la montagne sacrée de Dieu ; tu étais là, tu te promenais au milieu des pierres ardentes. 15 Tu as été intègre dans tes voies, depuis le jour où tu fus créé jusqu'à celui où l'injustice a été trouvée chez toi. 17 Ton cœur s'est enhardi à cause de ta beauté, *tu as perverti ta sagesse par ta splendeur* ; je te jette à terre, je te livre en spectacle aux rois. 18 Par la multitude de tes fautes, par l'injustice de ton commerce, tu as profané tes sanctuaires ; je fais sortir du milieu de toi un feu qui te dévore, je te réduis en cendres sur la terre, sous les yeux de tous ceux qui te regardent. 19 Tous ceux qui te connaissent parmi les peuples sont atterrés à cause de toi ; tu es un objet d'épouvante, tu n'es plus, tu ne seras jamais plus ! »[26]

En Ézéchiel 28, l'être primordial est un être solitaire, comme l'être humain au début de son séjour dans le jardin, mais contrairement à Genèse 2, c'est un être parfait, plein de sagesse. C'est une différence importante avec Genèse 2-3, où c'est justement l'acquisition de la connaissance du bien et du mal qui devient l'enjeu de la tentation qui mène à l'expulsion du jardin.

On trouve aussi l'idée selon laquelle l'être primordial, en Ézéchiel 28, se considère comme un dieu ou l'égal des dieux, ce qui n'est pas sans rappeler le thème du désir de devenir comme les dieux en Genèse 2-3.

Dans le texte massorétique, l'être primordial est appelé un *keroub* contrairement à la version grecque qui a compris : « Avec le *keroub* je t'ai (c'est-à-dire l'homme primordial) placé », rapprochant ainsi davantage Ézéchiel 28 de l'histoire de Genèse 2-3 ; dans la version grecque, le *keroub* est en effet l'outil par lequel l'homme primordial est chassé du jardin.

Les nombreuses pierres précieuses dont il est question en Ézéchiel 28 établissent un parallèle avec l'épopée de Gilgamesh qui décrit le caractère merveilleux d'un jardin situé au bout du monde à l'aide d'arbres portant des pierres précieuses.

26. Traduction Nouvelle Bible Segond.

Gilgamesh sortant de sa traversée des Monts Jumeaux aperçoit un jardin, le « bosquet des dieux » : « Il s'avance vers les arbres brillants des dieux. Un arbre de cornaline porte ses fruits, des grappes pendent, jolies à regarder. Un arbre de lazulite porte des fruits, séduisants à voir [texte très lacunaire] l'agate, l'hématite – des jardins de luxuriance. »[27]

On peut noter que certaines de ces pierres se retrouvent également, en Exode 28, 17-20, dans la description du pectoral du grand prêtre.

Ce rapprochement permet de comprendre l'être primordial comme un prêtre ou, alors, le prêtre comme symbolisant l'être primordial.

En Ézéchiel 28 l'expulsion de l'être primordial qui voulait être un dieu s'accompagne de sa mort ; il y a là aussi un lien entre Ézéchiel 28 et Genèse 2-3 : la sortie du jardin s'accompagne également de l'expérience de la mort.

En Genèse 2, la mort est mentionnée pour la première fois après l'installation de l'être primordial dans le jardin :

> « 2, 16 Yhwh Dieu donna à l'être humain cet ordre : de tout arbre du jardin tu mangeras certainement. 17 Mais de l'arbre de la connaissance du bien et du mal[28] tu ne mangeras pas, en effet, le jour où tu en mangeras, tu mourras certainement. »

Le non-respect de cet interdit va, de fait, provoquer la sortie du jardin.

## Le peuplement du jardin et la différenciation homme-femme

La création des animaux résulte du constat divin que l'être humain ne peut pas rester seul, il lui faut un vis-à-vis, « une aide qui lui corresponde ». Yhwh se comporte en quelque sorte comme un « bricoleur », en créant d'abord les animaux, qu'il forme à partir du sol (*'ădāmâ*) comme il avait formé l'*'ādām*. Le fait que Yhwh offre à l'être humain de nommer les animaux implique une notion de création et de pouvoir. Ainsi Yhwh donne à l'homme la supériorité et la domination sur les animaux, comme d'ailleurs aussi dans le récit de création en Genèse 1. Mais le fait de créer les animaux comme vis-à-vis potentiels de l'être humain souligne également l'idée d'une proximité

27. Tablette IX, v, l. 47 sqq.

28. C'est seulement ici et au v. 9 qu'il est question de l'arbre de la connaissance du bien et du mal (cf. cependant également 3, 3) ; on trouve, par ailleurs, l'arbre au milieu du jardin et l'arbre de vie ; cf. *supra* et le tableau de Mettinger, p. 5 sq.

et d'une solidarité entre humains et animaux[29]. Notons cependant que dans ce jardin homme et animaux sont apparemment destinés à pouvoir cohabiter sans violence, et les animaux ne sont pas censés servir de nourriture à l'homme. Il y a donc, comme en Genèse 1, l'idée d'une cohabitation pacifique entre hommes et animaux qui prendra fin au moment où l'ordre du jardin est perturbé par la transgression de la femme et de l'homme.

La création de la femme ou de l'homme et de la femme est décrite en Genèse 2, 21-23 :

> « 2, 21 Yhwh Dieu fit tomber sur l'être humain une torpeur, et il s'endormit. Il prit un de ses côtés et il substitua de la chair à sa place. 22 Et Yhwh Dieu construisit avec le côté qu'il avait pris de l'être humain une femme, et l'amena vers l'être humain. 23 Et l'être humain dit : "cette fois-ci : os de mes os, chair de ma chair. Celle-ci sera appelée 'femme' (*'iššâ*), car de 'l'homme' (*'îš*) celle-ci a été prise."[30]
>
> 2, 25 Et les deux étaient nus, l'être humain et sa femme, et ils n'avaient pas honte. »

Ici, Yhwh procède à un acte chirurgical. Il met l'être humain sous « anesthésie ». Le terme *tardēmâ*, plutôt rare dans la Bible (cinq fois), signifie un sommeil profond qui tombe sur l'homme de la part de Dieu.

Ce passage a fait l'objet de nombreuses représentations et interprétations à partir de l'idée selon laquelle Yhwh aurait créé la femme à partir d'une côte de l'homme.

Or, le mot *ṣēlāʿ* signifie dans la Bible hébraïque toujours le côté (sur les trente-neuf emplois, la plupart sont liés à la construction d'un sanctuaire ou du temple). Ce champ sémantique explique également l'utilisation de la racine *b-n-h* (bâtir, construire).

Le seul argument que l'on puisse utiliser pour maintenir la traduction habituelle « côte » est le rapprochement avec le terme akkadien *ṣēlu(m)* qui peut, en effet, désigner la côte.

---

29. Pour la vision de la Bible hébraïque sur les animaux, voir A. de Pury, *Homme et animal Dieu les créa. L'Ancien Testament et les animaux* (Essais bibliques, 25), Genève, Labor et Fides, 1993.

30. Le commentaire étiologique du v. 24 « C'est pourquoi un homme quitte son père et sa mère et s'attache à sa femme, et ils seront une seule chair. » est l'œuvre d'un rédacteur ultérieur. On quitte le niveau de la narration car on parle de père et de mère, alors que sur le plan narratif l'idée des générations n'est pas encore thématisée.

Dans ce contexte le mythe sumérien d'Enki et Ninhursag, qui contient une polémique contre l'inceste est intéressant. Dans cette épopée, la déesse Ninti, dont le nom signifie à la fois la dame de la côte et celle qui donne la vie, naît apparemment de la côte d'Enki :

> 265-266 « Mon frère, qu'est-ce qui te fait mal ? – Mes côtes me [font mal].» « Elle fit [venir au monde] Ninti. »[31]

Cependant il convient de comprendre le terme biblique en Genèse 2 d'abord selon le sens qu'il a partout ; dans ce cas, il faudrait comprendre le texte comme désignant la séparation d'un être humain générique en deux côtés[32]. Il s'agit d'une sorte de dédoublement[33] ou de clonage, puisque c'est seulement à partir de ce moment que l'on trouve dans le texte la différenciation de l'*'ādām* en *'iš* (homme) et *'iššâ* (femme). L'exclamation « os de mes os, chair de ma chair » insiste sur le lien étroit entre l'homme et la femme.

Le v. 25 conclut le récit de la création du couple humain tout en introduisant le récit de la transgression selon lequel la « connaissance » que va acquérir le couple humain est celle de sa nudité.

Dans l'épopée de Gilgamesh, Enkidu, poilu et nu, vit d'abord avec les animaux et n'est pas encore un vrai être humain, c'est seulement après avoir fait l'amour avec la prostituée que celle-ci le vêt pour l'amener vers Gilgamesh.

Dans le Proche-Orient ancien, la nudité symbolise l'exclusion de la société, le vêtement exprimant le statut social.

31. Traduction selon P. Attinger, « Enki et Ninḫursaĝa », *Zeitschrift für Assyriologie und Vorderasiatische Archäologie* 74, 1984, p. 1-52, en part. p. 31.

32. Dans le même sens, A. Wénin, « Humain et nature, femme et homme : différences fondatrices ou initiales ? Réflexions à partir des récits de création en Genèse 1-3 », *Recherche de Science religieuse* 101, 2013, p. 401-420, en part. 410 sq.

33. Cette idée n'est pas sans rappeler le discours d'Aristophane dans le *Banquet* de Platon (190-191) où l'on trouve l'idée selon laquelle Zeus aurait coupé les humains en deux (car les humains avaient voulu combattre les dieux) : « Quand l'être primitif eut été dédoublé par cette coupure, chacun regrettant sa moitié, tentait de la rejoindre. » Zeus introduit alors la sexualité. « Si un homme rencontrait une femme, ils auraient un enfant et l'espèce se reproduirait ; mais si un mâle rencontrait un mâle, ils se calmeraient (…) et pourvoiraient aux autres besoins de leur existence… Chacun d'entre nous est donc une fraction d'être humain dont il existe le complément » (trad. Luc Brisson).

## LE JARDIN, ESPACE DE TRANSITION ET DE L'ACQUISITION DE L'AUTONOMIE

À la fin de Genèse 2, le jardin est peuplé avec de la végétation, des animaux, le couple humain et Yhwh. Se pose alors la question de savoir si une telle cohabitation peut fonctionner.

> « 3, 1 Quant au serpent, il était le plus intelligent[34] de tous les animaux des champs que Yhwh Dieu avait faits. Il dit à la femme : "Dieu a vraiment dit : vous ne mangerez pas de tout arbre du jardin."[35]
>
> 3, 2 La femme dit au serpent : "du fruit des arbres du jardin nous mangeons.
>
> 3, 3 Quant au fruit de l'arbre au milieu du jardin, Dieu a dit : vous n'en mangerez pas, et vous n'y toucherez pas pour que vous ne mouriez point."
>
> 3, 4 Le serpent dit à la femme : "vous ne mourrez certainement pas.
>
> 3, 5 En effet, Dieu sait que le jour où vous en mangerez, vous yeux s'ouvriront et vous serez comme un dieu/comme des dieux connaisseurs du bien et du mal."
>
> 3, 6 La femme vit, oui, que l'arbre était bon à manger, et un délice pour les yeux, et l'arbre était précieux pour devenir intelligent. Elle prit de son fruit et mangea. Elle donna aussi à son homme qui était avec elle, et il mangea.
>
> 3, 7 Les yeux des deux s'ouvrirent et ils connurent qu'ils étaient nus. Ils cousirent des feuilles de figuier et ils en firent des pagnes.
>
> 3, 8 Ils entendirent le bruit de Yhwh Dieu qui se promenait dans le jardin à la brise du jour [le soir] et l'être humain et sa femme se cachèrent de Yhwh Dieu au milieu des arbres du jardin.
>
> 3, 9 Yhwh Dieu appela l'être humain et lui dit : "Où es-tu ?"
>
> 3, 10 Il dit : "J'ai entendu ton bruit dans le jardin, et j'ai eu peur car je suis nu, alors je me suis caché."

34. Le serpent est qualifié, d'emblée, de ערום, qui fait un crochet avec la nudité du premier couple (ערומים) au verset précédent (2, 25). Il s'agit probablement de deux racines différentes, mais l'auteur a délibérément choisi cette homophonie. Le serpent peut évoquer la nudité à cause de sa peau lisse, mais aussi à cause de sa « nudité » quand il mue. L'adjectif *'ārûm* est souvent rendu par rusé, ce qui correspond à la traduction de la Vulgate (*callidior*), alors que les LXX ont φρονιμώτατος, ce qui signifie « le plus sensé, le plus intelligent ». Cela semble aussi la signification du mot hébreu qui se trouve notamment dans les Proverbes (12, 16-23 ; 13, 16 ; 14, 15-18 ; 22, 3 ; 27, 12) où il qualifie le sage en opposition au sot ou à l'insensé.

35. Le texte hébreu n'a pas de particule interrogative, contrairement à la plupart des traductions qui traduisent comme une question rhétorique : Dieu a-t-il vraiment dit… ?

3, 11 Il dit : “Qui t’a annoncé que tu es nu ? As-tu mangé de l’arbre dont je t’ai ordonné de ne pas manger ?”

3, 12 L’être humain dit : “la femme que tu m’as donnée pour être avec moi, c’est elle qui m’a donné de l’arbre et j’ai mangé.”

3, 13 Yhwh Dieu dit à la femme : “Pourquoi as-tu fait cela ?” La femme dit : “Le serpent m’a trompé et j’ai mangé.”

3, 14 Yhwh Dieu dit au serpent : “Parce que tu as fait cela tu es maudit parmi tout quadrupède[36] et tout animal des champs. Sur ton ventre tu marcheras, et de la poussière tu mangeras tous les jours de ta vie.

3, 15 C’est l’hostilité que je mettrai entre toi et la femme, entre ta descendance et sa descendance. Celle-ci te blessera la tête, et toi tu lui blesseras le talon.”

3, 16 Et à la femme il dit : “Je rendrai nombreuses tes peines, ta grossesse, en douleur tu enfanteras des fils. Vers ton homme seront tes désirs, et lui te dominera.”

3, 17 Et à l’être humain il dit : “En effet, tu as écouté la voix de ta femme et tu as mangé de l’arbre au sujet duquel je t’ai ordonné : ‘Tu n’en mangeras pas’. Le sol sera maudit à cause de toi. Dans la peine tu en mangeras tous les jours de ta vie.

3, 18 Buissons d’épines et broussailles il fera germer pour toi ; tu mangeras l’herbe du champ.

3, 19 À la sueur de ton front tu mangeras de la nourriture jusqu’à ce que tu retournes vers le sol, car c’est de lui que tu as été pris. En effet tu es poussière et vers la poussière tu retourneras.” »

Le serpent joue le rôle d’un agent provocateur qui est à l’origine de la transgression. Le choix du serpent s’explique facilement par l’importance et l’ambiguïté qui caractérisent cet animal en Égypte et dans le Proche-Orient ancien[37]. Il est possible que l’auteur de Genèse 3, en choisissant le serpent, ait été directement inspiré par l’épopée de Gilgamesh, où un serpent fait échouer la quête du héros d’un remède contre la mort : la femme d’Outnapishtim avait communiqué à

---

36. Il s’agit assez clairement d’un ajout, pour faire un lien avec Genèse 1, où ce terme est fréquemment utilisé.

37. On connaît en Égypte la divinité Apophis, un énorme serpent sorti du chaos et qui attaque quotidiennement la barque de Rê voguant sur le Noun. De l’autre côté, l’uræus a pour fonction de protéger le pharaon contre ses ennemis. En Mésopotamie, on peut évoquer le dieu Ningishzida dont le nom signifie le « Seigneur de l’arbre fiable » et qui peut être représenté sous forme de serpent. Mentionnons encore la légende anatolienne de Shamaran, un être mythologique mi-femme, mi-serpent, doté d’intelligence et de capacités de guérison qui vit dans un jardin souterrain.

Gilgamesh l'existence d'un arbuste au fond de la mer à l'aide duquel il pourrait combattre la mort.

Gilgamesh en plongeant au fond de l'océan réussit à s'approprier cette plante et remonte sur la terre :

> « Apercevant une fontaine dont les eaux étaient fraîches, Gilgamesh y descendit pour se baigner dans ses eaux. Alors un serpent flaira l'odeur de sa plante ; silencieusement il monta et emporta la plante ; sur-le-champ il rejeta ses écailles. Dès lors Gilgamesh demeura prostré, il pleurait (XI, 285-290).

Dans Gilgamesh, le serpent est responsable d'avoir enlevé aux hommes un antidote contre la mort ; dans la Genèse, le serpent provoque la transgression du couple humain qui provoque la sortie du paradis et la mort des humains.

Le serpent est expressément présenté comme une créature de Yhwh, il n'est donc nullement le diable comme le veut la tradition chrétienne ; une telle idée est attestée probablement pour la première fois dans le livre de la Sagesse de Salomon 2, 24 : « Par l'envie du diable, la mort est entrée dans le monde. »

Pourquoi le serpent s'adresse-t-il à la femme alors que le commandement a été donné à l'*'ādām* ? (d'ailleurs le texte ne nous dit pas comment la femme est au courant de cet interdit[38]).

Une lecture patriarcale largement répandue dans le judaïsme et dans le christianisme a considéré que le serpent savait que la femme était plus facile à séduire, puisque plus crédule, plus curieuse, etc.

Cette idée a fortement marqué l'image de la femme dans le judaïsme et dans le christianisme. Ainsi dans la Vie grecque d'Adam et Ève, texte juif, écrit au tournant de l'ère chrétienne, Adam reproche à sa femme : « Ève qu'as-tu perpétré contre nous ? Tu as amené sur nous une grande colère, la mort qui domine toute notre espèce » (14, 2), et Ève confesse son péché en disant : « je suis à l'origine de tout péché dans la création ».

On trouve la même idée dans la 1re épître à Timothée 2 (fin du Ier, début du IIe s.) : « 13 C'est Adam, en effet, qui fut formé le premier, Ève ensuite. 14 Et ce n'est pas Adam qui fut séduit, mais c'est la femme qui, séduite, tomba dans la transgression. »

38. Si cependant la femme est une des moitiés de l'adam originel, la question ne se pose pas.

L'idée de la femme qui serait à l'origine de tous les maux se trouve également dans la mythologie grecque dans le personnage de Pandore.

Dans la Bible hébraïque, la femme est aussi associée à la sagesse, qui, elle-même, dans le livre des Proverbes, est personnifiée en « Dame Sagesse ». C'est peut-être cette idée qui a poussé l'auteur à attribuer le dialogue avec le serpent à la femme car l'enjeu en est, en effet, la connaissance.

D'ailleurs on peut souligner, sans verser dans un féminisme anachronique, que le v. 6 (on y reviendra) souligne que l'homme était avec la femme durant toute la discussion et qu'il n'est nullement intervenu.

### Les trois discours sur l'interdit

Si on compare l'interdit divin, le discours du serpent et celui de la femme, on se rend compte des différentes stratégies rhétoriques :

| Yhwh | serpent | femme |
|---|---|---|
| 2, 16 Yhwh Dieu donna à l'être humain cet ordre : de tout arbre du jardin tu mangeras certainement. 2, 17 Mais de l'arbre de la connaissance du bien et du mal tu ne mangeras pas, en effet, le jour où tu en mangeras, tu mourras certainement. | 3, 1b Il dit à la femme : Dieu a vraiment dit : vous ne mangerez pas de tout arbre du jardin.<br><br>3, 4 Le serpent dit à la femme : vous ne mourrez certainement pas. 3, 5 En effet, Dieu sait que le jour où vous en mangerez, vos yeux s'ouvriront et vous serez comme un dieu/comme des dieux connaisseurs du bien et du mal. | 3, 2 La femme dit au serpent : du fruit des arbres du jardin nous mangeons. 3, 3 Quant au fruit de l'arbre au milieu du jardin, Dieu a dit : vous n'en mangerez pas, et vous ne le toucherez pas pour que vous ne mouriez point. |

Le serpent commence par un constat négatif, qui met la femme sur la défensive, puisqu'elle doit préciser que seul un arbre est interdit, « celui du milieu du jardin ». Il est intéressant de voir que la femme ne parle pas de l'arbre de la connaissance du bien et du mal.

Le serpent parle d' 'elohîm (dieu/dieux) et non pas de Yhwh et la femme utilise également ce terme. Au niveau de la narration, c'est nécessaire, puisque l'enjeu mis en avant par le serpent est de devenir comme 'elohîm (un dieu/des dieux).

À noter encore que la femme modifie l'interdit divin de deux manières : d'un côté elle renforce l'interdit (en ajoutant « vous ne toucherez pas »)[39] et, de l'autre côté, elle modifie l'annonce de la mort en cas de transgression, alors que dans le commandement initial de Yhwh on peut comprendre que la peine de mort intervient dès le moment de la transgression ; la femme utilise une formulation plus vague qui conduit à penser que la sanction de la transgression est la mortalité des humains.

La réponse du serpent s'oppose à ce commandement avec l'argument que le couple humain deviendra comme des dieux.

Se pose la question de savoir qui a raison : Yhwh, le serpent ou la femme ? La suite du récit montre que ce qui arrive est un mix des discours du serpent et de la femme : les yeux du couple s'ouvriront, mais ils ne deviendront pas comme des dieux ; leur mort ne sera pas immédiate mais elle marquera la fin de leur existence.

### L'identité du fruit de l'arbre du milieu du jardin

Selon le contexte, on peut penser à un figuier, puisque le verset suivant parle de pagnes de figuier que le couple se fait pour cacher sa nudité. On trouve cette idée, par exemple, dans l'Apocalypse de Moïse (15-30).

Quelques textes juifs évoquent le raisin (Apocalypse d'Abraham 23, 5 ; 2 Baruch 4, 8), mais aussi l'etrog (Bereshit Rabba XV, 7) qui joue un rôle important lors de la fête de Soukkot ; il figure également sur le retable « Adoration de l'Agneau mystique » des frères Van Eyck.

L'idée qui s'est imposée dans l'histoire de l'art et dans la réception de Genèse 3 identifie le fruit à la pomme, peut-être à cause du latin. On la trouve pour la première fois au début du Ve siècle chez Cyprianus Gallus. On avance souvent que le terme *malum* peut désigner le mal mais

39. La racine *n-g-'* avec la préposition *b* est souvent attestée dans des textes sacerdotaux qui concernent l'interdit de toucher aux domaines réservés de Dieu. Ceci fait apparaître l'arbre du milieu du jardin comme l'arbre réservé de Dieu.

aussi la pomme[40] ; en Genèse 3, la Vulgate cependant traduit par *fructus*. Il est également possible que la pomme se soit imposée à cause de ses supposées vertus aphrodisiaques, comme on le voit par exemple dans le Cantique des Cantiques : « 2, 3 Comme un pommier au milieu des arbres de la forêt, tel est mon chéri parmi les garçons. À son ombre, selon mon désir, je m'assieds ; et son fruit est doux à mon palais. » Mais il se pourrait simplement que dans les pays européens, la pomme soit le fruit courant que l'on trouve partout et que l'on a donc aussi imaginé dans le paradis.

### L'acquisition de la connaissance et les sanctions divines

Comme le serpent l'avait annoncé, les yeux du couple s'ouvrent, et ils acquièrent la connaissance mais de leur nudité. Il s'agit de la découverte de la sexualité. L'hébreu utilise le verbe « connaître » aussi pour décrire un rapport sexuel. En découvrant sa nudité, le couple humain découvre sa différence sexuelle.

Dans l'épopée de Gilgamesh, Enkidu, futur compagnon de Gilgamesh, devient un être humain à part entière après avoir fait l'amour avec une prostituée :

> « Il avait acquis la raison, il déployait l'intelligence. S'adressant à Enkidu, la fille de joie lui dit : "Tu es beau, Enkidu, tu es devenu comme un dieu. Pourquoi vagabonder dans la steppe avec les bêtes ?" » (Gilgamesh I, col. IV, 30-36).

La connaissance de la nudité fait naître un sentiment de honte ou, plutôt, de pudeur, qui est une constante anthropologique, gérée différemment selon les civilisations.

Dans le récit de la Genèse, les sanctions divines sont énoncées dans le sens inverse des acteurs mentionnés. L'homme avait mis la faute sur la femme, et la femme sur le serpent. Yhwh commence par le serpent, ensuite il parle de la femme et à la fin de l'homme. L'expression « maudit sois-tu parmi / plus que tout animal du champ » est ambiguë : faut-il comprendre que tous les autres animaux seraient également maudits, mais d'une manière moindre (c'est par exemple la traduction de la Bible du

40. H. F. Júnior, « Entre la figue et la pomme : l'iconographie romane du fruit défendu », *Revue de l'Histoire des Religions* 1, 2006, p. 26-70.

Rabbinat et de certains commentateurs[41]). Le texte sous-entend, en effet, que la relation pacifique entre les humains et les animaux est rompue, ce qui apparaît également au verset 21 où Yhwh fait des vêtements pour les humains à partir de la peau des animaux qui sont donc mis à mort. L'hostilité annoncée entre la femme et sa descendance et le serpent et sa descendance reflète, au niveau des auteurs du récit, la situation des agriculteurs du Levant pour lesquels les serpents étaient des ennemis redoutables. La sanction de la femme renvoie également à la réalité des destinataires de ce texte. La grossesse et l'accouchement sont à l'époque de la mise par écrit du texte douloureux et dangereux, et de nombreux textes bibliques mettent en scène cette situation[42]. La deuxième partie relate la soumission de la femme à l'homme qui correspond à la réalité de la société patriarcale du monde de l'auteur. À noter qu'il comprend cette situation comme une sanction divine et non pas comme l'état normal de la Création. En formulant la sanction de l'homme, Yhwh cite en détail l'interdit qu'il lui avait donné en 2,17 et l'interprète ensuite en 3,19 :

| | |
|---|---|
| 2, 17 | De l'arbre de la connaissance du bien et du mal tu ne mangeras pas, en effet, le jour où tu en mangeras, tu mourras certainement. |
| 3, 17<br>3, 19 | Tu as mangé de l'arbre au sujet duquel je t'ai ordonné : Tu n'en mangeras pas.<br>À la sueur de ton front tu mangeras de la nourriture jusqu'à ce que tu retournes vers le sol car c'est de lui que tu as été pris. |

La peine de mort de 2, 17 est transformée dans la sanction comme étant le destin de tous les humains, mais à la fin de la vie. La mort et la conscience de cette mort caractérisent désormais la condition humaine.

### La sortie ou l'expulsion du jardin

« 3, 20 L'être humain appela sa femme du nom de Ḥawwâ (Ève) ; en effet c'est elle qui est la mère de toute vie.

3, 21 Yhwh Dieu fit pour l'être humain (TM : Adam) et sa femme des vêtements de peau et il les habilla.

41. Par exemple, B. Jacob, *Das erste Buch der Tora. Genesis übersetzt und erklärt*, Berlin, Schocken Verlag, 1934, p. 113.

42. Par exemple Rachel qui meurt lors de l'accouchement de Benjamin (Genèse 35, 18), ou encore en 1 Samuel 4 la femme du prêtre Pinhas qui, elle aussi, meurt lors de la mise au monde de son fils.

3, 22 t Yhwh Dieu dit : "Voici, l'être humain est devenu comme l'un de nous par la connaissance du bien et du mal. Et maintenant qu'il ne tende pas sa main et qu'il ne prenne aussi de l'arbre de vie, qu'il n'en mange et qu'il ne vive pour l'éternité".

3, 23 Et Yhwh Dieu renvoya l'être humain du jardin d'Éden pour qu'il travaille le sol duquel il avait été pris.

3, 24 Il chassa l'être humain, et il installa à l'est du jardin d'Éden les chérubins et la flamme de l'épée tournoyante pour garder le chemin de l'arbre de vie. »

Dans ces derniers versets du récit, on observe des doublons et de nouveaux éléments dont certains ont probablement été ajoutés après coup.

a. V. 20 : Le fait que l'être humain donne un nom à sa femme (« La Vivante ») peut paraître étonnant à cet endroit ; aucun enfant n'est encore né, on pourrait mieux comprendre ce nom si la femme était déjà devenue mère. Certains auteurs[43] pensent que ce verset serait mieux à sa place au début de l'histoire de Caïn et Abel. Ces arguments ont une certaine pertinence. Néanmoins, cette opposition est peut-être voulue pour créer un contraste avec l'annonce du retour de l'homme vers le sol d'où il a été tiré. À la mort annoncée par Yhwh, l'être humain oppose un antidote en appelant sa femme « la vivante ». On peut donc considérer que ce verset fait partie de l'histoire primitive[44].

b. V. 22 : le thème de l'arbre de vie vient trop tard. Le constat « l'homme est devenu comme l'un de nous » renvoie au discours du serpent (et le confirme en quelque sorte), mais le thème de l'immortalité est nouveau. On peut donc en conclure que c'est un ajout qui prépare peut-être l'histoire de la tour de Babel en Genèse 11, où l'on retrouve la thématique des humains qui veulent devenir comme les dieux.

c. La double conclusion en v. 23 et v. 24 est clairement redondante. Il y a peu de doute que la conclusion d'origine se trouvait au v. 23. La sortie de l'être humain du jardin pour travailler le sol duquel il a été pris renvoie au début de l'histoire. Cet encadrement montre d'ailleurs que la fonction de l'être humain est de travailler le sol. Il ne peut donc pas rester dans le jardin.

43. Par exemple, J. Skinner, *A Critical and Exegetical Commentary on Genesis* (ICC), Édimbourg, T.&T. Clark 1910, p. 85 sqq.

44. Cette nomination a d'ailleurs un parallèle en Genèse 2, 23, où l' *'ādām* avait nommé son « double » *iššâ*, femme.

Le scénario du v. 24, les *keroubim* qui gardent le chemin vers l'arbre de la vie, n'est pas préparé dans l'histoire. Ces êtres hybrides font penser aux gardiens d'un sanctuaire.

On peut donc reconstruire la fin originelle de l'histoire comme suit :

> « 19a "À la sueur de ton front tu mangeras de la nourriture jusqu'à ce que tu retournes vers *le sol, car c'est de lui que tu as été pris*". 20 L'être humain appela sa femme du nom de Ḥawwâ (Ève) ; en effet c'est elle qui est la mère de toute vie. 21 Yhwh fit pour l'être humain des vêtements de peau et il les habilla. 23 Et Yhwh Dieu renvoya l'être humain du jardin pour *qu'il travaille le sol duquel il avait été pris.* »

Le fait que Yhwh fasse des vêtements de peau pour le couple humain est un indice qu'il s'occupera des humains après leur sortie du jardin. Puisque le couple a découvert sa nudité et donc aussi sa sexualité, Yhwh leur fournit maintenant un vêtement qui est un symbole de l'humain.

De nouveau, on peut rappeler l'épopée de Gilgamesh, où Enkidu, après avoir découvert la sexualité, devient un être humain à part entière en se vêtant (Tablette II).

Le v. 23 n'utilise pas le verbe « chasser » comme le v. 24, mais le lexème plus neutre « renvoyer », comme si le texte voulait dire que l'épisode du jardin devait un jour se terminer et que les humains (ici, le terme *'ādām* est utilisé pour le couple humain) sont renvoyés pour vivre en dehors du jardin. Ce verset conclut la réflexion sur la condition humaine qui avait débuté en Genèse 2, 5.

| | |
|---|---|
| 2, 5<br>2, 7<br>2, 8 | Il n'y avait pas d'être humain *pour travailler le sol.*<br>Yhwh Dieu forma l'être humain du sol.<br>Yhwh Dieu planta un jardin en Éden à l'est, et il y plaça l'être humain qu'il avait formé. |
| 3, 23 | Et Yhwh Dieu renvoya l'être humain du jardin d'Éden *pour qu'il travaille le sol* duquel il avait été pris. |

Le séjour dans le jardin paraît ainsi comme une parenthèse nécessaire, le destin de l'homme est de vivre en dehors du jardin.

### La conclusion secondaire : le jardin interdit (Genèse 3, 14)

Ce verset présente le paradis comme un enclos fermé avec une ouverture à l'est, qui correspond à l'arrangement du temple de Jérusalem orienté vers l'est (Ézéchiel 47, 1) et qui comporte également des *keroubim* (1 Rois 6, 35). Cet ajout insiste sur le fait que l'arbre de vie est désormais hors de portée et que les humains doivent accepter que la mort fasse partie de leur condition.

### Conclusion : la fonction du récit sur le jardin

Selon Genèse 2-3, le jardin est un domaine divin que le couple humain doit quitter pour travailler la terre. S'il était resté dans le jardin, il n'aurait pas découvert sa « nudité » et serait resté sans descendance. Ainsi l'expulsion du jardin est une réflexion sur l'autonomie de l'homme face au monde des dieux. L'homme a une certaine liberté face à Dieu, mais il faut aussi en assumer les conséquences. En même temps cette liberté est quelque peu limitée, car si le serpent est un agent protecteur on peut se poser la question de savoir si ce n'est pas Yhwh lui-même qui pousse l'homme à la transgression, pour qu'il occupe son espace à lui.

En aucun cas le récit ne véhicule une idée comme celle du péché originel. Celle-ci est liée à l'interprétation que Paul, dans l'épître aux Romains, fait de Genèse 3 : « par un seul homme le péché est entré dans le monde, et par le péché la mort » (1 Romains 5, 12).

Le récit de Genèse 3 dans son contexte premier se comprend, en revanche, comme une réflexion sur la condition humaine, sur la cohabitation difficile entre Dieu et les hommes, sur l'autonomie limitée de l'homme, sur son destin et sur la mort et sur les moyens de s'inscrire dans une continuité, malgré la mort.

### Les transformations du paradis dans le judaïsme et le christianisme anciens

Certains textes eschatologiques dans la Bible hébraïque envisagent la possibilité que les malédictions suite à la transgression des humains puissent un jour s'arrêter : Ésaïe 11 imagine un retour à une relation harmonieuse entre les animaux et les humains, d'autres textes pensent que la mort pourrait peut-être un jour être vaincue (Ésaïe 25, 8 ; 26, 19 ; 65, 20).

Le judaïsme primitif distinguait entre un paradis primitif, un paradis temporairement caché et un paradis eschatologique[45]. Le paradis primitif

45. Pour la suite, cf. H. Pfeiffer, « Paradies / Paradieserzählung », WiBiLex 2006, http://www.bibelwissenschaft.de/stichwort/29971/.

était considéré comme étant la partie la plus sacrée de la terre (Jubilés 3, 12). Dans ce paradis on distinguait une partie, plus petite, attribuée à Adam (גַּן, « jardin ») et le paradis proprement dit, l'espace de Dieu (עֵדֶן, « Éden »).

Certains écrits apocalyptiques s'attendaient à ce que le paradis terrestre, en partie associé à Jérusalem et à son sanctuaire (cf. Hénoch éthiopien 25, 4f), redevienne accessible à la fin des temps (cf. par exemple Test Lev 18, 10f).

Là, les âmes des justes vivraient en parfaite communion avec Dieu (Apocalypse de Moïse 13, 4) et partageraient les bienfaits du paradis tels que les fruits de l'arbre de vie (ou le lait, le miel, l'huile et le vin des fleuves du paradis [cf. Hénoch slave 8, 5f]).

Dans le Nouveau Testament le paradis apparaît, selon Luc 23, 43, comme lieu de séjour des âmes des justes. 2 Corinthiens 12, 4 présuppose l'idée d'un paradis situé dans le troisième ciel, le ciel le plus élevé (cf. Apocalypse de Moïse 37, 5). Selon Apocalypse 2, 7, les vainqueurs de la fin des temps se verront promettre le retour au paradis (céleste) et le droit de manger de l'arbre de vie.

L'importance d'un paradis à la fin du temps est encore renforcée dans le Coran (notamment sourates 2, 25 ; 13, 35 ; 14, 23 ; 18, 31 ; 43, 71 ; 47, 15 ; 56, 21 ; 67, 15 ; 88, 13 ; 56, 15-18). C'est un lieu de félicité, de richesse et de plénitude de vie, réservé aux justes après le jugement dernier, qui ressemble beaucoup au paradis terrestre, bien que le mythe du premier homme et du paradis terrestre soit ignoré dans le Coran[46].

Thomas Römer

46. J. Chabbi, *On a perdu Adam. La création dans le Coran*, Paris, Seuil, 2019. L'auteur montre cependant que la tradition biblique réapparaît dans la tradition musulmane postérieure.

# JARDINS, ARCHITECTURE ET COSMOLOGIE DANS L'ÉGYPTE ANCIENNE

Les vestiges archéologiques, les représentations pariétales ou encore l'abondance de lexèmes égyptiens permettent d'avoir une idée précise du jardin égyptien. Qu'il soit pour un particulier, devant une tombe ou un temple, sa composition est conçue selon les mêmes principes. Il s'agit de créer un espace clos, quadrangulaire, avec un damier de cultures, des alignements d'arbres jouant savamment de la symétrie et de l'asymétrie, et surtout (au moins) une pièce d'eau rectangulaire. On y joint une volière, quelques oiseaux sur l'eau, quelques plantes aquatiques et des fleurs sur son pourtour. Les dispositions varient selon le souhait de chacun, roi ou sujet, mais la nature et ses dons y sont disposés, organisés, ajustés pour que l'œil s'y plaise, le nez soit ravi par ses parfums, la bouche par ses fruits, et que le cœur apaisé par l'ombre goûte le souffle doux de la brise.

## Quels mots pour désigner le jardin ?

Il n'existe pas moins de vingt-quatre termes pour désigner les jardins égyptiens, dont huit très fréquents à diverses époques[1]. L'Égyptien est précis : il préfère aux vastes concepts recourir à la description d'une réalité sous ses différents angles, par le biais de la métonymie ou de la synecdoque. Nous aurons donc des jardins dont le nom signifie littéralement « enclos d'arbres », « enceinte », « pièce d'eau », ou encore « ce qui est sur la pièce d'eau », ou « devant la pièce d'eau », « grand lac », « damier de culture », « bois sacrés », « culture », « terres

1. J.-C. Hugonot, *Le jardin dans l'Égypte ancienne* (Publications universitaires européennes, série XXXVIII, Archéologie vol. 27), Francfort-sur-le-Main, 1989, chap. 1.

d'oliviers », sans oublier le « Pount », plantation d'arbres à encens venant de Pount…

L'écriture hiéroglyphique permet de joindre, à l'analyse de la signification de chaque lexème, une information sur le trait dominant de chaque type de jardin, car le nom est complété d'un signe classificateur qui en souligne la valeur sémantique majeure ou la précise (fig. 1). On trouve ainsi pour les différents types de jardins les signes de l'enclos qui enserre et protège, de la pièce d'eau qui ne manque pas d'y figurer, du damier des cultures qu'on y implante, de l'arbre (pour toutes les variétés qui y sont présentes y compris les arbres fruitiers), de la plante (fleur, roseau, etc.), de la branche d'arbre (évoquant le bois) et du vignoble (désignant par extension une culture allant de la vigne aux arbres fruitiers – comme les figuiers –, aux légumes ou encore aux fleurs).

### L'enclos

Le premier point est donc la définition d'un espace. Dans les représentations pariétales, il est immanquablement quadrangulaire, ce qu'attestent également les inscriptions comme celle de Metchen, à l'Ancien Empire. Metchen déclare ainsi qu'il avait bâti « un domaine de 200 coudées de longueur et 200 coudées de largeur (environ 10 000 m$^2$), bâti de murs, équipé et planté de beaux arbres. Il y a été fait un très grand bassin et planté des figuiers et de la vigne »[2].

D'une certaine épaisseur, le mur d'enceinte pouvait atteindre 3 m à 3,33 m de haut, comme en témoignent des fouilles de domaines à Amarna[3], et son couronnement était parfois ondulé, comme figuré en élévation[4], ou rabattu en plan[5] dans des tombes thébaines du Nouvel Empire. Cette ondulation sur le couronnement des murs correspond à la présence de merlons, aujourd'hui visibles sur les murs d'enceinte

2. K. Sethe, *Urkunden des alten Reiches* I, Leipzig, 1903, 1, 4, l. 10-17.

3. Hauteur originale évaluée grâce aux rangs de briques écroulés et préservés *in situ* (T. E. Peet, C. L. Woolley, *The city of Akhenaten I, Excavations of 1921 and 1922 at El-'Amarneh* [Memoir of the Egypt Exploration Society, 38], Londres, 1923, p. 15). Un autre exemple atteste d'un mur de 3,05 m de haut (H. Francfort, J. D. S. Pendlebury, *The City of Akhenaten* II [Memoir of the Egypt Exploration Society, 40], Londres, 1933, p. 63).

4. Tombe thébaine 81 : P.-H. Boussac, *Le tombeau d'Anna* (Mémoires publiés par les Membres de la Mission archéologique française du Caire, 18/1), Paris, 1896, pl. 1.

5. Tombe thébaine 96 : I. Rosellini, *I Monumenti dell'Egitto e della Nubia*, II. *Monumenti civili – Tavole*, Pise, 1834, pl. LXIX.

FIG. 1. – Les signes marqueurs du jardin
(exemples tirés de la tombe de TI à Saqqara, dessin N. Beaux).

FIG. 2. – Couronnement en merlons figuré sur le mur de l'enclos du jardin d'Ineni (tombe thébaine 81), et visible sur le mur d'enceinte du temple de Medinet-Habou (TT 81, P.-H. Boussac, *op. cit.* [n. 4], pl. 7 ; cliché F. Larché).

Fig. 3. – Maquette du jardin de Meketrê (cliché © MMA 20.3.13).

de Medinet-Habou (fig. 2). Une maquette trouvée dans la tombe de Meketrê témoigne de l'importance de l'enclos[6] (fig. 3). Les murs étaient en brique ou en pierre parfois recouverts d'un badigeon de plâtre[7].

La pièce d'eau (fig. 4)

En principe au moins une pièce d'eau se trouvait dans le jardin, parfois plusieurs. Ces bassins avaient une forme rectangulaire, comme celui au centre de la maquette de Meketrê, ou carrée, comme celui du temple funéraire d'Amenhotep fils de Hapou[8], ou encore en T[9]. Citernes et puits pouvaient de plus contribuer à l'approvisionnement en eau du jardin. Il existe quelques rares exemples de bassins circulaires comme celui de la tombe de Ken qui faisait 2,20 m de diamètre et 0,30 m de

6. Conservée au Metropolitan Museum of Art (New York), MMA n° 20.3.13.

7. A. Wilkinson, *The Garden in Ancient Egypt*, Londres, 1998, p. 9.

8. C. Robichon, A. Varille, *Le temple du scribe royal Amenhotep fils de Hapou*, (Fouilles de l'Institut français d'Archéologie orientale du Caire, XI), 1936, pl. XI.

9. J.-C. Hugonot, *op. cit.* (n. 1), p. 158 sq. ; A. Wilkinson, *op. cit.* (n. 7), p. 10 sq. Sur la signification du bassin en T, voir A. H. Bomann, *The Private Chapel in Ancient* Egypt, Londres-New York, 1991, chap. 7.

FIG. 4. – Bassin carré dans le jardin du temple d'Amenhotep fils de Hapou (C. Robichon, A. Varille, *op. cit.* [n. 8 ], pl. XI) et bassin en T et vignes dans la tombe de Nebamon (TT90, cliché © IFAO).

profondeur[10]. L'irrigation se faisait par apport manuel, par exemple par un chadouf comme figuré dans la tombe d'Ipouy[11].

### Les plantations

Autour de la pièce d'eau ou en avant d'elle, étaient soigneusement disposées des plantations. Au minimum des rangées d'arbres, mais aussi des vignes, des fleurs, et des légumes.

*Les arbres* étaient plantés dans des trous circulaires mais pouvaient avoir en surface une bordure carrée en briques[12]. Ainsi à Dahchour, un jardin fouillé dans le complexe funéraire de la pyramide rhomboïdale de Snefrou présentait 300 trous pour les plantations de végétaux disposés en 4 rangées séparées de 2,5 à 2,9 m[13]. Ces trous avaient environ 40 cm de profondeur et étaient remplis de terre fertile. Entre les trous reposait à la surface une couche de limon pour des herbes ou fleurs, posée en lits réguliers. Les fosses dans lesquelles étaient plantés les arbres pouvaient être constituées d'une simple cavité aménagée, comme au *dromos* de Louxor, ou d'un puits profond (près de 10 m de profondeur) comme ceux qu'on observe devant le temple de Montouhotep II à Deir el-Bahari. Ces fosses étaient remplies de limon du Nil[14]. « Les jeunes pousses étaient mises en terre dans des jarres, procédé qui leur permettait, grâce à la porosité de la matière de ces récipients, de conserver plus longtemps une humidité relative. Le récipient éclatait sous la poussée des racines qui pouvaient alors continuer à se développer en pleine terre. »[15] Le pied des arbres était entouré d'une bordure de boue séchée qui retenait l'eau d'arrosage, et parfois d'un muret en brique avec des trous d'aération protégeant la plante du bétail, comme celui figuré dans la tombe de

10. Tombe thébaine 337 : B. Bruyère, *Rapport sur les fouilles de Deir El Médineh (1927)* (Fouilles de l'Institut français d'Archéologie orientale du Caire, V/2), 1928, p. 3, pl. I.

11. N. de Garis Davies, *Two ramesside Tombs at Thebes* (Publications of the Metropolitan Museum of Art Egytian Expedition, Robb de Peyster Tytus Memorial Series, V), New York, 1927, pl. XXVII (TT217).

12. C. Robichon, A. Varille, *op. cit.* (n. 8), p. 35, pl. XXVIII.

13. F. Arnold, « Ein Garten bei den Pyramiden: Königliche Landschaftsgestaltung in Daschur », *Antike Welt* 3, 2015, p. 46-54.

14. D. Arnold, *The Temple of Mentuhotep at Deir el-Bahari* (Publications of the Metropolitan Museum of Art Egyptian Expedition, XXI), New York, 1979, p. 21.

15. J.-C. Hugonot, *op. cit.* (n. 1), p. 160 sq. ; C. Robichon, A. Varille, *op. cit.* (n. 8), p. 35, pl. XXVIII.

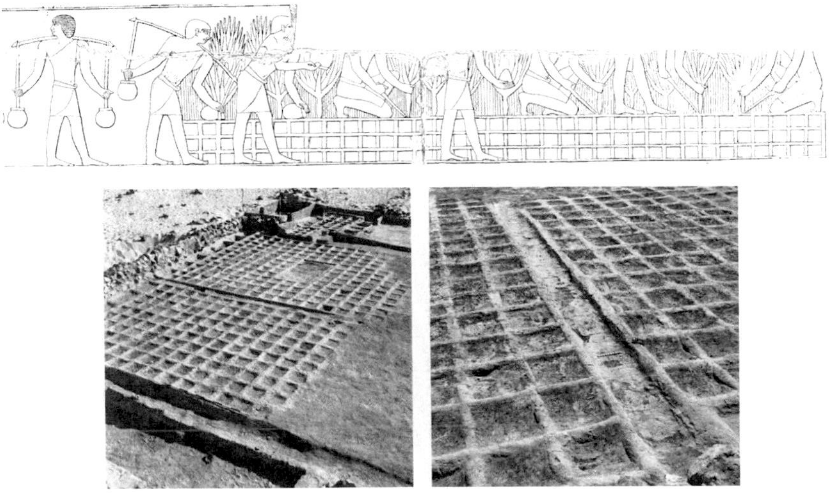

FIG. 5. – Culture des salades en damier illustrée dans la tombe de Mererouka (P. Duell, *The Mastaba of Mereruka* I [The University of Chicago Oriental Institute Publications, XXXI], 1938, pl. 21) et damier de godets visible dans un jardin de Migissa (L. Miellé, *Mirgissa* VI – *La ville hors les murs* [Fouilles de l'Institut français d'Archéologie orientale du Caire, 89], 2022, p. 214, fig. 18C et D).

Meryrê, selon une pratique encore attestée de nos jours[16]. À l'entrée du temple d'Hatchepsout à Deir el-Bahari, deux perséas étaient plantés. Les fouilles ont révélé qu'ils étaient chacun entourés d'un muret de pierre dans lequel était intégré une sorte de conduit en céramique permettant l'approvisionnement en eau de la plante[17].

*Les fleurs et légumes* (notamment l'oignon, l'ail, la salade, la coriandre, le concombre, le melon[18]...) étaient plantés dans des carrés ou des rectangles, comme figuré dans les tombes (par exemple l'irrigation et la culture de salades dans la tombe de Mererouka[19], à l'Ancien Empire) (fig. 5). Ces damiers de godets sont aussi attestés par les fouilles.

16. J. Černy, « Survivance d'une ancienne pratique », *Revue d'Égyptologie* 22, 1970, p. 201 sqq. ; N. de G. Davies, *The Rock Tombs of El-Amarna*, I. *The Tomb of Meryra* (Archaeological Survey of Egypt, 13), Londres, 1903, pl. XXV et XXXI.

17. S. Clarke, « Architectural description », in *The Temple of Deir el Bahari* VI – *Plates* CLL-CLXXIV. *The Lower Terrace, Additions and Plans* (Memoir of the Egypt Exploration Fund, XXIX), E. Naville éd., Londres, 1908, p. 20.

18. A. Wilkinson, *op. cit.* (n. 7), p. 59 sq.

19. P. Duell, *The Mastaba of Mereruka* I (The University of Chicago Oriental Institute Publications, XXXI), 1938, pl. 21.

Récemment, une mission espagnole a dégagé un petit jardin funéraire de la XIIe dynastie dans la région thébaine. De 3 m sur 2,2 m, il est constitué de 23 carrés de 30 cm² séparés chacun par une levée de terre de 8 cm[20]. D'autres vestiges comme ceux des jardins privés ou publics de Mirgissa (actuel Soudan)[21] (fig. 5) témoignent de l'implantation de ce type de jardin à toute époque et en tout lieu de l'Empire égyptien, tant dans des installations funéraires que privées ou cultuelles.

*Les vignes* étaient plantées en treille, des piquets fourchus permettant de soutenir de longues perches horizontales sur lesquelles les sarments reposaient[22] ; elles poussent aussi parfois sur une pergola[23] (fig. 4 et 6). On a trouvé à Tell el-Daba'a un lieu d'emplacement d'une vigne dans le secteur du temple, avec des trous dans lesquels se fichaient les piquets de la pergola[24]. La technique de la pergola était aussi utilisée pour les cultures de cucurbitacées[25].

### Oiseaux et poissons des jardins (fig. 7)

On trouve plusieurs espèces d'oiseaux figurés dans les jardins, notamment sur les bassins[26] : Tourterelles (*Streptopelia turtur rufescens* Brehm), canards (*Anas acuta* L., *Anas Platyrhynchos* L.) et oies (*Branta ruficollis* Pallas).

Parmi les poissons[27] figurent diverses espèces de carpes (*Labeo* spp.), tilipia (*Tilipia* spp.), poissons chats (*Synodontis* spp.), des

20. J. M. Galán, « The Djehuty Project – Discovering a 12th Dynasty Funerary Garden in Thebes », *Scribe* 6, Fall 2020, p. 40-47.

21. L. Miellé, *Mirgissa* VI – *La ville hors les murs* (Fouilles de l'Institut français d'Archéologie orientale du Caire, 89), 2022, p. 214, fig. 18C et D.

22. J.-C. Hugonot, *op. cit.* (n. 1), p. 241-244 ; possible témoignage archéologique dans L. Miellé, *op. cit.* (n. 21), p. 214, fig. 19B et p. 54-55.

23. N. de Garis Davies, *op. cit.* (n. 11), pl. XV (TT51).

24. D. Eigner, « Gartenkunst im alten Ägypten – Grabungsergebnisse der Zweigstelle Kairo des österreichischen Archäologischen Instituts », *Die Gartenkunst* 7/1, 1995, p. 108, Abb. 21.

25. N. Beaux, « Cultures et supports en Égypte ancienne. – Remarques iconographiques et paléographiques autour du signe M43 », *Langues orientales anciennes, Philologie et Linguistique* 3, 1991, p. 205-214.

26. J. R. Reichart, *Pure and Fresh: A Typology of Formal Garden Scenes from Private Eighteen Dynasty Theban Tombs Prior to the Amarna Period*, Thesis Master of Arts, The American University in Cairo, 2020, p. 214-221.

27. J. R. Reichart, *op. cit.* (n. 26), p. 221-228.

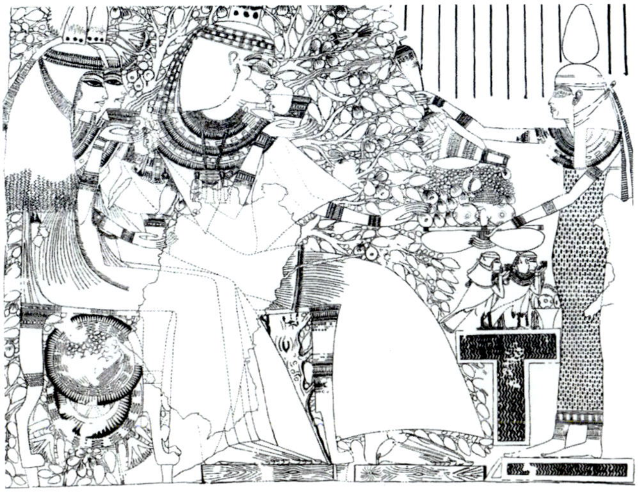

FIG. 6. – Ouserhat et son épouse sous leur vigne en pergola (TT 51, N. de Garis Davies, *op. cit.* [n. 11], pl. XV).

FIG. 7. – Bassin avec oiseaux et poissons dans le jardin de Nebamoun (TT 146, BM 37983, © The Trustees of the British Museum).

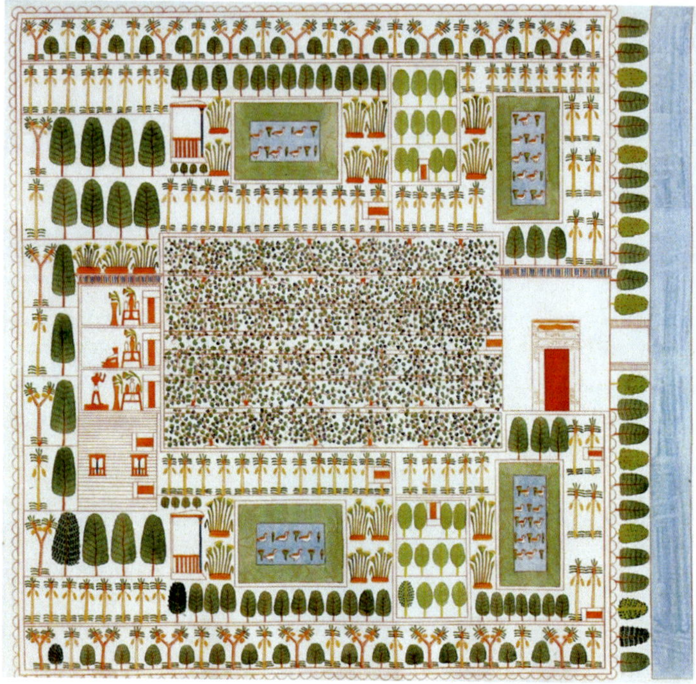

Fig. 8 – Symétrie du jardin de Sennefer (TT96, I. Rosellini, *op. cit.* [n. 5], pl. LXIX).

*Petrocephalus/Marcusenius* spp. et des *Mormyrus niloticus* Bloch & Schneider.

### Disposition géométrique

Enclos, bassins, et plantations étaient conçues de façon géométrique. Si l'on prend le jardin figuré dans la tombe de Sennefer, la symétrie, qui apparaît, d'emblée formée autour du vignoble central, est remarquablement brisée par quelques éléments ajoutés ou enlevés que l'on découvre seulement en scrutant l'image (fig. 8).

De même que l'on cultivait les légumes et fleurs dans des damiers de godets, on plantait les arbres en allées devant les temples, comme devant le temple funéraire de Montouhotep II à Deir el-Bahari[28] (fig. 9).

28. D. Arnold, *op. cit.* (n. 14), p. 21 sq.

FIG. 9. – Allées d'arbres autrefois plantés devant le temple de Montouhotep II à Deir el Bahari et signalés par les cavités circulaires (cliché N. Beaux).

Les jardins pouvaient varier sans fin, ils étaient cependant construits selon une grille, principe que l'on retrouve aussi bien dans la préparation de représentation pariétale[29], que dans l'élaboration d'un plan, comme celui peint sur un ostracon à Deir el-Bahari[30] (fig. 10). Il est intéressant de noter que ce plan a été interprété par Winlock comme le schéma du jardin du temple de Mentouhotep II, alors qu'Arnold y voit plutôt celui de la salle hypostyle autour du sanctuaire. L'architecture du jardin et du temple ne sont donc pas éloignées, et le jardin apparaît sans aucun doute comme une organisation, une architecture humaine de la nature dans laquelle pouvait se glisser un édicule.

29. G. Robins, *Proportion and Style in Ancient Egyptian Art*, Austin, 1994, p. 23-30.

30. D. Arnold, *op. cit.* (n. 14), fig. 9, p. 23 sq. *Ostracon* conservé au Metropolitan Museum of Art de New York (MMA22.3.30).

FIG. 10. – Reste de grille guidant le dessin pariétal (TT 90 de Nebamon, cliché © MANT / ULiège A. Den Doncker) et plan inscrit dans une grille sur un ostracon (cliché © MMA22.3.30, et dessin D. Arnold, *op. cit.* [n. 14], fig. 9).

## PAVILLON, CHAPELLE ET STATUES

Un pavillon[31] (structure végétale, tente ou hutte de roseaux) était en effet souvent placé à l'arrière du jardin, dans l'axe du bassin. Une tonnelle de vigne pouvait le remplacer[32] (fig. 6). Ces petites structures, lieux ombragés et frais, étaient propices à des rendez-vous galants, comme le conte du mari trompé ou les chants d'amour nous le narrent[33] : « La femme d'Oubaoné s'était éprise d'un bourgeois… comme il y avait un pavillon dans le jardin d'Oubaoné, le bourgeois dit à la femme d'Oubaoné : Il y a, n'est-ce pas, un pavillon dans le jardin d'Oubaoné, eh bien ! passons-y un moment. » Alors la femme d'Oubaoné fit dire

31. J.-C. Hugonot, *op. cit.* (n. 1), p. 162-165. On a trouvé un kiosque de ce genre près du jardin d'un palais de la XIIIe dynastie à Tell el-Dabaa (M. Bietak, « Der Friedhof in einem Palastgarten aus der Zeit des späten mittleren Reiches und andere Forschungsergebnisse aus dem östlichen Nildelta (Tell el-Daba'a 1984-1987) », *Ägypten und Levante* 2, 1991, p. 58 sq., Abb. 2 (bâtiment K près du jardin), pl. 12.

32. N. de Garis Davies, *op. cit.* (n. 11), pl. XV (TT51).

33. G. Lefebvre, *Romans et contes égyptiens de l'époque pharaonique*, Paris, 1976, p. 74-77.

FIG. 11. – Chapelles dans les jardins privés : l'exemple de la chapelle dédiée à Amenhotep III par Nebamon dans son jardin (TT90, cliché © MANT / ULiège A. Den Doncker).

au serviteur qui était chargé du jardin : « Fais préparer le pavillon qui est dans le jardin. » Elle y alla et y passa tout le jour à boire avec le bourgeois… Et quand le soir fut venu, le bourgeois descendit dans la pièce d'eau… » L'histoire se termine mal pour le couple adultère qui a bien profité du pavillon, du jardin et de la pièce d'eau…

Outre ces structures végétales légères, une chapelle de brique[34] ou plus rarement de pierre pouvait être érigée dans l'axe du jardin, avec une fonction sacrée. Les vestiges archéologiques ont montré que les murs de ces kiosques étaient parfois ornés de scènes à thématique religieuses, comme en témoigne une scène d'adoration à Aton, le disque solaire, par la famille royale, à Amarna[35]. Un autel ou une table d'offrandes pouvaient être disposés au centre de la chapelle et une statue ou une stèle dressée au fond du monument[36]. Cela permettait au propriétaire de rendre un culte à

34. Pour l'analyse et la typologie des vestiges de ces chapelles Amarna, voir S. Ikram, « Domestic shrines and the cult of the royal Family at El-'Amarna », *Journal of Egyptian Archaeology* 75, 1989, p. 89-101.

35. T. E. Peet, C. L. Woolley, *op. cit.* (n. 3), p. 48, dans le kiosque de la maison d'un grand-prêtre (46.15) et dans le bâtiment du jardin de la maison P.47.32.

36. De telles tables d'offrande et stèles sont décrites par T. E. Peet, C. L. Woolley, *op. cit.* (n. 3), p. 66 et pl. XXIII, fig. 4.

la famille royale[37] ou à un dieu[38], comme on voit Nebamon le faire dans son jardin, devant la chapelle dédiée au roi Amenhotep III[39] (fig. 11). À côté d'un jardin de la ville d'Amara, dans l'actuel Soudan, on a trouvé un édicule dans lequel un culte local à des serpents était manifestement rendu, si l'on en croit les corps de pythons enterrés dans des jarres autour du monument[40]. Des statues de hauts dignitaires étaient aussi placées dans les temples, en ex-voto, et parfois dans leurs jardins, ce qui leur permettait de bénéficier des offrandes et rituels qui s'y déroulaient[41]. Enfin il est possible qu'un culte aux ancêtres ait été rendu dans ces petites chapelles privées[42]. Individus, rois et dieux jouissaient ainsi des cultes rendus dans les jardins.

### Composition du jardin

Le jardin fournissait donc de l'eau fraîche, une ombre plaisante, de quoi se restaurer, des fruits et des légumes ainsi que des oiseaux et des poissons, et de belles fleurs parfumées ravissant l'œil autant que le nez. Le lien qu'entretenait l'homme avec cet environnement qu'il avait façonné est tangible par exemple dans la voix qu'il donne aux arbres dans les chants d'amour. Le grenadier parle ainsi : « Mes graines sont pareilles à ses dents, mes fruits sont comme ses seins… » ou encore « Le jeune sycomore qu'elle a planté de sa main, il a ouvert la bouche pour parler ; les bruissements issus de sa bouche, ce sont des gouttes de miel… Viens passer le jour dans le bonheur, et demain, après-demain,

37. Voir l'étude des restes archéologiques de chapelles dédiées au culte de rois vivants à Deir el-Medineh ou Amarna : A. H. Bomann, *op. cit.* (n. 9), p. 73 sq.

38. Voir aussi la mention dans la TT 93 d'un culte rendu par Kenamun dans son jardin à Geb et aux sycomores qu'il avait plantés (N. de Garis Davies, *The Tomb of Ḳen-Amūn at Thebes* [Publications of the Metropolitan Museum of Art Egytian Expedition], New York, 1930, pl. XLVB, p. 46).

39. M. Hartwig, *Tomb painting and identity in Ancient Thebes, 1419-1372 BCE* (Monumenta Aegyptiaca, IX, Série Imago nº 2), Bruxelles, 2004, p. 110 sq., n. 518.

40. P. L. Shinnie, « The Garden Plots – Buildings Nº 2 and 3 with Snake and Dog Burials », in P. Spencer, *Amara West – I. The architectural Report* [The Egypt Exploration Society Excavation Memoir, 63], Londres, 1997, p. 234 sq., pl. 144-147 ; H. W. Parker, « Snake Remains from Amara », in P. Spencer, *op. cit.*, Appendix 2, p. 1-7 (= p. 225-230).

41. Voir la TT 87 où, lors de la belle fête de la vallée, la statue de Minnakht, figure sans doute dans le jardin du temple jubilaire de Thoutmosis III (J. R. Reichart, *op. cit.* [n. 26], p. 48 et n. 196).

42. A. H. Bomann, *op. cit.* (n. 9), p. 68.

jusqu'à trois jours, assise sous mon ombrage ! »[43] Nombreuses sont les métaphores du jardin qui soulignent que ce milieu naturel et organisé par l'homme est l'univers de référence du discours amoureux : « Enivrantes sont les plantes du bassin de la sœur ; la bouche de la sœur est un bouton de lotus, ses seins sont des mandragores… »[44] Le jardin était source de joie pour tous les sens, une fête de l'œil, de l'oreille, du goût, du toucher et de l'odorat aussi, à telle enseigne qu'on offrait pour eux-mêmes les « parfums des jardins » (*sṯi šꜣ*)[45].

Une thèse a été consacrée aux différents jardins figurés dans les tombes de la XVIIIe dynastie (avant la période amarnienne) à Thèbes[46]. Elle témoigne de l'extrême variété de composition du paysage horticole, autant dans la façon de disposer les espèces végétales que dans leur choix : l'identification de plus de 42 espèces en fournit une preuve. De plus, les cycles de floraison et fructification étant parfaitement maîtrisés, l'implantation du jardin était faite de façon à assurer la production d'une abondance de produits tout au long de l'année[47]. L'exemple de la tombe d'Ineni (fig. 12)[48], étudié magistralement par N. Baum[49], est à cet égard emblématique : ce haut fonctionnaire a ajouté à l'image de son jardin une liste de vingt types d'arbres, avec des figuiers de deux sortes (73 *Ficus sycomorus* L., 5 *Ficus Carica* L.), des palmiers de trois espèces (dont pas moins de 170 palmiers dattiers et 120 palmiers doum), 12 vignes, 5 grenadiers, 16 caroubiers, 9 saules, 10 tamarix et bien d'autres espèces. Il est remarquable qu'Ineni a associé des espèces de la vallée du Nil à des végétaux relevant plus de la végétation soudanaise comme *Moringa peregrina* (Forsk.) Fiori (2 spécimens) et *Ziziphus spina-christi* (L.) Willd. (5 spécimens), faisant surgir dans son jardin différents paysages allant des rives du Nil aux zones de transition entre

43. B. Mathieu, *La poésie amoureuse de l'Égypte ancienne. – Recherche sur un genre littéraire au Nouvel Empire* (Bibliothèque d'Étude, 115), Institut français d'Archéologie Orientale du Caire, 2008 (2e éd.), p. 84 et 86.

44. B. Mathieu, *op. cit.* (n. 43), p. 247.

45. D. Goldsmith, « Smellscapes in ancient Egypt », in *The Routledge Handbook of the Senses in the Ancient Near East,* K. Neumann et A. Thomason éd., Oxon-New York, 2022, p. 647 et 651 sq.

46. J. R. Reichart, *op. cit.* (n. 26).

47. *Ibid.*, chap. 4.

48. P.-H. Boussac, *op. cit.* (n. 4), pl. 1.

49. N. Baum, *Arbres et arbustes de l'Égypte ancienne, la liste de la tombe thébaine d'Ineni (n° 81)* (Orientalia Lovaniensia Analecta, 31), Louvain, 1988.

cultures et désert. Le trait commun à ces arbres et arbustes est avant tout leur caractère nourricier, leurs fruits apparaissant pour beaucoup dans les rituels d'offrande[50]. Les rameaux de plusieurs espèces (*Ficus sycomorus* L., *Mimusops laurifolia* [Forsk.] Friis, *Salix subserrata* Willd.) et les palmes de *Phoenix dactylifera* L. étaient également utilisés dans la confection de bouquets montés ou de guirlandes funéraires[51] auxquelles venaient se joindre des coquelicots rouges (*Papaver rhoeas* L.), des mandragores jaunes (*Mandragora officinalis* L.), des bleuets (*Centaurea depressa* Bieb.) et les fleurs de lotus blanc (*Nymphaea lotus* L.) et bleu (*Nymphaea caerulea* S.)[52], que l'on cultivait dans les jardins.

Les plantes, fleurs, feuillage, et fruits tissaient en fait une toile symbolique vivifiante de régénérescence allant jusqu'à la divinisation de l'élément végétal : Le *Ficus Sycomorus* L., en premier lieu, était le siège d'une déesse protectrice et nourricière[53] (fig. 13), le palmier *Hypnaene thebaica* (Del.) Mart. était lié au dieu Min, la mandragore figurait au sommet des bouquets montés comme surgissant d'une fleur de lotus, évocation de la naissance du soleil d'une fleur de *Nymphaea*[54] ; chaque plante avait son réseau de références symboliques, que l'Égyptien ne manquait pas de percevoir et dans lequel il puisait force de vie, sur terre comme dans l'au-delà de sa tombe. C'est d'ailleurs ce qu'exprime le sycomore divin dans une tombe thébaine : « Paroles dites par le sycomore, Nout. (...) Je suis venue à toi, salut à toi (...) tu te rafraîchis sous mes branches, tu te rassasies de (mes) offrandes, tu vis de mon pain, tu bois de ma bière, je fais que tu t'allaites de mon lait, que tu vives et te maintiennes en vie grâce à mes seins, la joie et la santé sont en eux... »[55]

Ainsi, pour Ineni, l'acte même de parcourir son jardin, de « se rafraîchir sous ses sycomores, contempler ses siens arbres, grands et

50. N. Baum, *op. cit.* (n. 49), p. 289 sqq.

51. *Ibid.*, p. 88 et 354.

52. A. Wilkinson, *op. cit.* (n. 7), p. 50-58 ; J. R. Reichart, *op. cit.* (n. 26), p. 156-213 ; R. Germer, *Die Heilpflanzen der Ägypter*, Düsseldorf, 2002, p. 91-94, 128-133 et 138-143 ; F. N. Hepper, *Pharaoh's Flowers – The Botanical Treasures of Tutankhamun*, Chicago, Londres, 2009 (2e éd.), p. 14 sqq.

53. N. Baum, *op. cit.* (n. 49), p. 34-87. Voir, en dernier lieu, B. Gessler-Löhr, « The tree-goddess in the New Kingdom: a re-examination of the iconographic and textual evidence from tombs and papyri », *Göttinger Miszellen* 270/271, 2023, p. 61-80.

54. J.-P. Corteggiani, « Sur un vase à onguent de Toutânkhamon », *Égypte Afrique & Orient* Supplément n° 9, 2019, p. 23-34.

55. TT93, N. Baum, *op. cit.* (n. 49), p. 36.

FIG. 12. – La liste d'arbres et le jardin d'Ineni (TT81) (P.-H. Boussac, *op. cit.* [n. 4], 1896, pl. 1).

FIG. 13. – La déesse arbre nourrissant le défunt et son épouse (tombe de Sennedjem – TT1, cliché © MANT / ULiège).

beaux », ne pouvait se séparer de la louange et de la gratitude envers le divin, en précisant que ces arbres, il les avait « plantés sur terre *par la grâce de ce dieu vénérable, Amon, seigneur des trônes des Deux-Terres* »[56].

L'importance de la vigne et le traitement qu'elle reçoit dans certaines tombes témoignent également de la puissance vivifiante des plantes, au-delà des bienfaits qu'elles apportent en ombre et nourriture. Ainsi, dans la tombe de Sennefer[57], les vignes partent du sol pour couvrir entièrement le plafond, en une pergola céleste (fig. 14a). En d'autres endroits de la tombe, elle semble même prendre naissance au couronnement des murs. La présence de la vigne va ainsi bien au-delà de la simple évocation du vignoble, comme en témoigne la frise de couronnement (fig. 14b) mêlant fleurs de lotus et grappes de raisin descendant d'une même tige : la fleur comme le fruit assurent la vie, la fleur de lotus par son parfum subtil engendre souffle et lumière, évoquant Nefertoum, le jeune dieu solaire naissant, et la vigne, par son vin exquis, restaure joie et plaisir vivifiants au cœur de l'homme, le régénère, avec l'aide d'Hathor, Maîtresse de l'ivresse, et Osiris, Seigneur du vin[58].

Ainsi le monde du jardin offre les ressources du monde naturel, à la différence qu'il gomme l'aspect potentiellement hostile du sauvage. L'homme peut trouver dans son bassin les fleurs de lotus à cueillir et respirer sans crainte du crocodile vorace, il peut pêcher dans son bassin[59] et prendre des oiseaux dans les fourrés qui bordent sa pièce d'eau comme il le ferait dans les marais, sans le danger de l'hippopotame qui renverse les frêles barques. L'Égyptien profite et retrouve la richesse du monde primordial dans le cadre paisible du jardin qu'il a composé. Le jardin rêvé évoqué dans les *Éloges de la ville* est d'ailleurs surabondant : « Les concombres y sont aussi nombreux que (les grains) de sable, la

56. N. Baum, *op. cit.*(n. 49), p. 3.

57. C. Desroches Noblecourt, M. Duc, E. Eggebrecht, F. Hassanein, M. Kurz, M. Nelson, *Sen-nefer – Die Grabkammer des Bürgermeisters von Theben*, Römisch-Germanisches Museum Köln, Mayence, 1986.

58. M. Hartwig, *op. cit.* (n. 39), p. 107 sq. Il s'agit clairement de « doubler la charge symbolique pour le défunt » en surdéterminant l'image (N. Cherpion, *Les peintres de l'Égypte ancienne – Leur langage. Leurs palettes. Leurs styles* [Connaissance de l'Égypte ancienne, 21], Bruxelles, Éditions Safran, 2023, p. 49).

59. Voir notamment le défunt pêchant à la ligne dans son bassin dans la tombe de Hatiay (TT324, A. H. Bomann, *op. cit.* [n. 9], fig. 68 et p. 108).

FIG. 14. – Vigne couvrant le plafond de la tombe de Sennefer (a) et frise de couronnement (b) mêlant fleurs de lotus et grappes de raisin sur une même tige (TT96, cliché © MANT / ULiège).

plante-jadès y mesure une demi-coudée, le melon a goût de miel… »[60], « ses étangs regorgent de poissons, ses bassins d'oiseaux », « les fontaines sont nombreuses, les plantes verdoyantes, été comme hiver »[61].

L'homme tisse à travers tous ces éléments du paysage horticole une évocation de la générosité du monde naturel, dont les résonances divines lui reviennent chargées de puissantes et vivifiantes effluves.

## Émerveillement devant la puissance de création du divin

L'Égyptien est donc conscient que cette architecture naturelle qu'il a façonnée de ses mains a vu le jour par la grâce et la puissance des dieux. Aussi cherche-t-il à trouver de nouvelles essences, à implanter de nouveaux arbres, car cet apport est une façon supplémentaire d'élargir l'espace naturel connu, d'intégrer de nouveaux paysages en dévoilant même les ressources de l'inconnu, et de célébrer ainsi la puissance toujours renouvelée du divin.

60. C. Ragazzoli, *Éloges de la ville en Égypte ancienne – Histoire et littérature*, Paris, Presses de l'Université Paris-Sorbonne, 2008, p. 196.

61. Ead., *op. cit.* (n. 60), p. 199.

C'est dans cette démarche qu'il faut voir dès l'Ancien Empire l'implantation de nombreux cyprès dans le jardin devant le temple de la pyramide rhomboïdale à Dahchour[62]. L'espèce était inconnue en Égypte et provenait de Syrie ou du Liban. Le roi Snefrou a probablement tenté d'implanter le cyprès en Égypte à la suite de ses expéditions jusqu'à Byblos dans sa 12e année de règne, expéditions dont il avait rapporté quarante bateaux de bois de cèdre. Plus tard, Hatchepsout fera de même avec des arbres à encens qu'elle fera venir de Pount et planter devant son temple funéraire[63] (fig. 15).

L'exotique et le merveilleux n'étaient que les deux faces d'une même puissance de création divine, comme le chantent les bas-reliefs du « cabinet de curiosités », aussi appelé « jardin botanique » du sanctuaire d'Amon à Karnak[64]. On y voit tout une collection unique de plantes exotiques rapportées de Palestine et Syrie par Thoutmosis III, comme des iris, mais aussi un inventaire tératologique de fruits doubles ou triples, de *Nymphaea* dont des fleurs engendrent des fleurs en leur sein, de bovins à queue bifide et à cornes triples, d'oiseau à trois pattes… (fig. 16). Le texte accompagnant ces représentations mentionne d'ailleurs « toutes sortes de végétaux extraordinaires, toutes sortes de fleurs choisies qui se trouvent dans la Terre du Dieu, et qui ont été apportées à Sa Majesté quand Sa Majesté s'est rendue au Réténou supérieur… ». Thoutmosis III ajoute : « Tout cela a vraiment eu lieu, il n'y a là aucune inscription mensongère, c'est à cause des *b3w* de Ma Majesté qu'il est arrivé qu'une terre féconde enfante pour moi ses produits. Si Ma Majesté a fait cela, c'est pour faire qu'ils soient à la disposition de mon père Amon… »

Le roi, par l'expression de sa puissance (ses *b3w*), a donc suscité cette *prolifération* exotique et tératologique, *prolifération* car il est remarquable que les espèces extraordinaires figurées aient toujours un surcroît, une multiplication plutôt qu'un manque. La puissance royale vient immanquablement de sa filiation divine et rend hommage au dieu

62. F. Arnold, *op. cit.* (n.13), p. 49.

63. E. Naville, *The Temple of Deir el Bahari* III – *Plates LVL – LXXXVI. End of northern half and southern half of the middle platform* (Memoir of the Egypt Exploration Fund, XVI), Londres, 1898, pl. LXXIV ; TT 100, aquarelle de N. de G. Davies, MMA n°30.4.152.

64. N. Beaux, *Le cabinet de curiosités de Thoutmosis III – Plantes et animaux du* Jardin botanique *de Karnak* (Orientalia Lovaniensia Analecta, 36), Louvain, 1990.

FIG. 15. – Transport des arbres à encens de Pount représenté dans la tombe de Rekhmirê (TT 100, aquarelle N. de Garis Davies, cliché © MMA 30.4.152).

FIG. 16. – Fleurs doubles de *Nymphaea* et taureau tricornu gravé par Thoutmosis III dans le temple de Karnak (clichés N. Beaux).

Amon. Ces représentations figurent d'ailleurs au soubassement du sanctuaire du dieu à Karnak, faisant croître de façon unique un jardin minéral éternel composé d'éléments aux marges du monde végétal et animal connu et prévisible. Cela signifiait *de facto* la multitude potentielle de la matière.

### Le temple comme jardin

Il est intéressant de noter ici que la partie en soubassement des temples est couramment peinte en noire, la couleur de la terre boueuse riche des limons du Nil. Certains monuments ont d'ailleurs un soubassement en pierre noire, que ce soit le temple funéraire de Sahourê à Abousir, ou la chapelle rouge d'Hatchepsout à Karnak (fig. 17). Ainsi pourrait-on dire que le temple, dans son architecture, pousse, croît de la terre féconde. De fait, le temple est conçu par chaque roi comme un résumé cosmique, le lieu où par un certain nombre de rituels, le roi maintient l'harmonie du monde par ses échanges avec le divin. Mais à bien y regarder, ne peut-on distinguer dans le temple une sorte de jardin de pierre, une architecture ayant le même but que le jardin végétal, offrant une nature maîtrisée, généreuse et ordonnée dont le chaos et le danger sont chassés ?

Nous avons vu que le jardin est savamment composé selon une grille, avec des arbres, des plantations et des pièces d'eau géométriquement disposés et quelques pavillons ou chapelles, avec des statues. Si l'on se penche sur le plan d'un temple, on y trouve de même des espaces découpés géométriquement, avec des cours, espaces ouverts, des hypostyles et des chapelles.

Les colonnes (fig. 18) qui s'élancent introduisent un élément végétal, certes, mais démesuré et ordonné : ce sont des tiges de papyrus ou de *Nymphaea* dont la taille dépasse de loin la réalité et qui montent jusqu'au plafond. Ces tiges sont de plus liées en une sorte de bouquet qui porte les abaques. De même certaines colonnes évoquent-elles les palmiers avec un assemblage de palmes pour chapiteau. Plus le temps passe, nous rapprochant de la fin de l'histoire égyptienne, et plus les Égyptiens enrichissent leurs chapiteaux, qui deviennent composites, avec toujours une idée de surabondance, jusqu'à parfois y mêler de la

FIG. 17. – Soubassement en pierre noire de la chapelle rouge d'Hatchepsout à Karnak (cliché F. Larché).

FIG. 18. – Colonnes papyriformes du temple de Karnak (cliché F. Larché).

FIG. 19 – Vignes et dattes dans un chapiteau palmiforme de colonne composite au temple de Kalabsha (cliché F. Larché).

vigne[65] (fig. 19). Nous ne sommes donc pas dans un monde sauvage mais dans un monde maîtrisé par l'homme, dans une nature en pierre exaltée et sublimée, modelée par le roi pour son dieu, par le fils divin pour son père céleste. D'ailleurs le roi, par le biais de son cartouche, signe cette création minérale en posant son nom à la base des colonnes ou à leurs sommets, vivifié par cette nature et la vivifiant (fig. 20). Tout semble donc surgir d'une terre féconde et limoneuse, en soubassement, et les scènes de multiples rituels et récits qui sont figurées sur les parois des temples sont à l'abri de colonnes végétales qui s'élèvent bien au-dessus, les faisant bruire dans le marais foisonnant minéral, chantant et recréant inlassablement l'harmonie du monde, par la main du roi et la grâce du dieu.

Ainsi pourrait-on dire que le jardin, lieu de profusion végétale maîtrisée par la grâce du dieu et la main de l'homme, est un temple, de même que le temple, son image minérale, est un jardin célébrant la puissance divine par l'inventivité architecturale du roi.

Nathalie BEAUX

65. « Surdétermination » de la représentation avec « les chapiteaux palmiformes des temples d'Esna, de Deir (oasis de Kharga) et de Kalabsha (qui) produisent à la fois des régimes de dattes et du raisin » (N. Cherpion, *op. cit.* [n. 58], p. 49 sq.).

FIG. 20 – Cartouche royal inscrit dans le chapiteau d'une colonne du Ramesseum et au bas d'une colonne de Medinet Habou (clichés F. Larché).

*

* *

BIBLIOGRAPHIE

D. ARNOLD, 1979, *The Temple of Mentuhotep at Deir el-Bahari* (Publications of the Metropolitan Museum of Art Egyptian Expedition, XXI), New York.

F. ARNOLD, 2015, « Ein Garten bei den Pyramiden: Königliche Landschaftsgestaltung in Daschur », *Antike Welt* 3, p. 46-54.

N. BAUM, 1988, *Arbres et arbustes de l'Égypte ancienne, la liste de la tombe thébaine d'Ineni (nº 81)* (Orientalia Lovaniensia Analecta, 31), Leuven.

N. Beaux, 1990, *Le cabinet de curiosités de Thoutmosis III – Plantes et animaux du* Jardin botanique *de Karnak* (*Orientalia Lovaniensia Analecta,* 36), Louvain (prix Bordin de l'Académie des Inscriptions et Belles-Lettres, 1991).

Ead., 1991, « Cultures et supports en Égypte ancienne – Remarques iconographiques et paléographiques autour du signe M43 », *Langues orientales anciennes, Philologie et Linguistique* 3, p. 205-214.

M. Bietak, 1991, « Der Friedhof in einem Palastgarten aus der Zeit des späten mittleren Reiches und andere Forschungsergebnisse aus dem östlichen Nildelta (Tell el-Daba'a 1984-1987) », *Ägypten und Levante* 2, p. 47-75 et 77-109.

A. H. Bomann, 1991, *The Private Chapel in Ancient* Egypt, Londres-New York.

P.-H. Boussac, 1896, *Le tombeau d'Anna* (Mémoires publiés par les membres de la Mission archéologique française du Caire, 18/1), Paris.

B. Bruyère, 1928, *Rapport sur les fouilles de Deir El Médineh (1927)* (Fouilles de l'Institut français d'Archéologie orientale du Caire, V/2).

J. Černy, 1970, « Survivance d'une ancienne pratique », *Revue d'Égyptologie* 22, p. 201sqq.

N. Cherpion, 2023, *Les peintres de l'Égypte ancienne – Leur langage. Leurs palettes. Leurs styles* (Connaissance de l'Égypte ancienne, 21), Bruxelles, Éditions Safran.

S. Clarke, 1908, « Architectural description », in *The Temple of Deir el Bahari* VI – *Plates* CLL-CLXXIV. *The Lower Terrace, Additions and Plans* (Memoir of the Egypt Exploration Fund, XXIX), E. Naville éd., Londres, p. 17-31.

J.-P. Corteggiani, 2019, « Sur un vase à onguent de Toutânkhamon », *Égypte Afrique & Orient* Supplément n° 9, p. 23-34.

C. Desroches Noblecourt, M. Duc, E. Eggebrecht, F. Hassanein, M. Kurz, M. Nelson, 1986, *Sen-nefer – Die Grabkammer des Bürgermeisters von Theben*, Römisch-Germanisches Museum Köln, Mayence.

P. Duell, 1938, *The Mastaba of Mereruka* I (The University of Chicago Oriental Institute Publications, XXXI).

D. Eigner, 1995, « Gartenkunst im alten Ägypten – Grabungsergebnisse der Zweigstelle Kairo des österreichischen Archäologischen Instituts », *Die Gartenkunst* 7/1, p. 98-109.

H. Francfort, J. D. S. Pendlebury, 1933, *The City of Akhenaten* II (Memoir of the Egypt Exploration Society, 40), Londres.

J. M. Galán, Fall 2020, « The Djehuty Project – Discovering a 12th Dynasty Funerary Garden in Thebes », *Scribe* 6, p. 40-47.

N. de Garis Davies, 1903, *The Rock Tombs of El-Amarna*, I. *The Tomb of Meryra* (Archaeological Survey of Egypt, 13), Londres.

Id., 1927, *Two ramesside Tombs at Thebes* (Publications of the Metropolitan Museum of Art Egytian Expedition, Robb de Peyster Tytus Memorial Series, V), New York.

Id., 1930 , *The Tomb of Ḳen-Amūn at Thebes, Publications of the Metropolitan Museum of Art Egytian Expedition*, New York.

R. Germer, 2002, *Die Heilpflanzen der Ägypter*, Düsseldorf.

B. Gessler-Löhr, 2023, « The tree-goddess in the New Kingdom: a re-examination of the iconographic and textual evidence from tombs and papyri », *Göttinger Miszellen* 270/271, p. 61-80.

D. Goldsmith, 2022, « Smellscapes in ancient Egypt », in *The Routledge Handbook of the Senses in the Ancient Near East,* K. Neumann et A. Thomason éd., Oxon-New York, p. 636-662.

M. Hartwig, *Tomb painting and identity in Ancient Thebes, 1419-1372 BCE*, (Monumenta Aegyptiaca, IX, Série Imago n° 2), Bruxelles, 2004.

F. N. Hepper, 2009, *Pharaoh's Flowers – The Botanical Treasures of Tutankhamun*, Chicago-Londres, 2e éd., p. 14 sqq.

J.-C. Hugonot, 1989, *Le jardin dans l'Égypte ancienne* (Publications universitaires européennes, série XXXVIII – Archéologie, vol. 27), Francfort.

S. Ikram, 1989, « Domestic shrines and the cult of the royal Family at El-'Amarna », *Journal of Egyptian Archaeology* 75, p. 89-101.

G. Lefebvre, 1976, *Romans et contes égyptiens de l'époque pharaonique*, Paris.

B. Mathieu, 2008, *La poésie amoureuse de l'Égypte ancienne – Recherche sur un genre littéraire au Nouvel Empire* (Bibliothèque d'Étude, 115), Institut français d'Archéologie Orientale du Caire, 2e éd.

L. Miellé, 2022, *Mirgissa* VI – *La ville hors les murs* (Fouilles de l'Institut français d'Archéologie orientale du Caire, 89).

E. Naville, 1898, *The Temple of Deir el Bahari* III – *Plates* LVL – LXXXVI. *End of northern half and southern half of the middle platform* (Memoir of the Egypt Exploration Fund, XVI), Londres.

H. W. Parker, 1997, « Snake Remains from Amara », in P. Spencer, *Amara West – I. The architectural Report* (The Egypt Exploration Society Excavation Memoir, 63), Londres, Appendix 2, p. 225-230.

T. E. Peet, C. L. Woolley, 1923, *The city of Akhenaten I, Excavations of 1921 and 1922 at El-'Amarneh* (Memoir of the Egypt Exploration Society, 38), Londres.

C. Ragazzoli, 2008, *Éloges de la ville en Égypte ancienne – Histoire et littérature*, Paris, Presses de l'Université Paris-Sorbonne.

J. R. Reichart, 2020, *Pure and Fresh: A Typology of Formal Garden Scenes from Private Eighteen Dynasty Theban Tombs Prior to the Amarna Period*, Thesis Master of Arts, The American University in Cairo.

C. Robichon, A. Varille, 1936, *Le temple du scribe royal Amenhotep fils de Hapou* (Fouilles de l'Institut français d'Archéologie orientale du Caire, XI).

G. Robins, 1994, *Proportion and Style in Ancient Egyptian Art*, Austin.

I. Rosellini, 1834, *I Monumenti dell'Egitto e della Nubia*, II. *Monumenti civili –Tavole*, Pise.

K. Sethe, 1903, *Urkunden des alten Reiches* I, Leipzig.

P. L. Shinnie, 1997, « The Garden Plots – Buildings N° 2 and 3 with Snake and Dog Burials », in P. Spencer, *Amara West – I. The architectural Report* (The Egypt Exploration Society Excavation Memoir, 63), Londres, p. 234 sq.

A. Wilkinson, 1998, *The Garden in Ancient Egypt*, Londres.

# L'ARBORESCENCE DU VOCABULAIRE DES JARDINS EN GRÈCE ANTIQUE

Une étude sur l'arborescence du vocabulaire des jardins en Grèce antique doit prendre pour base l'apparition des mots désignant les jardins dans les textes les plus anciens de la littérature grecque, à savoir Homère et Hésiode. Ils se révèlent à l'examen contenir, surtout chez Homère, une variété insoupçonnée de mots désignant les jardins. Ils sont au nombre de six, énumérés ici selon la fréquence de leur attestation chez Homère : ἀλωή (21 fois), ὄρχατος (6 fois) κῆπος (6 fois), φυταλιή (3 fois), χόρτος (2 fois), ἀγρός (1 fois). Certains d'entre eux, bien attestés, n'auront pas une descendance marquante en dehors de la littérature épique ou lyrique. D'autres se développeront dans des familles diversifiées. Toutefois il est un mot qui reste inconnu dans ce vocabulaire originel des jardins grecs, c'est le paradis, qui apparaît dans la littérature grecque seulement à partir de Xénophon.

J'ai mené une étude détaillée sur tous ces mots chez Homère et chez Hésiode qui dépasse largement le temps d'une communication. J'ai choisi de présenter aujourd'hui une monographie sur le mot le plus attesté chez Homère et chez Hésiode, dont le sens est discuté et dont la survie mérite d'être explorée, à savoir ἀλωή[1].

1. Les études sur le mot ἀλωή sont rares et anciennes : A. Richel, *Worte für Erde, Boden, Land und Erdoberflächengebiete in der homerischen Sprache*, Diss. Francfort-sur-le-Main-Cologne, 1936, p. 285-306 ; A. D. Ure, « Threshing-Floor or Vineyard », *The Classical Quarterly* 5, 1955, p. 225-230. Voir plus récemment les dictionnaires étymologiques de Frisk, de Chantraine *s. v.* ἀλωή, et surtout le *Lexikon des frühgriechischen Epos s. v.* ἀλωή (J. Irigoin), qui est l'exposé le plus développé. Pour la bibliographie sur les jardins, voir A. Motte, « Palinodie : quoi de neuf dans les prairies et les jardins de la Grèce antique ? », in *Des dieux et des plantes. Monde végétal et religion en Grèce ancienne*, A. Gartziou-Tatti et A. Zografou dir., Liège, Presses universitaires de Liège, 2019, p. 17-41, avec une bibliographie très riche, p. 287-328.

Le substantif féminin ἡ ἀλωή est employé treize fois dans l'*Iliade*, huit fois dans l'*Odyssée* et trois fois chez Hésiode. Cette répartition est assez étonnante, car on s'attendrait à plus de mentions dans l'*Odyssée* que dans l'*Iliade* sur un terme qui désigne une réalité pacifique. Mais, outre que dans l'*Iliade* le mot apparaît dans des comparaisons entre le domaine de la paix et celui de la guerre, il est attesté aussi dans ce que l'on pourrait appeler les passages biographiques où est évoquée la destinée de héros, soit présents, soit passés. Quelle réalité pacifique désigne ce mot ? La question du sens originel du terme, dont l'étymologie est inconnue, se pose avec acuité, car les dictionnaires usuels ne sont pas d'accord pour déterminer le sens primaire entre les deux sens principaux, à savoir celui d'aire à battre le grain et celui d'espace cultivé. Traditionnellement, le sens donné en premier est celui d'aire aménagée pour battre le grain, puis celui d'espace cultivé en second. C'est le cas dans le dictionnaire français de Bailly, dans le dictionnaire anglais de *LSJ* ou dans le dictionnaire italien récent *GI* de Franco Montanari[2]. Le dictionnaire de Bailly exprime nettement la filiation de sens, en donnant en I le sens d'aire à battre le grain, et en II « par analogie » toute terre aplanie pour la culture. En revanche, Pierre Chantraine dans le *DELG*, déclare de manière plus équilibrée : « En fait, il faut trouver un sens originel qui rende compte des deux emplois "aire" et "jardin", celui-ci étant au moins aussi important et ancien que celui-là ». Et dans le dictionnaire espagnol *DGE* (*Diccionario Griego-Español*), le sens premier est celui de « jardin ».

Mais si l'on s'en tient aux diverses rubriques des dictionnaires, on reste dans l'expectative, car par la force des choses, chaque sens est illustré par quelques exemples suivis d'un etc., dont on ne peut jamais mesurer l'extension réelle[3]. Il n'y a pas, à ma connaissance, une étude synthétique récente qui ait été faite sur l'ensemble des attestations du terme ἀλωή chez Homère et chez Hésiode, ce qui est la seule façon d'avoir une idée claire sur l'extension des divers sens.

2. Voir aussi R. J. Cunliffe, *A Lexicon of the Homeric Dialect*, Londres, 1924, *s.v.* ἀλωή, p. 24.

3. Le seul dictionnaire moderne où les références à Homère sont complètes est celui de R. J. Cunliffe, *op. cit.* (n. 2), *s. v.* ἀλωή.

Si la tradition accorde une préférence à la signification d'aire à battre sur celle de jardin, c'est probablement dû à la netteté de ce sens chez Hésiode. Par deux fois, le terme est employé dans une expression toute faite dans les *Travaux et les jours*. Voici le premier passage. (*Op*. 597-599) :

Δμωσὶ δ' ἐποτρύνειν, Δημήτερος ἱερὸν ἀκτὴν
δινέμεν, εὖτ' ἂν πρῶτα φανῇ σθένος Ὠρίωνος,
χώρῳ ἐν εὐαέι καὶ **ἐυτροχάλῳ ἐν ἀλωῇ**.

« Ordonner à vos serviteurs de battre le fruit sacré
de Déméter, dès le premier moment où apparaît la force d'Orion,
dans un endroit bien venté et dans une aire bien circulaire. »

Le second passage se situe un peu plus loin dans le développement sur les jours les plus fastes pour exécuter les travaux des champs (*Op*. 805-807) :

Μέσσῃ δ' ἑβδομάτῃ Δημήτερος ἱερὸν ἀκτὴν
εὖ μάλ' ὀπιπεύοντα **ἐυτροχάλῳ ἐν ἀλωῇ**
βάλλειν.

« Au septième jour du milieu du mois, déverser le fruit sacré de Déméter,
en faisant bien attention, dans une aire bien circulaire. »

La cohérence entre les deux passages est parfaite, avec la double reprise en fin de vers d'une part de Δημήτερος ἱερὸν ἀκτὴν, « le fruit sacré de Déméter », et d'autre part de ἐυτροχάλῳ ἐν ἀλωῇ, « dans une aire bien circulaire ».

Ce sens d'ἀλωή chez Hésiode est confirmé aussi par le *Bouclier*, où le mot apparaît dans la représentation d'une scène de moisson, où certains fauchent les tiges de blé et où d'autres lient les gerbes et vont les déverser dans l'aire à battre (*Sc*. 291) :

οἳ δ' ἄρ' ἐν ἐλλεδανοῖσι δέον καὶ ἔπιτνον **ἀλωήν**,

« d'autres les liaient en gerbes, et les jetaient dans l'aire ».

De cette signification d'ἀλωή chez Hésiode on peut rapprocher, dès l'*Iliade* d'Homère, un passage dans une comparaison destinée à faire ressortir la violence sanguinaire d'Achille au combat après la mort de son ami Patrocle (XX, v. 495-500) :

Ὡς δ' ὅτε τις ζεύξῃ βόας ἄρσενας εὐρυμετώπους
τριβέμεναι κρῖ λευκὸν **ἐϋκτιμένῃ ἐν ἀλωῇ**,
ῥίμφά τε λέπτ' ἐγένοντο βοῶν ὑπὸ πόσσ' ἐριμύκων,

ὣς ὑπ᾽ Ἀχιλλῆος μεγαθύμου μώνυχες ἵπποι
στεῖβον ὁμοῦ νέκυάς τε καὶ ἀσπίδας· αἵματι δ᾽ ἄξων
νέρθεν ἅπας πεπάλακτο καὶ ἄντυγες αἳ περὶ δίφρον.

« De même que lorsqu'on attelle des bœufs mâles au large front
pour fouler l'orge blanche dans une aire bien aménagée,
et que vite les grains ont perdu leur enveloppe sous les pieds des bœufs mugissants,
de même sous Achille magnanime les chevaux solipèdes
écrasaient à la fois cadavres et boucliers. L'essieu (des roues),
par en dessous, était tout éclaboussé de sang, ainsi que les rampes autour du char. »

L'évocation d'un moment de paix dans le comparant où domine la couleur blanche des grains d'orge permet de faire ressortir encore plus fortement l'horreur de l'évocation guerrière, dominée par le sang qui rejaillit sur les parties du char d'Achille. Quant à l'expression où est employé le mot ἀλωῇ, au sens d'aire à battre en fin de vers, ἐϋκτιμένῃ ἐν ἀλωῇ, elle est comparable à celle d'Hésiode ἐυτροχάλῳ ἐν ἀλωῇ, ayant exactement la même valeur métrique[4].

De l'analyse de ces passages, il résulte clairement que l'un des sens anciens du mot ἀλωή est celui d'une aire aménagée et ronde pour battre les céréales, que ce soit le blé ou l'orge.

Mais le problème n'est pas là. Il est de savoir si le sens d'aire aménagée pour battre le blé est plus ancien et plus important que celui d'espace cultivé, de jardin. La réponse ne dépend pas d'un choix restreint d'exemples aussi nets soient-ils, mais d'une considération de l'ensemble des attestations dans l'*Iliade* et dans l'*Odyssée*.

Or, après examen de la totalité de ces emplois, je voudrais montrer d'une part que l'attestation du sens de jardin est aussi ancienne que celle d'aire à battre et d'autre part que le sens de jardin est bien plus fréquent que celui d'aire à battre chez Homère.

Pour établir que, contrairement à l'explication traditionnelle, l'attestation du sens de jardin est aussi ancienne que celle d'aire à battre, je partirai des deux exemples de l'*Iliade* où le vers se termine par l'expression formulaire ἐϋκτιμένῃ ἐν ἀλωῇ. Nous venons de voir le

4. L'égalité rythmique des deux expressions est telle qu'une variante dans la tradition homérique, attestée par un papyrus (Brit. Libr. Add. MS 17210, VI^e s.), a ἐυτροχάλῳ ἐν ἀλωῇ comme Hésiode.

premier exemple à la fin du chant XX où il signifiait l'aire de battage lors d'une comparaison. Le second exemple se situe peu de temps après, dans les débuts du chant XXI. Or cette fois, comme nous allons le voir, la formule signifie « dans un jardin bien aménagé ».

Le contexte est le même au chant XXI qu'au chant XX. Ce qui domine, c'est encore la rage meurtrière d'Achille après la mort de Patrocle. Sous la poussée d'Achille, on assiste à la déroute générale des Troyens, une partie fuyant dans la plaine vers la ville, l'autre étant acculée au bord du fleuve Xanthe qui se remplit d'un fracas de chars et d'hommes à la fois. C'est alors qu'Achille rencontre Lycaon, l'un des fils de Priam qui vient de sortir du fleuve, épuisé et désarmé. Lycaon se jette en suppliant à ses genoux et prononce une longue tirade de supplication dont voici les premiers vers (*Il.* XXI, v. 76-79) :

πὰρ γὰρ σοὶ πρώτῳ πασάμην Δημήτερος ἀκτὴν
ἤματι τῷ ὅτε μ' εἷλες **ἐϋκτιμένῃ ἐν ἀλωῇ**,
καί μ' ἐπέρασσας ἄνευθεν ἄγων πατρός τε φίλων τε
Λῆμνον ἐς ἠγαθέην.

« car auprès de toi le premier j'ai mangé le fruit de Déméter,
le jour où tu m'as pris **ἐϋκτιμένῃ ἐν ἀλωῇ**,
et tu m'as emmené loin de mon père et de ceux qui me sont chers
dans la divine Lemnos ».

Si l'on disposait de ce seul passage, il serait impossible de déterminer le sens d'ἀλωή. Mais le poète a pris le soin de préciser, dans un développement biographique préalable, les éléments nécessaires pour comprendre cet argument de la tirade de supplication. Voici, en effet, les premières indications sur la destinée de Lycaon données dès le début de la rencontre (*Il.* XXI, v. 34-41) :

Ἔνθ' υἷι Πριάμοιο συνήντετο Δαρδανίδαο
ἐκ ποταμοῦ φεύγοντι Λυκάονι, τόν ῥά ποτ' αὐτὸς
ἦγε λαβὼν ἐκ πατρὸς **ἀλωῆς** οὐκ ἐθέλοντα
ἐννύχιος προμολών· ὃ δ' ἐρινεὸν ὀξέϊ χαλκῷ
τάμνε νέους ὄρπηκας, ἵν' ἅρματος ἄντυγες εἶεν·
τῷ δ' ἄρ' ἀνώϊστον κακὸν ἤλυθε δῖος Ἀχιλλεύς.
Καὶ τότε μέν μιν Λῆμνον ἐϋκτιμένην ἐπέρασσε
νηυσὶν ἄγων κτλ.

« Alors (Achille) rencontra un fils de Priam le descendant de Dardanos,
qui échappait au fleuve, Lycaon. Celui-ci Achille naguère lui-même
l'avait amené après l'avoir extrait de l'ἀλωῆς de son père, bien malgré lui,

lors d'une sortie nocturne. Lui, Lycaon, avec un instrument en bronze tranchant,
coupait des jeunes pousses d'un figuier, afin d'en fabriquer des rampes de char.
Pour lui, ce fut un désastre imprévu que la venue du divin Achille.
Et alors Achille lui fit faire la traversée jusqu'à Lemnos aux belles demeures
en l'emmenant sur ses navires, etc. »

On apprend dès le début qu'Achille reconnaît Lycaon, car il l'avait enlevé précédemment lors d'une expédition nocturne et le lieu dans lequel il l'avait enlevé est précisé. Il s'agit de l'ἀλωή de son père. Ce qui permet de déterminer le sens du mot, c'est l'occupation de Lycaon lorsqu'il a été pris. Il coupait des branches d'un figuier. Il était donc dans un espace cultivé, le jardin de son père. Et c'est le même sens de jardin qui s'impose dans **ἐϋκτιμένῃ ἐν ἀλωῇ** de la tirade de supplication où il évoque son enlèvement[5].

Il se trouve donc que dans l'*Iliade*, il y a deux vers qui se terminent de manière identique par ἐϋκτιμένῃ ἐν ἀλωῇ, sans que le sens du mot ἀλωῇ soit identique, l'un signifiant « l'aire à battre », l'autre « le jardin ». Il en résulte qu'il n'y a aucune raison de dériver l'un des sens de l'autre. Les deux sens sont anciens et apparaissent en même temps dans l'*Iliade*.

Qui plus est, il s'avère que les attestations les plus fréquentes dans l'*Iliade* n'ont pas le sens d'aire à battre, mais bien celui d'espace cultivé. En effet, sur la totalité des treize passages, il n'y a que trois passages avec le sens d'aire à battre[6], alors que les dix autres désignent un espace cultivé[7]. Ces dix autres attestations se situent dans trois contextes différents, soit dans les comparaisons entre la guerre et la paix à propos

5. Mazon dans son édition de la CUF a traduit par « verger », ce qui correspond bien à un espace cultivé. Flacelière dans la Pléiade a conservé la même traduction. Philippe Brunet dans sa nouvelle traduction de l'*Iliade* a traduit par « aire », ce qui est contraire au contexte. La nouveauté n'est pas toujours un progrès. Judet de la Combe dans *Tout Homère*, Albin Michel-Les Belles Lettres, 2019, p. 473, a traduit correctement par « jardin ».

6. *Iliade* V, 499 ἱερὰς κατ᾽ ἀλωάς, XIII, 588 μεγάλην κατ᾽ ἀλωήν et XX, 496 ἐϋκτιμένῃ ἐν ἀλωῇ.

7. *Iliade* V, 90 ἀλωάων ἐριθηλέων, IX 534 γουνῷ ἀλωῆς, IX 540 ἀλωήν, XVIII, 57 γουνῷ ἀλωῆς = XVIII, 438 γουνῷ ἀλωῆς, XVIII, 561 ἀλωήν, XVIII, 566 ἀλωήν, XXI, 36 ἐκ πατρὸς ἀλωῆς, XXI ἐϋκτιμένῃ ἐν ἀλωῇ, XXI, 346 νεοαρδέ᾽ ἀλωήν.

d'un héros qui combat, soit dans l'intervention d'un personnage qui parle de lui-même ou fait un récit, soit enfin dans les scènes représentées par Héphaïstos sur le bouclier d'Achille.

La première attestation d'ἀλωή dans l'*Iliade* est une belle comparaison entre la furie au combat de Diomède, le fils de Tydée, avec un fleuve grossi par les pluies d'orage qui détruit les jardins (*Il.* V, v. 87-90) :

> Θῦνε γὰρ ἂμ πεδίον ποταμῷ πλήθοντι ἐοικὼς
> χειμάρρῳ, ὅς τ' ὦκα ῥέων ἐκέδασσε γεφύρας·
> τὸν δ' οὔτ' ἄρ τε γέφυραι ἐεργμέναι ἰσχανόωσιν,
> οὔτ' ἄρα ἕρκεα ἴσχει **ἀλωάων** ἐριθηλέων,
>
> « Il (*sc.* Diomède) s'élançait dans la plaine semblable à un fleuve gonflé
> par les pluies d'orage, qui, en coulant rapidement, a rompu les digues ;
> ce fleuve ni les digues emmurées ne l'arrêtent
> ni les clôtures des jardins florissants ne le retiennent. »

C'est la seule attestation du mot au pluriel chez Homère. C'est un collectif désignant les jardins protégés par des murs. Rien n'arrête la violence du fleuve, ni les murs qui protègent les digues, ni ceux qui entourent les jardins. De même rien n'arrête la fougue du guerrier.

La présence ancienne du sens d'espace cultivé se manifeste aussi dans le bouclier construit par Héphaïstos pour Achille dans l'*Iliade* au chant XVIII. Le mot ἀλωή y est déjà présent, mais pas dans le sens d'aire à battre comme dans le *Bouclier* d'Hésiode. C'est dans la scène sur la vendange (*Il.* XVIII, v. 561 sq.) :

> Ἐν δ' ἐτίθει σταφυλῇσι μέγα βρίθουσαν **ἀλωὴν**
> καλὴν χρυσείην·
>
> « Et il y plaçait un jardin fort chargé de grappes,
> splendide en or. »[8]

C'est donc un jardin planté de vignes, et l'on peut traduire par vignoble, mais il vaut mieux conserver le même mot en français pour traduire le même mot grec, c'est-à-dire « jardin », car on risque de commettre des erreurs, dans la mesure où le jardin chez Homère comprend généralement non seulement des vignes mais aussi d'autres plantations.

8. Mazon, Flacelière et Brunet traduisent ἀλωή par « vignoble » ; Judet de la Combe traduit par « aire », ce qui n'est pas correct.

C'est ce que l'on peut constater au chant IX, lorsque Phénix, le vieillard qui a élevé Achille, rapporte l'histoire ancienne de la guerre des Courètes et des Étoliens. Il commence par ce qui a causé les malheurs : c'est la faute d'Œnée, le roi de Calydon, qui a omis d'offrir à Artémis les prémices de la récolte de son jardin. Le jardin est désigné deux fois par le mot ἀλωή. D'abord v. 534 (*Il.* IX, v. 533-535) :

Καὶ γὰρ τοῖσι κακὸν χρυσόθρονος Ἄρτεμις ὦρσε
χωσαμένη ὅ οἱ οὔ τι θαλύσια γουνῷ ἀλωῆς
Οἰνεὺς ῥέξ(ε).

« De fait, sur eux, Artémis au trône d'or suscita un malheur,
irritée de ce qu'Œnée ne lui avait pas offert les prémices
sur le mamelon de son jardin. »

Puis on apprend que ce malheur suscité est un sanglier qui ravagea tout le jardin (*Il.* IX, v. 538-542) :

Ἡ δὲ χολωσαμένη δῖον γένος ἰοχέαιρα
ὦρσεν ἔπι χλούνην σῦν ἄγριον ἀργιόδοντα,
ὃς κακὰ πόλλ' ἔρδεσκεν ἔθων Οἰνῆος **ἀλωήν·**
πολλὰ δ' ὅ γε προθέλυμνα χαμαὶ βάλε δένδρεα μακρὰ
αὐτῇσιν ῥίζῃσι καὶ αὐτοῖς ἄνθεσι μήλων.

« Elle, en colère, la fille de Zeus, lanceuse de traits,
suscita un porc sauvage châtré aux dents blanches
qui causait de nombreux malheurs selon son habitude au jardin d'Œnée.
Nombreux sont les grands arbres qu'il arracha et jeta à terre,
avec leurs racines et avec les fleurs de leurs fruits. »

Mazon dans la Collection des Universités de France traduit, par deux fois, le mot ἀλωή par « vignoble » et « vignes ». De même Judet de la Combe dans *Tout Homère* traduit par « vigne », alors qu'il est dit expressément que le sanglier déracina de nombreux arbres. Ces traductions ne sont donc pas acceptables. Flacelière et Brunet traduisent les deux fois par « verger ». C'est plus satisfaisant. Mais il est préférable de traduire par « jardin », car tout grand jardin chez Homère comprend à la fois verger et vigne.

Pour en finir avec l'*Iliade*, on signalera les deux passages où la déesse Thétis, mère éplorée d'Achille, évoque la jeunesse de celui qui est plus grand que les héros dans deux vers où elle compare la croissance de son fils à ce qui pousse dans l'ἀλωή :

| *Il.* XVIII, v. 56 sq. | *Il.* XVIII, v. 437 sq. |
|---|---|
| ἔξοχον ἡρώων· ὃ δ' ἀνέδραμεν ἔρνεϊ ἶσος·<br>τὸν μὲν ἐγὼ θρέψασα φυτὸν ὣς γουνῷ **ἀλωῆς**,<br><br>« supérieur aux héros. Lui s'élança à l'égal d'une jeune pousse.<br>Moi je l'ai élevé comme une plante dans le mamelon d'un jardin. » | ἔξοχον ἡρώων· ὃ δ' ἀνέδραμεν ἔρνεϊ ἶσος·<br>τὸν μὲν ἐγὼ θρέψασα φυτὸν ὣς γουνῷ **ἀλωῆς**<br><br>« supérieur aux héros. Lui s'élança à l'égal d'une jeune pousse.<br>Moi je l'ai élevé comme une plante dans le mamelon d'un jardin » |

On peut s'étonner que les deux traducteurs, qui dans l'exemple précédent avaient traduit ἀλωῆς par le « verger » (Flacelière et Brunet), rendent maintenant ce mot par le « vignoble », alors que l'expression γουνῷ ἀλωῆς est la même. Et comment peut-on parler ici de vignoble, alors qu'il est question de s'étonner de la rapidité de la pousse d'une plante qui doit dépasser toutes les autres ? Ce ne sont pas des ceps de vigne, tous égaux en hauteur, qui peuvent servir à la comparaison. Ici encore il est préférable de continuer à traduire par « jardin »[9].

Quoi qu'il en soit du détail de la traduction, il ressort que dans l'*Iliade* le sens d'espace cultivé domine nettement sur celui d'aire à battre (je rappelle, dix fois contre trois).

Or cette importance du sens de « jardin » dans l'*Iliade* est renforcée par la répartition des emplois du mot dans l'*Odyssée*. Sur la totalité des huit passages, il n'y en a pas un seul qui désigne l'aire à battre : tous s'appliquent à des espaces cultivés[10].

Deux emplois apparaissent dans l'épisode des Phéaciens pour désigner des possessions du souverain Alkinoos. La première attestation, au chant VI, est celle d'un jardin hors de la ville où Nausicaa demande à Ulysse de stationner, le temps qu'elle puisse arriver au palais.

9. C'est la traduction adoptée par Judet de la Combe in *op. cit.* (n. 5), p. 421 et 432.

10. *Odyssée* I, 193 γουνὸν ἀλῳῆς οἰνοπέδοιο ; VI, 293 τεθαλυῖά τ' ἀλωή ; VII, 122 πολύκαρπος ἀλωή ; XI, 193 γουνὸν ἀλωῆς οἰνοπέδοιο ; XXIV, 221 πολυκάρπου ἀλωῆς ; XXIV, 224 ἀλωῆς... ἕρκος ; XXIV, 226 εὐκτιμένῃ ἐν ἀλωῇ ; XXIV, 336 εὐκτιμένην κατ' ἀλωήν. Sur les jardins dans l'*Odyssée*, voir le très bel article J. de Romilly, « Trois jardins paradisiaques dans l'*Odyssée* », *Scripta Classica Israelica* XII, 1993, p. 1-7. Elle n'aborde pas toutefois la question de la dénomination des jardins.

Ce jardin se trouve à l'endroit où se situe un bois sacré de peupliers dédié à Athéna (*Od.* VI, v. 293 sq.) :

> ἔνθα δὲ πατρὸς ἐμοῦ τέμενος **τεθαλυῖά τ' ἀλωή**,
> τόσσον ἀπὸ πτόλιος, ὅσσον τε γέγωνε βοήσας,
>
> « Là se trouve l'enclos de mon père et son jardin florissant,
> distant de la ville à portée de voix, quand on crie. »

Que signifie exactement ce vers comprenant à la fois le domaine royal (τέμενος) et une ἀλωή florissante ? Pour déterminer ce que représente un τέμενος, une comparaison avec la description du bouclier d'Achille dans l'*Iliade* au chant XVIII est utile. Il y a une scène relative à un τέμενος royal commençant ainsi (XVIII, 550) : ἐν δ' ἐτίθει τέμενος βασιλήϊον, « Il y plaçait un domaine royal » : c'est une scène des moissons décrite avec beaucoup de détails où le roi est présent en personne. On peut se représenter de la même manière ce que doit être le τέμενος du roi des Phéaciens, un vaste domaine où l'on sème de l'orge ou du blé. Puis, dans le bouclier d'Achille, vient une deuxième scène que nous avons commentée précédemment, celle des vendanges introduite ainsi (XVIII, 561) : Ἐν δ' ἐτίθει σταφυλῇσι μέγα βρίθουσαν ἀλωήν, « Et il y plaçait un jardin fort chargé de grappes. » Ce rapprochement peut justifier ici également la traduction d'ἀλωή par vignoble, sans que ce soit une obligation.

La seconde attestation d'ἀλωή au chant VII de l'*Odyssée* s'insère dans la longue description du parc qui jouxte la cour du palais d'Alkinoos. Et cette fois il est assuré que le sens d'ἀλωή se restreint à celui de vignoble, car le mot n'introduit pas l'ensemble du parc, mais uniquement la vigne (*Od.* VII, 122) :

> ἔνθα δέ οἱ πολύκαρπος ἀλωὴ ἐρρίζωται
>
> « là, pour lui (*sc.* Alkinoos) un vignoble aux fruits abondants est enraciné. »

Car, avant la vigne, un verger est décrit comprenant des arbres fruitiers, puis, après la vigne, sont mentionnées les plates-bandes d'un potager.

Voilà ce qu'il en est des deux premiers emplois dans l'*Odyssée*, relatifs à l'épisode des Phéaciens.

Les quatre autres emplois désignent un autre jardin important de l'*Odyssée*, celui où le vieux père d'Ulysse s'est retiré loin du palais et de la ville, dans la solitude et le chagrin, à cause de l'absence de son fils. Il en est question dès le début de l'*Odyssée* où Laërte demeure, accompagné d'une seule servante qui lui prépare ses repas (*Od.* I, v. 192 sq.) :

... εὖτ' ἄν μιν κάματος κατὰ γυῖα λάβησιν
ἑρπύζοντ' ἀνὰ γουνὸν ἀλωῆς οἰνοπέδοιο.

« quand la fatigue s'empare de ses membres
à force de monter péniblement le mamelon du jardin au sol producteur de vin. »

Ce jardin est désigné à nouveau par la même expression au chant XI, quand Ulysse rencontre sa mère aux Enfers et qu'elle lui parle de son père qui se couche à la belle saison sur des lits de feuilles tombées dans le mamelon de son jardin au sol producteur de vin (*Od.* XI, v. 192 sqq.) :

αὐτὰρ ἐπὴν ἔλθησι θέρος τεθαλυῖά τ' ὀπώρη,
πάντη οἱ κατὰ γουνὸν **ἀλωῆς** οἰνοπέδοιο
φύλλων κεκλιμένων χθαμαλαὶ βεβλήαται εὐναί.

« Mais quand vient l'été et l'automne florissant,
partout où dans le mamelon du jardin au sol producteur de vin
des feuilles sont tombées, pour lui ce sont autant de lits à terre qui sont jetés. »

Il est remarquable que dans ces deux passages le substantif ἀλωή est accompagné d'un adjectif indiquant que le jardin a un sol producteur de vin οἰνόπεδος. Cela signifie qu'à lui seul ἀλωή ne désigne pas automatiquement un vignoble.

Nous allons voir effectivement que ce jardin de Laërte, toujours désigné par ἀλωή au chant XXIV, ne contient pas seulement un vignoble, mais aussi un verger. Lorsqu'Ulysse est revenu à Ithaque, il va se rendre après le meurtre des prétendants à l'endroit où se trouve son père pour savoir s'il va le reconnaître (*Od.* XXIV, v. 226 sq.) :

τὸν δ' οἶον πατέρ' εὗρεν **ἐϋκτιμένῃ ἐν ἀλωῇ**,
λιστρεύοντα φυτόν·

« Ulysse trouva son père qui était seul dans le jardin bien aménagé
en train de bêcher autour d'une plante. »

Ce passage est exceptionnel, car nous retrouvons la fin de vers ἐϋκτιμένῃ ἐν ἀλωῇ que nous avons déjà rencontrée deux fois dans l'*Iliade*, une fois avec le sens d'aire à battre bien aménagée, l'autre fois avec le sens de jardin bien aménagé. Or ici c'est encore le sens de jardin bien aménagé qui convient, puisque Laërte bêche autour d'une plante, cette plante pouvant être soit un cep de vigne soit un arbre.

Et pour avoir des indications plus précises sur ce que contient ce jardin, il suffit d'écouter les marques certaines de reconnaissance qu'exige Laërte de son fils, avant de croire à son retour. La première est la blessure que lui a faite un sanglier lors de sa jeunesse ; la seconde évoque les souvenirs de son enfance dans ce jardin même, où fils et père vont se retrouver (*Od.* XXIV, v. 336-344) :

> Εἰ δ' ἄγε τοι καὶ δένδρε' **ἐϋκτιμένην κατ' ἀλωὴν**
> εἴπω, ἅ μοί ποτ' ἔδωκας, ἐγὼ δ' ᾔτεόν σε ἕκαστα
> παιδνὸς ἐών, κατὰ κῆπον ἐπισπόμενος· διὰ δ' αὐτῶν
> ἱκνεύμεσθα, σὺ δ' ὠνόμασας καὶ ἔειπες ἕκαστα·
> ὄγχνας μοι δῶκας τρισκαίδεκα καὶ δέκα μηλέας,
> συκέας τεσσαράκοντ'· ὄρχους δέ μοι ὧδ' ὀνόμηνας
> δώσειν πεντήκοντα, διατρύγιος δὲ ἕκαστος
> ἤην· ἔνθα δ' ἀνὰ σταφυλαὶ παντοῖαι ἔασιν,
> ὁππότε δὴ Διὸς ὧραι ἐπιβρίσειαν ὕπερθεν.

> « Allons dois-je te dire aussi les arbres du jardin bien aménagé
> que tu m'as donnés jadis alors que je te demandais chaque chose,
> étant enfant, quand je te suivais pas à pas dans le jardin. Entre les arbres
> nous avancions ; et toi en les nommant tu me décrivais chacun d'eux.
> Tu m'as donné treize poiriers, dix pommiers,
> quarante figuiers. Et les rangs de ceps (de vigne), en les nommant de la
> même façon, tu m'en promettais cinquante. Chaque rang mûrit
> en son temps. Aussi les grappes suspendues varient-elles d'aspect
> en fonction des saisons de Zeus qui d'en haut exercent leur influence. »

Il est évident ici qu'ἀλωή ne désigne pas seulement la vigne, puisque sont mentionnés, d'emblée, d'abord les arbres (v. 336 δένδρεα). C'est là l'un des plus beaux développements sur les jardins à l'époque d'Homère après celui des Phéaciens. C'est surtout un délicat souvenir sur l'enfance d'un héros qui n'a pas oublié la façon dont il a découvert et appris les réalités de la nature dans un jardin sous la conduite d'un père qui l'avait initié avec méthode et sous forme de jeu. De plus la fonction dramatique de la révélation de ce souvenir est décisive. C'est le deuxième signe qui convainc le père du retour de son fils. La reconnaissance se produit immédiatement après, et le père, envahi par l'émotion, tombe dans les bras de son fils. Enfin, le passage a pour nous une valeur documentaire inestimable, car il livre des indications sur tout ce que contient le jardin, chiffres à l'appui. Il contient trois sortes d'arbres fruitiers (figuiers, poiriers et pommiers), ainsi qu'une vigne. Et l'on est frappé par le total de soixante-trois arbres fruitiers et de cinquante rangées de ceps de vigne que le père avait donné par jeu au fils, ce qui n'implique pas nécessairement la totalité de ce qui devait exister dans le jardin.

En plus des deux jardins célèbres de l'*Odyssée*, celui des Phéaciens et celui de Laërte, il existe un troisième jardin, c'est le jardin divin de Calypso dans son île qu'Hermès admire, quand il vient auprès de la déesse pour lui donner l'ordre de laisser partir Ulysse. Elle habite dans une grande caverne. Autour de la caverne un bois vigoureux avait poussé comprenant des aulnes, des peupliers et des cyprès odorants habités par des oiseaux marins. Autour de la caverne s'étendait une vigne dans toute sa force, couverte de grappes. Il y avait quatre sources proches l'une de l'autre qui répandaient leur eau claire dans diverses directions et arrosaient de molles prairies (*Od.* V, 72 λειμῶνες), qui se couvraient de violettes et de persil. Ce qui est étonnant, c'est que le vocabulaire des jardins humains n'apparaît pas. La vigne n'est pas désignée par ἀλωή mais par ἡμερὶς (v. 69), forme unique chez Homère. Il n'y a pas non plus les autres mots désignant les jardins dans l'*Iliade* et l'*Odyssée*. Ce n'est peut-être pas dû au hasard. Il semble que tout pousse naturellement sans être pour autant sauvage, comme l'indique le choix de ἡμερίς désignant une vigne qui n'est pas sauvage. Tout est luxuriant chez les dieux, en l'absence de tout travail humain.

Il convient d'ajouter à Homère et à Hésiode l'*Hymne homérique à Hermès* où ἀλωή est employé trois fois avec le sens de jardin cultivé par un homme. Le jeune Hermès, qui avait dérobé cinquante vaches immortelles appartenant à Apollon, fut aperçu par un vieillard qui cultivait son jardin (v. 87) :

> Τὸν δὲ γέρων ἐνόησε δέμων ἀνθοῦσαν ἀλωήν,
>
> « un vieillard qui aménageait son jardin florissant l'aperçut. »

Hermès lui demande de faire comme s'il ne l'avait pas vu (v. 90-93) :

> Ὦ γέρον, ὅς τε φυτὰ σκάπτεις ἐπικαμπύλος ὤμους
> ἦ πολυοινήσεις, εὖτ' ἄν τάδε πάντα φέρῃσι.
> Καί τε ἰδὼν μὴ ἰδὼν εἶναι, καὶ κωφὸς ἀκούσας
> καὶ σιγᾶν, ὅτε μή τι καταβλάπτῃ τὸ σὸν αὐτοῦ,
>
> « Vieillard, toi qui sarcles les plants en courbant les épaules,
> oui tu auras beaucoup de vin, quand tout ceci rapportera.
> Ce que tu vois, ne le vois pas, sois sourd à ce que tu entends,
> et tais-toi, du moment que rien ne cause du dommage à ton propre bien. »

Grâce à ces paroles, le contenu du jardin est précisé. C'est un jardin planté de vignes que le vieillard est en train de sarcler. Hermès continue son chemin, sans attendre la moindre réponse du vieillard.

Il sera à nouveau question du vieillard, quand Apollon, à la recherche de son troupeau, se retrouvera à l'endroit même où le vieillard continue d'entretenir son jardin (v. 187 sq.) :

...ἔνθα γέροντα
κνώδαλον εὗρε νεμόντα παρὲξ ὁδοῦ ἕρκος ἀλωῆς

« là il (*sc.* Apollon) rencontra un vieillard, un fauve, qui le long du chemin administrait l'enclos de son jardin. »[11]

Apollon lui demande s'il a vu passer un homme avec des vaches. Le vieillard prend la parole en commençant par des généralités sur les passants, puis parle de lui-même (v. 206 sq.) :

Αὐτὰρ ἐγὼ πρόπαν ἦμαρ ἐς ἠέλιον καταδύντα
ἔσκαπτον περὶ γουνὸν ἀλωῆς οἰνοπέδοιο,

« Mais moi tout le jour jusqu'au soleil couchant
je sarclais dans le mamelon du jardin producteur de vin. »

Le vieillard cultivant son jardin dans l'*Hymne à Hermès* a été créé à partir du modèle de Laërte dans l'*Odyssée*, car la fin du vers 207 γουνὸν ἀλωῆς οἰνοπέδοιο est la reprise de deux vers de l'*Odyssée* concernant Laërte dans son jardin : *Od.* I, 194 ἑρπύζοντ' ἀνὰ γουνὸν ἀλῳῆς οἰνοπέδοιο et *Od.* XI, 193 πάντῃ οἱ κατὰ γουνὸν ἀλωῆς οἰνοπέδοιο. La seule différence est que la préposition régissant le substantif γουνόν varie : dans les deux passages d'Homère, d'abord ἀνά, puis κατά ; et dans l'*Hymne à Hermès*, περί.

Après une telle analyse qui donne une idée de l'ensemble des vingt-sept passages où est attesté le mot ἀλωή dans la littérature épique d'Homère et d'Hésiode, y compris les *Hymnes homériques*, on peut conclure que, contrairement à la vision traditionnelle, le sens de jardin n'est pas dérivé de celui d'aire à battre, mais que les deux sens sont

11. Les vers 187 sq. sont l'objet de multiples discussions, d'une part sur κνώδαλον, d'autre part sur νεμόντα ; voir par exemple A. Vergados, *The Homeric Hymn to Hermes. Introduction, Text and Commentary*, Berlin-Boston, 2013, p. 183, pour le texte avec les témoignages et l'apparat critique, et p. 379-383 pour le commentaire. En revanche, la fin de vers παρὲξ ὁδοῦ ἕρκος ἀλωῆς échappe à la discussion. J'ai conservé le texte des manuscrits.

anciens dès Homère, et que le sens de jardin est plus fréquent chez Homère que celui d'aire à battre. De la sorte le jugement de Chantraine déclarant que le sens de jardin est au moins aussi important et ancien que celui d'aire à battre est non seulement justifié, mais même amplifié après la prise en compte de la totalité des emplois. Quant à la présentation du Dictionnaire espagnol indiquant d'abord le sens de jardin avant celui d'aire à battre, elle tranche par rapport aux autres dictionnaires, mais c'est en fait la seule qui soit conforme à la prise en compte de la totalité des emplois chez Homère. Il reste une légère malléabilité du sens d'ἀλωή quand il désigne un terrain cultivé : il peut désigner soit de façon large un espace cultivé comprenant à la fois un verger et une vigne, voire un potager, soit se spécialiser parfois pour désigner un espace planté de vigne ou un espace planté d'arbres, mais la cohérence de la traduction consiste à traduire toujours le mot grec ἀλωή par le même mot en français « jardin », en spécifiant s'il le faut son sens restreint en note.

*

*  *

Quelle fut la destinée de cette dénomination du jardin qui fut si florissante à la période homérique ? On est surpris de constater, quand on s'interroge sur la destinée de ce mot après Homère, que cette souche si vivace va se dessécher et ne pas donner de rejets à l'époque classique avant la poésie épique des périodes hellénistique et postérieure[12]. Mais cette survie mérite d'être retracée, car non seulement ce mot a suscité des discussions sur son sens chez les scholiastes et les lexicographes comme tout autre vocabulaire homérique[13], mais parce que l'on peut suivre sa destinée chez les poètes qui se souviennent d'Homère.

12. Le mot ἀλωή réapparaît aussi dans le sens de « halo », dérivé du sens d'aire circulaire à battre attesté chez Hésiode, dans les *Phénomènes* d'Aratos au IIIe siècle av. J.-C., où il est employé trois fois, aux v. 811, 816 et 877 ; cf. aussi Lucien, *Sur l'astrologie* XXII, à propos des astrologues qui ont repris des mots d'Homère et d'Hésiode, parmi lesquels τὸν χόρον et τὴν ἀλωήν.

13. C'est un dossier technique où les sens d'ἀλωή sont bien dégagés dans les scholies : en général deux sens ἀμπελόφυτος et δενδροφόρος, parfois aussi λαχανηφόρος ou σιτόφορος.

Il réapparaît au sens de jardin d'abord chez Théocrite, au IIIe siècle av. J.-C., dans ses *Idylles* où le mot est employé quatre fois avec le sens de « jardin »[14]. Le souvenir d'Homère est très présent. Par exemple en son *Idylle* 24 intitulée *Herakliskos* (*Le petit Héraclès*), il est dit (v. 103 sq.) :

Ἡρακλέης δ'ὑπὸ ματρὶ νέον ὥς ἐν αλωᾷ
ἐτρέφετ', Ἀργείου κεκλημένος Ἀμφιτρύωνος

« Héraclès fut élevé par sa mère comme une jeune plante
dans un jardin, alors qu'il était appelé le fils d'Amphitryon l'Argien. »

C'est évidemment la reprise des deux vers de l'*Iliade* où Thétis a élevé Achille comme une jeune plante dans le mamelon d'un jardin (τὸν μὲν ἐγὼ θρέψασα φυτὸν ὥς γουνῷ ἀλωῆς). Théocrite a simplifié la fin de vers en mettant φυτὸν ὥς ἐν ἀλωᾷ à la place de φυτὸν ὥς γουνῷ ἀλωῆς.

Puis dans les *Argonautiques* d'Apollonios de Rhodes (IIIe s. av. J.-C.), le mot ἀλωή est employé à propos d'un jardin qui est nouveau par rapport à Homère, celui de Zeus dans l'Olympe (III, v. 114) :

Εὗρε δὲ τόνγ' ἀπάνευθε Διὸς θαλερῇ ἐν ἀλωῇ,

« Cypris trouva son fils Éros à l'écart dans le jardin florissant de Zeus. »

Il jouait aux osselets avec Ganymède. Elle lui demanda, avec promesse d'un cadeau, de partir avec son arc et ses flèches pour inspirer à Médée son amour pour Jason. Quand il partit (III, v. 158-160) :

Βῆ δὲ διὲκ μεγάλοιο Διὸς πάγκαρπον **ἀλωήν**.
αὐτὰρ ἔπειτα πύλας ἐξήλυθεν Οὐλύμποιο
αἰθερίας·

« Il traversa le jardin du grand Zeus produisant toutes sortes de fruits
et ensuite franchit les portes éthérées
de l'Olympe. »

La famille du mot ἀλωή s'enrichit même chez Apollonios de Rhodes par l'apparition du dérivé masculin ἀλωεύς au pluriel, désignant les jardiniers (III, v. 1399-1401) :

14. Voici la référence des quatre attestations : *Idylle* I, 46 (περκναῖσι σταφυλαῖσι καλὸν βέβριθεν ἀλωά) à comparer à *Il.* XVIII, 561 Ἐν δ' ἐτίθει σταφυλῇσι μέγα βρίθουσαν ἀλωήν ; *Idylle* VII, 34 ἁ δαίμων εὔκριθον ἀνεπλήρωσεν ἀλωάν ; *Idylle* XXIV, 103, voir texte ci-dessus ; *Idylle* XXV, 30 πυροφόροι τε γύαι καὶ ἀλωαὶ δενδρήεσσαι, à comparer à *Iliade* V, 90 ἀλωάων et *Odyssée* I, 51 δενδρήεσσα.

ἔρνεά που τοίως, Διὸς ἄσπετον ὀμβρήσαντος,
φυταλιῇ νεόθρεπτα κατημύουσιν ἔραζε
κλασθέντα ῥίζηθεν, **ἀλωήων** πόνος ἀνδρῶν·

« Des jeunes pousses, de la même façon, quand Zeus a plu avec une violence indicible,
dans un jardin où elles sont nouvellement plantées, s'abattent à terre
brisées depuis la racine, ce qui était le labeur des hommes jardiniers. »

Le mot Ἀλωεύς existait déjà chez Homère, mais uniquement comme nom propre[15].

Le mot ἀλωή, avec le sens de jardin, continuera sa survie dans l'épopée plus récente. D'abord chez Oppien (IIe s. ap. J.-C.), dans ses *Halieutica*, où le mot ἀλωή apparaît cinq fois, en particulier dans une comparaison de type homérique (I, v. 792-797) :

Ὡς δ' ὁπότ' εὐρύπεδον σκιάσῃ νιφάδεσσιν **ἀλωὴν**
ἑσπερίου Ζεφύροιο θοὸν μένος, οὐδέ τι γαίης
κυανέης ἰδέειν ὑποφαίνεται, ἀλλ' ἄρα πᾶσα
ἀργεννὴ χιόνεσσιν ἐπασσυτέραις κεκάλυπται:
ὣς τότ' ἀπειρεσίῃσι περιπληθὴς ἀγέλῃσι
φαίνεται ἀργινόεσσα Ποσειδάωνος **ἀλωή**.

« De même que quand la force rapide du Zéphyr du soir
a recouvert un vaste jardin de flocons de neige, et quand il n'y a plus
une partie de terre sombre qui soit visible en dessous, mais que dans sa
totalité le jardin est d'une blancheur éclatante, recouvert par des vagues de neige,
de même alors, tout rempli d'un banc de poissons immense,
il apparaît d'un blanc éclatant, le jardin de Poséidon. »

C'est la comparaison entre un vaste jardin terrestre (εὐρύπεδον... ἀλωήν) recouvert totalement par la neige et le vaste jardin de Poséidon (Ποσειδάωνος ἀλωή), c'est-à-dire la mer, qui blanchit sous l'effet d'un immense banc de poissons. Le mot ἀλωή est donc employé deux fois ici, dans le comparant au v. 792 et dans le comparé au v. 797[16]. La comparaison homérique est originale, car elle n'est plus une analogie entre le monde de la paix et le monde de la guerre, mais entre le monde de la terre et le monde de la mer.

15. *Iliade* V, 386 ; *Odyssée* XI, 305.
16. Autres attestations chez Oppien : IV, 499 ; IV, 501 ; IV, 601.

Au même siècle appartient une épigramme dédicatoire de Marcellus conservée sur pierre, datée de 161 ap. J.-C.[17]. Elle s'adresse à deux divinités grecques honorées aux portes de Rome, la déesse d'Athènes, Athéna, sous le nom de Tritogénie, et la déesse de Rhamnonte, Némésis, dénommée Oupi. Il leur est demandé de venir protéger une enceinte d'Hérode Atticus à Triopion qui leur est consacrée (inscription A+ B, v. 66-v. 74 = stèle B, v. 7-15) :

ὡς ὅτε καὶ Ῥαμνοῦντα καὶ εὐρυχόρους ἐς Ἀθήνας
ἤλθετε δώματα πατρὸς ἐριγδούποιο λιποῦσαι,
ὣς τήνδε ῥώεσθε πολυστάφυλον κατ' ἀλωὴν
λήιά τε σταχύων καὶ δένδρεα βοτρυόεντα
λειμώνων τε κόμας ἁπαλοτρεφέων ἐφέπουσαι.
Ὕμμι γὰρ Ἡρῴδης ἱερὴν ἀνὰ γαῖαν ἔηκε
τὴν ὅσσην περὶ τεῖχος ἐύτροχον ἐστεφάνωται,
ἀνδράσιν ὀψιγόνοισιν ἀκινήτην καὶ ἄσυλον
ἔμμεναι.

« De même que lorsque vous êtes venues à Rhamnonte et dans la vaste Athènes
en quittant les demeures de votre père au bruit retentissant,
de même accourez dans ce jardin aux nombreuses grappes,

17. Inscription de Rome *IGUR* III, 1155 = *IG* XIV, 1389 (G. Kaibel) publiée en 1890 ; U. v. Wilamowitz, « Marcellus von Side » (SBBerlin 1928,3 ff.) ; W. Peek, « Zu den Gedichten des Marcellus von Side auf Regilla und das Triopion des Herodes Atticus », *Zeitschrift für Papyrologie und Epigraphik* 33, 1979, p. 76-84 ; cf. *SEG* 29, 999. La stèle B a été découverte en 1607 ; la stèle A en 1618. La première édition pour B est celle de Casaubon en 1608 (d'après la copie d'un Anonyme). La première édition de A+B est de Saumaise en 1619 (A d'après la copie de Sirmond et B d'après Casaubon). Puis Visconti en 1794 (d'après sa propre copie). Les deux pierres ont été ensuite revues par Clarac pour le catalogue des marbres du Louvre et par Froehner pour les inscriptions en 1865. Les deux stèles A et B sont conservés au musée du Louvre. Le texte a été publié aussi par E. Cougny, *Epigrammata Anthologia Palatina cum Planudeis et appendice nova*, vol. 3, Paris, Didot, 1890, p. 40 sq., n° 263 MARKELLOU (= stèle B) et p. 41 sq. n° 264 TOU AUTOU (= stèle A) : présentation sur deux colonnes avec le grec à gauche et à droite en face une traduction latine. Il existe une traduction française de F. Jacobs, 2 vol., Paris, Hachette 1863 (t. II, p. 214 n° 50), disponible en ligne. La linéation n'est pas la même dans *IGUR* III 1155 et dans l'édition de Cougny, parce que dans les *IGUR* les lignes des stèles A et B sont données dans une numérotation continue, tandis que l'*Anthologie* donne d'abord la stèle B, puis la stèle A. Marcellus est un auteur connu uniquement par ces deux épigrammes. Pour l'inscription, voir plus récemment W. Ameling, *Herodes Atticus*, 1. *Biographie*, 2. *Inschriftenkatalog*, G. Olms, 1983.

en surveillant les champs de blé, les arbres chargés de fruits en forme de grappes
et la chevelure des prairies grassement nourries.
Car c'est à vous qu'Hérode a consacré cette terre divine
Qu'il a couronnée tout entière d'un mur circulaire
pour que, dans les générations à venir, elle soit inébranlable et inviolable. »

C'est une fin de vers πολυστάφυλον κατ' ἀλωήν, désignant un jardin aux nombreuses grappes, c'est-à-dire une vigne. L'adjectif πολυστάφυλος est déjà attesté dans l'*Iliade* II, 507, où il qualifie, dans le contingent des Béotiens ceux de la cité d'Arnè « riche en grappes » (cité engloutie par le lac Copaïs, selon Strabon, I, 3, 18), puis dans le contingent d'Eubée, au v. 537, ceux d'Istiée « riche en grappes ». L'expression de Marcellus est toutefois originale. Car c'est la seule fois où le substantif ἀλωή est qualifié de πολυστάφυλος.

Puis chez Quintus de Smyrne (IIIe s. ap. J.-C.), dans *La suite d'Homère*, le mot apparaît sept fois[18]. Les modèles se complexifient. Homère reste toujours le modèle principal. On retrouve, par exemple, au livre VIII, 278 une fin de vers homérique (ἀνὰ γουνὸν ἀλωῆς). Mais Apollonios de Rhodes est devenu un modèle secondaire (X, v. 334 sq.) :

Ἥρη τ' εἰσενόησε καὶ ἄμβροτον ἦτορ ἰάνθη,
ἑζομένη κατ' Ὄλυμπον, ὅπη Διὸς ἔπλετ' ἀλωή·

« Héra aperçut (Pâris blessé au sommet de l'Ida) et se réjouit en son cœur immortel,
étant assise sur l'Olympe, là où se trouvait le jardin de Zeus. »

On retrouve donc chez Quintus le jardin de Zeus sur l'Olympe, qui est une création d'Apollonios de Rhodes.

Plus tard, on assiste même à une résurgence plus manifeste encore dans la poésie épique de Nonnos de Panopolis (ve s. ap. J.-C.). En effet, dans ses *Dionysiaques*, la fréquence du substantif ἀλωή, avec le sens

18. Quintus, *Posthomerica*, ἀλωή au singulier VI, 224 ; VIII, 278 ; IX, 476 ; X, 335. Ἀλωή au pluriel : I, 65 ; V, 45 ; V, 346.

de jardin, atteint treize emplois[19], et la diffusion du dérivé ἀλωεύς, désignant le jardinier, culmine avec huit emplois[20].

Certains diront : à quoi bon poursuivre ainsi la destinée d'un mot homérique désignant les jardins dans la poésie épique ? On pourrait répondre : c'est en particulier parce qu'elle n'a pas laissé les philosophes indifférents. En dehors de la poésie épique, on mentionnera, en effet, la survie du mot ἀλωή dans la prose philosophique du IIe/IIIe siècle ap. J.-C. chez Sextus Empiricus dans un passage d'*Adversus mathematicos* (VII, 17, 2) :

> Ἔνθεν <οὐκ> ἀπιθάνως ὁμοιοῦσι τὴν φιλοσοφίαν παγκάρπῳ ἀλωῇ, ἵνα τῇ μὲν ὑψηλότητι τῶν φυτῶν εἰκάζηται τὸ φυσικόν, τῷ δὲ νοστίμῳ τῶν καρπῶν τὸ ἠθικόν, τῇ δὲ ὀχυρότητι τῶν τειχῶν τὸ λογικόν,
>
> « À partir de là, d'une façon qui n'est pas peu convaincante, les philosophes comparent la philosophie à un jardin produisant toutes sortes de fruits, afin d'assimiler la physique à la hauteur des plantes, l'éthique à la fréquence des fruits, et la logique à la solidité des murs. »[21]

La philosophie, divisée en trois parties, la physique, l'éthique et la logique, est comparée à un jardin produisant toutes sortes de fruits. Il est significatif que le jardin n'est pas désigné par le terme courant à son époque de κῆπος, mais par l'expression παγκάρπῳ ἀλωῇ. Or, où les philosophes ont-ils puisé cette expression ? C'est justement chez Apollonios de Rhodes où nous avons vu que l'expression πάγκαρπον ἀλωήν désignait pour la première fois le jardin de Zeus sur l'Olympe.

19. Nonnos, *Dionysiaques*, ἀλωή au singulier : II, 649 ; XII, 348 ; XIII, 127 ; XIV, 47 ; XVII, 83 ; XVIII, 326 ; XXII, 278 ; XLII, 303 ; XLII, 522 ; cf. aussi *Paraphrase de St. Jean* IV, 181. Puis ἀλωή au pluriel : IV, 354 ; XII, 24 ; XXII, 174 ; XXXVIII, 422 et *Paraphrase* IV, 164.

20. Nonnos, *Dionysiaques* ἀλωεύς, *vel* ἁλωεύς I, 111 ; III, 165 ; XLIII, 85 ; XLVII, 58, 64, 70, 125 et 211 ; cf. aussi *Paraphrase de St. Jean* IV, 176 et 177 ; XV, 2. Sur les huit emplois de ἀλωεύς, quatre sont concentrés au chant XLVII pour désigner Icarios, le jardinier athénien à qui Dionysos révéla le vin, superbe don, qui lui valut son malheur.

21. De très rares attestations d'ἀλωή dans la prose de la même époque existent, mais les passages sont moins intéressants, car ce sont des reprises directes d'Homère ; voir Maxime de Tyr, *Diss.* 23, 1, 10 (éd. Trapp, p. 194) : ἐν γουνῷ οἰνοπέδου ἀλωῆς = *Od.* XI, κατὰ γουνὸν ἀλωῆς οἰνοπέδοιο ; Philostrate le Jeune, *Imag.* 10 (éd. Kayser, p. 409) πάρεστί σοι ἀλωὴ χυσῆ μὲν τῶν ἀμπέλων, μέλαινα δὲ τοῦ καρποῦ = *Il.* XVIII, 561 sq. ἐν δ' ἐτίθει σταφυλῇσι μέγα βρίθουσαν ἀλωὴν / καλὴν χρυσείην· μέλανες δ' ἀνὰ βότρυες ἦσαν.

Le jardin des philosophes est donc, par sa dénomination, un héritage du jardin de Zeus. Cependant, le développement de la comparaison est propre aux philosophes. La physique est assimilée à la hauteur des plantes (τῇ μὲν ὑψηλότητι τῶν φυτῶν), l'éthique à la fréquence des fruits (τῷ δὲ νοστίμῳ τῶν καρπῶν), et la logique à la solidité des murs (τῇ δὲ ὀχυρότητι τῶν τειχῶν). Le jardin des philosophes aspire à atteindre les cimes. Ce n'est pas un vignoble, mais un verger solidement clos, aux grands arbres chargés de fruits[22].

JACQUES JOUANNA

22. Je remercie chaleureusement Anargyros Anastassiou de m'avoir signalé la référence au *Lexikon des frühgriechischen Epos*, et Antonio Ricciardetto d'avoir relu l'ensemble de l'article dans toutes les étapes de sa genèse, avec sa générosité et sa précision habituelles. Ma reconnaissance la plus profonde va aussi à mon confrère et ami Denis Knoepfler, qui m'a permis de mettre à jour la note 17, en me fournissant les pages de W. Ameling, *Herodes Atticus*, sur l'inscription de Rome.

# LES JARDINS ROMAINS COMME PAYSAGE SENSIBLE ET INVENTAIRE DU MONDE (Ier S. AV. N. È.-I[er] S. DE N. È.)

Dans son ouvrage fondateur[1], Pierre Grimal met en lumière l'apport décisif de l'étude des jardins à la connaissance de la sensibilité, de l'imaginaire et de la pensée des Romains. Il montre en particulier les liens que l'on peut établir entre l'art des jardins et plusieurs formes de peintures paysagères désignées par le terme de *topia* par Vitruve et de *topiaria opera* par Pline l'Ancien[2], qui rencontrent la faveur des élites romaines entre la fin de la République et le début de l'Empire.

Parmi ces thèmes paysagers, la représentation des jardins occupe une place spécifique. Les travaux récents et nombreux qui leur ont été dédiés permettent de multiplier les angles d'approche sous lesquels on peut les étudier[3]. On les saisit désormais dans leur matérialité

1. *Les jardins romains à la fin de la République et aux deux premiers siècles de l'Empire. Essai sur le naturalisme romain* (Bibliothèque des Écoles françaises d'Athènes et de Rome, 155), Paris, De Boccard, 1943¹, *Les jardins romains*, PUF, 1969², Fayard, 1984³ (abrégé en *Jardins romains³*).

2. Vitruve, *De Architectura* VII, 5, 2 ; Pline l'Ancien, *Histoire naturelle* XXXV, 116-117 ; P. Grimal, *Jardins romains³*, p. 93-99 ; pour les éditions : Vitruve, livre VII, B. Liou, B. Zuinghedau et M.-T. Cam éd., Paris, CUF, 1995, commentaire, p. 124-128 ; Pline l'Ancien, livre XXXV, J.-M. Croisille éd., CUF, Paris, 1985, commentaire p. 225-227.

3. La bibliographie est immense. L'ouvrage de S. Settis, *Le pareti ingannevoli. La Villa di Livia e la pittura di giardino*, Milan, 2008³, qui démontre la spécificité de la peinture de jardin en tant que genre et en décline les variantes, reste fondamental. On trouvera les principales orientations des travaux en cours sur les jardins dans *Le jardin dans l'Antiquité* (Entretiens sur l'Antiquité classique, LX), K. Coleman éd., Vandoeuvres, Fondation Hardt, 2014 ; *Gardens of the Roman Empire*, W. Jashemski, K. L. Gleason et A.-A. Malek éd., Cambridge, 2017, version en ligne : www.cambridge.org/9780521821612 ; M. Salvadori, Horti Picti. *Forma e significato del giardino dipinto nella pittura romana* (Antenor Quaderni, 36), Padoue, 2017. Pour l'Égypte on se reportera à la communication de N. Beaux dans ce volume.

grâce à l'archéologie des jardins, initiée par les travaux pionniers de Wilhelmina Jashemski dans les cités vésuviennes[4], des recherches étendues aujourd'hui à l'ensemble de l'Empire, en Orient comme en Occident (fig. 1 et 2)[5]. Ils offrent aussi un terrain d'étude privilégié pour l'analyse des modes de perception et d'appropriation symbolique des espaces naturels, qui renouvelle la question de l'existence de formes de représentations paysagères dans l'Antiquité grecque et romaine[6].

4. Voir notamment *The Gardens of Pompei: Herculaneum and the Villas Destroyed by Vesuvius*, vol. 1, New Rochelle, NY, 1979, vol. 2, 1993 ; W. F. Jashemski, F. G. Meyer, *The Natural History of Pompei: A Systematic Survey*, Cambridge, CUP, 2002 ; *Gardens of the Roman Empire*, *op. cit.* (n. 3), en part. chap. 4, 16 et 17 (avec K. L. Gleason et M. Herchenbach) ; bibliographie, p. 578 sq., ainsi que *Sourcebook for Garden Archaeology. Methods, Techniques, Interpretations and Field Examples*, A.-A. Malek éd., Berne, Peter Lang, 2013 ; A. Ciarallo, *Gli spazi verdi dell'antica Pompei*, Rome, 2012, et C. Giordano, « Repertorio degli spazi a verde », *ibid.*, p. 361-676.

5. On citera, à titre d'exemple, d'un côté, les jardins d'Hérode à Jéricho et à Herodeion : R. Taylor, « Movement, vision, and quotation in the gardens of Herod the Great », in *Le jardin dans l'Antiquité*, *op. cit.* (n. 3), p. 145-194, qui montrent dans certains cas des formes d'hybridation entre les traditions orientales et les réalisations de l'époque augustéenne et de l'autre, le domaine horticole de Jaunay-Clan (début du Ier s. de n. ère) : G. Lacroix, F. Gerber, G. Guitton, « De l'utile et de l'agréable : un jardin romain chez les Pictons. La Viaube 1 à Jaunay-Clan (Vienne) », *Gallia* 73/2, 2016 p. 81-106, qui associe à la fonction productive de la villa la « scénographie à grande échelle d'un lieu de loisir », https://doi.org/10.4000/gallia.2724. Voir en parallèle les architectures miniaturisées de jardins dans la peinture romaine : M. de Vos, « Funzione e decorazione dell'Auditorium di Mecenate », in *Roma Capitale tra sterro e scavo*, Venise-Padoue, p. 231-247 ; S. Settis, *op. cit.* (n. 3), p. 32-37 ; B. Bergmann, « The concept of boundary in the Roman garden », in *Le jardin dans l'Antiquité*, *op. cit.* (n. 3), p. 245-299, fig. 6.3-6.6.

6. Voir n. 2, ainsi que A. Rouveret, « *Pictos ediscere mundos*. Perception et imaginaire du paysage dans la peinture hellénistique et romaine », *Ktema*, 2004, p. 325-344 ; J. Trinquier, « *Quid de pratorum uiriditate... plura dicam ?* (Cicéron, *De senectute*, 57). Les couleurs du paysage dans la littérature latine, de Lucrèce à l'époque flavienne », in *Couleurs et matières dans l'Antiquité. Textes, techniques et pratiques*, A. Rouveret, S. Dubel et V. Naas éd., Paris, 2006, p. 213-259, en part. p. 250-254 ; J.-M. Croisille, *Paysages dans la peinture romaine. Aux origines d'un genre pictural*, Paris, 2010 ; *Le spectacle de la nature. Regards grecs et romains* (Cahiers des mondes anciens, 9), E. Valette et S. Wyler éd., 2017, URL : http://journals.open edition.org/mondesanciens/1898 ; M. Zarmakoupi, « Between Conceptual and Perceptual Space. The Representation of Landscape in Roman Wall Paintings », in Περὶ γραφικῆς. *Pittori, tecniche, trattati, contesti tra testimonianze e ricezione*, G. Adornato, E. Falaschi et A. Poggi éd, Milan, 2019, p. 173-196 ; A. Rouveret, « Nature et paysage dans la peinture hellénistique et romaine », *Bulletin de l'Association Guillaume-Budé*, 2020/1, p. 122-136 ; S. Wyler, *Sacra per topia. Étude d'anthropologie historique sur les « paysages sacro-idylliques »*, Naples, Centre Jean Bérard (Collection du centre Jean-Bérard, 61), 2025 (à paraître).

FIG. 1. – La Viaube 1-Jaunay-Clan. Vue d'ensemble du domaine horticole. Photo É. Denis (Ballon-Image du Poitou) d'après G. Lacroix, F. Gerber, G. Guitton, in *Gallia* 73/2, 2016, fig. 11 < https://doi.org/10.4000/gallia.2724>.

FIG. 2. – Pompéi, Villa impériale. Jardin en miniature.
Antiquarium de Boscoreale (inv. 21630). © Pedicini HR 1066.

À partir d'une présentation des jardins et des parcs paysagers à la fin de la République et au début de l'Empire, puis de l'étude de l'image peinte la plus élaborée d'un jardin, celui de la villa de Livie *Ad Gallinas*, enfin de la mise en évidence de la part de la « guirlande de Livie » dans la définition d'un « code végétal augustéen »[7], je m'attacherai à mieux cerner la spécificité de la peinture de jardin par rapport aux autres expressions figurées de la nature.

## Du potager aux parcs paysagers

Dans le monde romain, comme aujourd'hui, le terme de « jardin » évoque des réalités contrastées, soulignées par Pline l'Ancien au livre XIX de l'*Histoire naturelle*, dédié à l'« agrément des jardins » (*hortorum gratia*), dans lequel il traite uniquement des légumes du potager (§ 49-53)[8]. Après avoir rappelé l'admiration qui s'attache à certains jardins des temps antiques[9], il définit l'*hortus* des *primordia* de Rome en se référant à la loi des XII tables. Petite propriété enclose de murs, l'*hortus* correspond à l'*heredium*, « part minimale et inaliénable qui doit revenir à l'héritier »[10], dont la superficie de deux jugères avait été fixée par Romulus. Pour cette raison, selon Pline, une croyance religieuse (*quaedam religio*) est associée à l'*hortus*, comme à la place du marché, marquée par la présence d'objets protégeant du mauvais œil, les *saturica signa*, évocateurs du cortège dionysiaque[11]. Bien attestés sur les

7. G. Sauron, *L'histoire végétalisée. Ornement et politique à Rome*, Paris, 2000 ; G. Caneva, *Il codice botanico di Augusto: Roma, Ara Pacis: parlare al popolo attraverso le immagini della natura*, Rome, 2010, et 3e partie *infra* p. 104.

8. *Histoire naturelle* I, table des matières du livre XIX, 19-20 : la traduction par « agrément » est celle de J. Beaujeu, CUF, 1950. Le terme est traduit par « bellezza » dans l'édition italienne, *Plinio Storia Naturale*, vol. 1, G. B. Conte dir., avec la collaboration d'A. Barchiesi et G. Ranucci, Turin, 1982, vol. 1, p. 109. Pour la culture des fleurs, associée à l'*ars coronaria* voir *Histoire naturelle* XXI (*Naturae florum et coronamentorum*) ; G. Guillaume-Coirier, « L'*ars coronaria* dans la Rome antique », *Revue archéologique*, 1999/2, p. 331-370, en part. p. 341- 344 ; Ead., « Techniques coronaires romaines : plantes "liées" et plantes "enfilées" », *ibid.*, 2002/1, p. 61-71.

9. *Histoire naturelle* XIX, 49 : « les jardins des Hespérides, des rois Adonis et Alcinoos, ainsi que les jardins suspendus (*pensiles*) de Sémiramis, ou de Syrus, roi d'Assyrie » ; ainsi que Diodore de Sicile, II, 10 ; Quinte-Curce, V, 1, 35. Pline amorce ici la description de Rome, *Histoire naturelle* XXXVI, 94 et 104, comme *urbs pensilis*, telle une huitième merveille du monde.

10. Ernout-Meillet *s. v. heres* : Varron, *Res rusticae* I, 10, 2, et commentaire de J. Heurgon, *Économie rurale*, livre I, CUF, 1978, p. 130-133. Deux jugères correspondent à 50 ares 36 ; voir également Pline, *Histoire naturelle* XVIII, 7.

11. Il s'agit en quelque sorte d'apprivoiser dans le lieu clos du jardin les *siluestria numina* (Ovide, *Fastes* III, 303) qui peuplent les *loca sola* (Lucrèce, *De rerum natura* IV, v. 573-589) ; voir aussi Virgile, *Géorgiques* II, 385-392. On rapprochera de ces *signa satyrica* le décor de la *scaena satyrica*, Vitruve, *De architectura* V, 6, 9 : *satyricae*

décors sculptés des jardins de Pompéi[12] et sur les peintures domestiques (fig. 3)[13], c'est sans doute sur les fragments d'un décor peint découverts dans un petit canal du jardin de la Maison du Bracelet d'Or[14], qu'affleure,

---

*uero ornantur arboribus, speluncis, montibus reliquisque agrestibus rebus in topeodis speciem deformati* (« quant à la scène satyrique, elle est ornée d'arbres, de grottes, de montagnes et d'autres réalités champêtres, donnant à voir un paysage figuré », trad. C. Saliou, *De l'Architecture*, livre V, CUF, 2009, et commentaire p. 258-265. Vitruve établit un lien entre l'architecture théâtrale et les décors domestiques : *De Architectura* VII, 5, 2. Les parallèles les plus proches se trouvent sur les peintures murales de IIe style, notamment celles de la Villa de Boscoreale : *La villa romaine de Boscoreale et ses fresques*, A. Barbet et A. Verbanck-Piérard éd., Paris, 2013, avec bibliographie. Les peintures de jardins présentent des dispositifs très différents. Sur la question complexe de la présence des « satyres » à Rome : T. Wiseman, « Satyrs in Rome? », in *Historiography and Imagination. Eight Essays on Roman Culture*, Exeter, p. 68-85 ; pour l'Auditorium de Mécène : S. Wyler, « An Augustan trend towards Dionysos: Around the "Auditorium of Maecenas" », in *Redefining Dionysos*, A. Bernabé, M. Herrero de Jáuregui, A. I. Jiménez San Cristóbal et R. Martín Hernández éd., Berlin-New York, 2013, p. 541-553 ; M. Villetard, « L'auditorium de Mécène. Une réévaluation à la lumière des auditoriums d'Alexandrie », *Mètis*, n. s. 16, 2018, p. 261-291.

12. Pour les *oscilla* et les statues figurant des silènes et des satyres mis au jour à Pompéi dans les péristyles et les jardins voir, par exemple, A. Carrella, L. A. D'Acunto, N. Inserra, C. Serpe, *Marmora Pompeiana nel Museo Archeologico Nazionale di Napoli. Gli arredi scultorei delle case pompeiane* (Studi della Soprintendenza archeologica di Pompei, 26), Rome, 2008 : Maison du Cithariste, p. 41-46 ; *Praedia* de Julia Felix, p. 57 et 59 ; Maison de Caecilius Jucundus, p. 71 sq. ; Maison d'Apollon, p. 82 ; *Fullonica* de M. Vesonius Primus, p. 91 ; Maison de M. Pupius Rufus, p. 101 ; Villa des Colonnes en mosaïque, p. 103 sqq. ; Villa de Diomède, p. 107 ; Maison du Grand-Duc, p. 122 ; Maison de la paroi noire, p. 124 ; Maison de Paccius Alexander et Alexa, p. 160 sq. ; Maison de Marcus Lucretius, p. 166 et 174 ; Maison de la Fortune, p. 194. Voir aussi C. Giordano, *Appendice* I, in A. Ciarallo, *op. cit.* (n. 4), p. 330-354.

13. Maison du Verger (*Casa del Frutteto* ou *dei Cubiculi Floreali*) : S. Settis, *op. cit.* (n. 3), p. 15 et 24, et F. Donati, *Appendice bibliografica*, *ibid.*, p. 55 sqq. ; Maison du Bracelet d'Or (VI, 17, *Ins. Occid.* 42, *oecus* 32) : R. Ciardello in *Pompei (Regiones VI-VII) Insula Occidentalis*, M. Aoyagi et U. Pappalardo éd., vol. I, Naples, 2006, p. 71-256, en part., p. 162-221 (*triclinium-nymphaeum* 31 et *oecus* 32) ; W. Jashemki, *Gardens of Pompei*, vol. 2, *op. cit.* (n. 4), p. 166 sq. et 348-358 ; V. Sampaolo, *Casa del Bracciale d'oro (VI, 17, Ins. Occ.)* (Pompei: pitture e mosaici, VI), Rome, 1996, p. 44-145 ; B. Bergmann, « Frescoes in Roman Gardens » in *Gardens of the Roman Empire*, *op. cit.* (n. 3), p. 288-293.

14. R. Ciardello, *op. cit.* (n. 13), p. 222 sq. ; M. Mastroroberto, « La casa del Bracciale d'Oro (VI, 17 *Ins. occid.*, 42) », in *Storie da un eruzione. Pompei, Ercolano, Oplontis*, A. D'Ambrosio, P. G. Guzzo et M. Mastroroberto éd., Milan, 2003, p. 398-420. Sur la prédelle, le concert et les jeux champêtres des ménades, des satyres et du silène donnent un aperçu suggestif sur les créations de Studius : Pline, *Histoire naturelle* XXXV, 116-117, cf. n. 2 et 6.

FIG. 3. – Pompéi. Maison du Bracelet d'Or (VI, 17, *Insula Occidentalis* 42).
*Triclinium-nymphaeum, oecus* 32, paroi nord, zone centrale.
Depositi del Parco archeologico di Pompei (inv. 40690B). © Pedicini D70 476.

sous sa forme la plus prégnante, dans les interstices de la végétation, l'inquiétante étrangeté de l'univers dionysiaque (fig. 4)[15].

« Aujourd'hui », au contraire, poursuit le naturaliste, « sous le nom de jardins, on possède dans Rome même des lieux de plaisance (*delicias*), des campagnes et des villas (*agros uillasque*) », et il enchaîne en opposant le jardin potager, nourricier du peuple romain (*ager pauperis*, *plebei macellum*), aux produits exotiques importés du monde entier pour la table des riches[16]. Dans cette inversion entre la ville et la campagne[17], on trouve en filigrane une allusion au point

15. Pline ajoute que, selon Plaute, les jardins sont sous le signe de Vénus, cf. Varron, *De lingua Latina* VI, 20 ; *Res Rusticae* I, 1, 6 ; *CIL* IV, 2776 ; VI, 122 ; 32451 ; 32468 et commentaires de P. Flobert, *La langue latine*, livre VI, CUF, 1985, p. 90 sqq., et de J. Heurgon, *op. cit.* (n. 10), p. 95 sq. ; pour les peintures : B. Bergmann, « Staging the Supernatural: Interior Gardens of Pompeian Houses », in *Pompeii and the Roman Villa. Art and Culture around the Bay of Naples*, C. C. Mattusch éd., Washington, National Gallery of Art, 2008, p. 53-69 ; Ead., « Frescoes in Roman gardens », p. 308-315, fig. 11.28.

16. *Histoire naturelle* XIX, 52-56.

17. J. Trinquier, « *Confusis oculis prosunt uirentia* (Sénèque, *De ira*, 3, 9, 2) les vertus magiques et hygiéniques du vert dans l'Antiquité », in *Couleurs et vision dans*

FIG. 4. – Pompéi. Maison du Bracelet d'Or. Fragment de paroi peinte, Silène. Parco archeologico. Depositi del Parco archeologico di Pompei (inv. 86075). © Pedicini HR4142.

extrême atteint sous le règne de Néron avec la construction de la *Domus Aurea*, qui transforme l'*Urbs* en gigantesque *uilla* personnelle, comme le soulignent les sources anciennes, à commencer par Pline[18].

*l'Antiquité classique*, L. Villard éd., Rouen, 2002, p. 97-128, souligne ce « transfert de la "culture du jardin privé" dans l'espace urbain », p. 119-124. Par exemple, à la suite de travaux dans sa maison du Palatin, en 57 av. notre ère, Cicéron écrit à son frère (*ad Quintum fratrem* III, 1,14) : *nunc domus suppeditat mihi hortorum amoenitatem.*

18. *Histoire naturelle*, 36, 111 ; Tacite, *Annales* XV, 42, 1-43, 1 ; Suétone, *Néron* XXXI, 1-3 et 39, 3 ; M. Royo, « *Bis uidimus urbem totam* (Pline 36, 111). Les résidences de Caligula et de Néron, entre topos rhétorique et réalité topographique », in *Neronia VII, Rome, l'Italie et la Grèce : hellénisme et philhellénisme au Ier s. ap. J.-C.* (collection Latomus, 305), Y. Perrin éd., 2007, p. 378-405.

*Bienfaits de « l'ombre verte »*[19]

Ces parcs d'agrément, les *uiridaria*, signes de prestige pour les élites[20], sont artistement façonnés par l'*ars topiaria* du jardinier paysagiste (*topiarius*), un terme mentionné pour la première fois dans une lettre de Cicéron à son frère Quintus, en 54 av. J.-C.[21]. Avec une légère ironie peut-être[22], l'Arpinate souligne comment le jardinier a « si bien tout revêtu de lierre » que « finalement les statues de personnages grecs (*palliati*) ont l'air de s'occuper de jardinage (*topiariam facere uideantur*) et de recommander le lierre à notre attention ». Cette omniprésence du lierre souligne la place dominante des plantes vertes et des arbres à feuillage persistant dans l'ornementation des jardins, comme le confirment les sources littéraires et archéologiques[23]. Une autre lettre de Cicéron à Atticus de 60 av. J.-C. offre, me semble-t-il, un indice sur le rôle de l'environnement naturel dans la perception et la représentation du monde sensible dans les formes d'autoreprésentation des élites sur lesquelles le témoignage de Cicéron apporte une documentation inestimable. En réponse à une critique d'Atticus sur l'étroitesse des fenêtres conçues par son architecte, Cyrus, l'orateur réplique : « sache que tu critiques la "Cyro-pédie" (Κύρου παιδείαν)... » Le jeu de mot sur le titre de l'ouvrage bien connu de Xénophon est doublement significatif. Il introduit plaisamment la petite leçon

19. Virgile, *Bucoliques* IX, 19-20 : *uiridi umbra*, cf. J. Trinquier, *art.cit.* (n. 17), p.127 et n. 115.

20. Vitruve, VI, 5, 2 : dans les maisons des *nobiles*, à côté des *uestibula regalia, alta atria et peristilia amplissima* figurent les *siluae ambulationesque laxiores* « d'une beauté majestueuse » (*ad decorem maiestatis perfectae*), trad. L. Callebat, CUF, 2004 et p. 179-183. Ulpien, *Digeste* VII, 1, 13, 4 oppose les *uiridaria*, jardins de plaisir d'une propriété de luxe (*praedium uoluptarium*) et les jardins productifs (*horti olitori*), cf. B. Bergmann, « The concept of boundary », p. 274, n. 73 ; sur le « paysage productif » : N. Purcell, « The Roman villa and the landscape of production », in *Urban Society in Roman Italy*, T. J. Cornell et K. Lomas éd., Londres, 1995, p. 151-179.

21. *Epistulae ad familiares* III, 1, 5 ; P. Grimal, *Jardins romains*[3], p. 92 sq.

22. Cicéron marque sa préférence pour le paysage naturel (chêne de Marius, île sur le Fibrène) de sa villa d'Arpinum, berceau de sa famille : *De legibus* I, 1-2 ; II, 1- 3, 6.

23. P. Grimal, *Jardins romains*[3], p. 93, n. 1 ; p. 279-281 ; J. Trinquier, *art. cit.* (n. 17), p. 124-127 ; pour les jardins réels : W. Jashemski, *op. cit.* (n. 4), vol. 1, p. 54 ; A. Ciarallo, *Verde pompeiano*, Rome, 2000, p. 37-51 ; W. Jashemski *et al.*, « Plants of the Roman Garden », in *Gardens of the Roman Empire*, *op. cit.* (n. 4), chap. 17, p. 455-480.

d'optique, agrémentée d'une touche de philosophie anti-épicurienne, établissant que « les points de vue sur les jardins ne présentaient pas autant d'agréments avec de larges ouvertures » (*uiridariorum* διαφάσεις *latis luminibus non tam esse suaues*)[24]. L'allusion à un espace naturel verdoyant, suggérée par le terme *uiridaria*, est renforcée par la référence à une anecdote transmise par Xénophon dans l'*Économique*[25], le dialogue entre le Lacédémonien Lysandre et Cyrus le Jeune sur l'ordonnance parfaite du « paradis » dont le souverain a planté lui-même les arbres, un récit que Cicéron reprend dans le *De Senectute* (§ 59). Or l'allusion au plaisir (διαφάσεις *suaues*) procuré par la perception de la verdure n'est pas une simple touche pittoresque. Elle fait écho aux considérations sur les bienfaits de la couleur verte pour les yeux, bien établis depuis l'Antiquité égyptienne jusqu'à l'époque romaine[26], et trouve une formulation explicite dans les préoccupations hygiénistes exprimées par Vitruve dans la section du cinquième livre dédiée aux théâtres, à propos de la construction des portiques *post scaenam*[27]. Le premier exemple cité est le théâtre de Pompée, édifié dans les années 55-52 av. notre ère, dont le quadriportique *post scaenam* orné de statues et de tableaux était ombragé au centre par des rangées de platanes. Cet acte de munificence publique donnait ainsi à voir au peuple tous les biens de prestige et de luxe qui distinguaient les villas des membres éminents de la cité. Les recommandations vitruviennes[28], qu'il étend à l'ensemble des promenades à ciel ouvert de l'espace urbain[29], sont inspirées par les observations de la médecine grecque depuis les traités

24. S. Settis, *op. cit.* (n. 3), p. 12.

25. Xénophon, *Économique* IV, 20-25.

26. J. Trinquier, *art. cit.* (n. 17) ; Id., *op. cit.* (n. 6), p. 213-259.

27. *De architectura* V, 9, 1 et 5-7 : voir G. Sauron, *Quis deum. L'expression plastique des idéologies politiques et religieuses à Rome à la fin de la République et au début du principat* (Bibliothèque des Écoles françaises d'Athènes et de Rome, 285), École française de Rome, 1994, p. 262-270 ; C. Saliou, Livre V, CUF, 2009, p. 282 sq., n. 3, et 294-297, n. 13. Sur les platanes, *De architectura* V, 11, 4, et commentaire de C. Saliou, p. 365 sq., n. 4 ; A. Marzano, « Roman gardens, military conquests, and elite self-representation, in *Le jardin dans l'Antiquité*, *op. cit.* (n. 3), p. 215-218.

28. *De architectura* V, 9, 5-7, voir J. Trinquier, *art. cit.* (n. 17), p. 119-127, et commentaire de C. Saliou, *op. cit.* (n. 27), p. 305-309, sur les traités d'Hippocrate et de la collection hippocratique. En V, 9, 8, Vitruve ajoute que les plantations d'arbres sont une ressource utile en temps de siège, Saliou, *ibid.*, p. 310-313.

29. *De architectura* V, 9, 6 ; pour les temples : V, 9, 9 et les palestres : V, 11, C. Saliou, *op. cit.* (n. 27), p. 357-367.

d'Hippocrate et de la tradition hippocratique. Elles soulignent les bienfaits de la verdure (*uiridia*) pour la qualité de l'air et l'augmentation de l'acuité de la vue, favorisée par la marche en plein air. De tels lieux sont également propices au travail intellectuel[30].

Après la victoire et la prise de pouvoir d'Octavien, au lendemain d'Actium, les espaces verts connaissent un développement sans pareil. Pline rappelle l'amitié d'Auguste pour le chevalier Caius Matius[31], l'inventeur des *nemora tonsilia*, moins de 80 ans avant l'*Histoire naturelle*, ces « arbres taillés et façonnés »[32] de manière à créer de véritables peintures de verdure, évoquées par Pline l'Ancien et par son neveu dans la description de sa villa *in Tuscis*. Ces techniques horticoles sont documentées par l'archéologie[33].

Parmi les multiples témoins d'une Rome qui semble retrouver sa verdure originelle, la maison d'Auguste et le temple d'Apollon Palatin offrent des cas exemplaires. Lors de la victoire sur la flotte de Sextus Pompée à Nauloque, en 36 av. notre ère, Octavien avait fait le vœu à Apollon de lui consacrer une partie des terrains acquis pour sa résidence du Palatin. Les fouilles menées il y a une vingtaine d'années[34] ont profondément renouvelé la chronologie de la maison

30. Voir notamment l'œuvre de Cicéron : P. Grimal, 1984[3], p. 363 sqq. : le jardin « excitant à penser » ; C. Lévy, *Cicero Academicus. Recherches sur les Académiques et sur la philosophie cicéronienne* (Collection de l'École française de Rome, 162), Rome, 1992, p. 157-159 : « la mer comme excitant à douter » ; J.-P. De Giorgio, *L'écriture de soi à Rome. Autour de la correspondance de Cicéron* (collection Latomus, 347), Bruxelles, 2015. Voir aussi Pline le Jeune, *Epistulae* I, 9, 3 ; I, 24, 4 ; II, 17, 20-24 ; V, 6, 45-46. Quintilien est d'un avis contraire : *Institution oratoire* X, 3, 22-30.

31. Pline, *Histoire naturelle* XII, 13. Pline, *ibid.* XIX, 177, nous apprend aussi que Sabinus Tiro, un des *auctores* du livre XIX, avait dédié à Mécène son traité sur la culture des jardins (*Cepuricon*).

32. P. Grimal, *Jardins romains*[3], p. 93 ; sur ces tableaux de verdure : Pline, *Histoire naturelle* XVI, 140, à propos des cyprès : *trahitur etiam in picturas operis topiarii* ; Pline le Jeune, *Epistulae* V, 6, 16, 35-36. Pline, *ibid.* XII, 13, critique ces innovations de l'art topiaire à propos des platanes nains, qui partagent le triste sort des hommes (*ibid.* VII, 75) et des animaux (*ibid.* X, 156 ; XI, 260).

33. K. Gleason, « Constructing Nature: the Built Garden with Notice of a New Monumental Garden at the Villa Arianna, Stabiae », in *XVII International Congress of Classical Archaeology, Rome, 22-26 Sept. 2008, Bollettino di Archeologia on line*, 1/2010/ vol. speciale, D/D9/3, p. 8-15 ; Ead., « The lost dimension: pruned plants in Roman Gardens », *Vegetation and Archaeobotany* 29, 2019, p. 311-325.

34. I. Jacopi, G. Tendone, « Bibliotheca et Porticus ad Apollinis », *Mitteilungen des Deutschen Archäologischen Instituts / Römische Abteilung* 112, 2005-2006,

avec des conséquences importantes sur la datation des décors peints sur laquelle je reviendrai à la fin de cette communication.

Cette « révolution » verte est aussi en harmonie avec la simplicité manifestée par le *princeps* dans son mode de vie. Si l'on en croit Suétone :

> « Il n'aimait pas les villas vastes et somptueuses (...) les siennes, quoique modestes, étaient moins ornées de statues et de tableaux qu'embellies de promenades et de bosquets et d'objets remarquables par leur antiquité et leur rareté : tels sont, à Caprée, ces membres énormes d'animaux monstrueux et de bêtes sauvages, que l'on dit être des os de géants et des armes de héros. »[35]

## La villa de Livie *ad Gallinas*

Or la peinture la plus élaborée d'un jardin se trouve dans la salle semi-souterraine de la villa de Livie *Ad Gallinas*, à Prima Porta, mise au jour en 1863, en même temps que la célèbre statue d'Auguste[36]

p. 351-378 ; I. Jacopi, *La casa di Augusto. Le pitture*, Milan, 2007 ; F. Coarelli, *Palatium. Il Palatino dalle origini all'impero*, Rome, 2012, p. 347-399 ; P. Gros, « Le bois sacré du Palatin : une composante oubliée du sanctuaire augustéen d'Apollon », *Revue archéologique*, 2003/1, 35, p. 51-66 ; Id., « Les limites d'un compromis historique : de la *domus* vitruvienne à la maison augustéenne du Palatin », in *Le principat d'Auguste. Réalités et représentations du pouvoir autour de la « respublica restituta »*, F. Hurlet et B. Mineo éd., Rennes, 2009, p. 171-187 ; E. La Rocca, « Gli affreschi della casa di Augusto e della villa della Farnesina : una revisione cronologica », in *Le due patrie acquisite. Studi di Archeologia dedicati a Walter Trillmich*, E. La Rocca, P. Léon et C. Parisi Presicce éd., Rome, 2008, p. 223-242 ; I. Bragantini, « Roman Painting in the Republic and Early Empire », in *The Cambridge History of Painting in the Classical World*, J. J. Pollitt éd., Cambridge-New York, 2014, p. 321.

35. *Diuus Augustus* 72, 3 : *Ampla et operosa praetoria grauabatur* (...) *sua uero, quamuis modica, non tam statuarum tabularumque pictarum ornatu, quam xystis et nemoribus excoluit, rebusque uetustate ac raritate notabilibus, qualia sunt Capreis immanium beluarum ferarumque membra praegrandia, quae dicuntur gigantum ossa et arma heroum.*

36. M. M. Gabriel, *Livia's Garden Room at Prima Porta*, New York, 1955 ; B. A. Kellum, « The Construction of Landscape in Augustan Rome. The Garden Room at the Villa Ad Gallinas », *The Art Bulletin* 76/2, 1994, p. 211-224; S. Settis, *op. cit.* (n. 3), et F. Donati, *Appendice bibliografica*, cit. n. 13 ; G. Caneva, L. Bohuny, « Botanic analysis of Livia's villa painted flora (Prima Porta Roma) », *Journal of Cultural Heritage* 4, 2003, p. 149-155 » ; Ead. « Il giardino come espressione del divino nelle rappresentazioni dell'antica Roma », in *Le Jardin dans l'Antiquité*, *op. cit.* (n. 3), p. 301-361.

(fig. 5). Elle reste, dans l'état actuel de nos connaissances, l'exemple le plus ancien du thème des jardins (*horti picti*) dans la peinture romaine et garde une singularité par rapport aux autres ensembles, y compris les décors réalisés pour Auguste et ses proches (Villa de la Farnésine, Auditorium de Mécène) (fig. 6 et 7). Elle trouve aussi des échos sensibles dans les plus anciennes attestations du thème à Pompéi (Maison du Verger et du Bracelet d'or) (fig. 3). C'est pourquoi, il a paru intéressant de reprendre en détail l'ensemble du décor à la lumière des recherches récentes sur les jardins.

*Contexte archéologique*

Après les premières fouilles de 1863-1864[37], l'attention des chercheurs s'est concentrée sur la salle souterraine restée sur place jusqu'en 1951-1952, lorsque les peintures furent détachées des murs et transportées au Musée national romain[38].

Les fouilles menées par la Surintendance archéologique de Rome à partir de 1982 ont permis de dégager l'ensemble des bâtiments (14 000 m$^2$). Il s'agit d'une des premières villas impériales les mieux conservées, dont la phase principale se situe dans les années 30 av. notre ère. La résidence, construite sur un plateau dominant le cours du Tibre, au 9e mille de la Via Flaminia, bénéficiait d'une vue exceptionnelle sur la vallée du Tibre, sur Rome et les monts Albains[39]. Elle est répartie en deux ensembles à peu près égaux, une partie résidentielle, à l'ouest, flanquée, à l'est, d'une grande terrasse entourée d'un portique. Les recherches sur les jardins menées par la Surintendance et l'Institut

37. C. Calci, A. Messineo, *La Villa di Livia a Prima Porta*, Rome, 1984 ; G. Messineo, « La villa di Livia a Prima Porta : a dieci anni dalla ripresa dello scavo », *Rendiconti della Pontificia Accademia romana di Archeologia* 65, 1992-93, p. 13-21 ; Id. éd. « Ad Gallinas Albas. Villa di Livia », *Bulletino della Commissione archeologica comunale di Roma*, Suppl. 8, Rome, 2001 ; M. Carrara dir., *Roma. Villa di Livia a Prima Porta. Dieci anni di indagini (2002-2012)*, *Notizie degli Scavi di Antichità*, n. s., vol. 2, Suppl., Rome, 2022.

38. M. Cagiano de Azevedo, « La sala dipinta della Villa di Livia a Prima Porta », *Bollettino dell'Istituto centrale del Restauro* XII, 1953, p. 11-46.

39. A. Klynne, P. Liljenstolpe, « Investigating the gardens of the villa of Livia », *Journal of Roman Archaeology* 13, p. 220-233 ; A. Klynne, « The Laurel grove of the Caesars: looking in and looking out », in *Roman villas around the* Urbs, *Proceedings of a conference at the Swedish Institute in Rome (September 17-18 2004)*, B. Santillo Frizell et A. K. Klynne éd., Rome, 2005, p. 1-9.

FIG. 5. – Villa de Livie à Prima Porta. Paroi nord. Museo nazionale romano.
Photo de Simona Sansonetti 588222 (su gentile concessione del ministero della Cultura – Museo nazionale romano, Archivio fotografico).

FIG. 6. – Villa de la Farnésine. Fragment de paroi figurant une fontaine de jardin. Museo nazionale romano, Palazzo Massimo (inv. 1091 L), © photo de l'auteur (su gentile concessione del ministero della Cultura – Museo nazionale romano, Archivio fotografico).

FIG. 7. – Auditorium de Mécène. Détail d'une niche. (V. Vespignani, C. L. Visconti, in *Bullettino della Commissione Archeologica comunale di Roma*, n° 3, 1874, pl. XVI, dessin de G. Mariani), d'après S. Settis, *Pareti ingannevoli*, 2002, p. 19.

suédois de Rome (1996-2000) apportent des informations précieuses sur leur répartition et leur composition. Elles ont montré notamment que l'esplanade (68 x 74 m), entourée d'un double portique abritait probablement le bois de lauriers de Livie, dont l'origine merveilleuse est décrite par Pline l'Ancien (*Histoire naturelle* XV, 136-137), Suétone (*Galba* I) et Cassius Dion (XLVIII, 52, 3-4).

C'est en terminant le livre XV, consacré aux arbres fruitiers (*naturae frugiferarum arborum*)[40] que Pline introduit le récit étiologique de la villa « Aux Poules » dont Suétone, précise qu'elle était une propriété de Livie, située dans le territoire de Véies[41] :

> « Livia Drusilla, qui prit ensuite par son mariage le nom d'Augusta, était fiancée à César, quand, étant assise, elle reçut sur ses genoux une poule d'une admirable blancheur qu'un aigle lâcha du haut du ciel sans qu'elle eût de mal. Elle la contemplait sans crainte quand se produisit une autre merveille : la poule tenait dans son bec un rameau de laurier chargé de baies. Les haruspices ordonnèrent de conserver le volatile et sa progéniture, de planter la branche et de veiller religieusement sur elle ; ainsi fut fait dans la maison de campagne des Césars au bord du Tibre, à neuf milles de Rome sur la *Via Flaminia*, qu'on nomme pour cette raison *Ad Gallinas* (Aux Poules), et, prodige ! il en naquit un bosquet. Depuis, c'est le laurier venu de là qu'Auguste triomphant portait à la main et qui formait sa couronne, et après lui de tous les empereurs. La coutume s'est transmise de planter les rameaux qu'ils ont tenus, et des bosquets que distinguent leurs noms en existent encore. »[42]

40. Sur ce type particulier de laurier (*laurus regia*, puis *Augusta*) : Pline, *Histoire naturelle* XV, 129-130 ; XVII, 60. Sur les différentes espèces de laurier et leur usage comme plante topiaire : XV, 130-131. Plusieurs d'entre elles ne sont pas classées aujourd'hui parmi les lauriers, voir J. André, p. 122, § 137, n. 2 sq. Sur la reproduction du laurier par bouture : XV, 138 et XVII, 60-61.

41. Suétone, *Galba* I, 2 : *Liuiae olim post Augusti statim nuptias Veientanum suum reuisenti* (...). Dans cette version, le prodige a lieu juste après les noces de Livie avec Auguste. On observe une reprise de l'occupation de l'*Ager Veientanus* à l'époque augustéenne : P. Liverani, « L'*ager Veientanus* in età repubblicana », *Papers of the British School at Rome* 52, 1984, p. 36-48.

42. *Histoire naturelle* XV, 136-137, traduction de J. André, éd., CUF, 2003[2] [1960] : *Namque Liuiae Drusillae, quae postea Augusta matrimonii nomen accepit, cum pacta esset illa Caesari, gallinam conspicui candoris sedenti aquila ex alto abiecit in gremium inlaesam, intrepideque miranti accessit miraculum, quoniam tenentem rostro laureum ramum onustum suis bacis, conseruari alitem et subolem iussere haruspices ramumque eum seri ac rite custodiri: quod factum est in uilla Caesarum fluuio Tiberi imposita iuxta nonum lapidem Flaminiae uiae, quae ob id uocatur Ad*

En transmettant ce mythe fondateur du *Lauretum*, symbole de la perpétuation de la famille d'Auguste et de son glorieux destin[43], Pline souligne indirectement l'avènement de la nouvelle dynastie flavienne, à la suite de la victoire et du triomphe de Vespasien et Titus sur la Judée[44]. D'autres espèces végétales, en premier lieu le baumier[45], sont distinguées lors de ces célébrations et dans la scénographie du *Templum Pacis* où les jardins, documentés par la *Forma Urbis* et par les fouilles, occupent une vaste surface[46]. Suétone est plus explicite, lorsqu'il rappelle en commençant la biographie de Galba, que dans la dernière année du

*Gallinas, mireque silua prouenit. Ex ea triumphans postea Caesar laurum in manu tenuit coronamque capite gessit, ac deinde imperatores Caesares cuncti. Traditusque mos est ramos quos tenuerunt serendi, et durant siluae nominibus suis discretae, fortassis ideo mutatis triumphalibus.*

43. Pline, *Histoire naturelle* XV, 127 : *triumphis proprie dicatur, uel gratissima domibus, ianitrix Caesarum pontificumque* (« spécialement consacré aux triomphes ; il est même très aimé dans les demeures à la porte des Césars et des pontifes », trad. J. André) ; Ovide, *Métamorhoses* I, 560-565 ; *Tristes* III, 1, 39-48.

44. Flavius Josèphe, *Bellum judaicum* VII, 5, 132-151 ; sur le Temple de la Paix, VII, 5, 158-161.

45. *Commiphora opobalsamum*, à la fois parfum et remède. Pline, *Histoire naturelle* XII, 111, signale qu'il fut « montré à Rome » par Vespasien et Titus, après avoir précisé, *ibid.*, XII, 20, que Pompée fut le premier à faire défiler des arbres dans son triomphe (61 av. n. è.), en l'occurrence un ébénier, symbole de sa victoire sur Mithridate VI Eupator. Précisant que le baumier est « maintenant esclave » et « paie tribut avec sa nation », Pline poursuit sa description en XII, 112-123, en opposant la culture du baumier, limitée en Judée à deux jardins royaux « l'un de vingt arpents sans plus, l'autre de moins encore », situés à Engaddi et Jéricho (Cantique des Cantiques I, 13) et son exploitation intensive par Rome : A. Ernout, CUF, 1949[1], trad. et commentaire p.100 sqq. Sa notice doit beaucoup à Théophraste, *Recherches sur les plantes* IX, 6, éd. S. Amigues, CUF, 2006, commentaire p. 96-102. Pour l'usage des arbres dans les triomphes : A. Marzano, *art. cit.* (n. 27), p. 204-215 ; pour les antécédents hellénistiques : P. Schneider, « Les rois hellénistiques et la transplantation des plantes à aromates : héritage proche-oriental et spécificité hellène », *Phoenix* 66 / 3-4, 2012, p. 272-297.

46. *Diuus Vespasianus. Il bimillenario dei Flavi*, F. Coarelli éd., Milan, 2009, part. pour la documentation archéologique : R. Meneghini, A. Corsaro, B. Pinna Caboni, « *Il Templum Pacis alla luce dei recenti scavi* », p. 190- 201 et p. 191, fig. 1 ; *La Biblioteca Infinita. I luoghi del sapere nel mondo antico*, R. Meneghini et R. Rea éd, Milan 2014, IIe partie, II. *Templum Pacis*, p. 5-110 ; sur les fouilles 1998-2023, p. 17-49 ; synthèse sur l'architecture (R. Meneghini), p. 50-65 ; « Medici al *Templum Pacis* ? » (D. Palombi), p. 105-110 ; A. Celant, « Le rose del *Templum Pacis* nell'antica Roma », *Informatore botanico italiano* 37, 1B, p. 89 sq. ; W. Jashemski, K. L. Gleason, M. Herchenbach, *op. cit.* (n. 4), p. 466 et 472, fig. 17.10.

règne de Néron, « le bois tout entier (*silua*) se dessécha jusqu'aux racines » et que « toutes les poules périrent »[47].

Quels rapports peut-on établir entre le jardin peint de Livie et le *Lauretum*, pièce maîtresse d'un paysage qui s'inscrit dans d'autres espaces façonnés par le *princeps* comme la colline du Palatin ou le trophée d'Actium à Nicopolis d'Épire[48] ?

*Description des peintures*

On accédait à la salle (5,90 x 11,70 m) par un escalier et une porte voûtée (2,10 m) percée dans la paroi est[49]. Sa destination n'est pas certaine, l'hypothèse d'un triclinium d'été est souvent retenue. La pièce, dépourvue de fenêtres, était peut-être éclairée par une ouverture dans la voûte en berceau. La zone peinte mesure 2,88 m jusqu'à la voûte. Ses parois trompeuses, pour reprendre l'heureuse expression de SalvatoreSettis, plongent le visiteur dans un espace arboré émaillé de touches florales multicolores, qui se développe continûment sur les quatre parois et se détache sur le fond bleu d'un ciel serein. Le cadre principal de la scène repose sur une structuration horizontale grâce à trois éléments.

Dans la zone inférieure de la paroi, une double barrière illustre la définition même du jardin comme lieu clos (fig. 8)[50]. La première est une clôture en treillis d'osier ou de roseaux, qui donne accès, par

47. *Galba* I, 3 : après avoir rappelé qu'à l'approche de la mort de chaque empereur, son laurier « dépérissait » (*elanguisse*), l'historien conclut : *Ergo nouissimo Neronis anno et silua omnis exaruit radicitus, et quidquid ibi gallinarum erat interiit.*

48. K. L. Zachos, « The Tropaeum of the Sea-Battle of Actium at Nikopolis: Interim Report », *Journal of Roman Archaeology* 16, 2003, p. 65 -92 ; Id. (éd.), *The Victory Monument of Augustus at Nicopolis. The Tropaeum of the Sea Battle of Actium*, II, Research Association of Nicopolis, Athènes, 2024 ; E. A. Pavlidis, P. Reynolds, « The Sacred Garden of the Monument », *ibid.*, p. 177-218.

49. Premiers relevés des pièces souterraines : H. Sulze, « Die unterirdischen Räume der Villa der Livia in Prima Porta », *Mitteilungen des Deutschen Archäologischen Instituts, Römische Abteilung* 47, 1932, p. 174-192 ; G. Messineo, 1992-1993, *op. cit* (n. 35) (analyse de la salle et de son abandon) ; sur les phases postérieures : Id., 2001, *op. cit.* (n. 35) ; E. Malizia, « Les peintures murales du IIe siècle de la Villa de Livie à Prima Porta (Rome) ; un exemple de mémoire décorative ? », *Archeologia Classica* 68, 2017, p. 603-615.

50. B. Bergmann, *op. cit.* (n. 3), p. 260-267. Dans les descriptions qui suivent, bien que l'orientation exacte de la salle soit nord-ouest/sur-est, les parois sont désignées par convention suivant les points cardinaux.

FIG. 8. – Villa de Livie à Prima Porta. Peinture de jardin, paroi nord, détail des clôtures. © photo de l'auteur (su gentile concessione del ministero della Cultura – Museo nazionale romano, Archivio fotografico).

FIG. 9. – Villa de Livie à Prima Porta. Peinture de jardin, paroi sud, détail du chêne. © photo de l'auteur (su gentile concessione del ministero della Cultura – Museo nazionale romano, Archivio fotografico).

de petites ouvertures à une allée couverte de gazon, la seconde une balustrade de pierre, ponctuée de petites exèdres qui mettent en relief un arbre ou deux sur chaque paroi : au sud, un chêne (fig. 9)[51], au nord, un pin (fig. 10)[52], et deux sapins[53] sur les côtés longs est et ouest (fig. 11). Cette deuxième clôture exerce une forte contrainte sur l'espace naturel, comme le montrent les fleurs : les unes, violettes et iris alternant avec de frêles fougères, sont plantées devant la barrière, en touffes minuscules, les autres déploient leurs fleurs délicates derrière le muret qui semble les emprisonner[54] (fig. 12).

Dans la partie supérieure, le troisième élément (fig. 13) est un motif de rocaille qui assure la transition avec la voûte ornée de stucs figurant des Victoires alternant avec des Sphinges[55] et simule une grotte, fixant ainsi le point de vue d'où l'on perçoit le jardin[56], « les parois de la grotte

51. *Quercus robur*, chêne rouvre, l'yeuse (*Quercus ilex*) est également représentée : G. Caneva, L. Bohuny, *art. cit.* (n. 36), p. 152. Pline dans le livre XVI, dédié à la « nature des arbres sauvages » (*Siluestrium arborum naturae*), cite d'abord le chêne (§ 7-15) en raison de son prestige. Consacré à Jupiter, ses glands sont la première nourriture de l'humanité, ses feuilles composent la *corona ciuica*, l'emblème le plus illustre de la valeur militaire, suivant un usage établi par Romulus. Plusieurs lieux de Rome, comme la *Porta Querquetulana*, conservent dans leur nom le souvenir de l'antique végétation de chênes. Sur le dessin à la plume d'A. Skikkard, *Antike Denkmäler* I, 1891, pl. 24, on note plusieurs détails quasiment invisibles aujourd'hui : une acanthe au pied du chêne, une vigne autour du tronc, un nid avec deux oiseaux dans le feuillage. L'autre acanthe se trouve au pied du pin sur la paroi nord en position symétrique par rapport au chêne.

52. *Pinus pinea* : G. Caneva, L. Bohuny, *art. cit.* (n. 36), p. 151. Pline, *Histoire naturelle* XVI, 38, qui associe le pin et le sapin, producteurs de poix, précise qu'aux premiers temps de Rome, « ces arbres semblaient étrangers parce qu'ils ne se trouvaient pas dans les environs de la cité » (*Peregrinae tum uidebantur, quoniam non erant suburbanae*). Ajoutant en XVI, 138, que le pin et le sapin sont caractéristiques des climats froids, il relève en XVI 107, la fécondité exceptionnelle du pin en pommes de pin. Virgile, *Bucoliques* VII, v. 65-68, associe le pin aux jardins et le sapin aux montagnes et classe le pin parmi les plantes mellifères : *Géorgiques* IV, 141, ainsi que *ibid.* II, 385-389, et n. 11.

53. *Picea excelsa* : G. Caneva, L. Bohuny, *art. cit.* (n. 36), p. 151, et note précédente. Pour Pline, *Histoire naturelle* XVI, 40, le sapin, lié au deuil et aux obsèques, est aussi une plante topiaire (*...iam tamen et in domos recepta tonsili facilitate*) ; *ibid.* XVI, 122-123.

54. Une minuscule frise de lierre est comprimée par la première clôture.

55. Proches des stucs de la Villa de la Farnésine : H. Mielsch, *Römische Stuckreliefs* (Mitteilungen des Deutschen Archäologischen Instituts. Römische Abteilung. Ergänzungshefte, 21), Heidelberg, 1975, p. 114 sq.

56. Voir la *topothesia* de l'*Amaltheion* d'Atticus à Buthrote : Cicéron. *Epistulae ad Atticum* I, 16, 18 ; P. Grimal, *Jardins romains*[3], p. 304 sqq. Mélibée, chassé de ses terres, ne pourra plus voir ses chèvres depuis « un antre vert » (*uiridi* [...] *in antro*) : Virgile, *Bucoliques* I, 75.

FIG. 10. – Villa de Livie à Prima Porta. Peinture de jardin, paroi nord, détail du pin © photo de l'auteur (su gentile concessione del ministero della Cultura – Museo nazionale romano, Archivio fotografico).

FIG. 11. – Villa de Livie à Prima Porta. Peinture de jardin, paroi est, détail d'un sapin © photo de l'auteur (su gentile concessione del ministero della Cultura – Museo nazionale romano, Archivio fotografico).

FIG. 12. – Villa de Livie à Prima Porta. Peinture de jardin, paroi sud, détail des roses © photo de l'auteur (su gentile concessione del ministero della Cultura – Museo nazionale romano, Archivio fotografico).

FIG. 13. – Villa de Livie à Prima Porta. Peinture de jardin, paroi est, détail de la rocaille, d'un oiseau et des stucs décorant la voûte. © Wikicommons (https://commons.wikimedia.org/wiki/Category:Villa_di_Livia_-_Underground_garden_room).

ayant disparu comme par enchantement »[57]. H. Lavagne souligne à partir d'une analyse des qualificatifs (*natiuus*, *uiuus*), désignant chez Virgile et Ovide les matériaux constitutifs de ces rocailles, telles la pierre ponce ou l'écume de mer[58], qu'ils « représentent avant tout la vie de la Nature, dont la grotte est une des manifestations les plus visibles »[59]. Cette harmonie entre minéraux et végétaux est renforcée par les oiseaux minuscules, qui s'accrochent aux aspérités de la roche, jouant sur la fiction d'un double espace intérieur et extérieur où de multiples espèces de volatiles[60], pigeons et colombes, cailles, pies, geais, merles, rossignols et autres oiseaux chanteurs, se meuvent en liberté entre le ciel, les arbres, l'allée et les clôtures. Néanmoins le rossignol en cage, allusion possible à la volière de Varron[61], rappelle que cet espace de liberté a ses limites (fig. 14).

Le point de vue est complètement inversé dans le dispositif peint sur la paroi du fond du *cubiculum* M de la villa de Boscoreale (60-50 av. n. è.)[62]. Cette paroi (fig. 15), ouverte par une fenêtre sur le paysage du Vésuve, met sous les yeux du spectateur une collection de vues, lointaines ou rapprochées, grâce au jeu des échelles. Le principe du trompe-l'œil

57. H. Lavagne, *Operosa antra. Recherches sur la grotte à Rome de Sylla à Hadrien* (Bibliothèque des Écoles françaises d'Athènes et de Rome, 272), Rome, 1988, p. 347.

58. Pline, *Histoire naturelle* XXXVI, 154 ; H. Lavagne, *op. cit.* (n. 57), p. 416-419.

59. *Ibid.*, p. 411-417, citation p. 416.

60. M. M. Gabriel en dénombre 69 au total, *op. cit.* (n. 36), chap. VI, p. 43-53. Ils composent un paysage sonore dont l'étude approfondie n'a pu être menée dans le cadre de cette étude.

61. *Res Rusticae* III, 5, 9-17 ; G. Sauron, *op.cit.* (n. 27), p. 137-167 ; Id. *La peinture allégorique à Pompéi. Le regard de Cicéron*, Paris, 2007, p. 143-152.

62. A. Rouveret, « La rhétorique de l'image dans le *cubiculum* M de la Villa. Entre *megethos* et *acribeia* », in *La Villa Romaine de Boscoreale, op.cit.* (n. 10), vol. 2, p. 131-145.

FIG. 14. – Villa de Livie à Prima Porta. Peinture de jardin, paroi sud, détail de la cage.
© photo de l'auteur (su gentile concessione del ministero della Cultura – Museo nazionale romano, Archivio fotografico).

FIG. 15. – Villa de Boscoreale. *Cubiculum* M, paroi nord, New York, MMA, Rogers Fund 1903 (03.14.13.a). © courtesy of the Metropolitan Museum of Art.

repose sur la présence au premier plan d'une succession de colonnes fictives qui encadrent et mettent à distance, comme sur un tableau, les éléments topiaires du jardin (tonnelle couverte de vignes, grotte sacrée) et le contraste entre les *topia*, peints en jaune sur le parapet, avec l'esquisse d'une ville et la coupe de fruits posée sur le bord supérieur, un motif de *xenia* (« présents d'hospitalité »)[63], soulignant la prospérité du domaine, le luxe de la vaisselle et l'habileté du peintre. Dans le dispositif de la villa de Livie[64], la scansion des arbres prend la place des colonnes, substituant à la rigueur géométrique des portiques et à leurs jeux d'ombres et de lumière, la souplesse des rythmes végétaux et les subtiles modulations de leurs couleurs[65]. Le rythme repose sur la nature même des arbres qui sont représentés avec une précision extrême, et sur les variations multiples d'une gamme très étendue de verts, rehaussés par les touches de couleurs, des fleurs, des fruits et des oiseaux. Est ainsi créé un lieu multisensoriel dans un cadre végétalisé avec art : si Pline et Suétone désignent le *Lauretum* comme une *silua*, le terme de *nemus* proposé par Pierre Grimal[66] pour désigner le décor peint est le plus approprié. Même s'il se dissimule dans un apparent désordre, l'*ars topiaria* règle l'ordonnance des bosquets de Livie.

Il serait paradoxal d'affirmer que le jardin peint de Livie ne s'inspire pas du *Lauretum*. Les lauriers sont omniprésents mais ils ne sont pas mis en relief et ils sont associés à des arbres d'origine et de climats différents[67] : chênes, pins, sapins, grenadiers (fig. 16) et

---

63. Vitruve, *De Architectura* VI, 7, 4 ; Pline le Jeune, *Epistulae* VI, 31, 14 ; Martial, XIII, 3, 1 ; Philostrate, *Imagines* I, 31 ; II, 26 ; J.-M. Croisille, *Natures mortes dans la Rome antique. Naissance d'un genre artistique*, Paris, 2015.

64. L'état de conservation des peintures ne permet plus parfois de distinguer la succession des plans. Les dessins à la plume de A. Sikkard, in *Antike Denkmäler* I, Berlin, 1891, pl. 11 (couleur), 24, 60, et les descriptions de M. M. Gabriel, lorsque les peintures furent détachées des parois, pallient ces difficultés.

65. Cf. l'anecdote sur la querelle entre L. Licinius Crassus et Cn. Domitius Ahenobarbus, censeurs en 92 av. notre ère : Pline, *Histoire naturelle* XVII, 2-6 ; Valère Maxime IX, 1, 4, illustre le jeu d'équivalence entre les colonnes en marbre pour le premier (*Histoire naturelle* XXXVI, 7) et les arbres exceptionnels (*lotoi*, *Histoire naturelle* XVI, 123-124 et 235-236) pour le second, dans les polémiques sur le luxe des dirigeants romains.

66. P. Grimal, *Jardins romains*[3], p. 68 sq., n. 5 ; p. 98, n. 2. Sur les jardins et bois sacrés, voir la communication de J. Scheid dans ce volume.

67. Vingt-cinq espèces sont répertoriées par G. Caneva, L. Bohuny, *art. cit.* (n. 36) ; G. Caneva, in *Jardin dans l'Antiquité*, *art. cit.* (n. 3), tableau, p. 316-330 et 332-336.

FIG. 16. – Villa de Livie à Prima Porta. Peinture de jardin, paroi nord, détail, arbousier et grenadier © photo de l'auteur (su gentile concessione del ministero della Cultura – Museo nazionale romano, Archivio fotografico).

cognassiers[68], palmiers[69], cyprès[70], myrtes[71] (fig. 12), buis, viornes-tin et arbousiers[72], pour citer les principales espèces. Nombre d'entre elles partagent avec le laurier le caractère persistant de leur feuillage, tandis

68. Les grenadiers, *Punica granatum* (Pline, *Histoire naturelle* XIII, 112-113 ; XV, 39 ; XXIII, 106-114, médecine et teinturerie), et les cognassiers, *Cydonia oblonga*, (Pline, *Histoire naturelle* XV, 37-38 ; XXIII, 103, parfumerie, le *melinum*), sont classés parmi les arbres exotiques : Carthage pour le premier, la Crète pour le second, les deux espèces proviennent du Proche-Orient ; G. Caneva, L. Bohuny, *art. cit.* (n. 36), p 152. sq.

69. *Phoenix dactylifera* ; Pline, *Histoire naturelle* XIII, 26-50, souligne le caractère exotique du palmier : fécond en « zone torride » (*feruida*), les meilleures espèces étant en Orient, stérile en Italie et en Europe. Après un développement sur la sexualité végétale des palmiers, Pline présente, en XIII, 41-50, les variétés de dattes, très appréciées des Romains : E. Ernout, CUF, 1956[1], commentaire p. 75-84 ; G. Caneva, L. Bohuny, *art. cit.* (n. 36), p. 153. Pline ne s'inspire que très partiellement de Théophraste, *Recherches sur les plantes* I, 12 ; I, 13, 5 ; II, 6 ; II, 8, 4 ; III, 3, 5, éd. S. Amigues, CUF, 1988[1].

70. *Cupressus sempervirens* ; Pline, *Histoire naturelle* XVI, 76, 79 et 139-142, rappelle la connotation funèbre du cyprès et son succès comme plante topiaire (XVI, 140), voir n. 32 et 53. Sur les peintures, il est associé en arrière-plan avec le palmier ; G. Caneva, L. Bohuny, *art. cit.* (n. 36), p. 152.

71. *Myrtus communis* ; selon Pline, *Histoire naturelle* XV, 118-126, le myrte, consacré à Vénus, est associé, comme le laurier, aux rites de victoire (guerre entre Romains et Sabins) : couronne de Vénus *Victrix* pour l'ovation, rituels de purification (Vénus *Cloacina*) et protection des unions. Deux myrtes, un « patricien » et un « plébéien » se trouvaient devant le temple de Quirinus (*Histoire naturelle* XV, 120-121). Sur les usages du myrte comme remède, condiment et plante topiaire : *ibid.* XV, 118, 122 ; J. André, *op. cit.* (n. 42), commentaire, p. 118-121.

72. Sur le buis, *Buxus sempervirens*, Pline, *Histoire naturelle* XVI, 70, plante topiaire ; G. Caneva, L. Bohuny, *art. cit.* (n. 36), p. 152. Pour la viorne-tin, *Viburnum-tinus*, Virgile, *Bucoliques* I, 25 : viorne « flexible » (*lenta*) comparée au cyprès. Pour l'arbousier, *Arbutus unedo*, Pline, XV, 98-99, et notes de J. André, *op. cit.* (n. 42) p. 112 ; G. Caneva, L. Bohuny, *art. cit.* (n. 36), p. 152 sq.

qu'insensibles à l'ordre des saisons, les fleurs s'épanouissent au pied des arbres fruitiers, dont les fruits mûrs sont à peine effleurés par le bec des oiseaux.

Depuis l'entrée, les lauriers, souvent associés à des lauriers roses, organisent le mouvement circulaire autour des parois tout en réglant les effets de profondeur des rangées d'arbres : au premier plan, taillés en buissons bas (*nemora tonsilia*) et mêlés à d'autres espèces, ils forment une toile de fond pour les fleurs multicolores et odorantes : *Anthemis*, chrysanthèmes jaunes (*Chrysanthemum coronarium*), iris, pavots blancs et mauves (*papaver somniferum*), roses (*Rosa centifoglia*), violettes des bois (*Viola reichenbachiana*)[73].

Dans les plans intermédiaires, les lauriers créent un continuum dans lequel s'insèrent d'autres espèces, organisées en unités sémantiques qui se répètent d'une paroi à l'autre mais jamais à l'identique, à la façon de variations musicales. Elles créent chez le spectateur un léger effet de vertige, semblable à l'énumération chaotique en rhétorique. Grenadiers et cognassiers, élément majeur de ces unités, soulignent visuellement la disposition en quinconce de toute la plantation. Déjà présente dans le *paradeisos* de Cyrus, elle est recommandée par les agronomes et devient une métaphore du bon usage de l'ornement chez Quintilien[74].

Le bleu du ciel, image même de la sérénité du climat, n'ouvre pas, comme le souligne Salvatore Settis, sur un espace infini, il complète la fermeture de la paroi. Ce fond « *bloccato* »[75] est sensible aussi sur les premiers exemples pompéiens, comme le *cubiculum* sur fond noir de la Maison du Verger[76].

---

73. Pour les identifications voir G. Caneva, L. Bohuny, *art. cit.* (n. 36), p. 152 sqq. Sur les plantes coronaires, Théophraste, *Recherches sur les plantes* VI, 6-8. À Rome, on utilise surtout les roses et les violettes : Pline, *Histoire naturelle* XXI, 14 ; Varron, *Res Rusticae* I, 16, 3. La tente de banquet de Ptolémée II Philadelphe, d'après la description de Callixène de Rhodes (dans Athénée, V, 196 d-f), était entourée de myrtes, de lauriers et « autres arbustes adaptés » tandis que toutes sortes de fleurs, cueillies en plein hiver, jonchaient le sol.

74. *Institution oratoire* VIII, 3, 8-10.

75. S. Settis, *op. cit.* (n. 3), p. 24 et 31 (tombe de Patron) ; voir aussi G. De Palma, É. Prioux, « Poétique du paysage dans la tombe de Patron : nouveaux regards sur les intentions de la commande », *Archimède : Archéologie et Histoire ancienne*, 2023/10, p. 201-224.

76. B. Bergmann, « Frescoes in Roman Gardens », in *Gardens of the Roman Empire*, *op. cit.* (n. 3), p. 288 sq., fig. 11.8 et 11.9, souligne cependant l'effet de miroir produit par les parois noires qui, polies, créent une illusion de profondeur indéfinie.

Le jardin de Livie a pu être comparé, à cause de l'éternel printemps de sa végétation, au jardin merveilleux d'Alcinoos, cité par Pline parmi les jardins fabuleux[77]. On pense aussi à la grotte de Calypso, dont le spectacle fascine le dieu Hermès[78]. L'archéologie fait aussi apparaître la part de réalité qui nourrit ces jardins imaginaires. C'est le cas des bosquets identifiés dans l'angle nord-ouest du parc de la Villa Arianna, contemporaine du *Templum Pacis*[79]. En un mot, le décor peint offre au spectateur l'illusion d'un fragment d'allée destiné à la promenade, l'*ambulatio*, ouvert sur la verdure, plaisir pour les yeux et stimulant pour la pensée. On pense au *museum* de Varron à Casinum[80] ou au petit lopin de terre (*agellum*), qui comblerait le studieux Suétone[81] « pour y reposer son cerveau et y refaire ses yeux (*releuare caput, reficere oculos*), tourner autour en flânant, aller et venir dans une même allée (*reptare per limitem unamque semitam terere*), connaître tous ses pieds de vigne, savoir le compte de tous ses arbustes (*omnisque uiticulas suas nosse et numerare arbusculas*) ». On pense enfin aux *ambulationes* décorées de motifs paysagers évoqués par Vitruve. Les contraintes et les choix ciblés de l'*ars topiaria* en prolongeant de manière ludique la domestication de la nature, œuvre de l'agriculture, créent à l'abri de leurs clôtures une image apaisée de l'ordre du monde régi par le *princeps*. Les *horti picti* enferment la terre habitée dans un mouchoir de poche, peint avec la rigueur d'un botaniste, les *topia* la réduisent à de minuscules vignettes sur la carte du monde. La comparaison entre deux décors réalisés à des dates proches l'une de l'autre pour Auguste et son cercle étroit, le jardin peint de la Villa de Livie et le *triclinium* sur fond noir de la Villa de la Farnésine (fig. 17)[82], montre qu'il s'agit d'un jeu explicite entre deux modes de représentation paysagère.

---

77. *Odyssée* VII, 114-132. Voir la communication de J. Jouanna dans ce volume.

78. *Odyssée* V, 58-76.

79. Voir n. 33, ainsi que *The Excavation and Study of the Garden of the Great Peristyle of the Villa Arianna, Stabiae, 2007-2012* (Quaderni di Studi Pompeiani), T. N. Howe, I. Sutherland, K. L. Gleason et M. A. Palmer éd., Associazione internazionale « Amici di Pompei », Naples, 2016.

80. *Res Rusticae* III, 5, 9-10.

81. Pline le Jeune, *Epistulae* I, 24, à Baebius Hispanus.

82. L'aile conservée de la Villa de la Farnésine correspond à un secteur situé à l'écart de la zone centrale. Elle s'ouvre sur un jardin (L), d'où proviennent quelques fragments peints d'*hortus conclusus* (fig. 6), un motif souvent repris dans les décors domestiques de Pompéi : I. Bragantini, M. de Vos, *Museo Nazionale Romano. Le Pitture,*

## La guirlande de Livie

Le jardin peint de Livie cherche le plaisir des yeux, mais sa rhétorique visuelle joue sur de multiples connotations inhérentes aux jardins depuis les plus hautes époques. D'excellents travaux ont mis en évidence le rôle et la fonction des végétaux dans la création d'un nouveau langage, emblème du nouveau pouvoir établi par Auguste et de la gloire de sa lignée[83], et l'on pourrait, en s'inspirant du titre de l'ouvrage de G. Caneva, parler de « code végétal augustéen ». Manifeste dans les lieux de culte et les espaces de la cité, il prend la forme d'un jardin merveilleux, tel un monde en miniature, sur le décor peint de la villa de Livie, au plus près d'une nature, qui, au cœur de la résidence impériale, se prête à de multiples associations symboliques[84]. Ainsi, nombreux sont les arbres à couronnes présents dans les peintures : myrte de l'ovation, laurier du triomphe[85], chêne de la *corona ciuica*, attribuée par le Sénat à Octavien, le 13 janvier 27, qui reçoit, le 15, son surnom d'*Augustus*. La couronne était placée au-dessus de la porte de sa maison, qui était encadrée par deux lauriers[86]. C'est aussi le pin des jeux isthmiques[87]. Mais le palmier n'est pas en reste. D'après Suétone, un palmier, qui avait surgi entre les

*II, 1, Le decorazioni della villa romana della Farnesina*, Rome, 1982, en part. p. 123-127, fig. 32 sq. ; I. Bragantini. « Le decorazioni », in *La Villa della Farnesina in Palazzo Massimo alle Terme*, M. R. Sanzi Di Mino éd., Milan, 1998, p. 15-24 ; Ead., R. Pirelli, « Osservazioni sul fregio della Villa romana della Farnesina », *Annali di Archeologia e Storia antica*, n. s. 13-14, 2006-2007, p. 221-231 ; Ead. *art. cit.* (n. 34), p. 323-326. Sur l'hypothèse selon laquelle la villa aurait appartenu à Agrippa, voir C. Krause, «. Hemizyklien im frühkaiserzeitlichen Villenbau », *Römische Mitteilungen* 107, 2000, p. 37 sq. ; H. Mielsch, *Römische Wandmalerei*, Darmstadt, 2001 ; I. Bragantini, *art. cit.* (n. 34), p. 326.

83. Voir n. 7 et 36

84. Le succès du thème des jardins à Pompéi permet d'en suivre la diffusion et les transformations dans des milieux plus larges et plus diversifiés, voir M. Salvadori, *op. cit.* (n. 3). La fortune du genre est également sensible dans les *ekphraseis* de jardins des romans de la seconde sophistique comme Les *Pastorales* (*Daphnis et Chloé*) de Longus ; voir P. Grimal, « Le jardin de Lamon à Lesbos », *Revue archéologique* 49, 1957, p. 211-214 ; S. Settis, *op. cit.* (n. 3) ; É. Prioux, « Parler de jardins pour parler de créations littéraires », in *Le jardin dans l'Antiquité*, p. 87-143, en part. en p. 114-121 et 123-126.

85. *Res Gestae Divi Augusti* IV, 1, éd. J. Scheid, CUF, 2007, et commentaire p. 32 sq. sur la double ovation (40 et 36 av. n. è.) et le triple triomphe, du 13 au 15 août 29 av. n. è.

86. *Ibid.* XXXIV, 2, J. Scheid, commentaire, p. 88 sq., ainsi que n. 51. Le chêne est aussi associé à la consécration des *spolia opima* par Romulus.

87. Plutarque, *Quaestiones convivales* V, 3, 3.

FIG. 17. – Villa de la Farnésine. Triclinium C, détail de la paroi gauche. Museo Nazionale Romano, Palazzo Massimo (inv. 1080). © photo de Stefano Castellani 587852 (su gentile concessione del Ministero della cultura - Museo Nazionale Romano, Archivio Fotografico).

jointures des pierres devant la maison d'Auguste, avait été transplanté par ses soins « dans le *compluuium* à côté des dieux Pénates »[88], et il avait mis un grand soin à le faire pousser.

Lauriers et palmiers symbolisent aussi la continuité de la famille, les premiers en se multipliant par rejeton de jeunes pousses, les seconds, par une reproduction sexuée, soulignée par l'image des palmiers enlacés[89]. Ce code végétal se décline de multiples manières, et sans reprendre ici en détail toutes ses composantes, on se doit de rappeler que le jardin

88. *Diuus Augustus* XCII, 1-2 : pour l'expression *in compluuium deorum penatium* », trad. d'H. Ailloud, CUF, 1961 [1931] ; voir A. Dubourdieu, *Les origines et le développement du culte des Pénates à Rome* (Collection de l'École française de Rome, 118), Rome, p. 70. L'apparition (*ostentum*) du palmier renforce le lien intime entre Auguste et Apollon au sein du complexe palatial. D'après Tite-Live, X, 47, des palmes récompensent pour la première fois en 293 av. J.-C. les vainqueurs aux Jeux Romains.

89. Pour le laurier cf. n. 40 ; pour le palmier, n. 69. Sur le thème rhétorique et pictural des palmiers enlacés : Philostrate, *Imagines* I, 9, 6, *Le Marais*.

de Prima Porta a pour pendant dans l'espace public le savant décor de l'*Ara Pacis*, dédiée le 30 janvier 9 av. notre ère, jour anniversaire de Livie[90]. Dans les emblèmes de la dynastie, le code vert est le pendant de l'*Aurea Aetas*. Le végétal, qu'il soit décliné dans une subtile grammaire de l'ornement ou dans l'illusion mimétique d'un jardin luxuriant, illustre le prestige et la fécondité d'une lignée.

Ce code végétal ne se limite pas à un lexique. Les arbres, on l'a vu, sont assemblés en séquences ordonnées. Est-il possible de cerner les spécificités d'un ensemble, qu'on pourrait appeler la « guirlande de Livie », épouse et mère d'empereurs ? C'est cette voie que je ne ferai qu'esquisser dans cette partie finale, en soulignant, d'emblée, que deux plantes sont associées dans l'*Urbs* à la mémoire de Livie. La première est un bienfait public. Dans le Portique de Livie sur l'Oppius, construit entre 15 et 7 av. notre ère, se trouvait un pied de vigne qui à lui seul ombrageait les pergolas des promenades et produisait douze amphores de moût par an[91]. La seconde est un geste de piété. D'après le témoignage autoptique de Pline, dans le temple du Palatin dédié à l'empereur défunt par Livie et Tibère, une racine d'un grand poids de cinnamome était placée sur une patère en or. Il s'en écoulait chaque année « des gouttes qui durcissaient en forme de grains »[92].

Sur les peintures de la villa de Livie, plusieurs espèces d'arbres évoquent en les opposant les différents climats de l'oikoumène. Ainsi les sapins représentent-ils les zones froides au sommet des montagnes, à la différence des palmiers productifs en milieu torride. Cognassiers et grenadiers ont également une origine étrangère. Les

90. R. Förtsch, « Ein Aurea Aetas-Schema », *Römische Mitteilungen* 96, 1989, p. 333-345, en part. p. 342 sq.; B. Kellum, *op. cit.* (n. 36), p. 217 ; G. Sauron, *op. cit.* (n. 27), p. 501-519 et 571 sqq., Id., *Histoire végétalisée*, p. 41-42 et 128 sq. pour la comparaison entre le décor de rinceaux de l'*Ara Pacis* et le *stemma* des arbres généalogiques : Pline, *Histoire naturelle* XXXV, 6.

91. Pline, *Histoire naturelle* XIV, 11 ; voir aussi Ovide, *Fastes* VI, v. 637-648 ; Suétone, *Auguste* XXIX, 6 ; Cassius Dion, LIV, 23, 1-6 et LV, 8, 2.

92. *Histoire naturelle* XII, 94, trad. A. Ernout, CUF, 1949[1], et commentaire p. 92-96. Au début du § 94, Pline rappelle que Vespasien fut le premier à « consacrer dans les temples du Capitole et de la Paix des couronnes d'or incrustées de cinnamome ». Dans les § 85-94, il traite de la cannelle, utilisée en parfumerie et en pharmacopée, en suivant Théophraste, *Recherches sur les plantes* IX, 5, 2, commentaire de S. Amigues, *op. cit.* (n. 45), p. 90-96. Voir également P. Schneider, « La perle est, sur la voie publique, le licteur de la femme" (Pline l'Ancien) : le système des signes du luxe antique à Rome (Ier s. av. J.-C.-IIe s. ap. J.-C). », *Communications* 111, 2022, p. 15-24.

arbres du jardin de Livie dessinent une carte du monde et de l'Italie. Cependant leur exotisme n'est pas celui des parfums d'Orient : palmiers, cognassiers, grenadiers se sont acclimatés sur le sol italien et Pline voit dans l'acclimatation des espèces exotiques une marque de docilité comparable à celle des peuples de l'Empire.

C'est aussi par l'image d'un beau verger que se termine l'éloge de l'Italie au début des *Res Rusticae*, alors que Varron et ses amis contemplent une carte de l'Italie peinte sur un mur du temple de Tellus (*spectantes in pariete pictam Italiam*)[93] : « L'Italie n'est-elle pas plantée d'arbres au point de paraître tout entière un verger (*pomarium*) ? »[94] Le rapprochement avec le jardin de Livie est plus significatif encore lorsqu'à son arrivée, Cn. Tremelius Scrofa[95], éminent agronome, est accueilli par des propos élogieux sur « ses propriétés si bien cultivées qu'elles offrent à beaucoup de gens un spectacle plus agréable que les constructions d'un luxe royal que d'autres ont élevées, car les visiteurs viennent contempler ses villas, non pas pour voir, comme chez Lucullus, des pinacothèques (*pinacothecas*), mais des oporothèques (*oporothecas*) ». La comparaison se poursuit avec les recommandations pour maintenir la fraîcheur de ces oporothèques, où l'on conservait les fruits, mais que certains utilisaient comme *triclinium* pour y dîner. « Et en effet, » poursuit Varron, « quand le luxe permet de le faire dans une galerie de peintures, pour jouir d'un spectacle qui est l'œuvre de l'art, pourquoi ne pas utiliser celui que fournit la nature dans la beauté d'une composition de fruits ? »[96]. La comparaison avec la salle semi-souterraine de la villa de Prima Porta et sa destination possible comme *triclinium* d'été me semble ici suggestive et les observations de Varron rappellent la simplicité recherchée par Auguste pour ses propriétés[97].

93. *Res Rusticae* I, 2, 1, commentaire J. Heurgon, CUF, p. 102, n. 4. La carte est datée soit en 268 av. notre ère, lorsque le temple est voué par P. Sempronius Sophus, soit à l'époque du dialogue fictif de Varron (entre 57/56 et 54 av. n. è.) lorsque le temple est restauré par Cicéron : J.-P. Guilhembet, « Sur la peinture du temple de Tellus (Varron, *RR*, 1, 2, 1) », in *Théorie et pratique de l'architecture romaine. Études offertes à Pierre Gros*, X. Lafon et G. Sauron éd., p. 53-60.

94. *Res Rusticae* I, 2, 6 (trad. J. Heurgon).

95. *Ibid.* I, 2, 10.

96. *Ibid.* I, 59, 1-2.

97. Voir aussi le discours « magnifique » d'Agrippa, Pline, *Histoire naturelle* XXXV, 26, en faveur du transfert dans le domaine public de tous les tableaux et de

Mais je ne saurais conclure cette communication sans rappeler le début du deuxième livre des *Géorgiques* de Virgile, dédié à la vigne et aux arbres. L'éloge célèbre de l'Italie où « règne un printemps perpétuel »[98] et le défi au poète d'Ascra (v. 173-176) sont préparés par un premier développement dans lequel Virgile évoque la reproduction naturelle des « arbres forestiers, des arbrisseaux et des bosquets sacrés »[99], puis les bienfaits de l'arboriculture qui améliore la qualité des espèces sauvages en les domestiquant. Les végétaux cités à chaque étape présentent des similitudes remarquables avec les espèces qui peuplent le jardin de Livie : osier souple, chêne, cher à Jupiter, et rouvre, qui « rend des oracles », laurier du Parnasse, myrte de Paphos, palmier altier, sapin « qui connaîtra les périls de la mer », arbousier « épineux »[100]. Il en va de même pour leur reproduction décrite sur un mode anthropomorphique : « rejeton de l'olivier », « le laurier du Parnasse, petit surgeon, grandit sous l'ombrage immense de sa mère »[101], « l'un, détachant des boutures du corps tendre de leurs mères les a déposées dans les sillons »[102]. On soulignera enfin les points communs entre l'éloge de l'Italie des *Res Rusticae* et celui des *Géorgiques*, ainsi que leur référence commune à la cartographie. Explicite chez Varron, elle est suggérée par l'impératif *adspice* chez Virgile. « Regarde le monde soumis aux cultivateurs jusqu'à ses extrémités : à l'Orient les demeures des Arabes, d'autre part

---

toutes les statues, « ce qui eût été bien préférable à leur envoi en exil dans des maisons de campagne » (trad. J.-M. Croisille).

98. *Géorgiques* II, 149. Il est clair que dans les *Géorgiques*, Virgile joue, comme les poètes hellénistiques, sur les ressources métaphoriques des végétaux et des jardins, voir É. Prioux, « Parler de jardins pour parler de créations littéraires », *art. cit.* (n. 84), p. 87-143, en part. p. 101 sq. Notre propos se limite ici à souligner les échos dans les choix ciblés de certaines espèces et de leur assemblage entre l'espace fictif du jardin de Livie et l'imaginaire du poète/agronome, qui reposent sur un savoir botanique partagé.

99. *Géorgiques* II, v. 20-21 : *...genus omne / siluarum fruticumque* (...) *nemorumque sacrorum.*

100. *Ibid.* II, v. 12 : *molle siler* ; v. 16 : *aesculus atque ...quercus* ; v. 18 : *Parnassia laurus* ; v. 64 : *Paphiae* (...) *myrtus* ; v. 67 : *ardua palma* ; v. 68 : *casus abies uisura marinos* ; v. 69 : *arbutus horrida* ; trad. E. de Saint-Denis, CUF, 1926[1], que nous reprenons dans l'ensemble des citations.

101. *Ibid.* II, v. 3 : *prolem ... oliuae* ; v. 18-19 : *...etiam Parnassia laurus / parua sub ingenti matris se subicit umbra.*

102. *Ibid.* II, v. 23-24 : *Hic plantas tenero abscindens de corpore matrum / deposuit sulcis...*

les Gélons tatoués ; les arbres ont chacun leur patrie. »[103] Mais ici c'est la carte du monde, en commençant par ses marges orientales, et non celle de l'Italie, que le poète met sous les yeux de son lecteur. Même si la réalisation est plus tardive, on pense à la carte de la « terre habitée » (*orbis terrarum*) conçue par Agrippa, exposée au Champ de Mars dans la *Porticus Vipsania*, dont la réalisation, prise en charge par sa sœur, fut achevée par Auguste entre 7 et 2 av. notre ère[104]. Lorsqu'il écrit les *Géorgiques* Virgile est entré dans le cercle de Mécène auquel il dédie son poème. Dans sa biographie de Virgile, Donat rapporte l'anecdote selon laquelle les *Géorgiques* étaient achevées lorsqu'après Actium, Octave séjournant en Campanie, Virgile, relayé par Mécène, lui avait lu les *Géorgiques* pendant quatre jours.

Il est difficile d'assigner une date précise aux peintures de la villa. Le mariage entre Octavien et Livie eut lieu en 38 av. notre ère. Le décor de la salle peinte, d'autre part, est proche de celui de la Villa de la Farnésine pour laquelle une date vers 20 av. notre ère a été habituellement proposée. Cependant, la chronologie plus haute pour la première phase de la maison d'Auguste sur le Palatin[105] suggère de remonter de plusieurs années la datation des peintures de la Villa de la Farnésine (dans les années 30 du Ier siècle av. n. è.), ce qui renforce aussi les liens entre les *nemora* de Livie et les arbres de Virgile au sein de ce renouveau vert qui était dans l'air du temps.

Pline l'Ancien, dans l'introduction du livre XIV de l'*Histoire naturelle*, adresse à Virgile un reproche, celui d'avoir esquivé la présentation des jardins[106]. Il se fait pour sa part un devoir d'exhumer même les choses oubliées sans être rebuté par la bassesse de certains sujets » (*sed nos oblitterata quoque scrutabimur, nec deterrebit quarundam rerum humilitas*), à la différence de Virgile. Le plus grand des poètes a en effet négligé les dons offerts par les jardins pour ne cueillir que la fine fleur de son sujet (*Vergilium praecellentissimum uatem ea de causa hortorum dotes fugisse et in his quae rettulit flores modo rerum decerpsisse*) :

103. *Ibid.* II, v. 114-116 : *Adspice et extremis domitum cultoribus orbem / Eoasque domos Arabum pictosque Gelonos : / diuisae arboribus patriae.*

104. Pline, *Histoire naturelle* III, 16-17. C. Nicolet, *L'inventaire du monde. Géographie et politique aux origines de l'Empire romain*, Paris, 1988, p. 103-131.

105. Voir n. 34.

106. *Histoire naturelle* XIV, 7. Pour cette raison, Columelle compose en hexamètres le livre X du *De Re rustica.*

nombre réduit de variétés de vignes, d'oliviers, de poiriers, au deuxième livre, excursus trop rapide, dans le quatrième livre (v. 116-148), dans des vers splendides, il est vrai, sur les roseraies de Paestum, les légumes et les fleurs, préludes à la description du jardin fertile du vieillard de Tarente.

Pline consacre deux livres entiers aux légumes et aux fleurs d'une « indicible délicatesse » (*inenarrabili florum maxime subtilitate*)[107], dit-il, mais sous l'apparente trivialité du calcul des espèces de fruits ou de légumes, Pline est aussi sensible au charme de l'*hortulus*. C'est dans un petit jardin que Protogène peint ses chefs-d'œuvre inimitables, alors que Rhodes est assiégée[108]. Et c'est dans l'*hortulus* de son ami Antonius Castor, le plus savant botaniste parmi ses contemporains, qu'il a acquis en les observant sa connaissance des plantes et de leurs vertus médicinales, alors que les illustrations des livres de botanique sont déficientes et trompeuses parce qu'elles sont incapables de reproduire les multiples nuances des couleurs naturelles : *pictura fallax est coloribus tam numerosis, praesertim in aemulationem naturae*[109].

Agnès Rouveret

107. Pline, *Histoire naturelle* XXI, 1-2. Dès le § 4, l'anecdote sur la rivalité entre le peintre Pausias et son amie Glycère, la bouquetière, incarnation du *certamen artis ac naturae*, amorce le développement du livre XXXV, 125, sur l'excellence de Pausias dans la peinture des fleurs et la vogue de ses œuvres à Rome : L. Lucullus avait acquis pour une somme considérable une copie (*apographon*) de son tableau intitulé la *Stéphanoplocos* ou la *Stéphanopolis* (la Tresseuse ou la Marchande de couronnes). Pline joue explicitement sur la notion de « couleur » en rhétorique et dans les arts visuels.

108. *Histoire naturelle* XXXV, 105-106 et 118.

109. *Ibid.* XXV, 8-9.

# JARDINS ET BOIS SACRÉS ROMAINS : SPÉCIFICITÉS ET RÔLES RELIGIEUX

Depuis le livre bien connu de Pierre Grimal sur les *Jardins romains*, qui a fêté l'an dernier son 80e anniversaire[1], et que nous commémorons en quelque sorte aujourd'hui, les chercheurs sont assez peu revenus sur le fond du sujet, sauf en ce qui concerne les recherches d'archéologie expérimentale[2] qui ont été menées par Wilhelmina Jashemski à Pompéi. Il n'en va pas différemment pour les bois sacrés. Quand j'ai commencé à travailler sur ce sujet, j'étais encore sous l'influence de l'imaginaire romantique du *lucus*, représenté comme un bois naturel, touffu et sombre, tel par exemple qu'il a été peint par Böcklin[3] sur un tableau que j'avais choisi comme illustration de couverture pour ma thèse sur les frères arvales, lesquels passaient chaque année une journée dans la banlieue ouest de Rome, au bois sacré de Dea Dia. Telle fut également l'opinion de P. Grimal[4] pour les bois sacrés archaïques, qui auraient traduit l'horreur et la vénération craintive attachées aux arbres, héritées des Italiques. Ceci d'autant plus qu'une des étymologies antiques de *lucus*, d'ailleurs critiquée par Quintilien[5], insistait sur l'absence de

1. P. Grimal, *Les Jardins romains. Essai sur le naturalisme romain*, Paris, De Boccard, 1944, 2e éd. PUF 1969, rééd. Fayard, 1984.

2. W. Feemster Jashemski, *The Gardens of Pompei: Herculaneum and the Villas Destroyed by Vesuvius. I-II*, New Rochelle, 1993.

3. Voir fig. 1, couverture de J. Scheid, *Romulus et ses frères. Le collège des frères arvales, modèle du culte public dans la Rome des empereurs* (Bibliothèque des Écoles françaises d'Athènes et de Rome, 275), Rome, 1990.

4. P. Grimal, *op. cit.* (n. 1), p. 53 sq. – Cf. Plaute, *Aulularia* 674-675 :
*Siluani lucus extra murum est auius*
*crebro salicto oppletus.*
« Il est un bois de Silvain, hors des murs, impénétrable, rempli de saules touffus. »

5. Quintilien, *Institution oratoire* I, 6, 34 : *Etiamne a contrariis aliqua sinemus trahi, ut « lucus » quia umbra opacus parum luceat, et « ludus » quia sit longissime a*

lumière dans les bois sacrés. Il est vrai que j'avais un peu triché en réduisant la représentation du bois sacré de Böcklin à sa partie la plus sombre, alors que son tableau inclut aussi le monde extérieur, beaucoup plus lumineux. On peut même percevoir une sorte de clairière, derrière laquelle se trouve cependant bien le bois touffu et obscur issu de l'imaginaire romantique.

La nature des bois sacrés pose deux problèmes. Le premier concerne le sens des termes *lucus* et *nemus*, le second la signification des rites qui les concernaient. Les chercheurs ont à leur disposition deux types de sources, non seulement celles qui définissent les termes concernés, mais aussi celles qui énoncent ou décrivent les règles qui s'appliquaient à ces lieux ainsi qu'aux activités qui s'y déroulaient. Or ces dernières sont généralement ignorées par ceux qui ne travaillent que sur des sources littéraires.

Je n'ai pas l'intention de me lancer dans une nouvelle description des travaux linguistiques successifs qui ont été menés sur les termes *lucus* et *nemus*, dans la mesure où la plupart sont consacrés à l'origine lointaine de ces termes, souvent reconstruits en relation avec l'époque des migrations indo-européennes, au milieu, si l'on en croit certains, des forêts primitives qui dominaient alors le paysage. Ces enquêtes peuvent être intéressantes du point de vue linguistique, mais elles sont en partie dépourvues d'intérêt pour ce qui concerne l'étude de la notion telle qu'elle était comprise à la fin de l'époque républicaine romaine ou sous le Haut-Empire. Car pour ce qui est de cette époque, il s'agit non seulement des termes tels que les contemporains les utilisaient dans les textes littéraires, mais également, ce qui est trop souvent oublié, des termes tels qu'ils ressortent des inscriptions ou des données archéologiques. J'ai fait et je continue de faire le pari qu'en concentrant nos réflexions sur l'exploration de la nature et du fonctionnement des règles religieuses qui étaient attachées à ces lieux pendant cette époque précise, nous nous donnons toutes les chances de mieux comprendre ce qu'étaient les sanctuaires munis d'un *lucus*.

---

*lusu, et « Ditis » quia minime dives ?* – « Mais sera-ce une raison pour admettre aussi que certains mots se tirent de contraires : ainsi *lucus* (clairière), parce que l'épaisseur de l'ombre y laisserait trop peu de lumière, *ludus* (école) parce que l'on y serait fort éloigné de tout amusement, et *Ditis* parce que Pluton est fort loin d'être riche (*diues*) ? ».

FIG. 1. – Couverture de *Romulus et ses frères* avec la reproduction du *Heiliger Hain* de Böcklin.

Rappelons que le *lucus* est en principe un bois comportant une clairière cultuelle appartenant à une divinité ; il est de ce fait sacré, *sacer*, ce qui signifie qu'il a été consacré par un magistrat ou un prêtre à cette divinité et qu'il est soumis à une série de règles que nous connaissons surtout par l'épigraphie. Je renvoie pour cette notion et les discussions qu'elle a suscitées aux travaux d'Ermanno Malaspina[6], qui conclut : « Pour résumer, le bois sacré est un lieu inviolable, différent de l'espace profane qui l'entoure, complètement recouvert d'arbres, ou seulement délimité par ces arbres, généralement peu étendu, dédié au culte et aux cérémonies sacrées, avec en son centre un simple autel, un temple ou encore un sanctuaire plus important »[7] ; l'auteur rappelle aussi

6. Notamment E. Malaspina, « Le champ sémantique du "bois sacré" et l'espace religieux à Rome », in C. Imbert, *Le bois sacré. Histoire d'un paysage entre imaginaire cultuel et tradition culturelle,* Toulouse, 2021, p. 21-35.
7. E. Malaspina, *ibid*., p. 29.

que le terme indiquait à l'origine une « clairière »[8]. Je suis entièrement d'accord avec cette définition. Le seul élément que je me permettrai de nuancer est la supposition que depuis Virgile le terme ait changé de sens, et ait perdu son côté « sacré ». Le vocabulaire des poètes joue souvent avec les sens des mots, et de toute façon, entre 30 av. et 241 ap. J.-C., dans les protocoles des arvales, le texte le plus étendu sur un bois sacré, *lucus* n'a jamais un autre sens que celui qu'il possédait déjà au IIIe siècle av. J.-C.[9]. Le fait que les poètes jouent à partir de Virgile avec le terme de *lucus* pour l'appliquer à d'autres bois ne suffit pas à prouver que *lucus* a perdu son sens et son statut « originels ». Comme toujours, l'emploi du vocabulaire tel que le font les poètes est spécifique et n'a pas nécessairement de rapport direct avec le droit sacré.

Un premier problème se pose en effet, pour saisir la nature d'un bois sacré, c'est le terme même de « sacré ». La sacralité que les Romains associent au *lucus* ne renvoie pas à son caractère « numineux », pour utiliser un terme qui a longtemps fasciné l'histoire des religions[10]. Un objet, un lieu ou une fête sont qualifiés de *sacer* parce qu'ils sont la propriété exclusive des dieux, propriété que les mortels leur ont conférée. Ce sont précisément les caractéristiques de ces espaces ou de ces jours ainsi qualifiés qu'il s'agit de décrypter. De par notre culture nous vivons avec l'image d'un lieu de culte accessible à tous, dans lequel on peut entrer et circuler, et dont la partie qui est inaccessible pendant le culte est très restreinte, du moins chez les catholiques ou les protestants. Mais en dehors des temps du culte, les humains peuvent nettoyer ce lieu, y organiser des réunions, des concerts ou des travaux, sans que les activités humaines portent atteinte à la spécificité du lieu.

8. E. Malaspina, *ibid.*, p. 30.

9. Pour ce terme cf. aussi F. Coarelli, « I *luci* del Lazio: la documentazione archeologica », in *Les bois sacrés*, O. de Cazanove et J. Scheid éd., actes du colloque international organisé par le centre Jean-Bérard et l'École pratique des Hautes Études (Ve section), Naples, 23-25 novembre 1989, Naples, 1993, p. 45-52. F. Coarelli a raison de récuser mon affirmation que les bois sacrés n'auraient pas été créés par les mortels, mais auraient été choisis par les immortels. Mon expression est incorrecte et trop générale : ce que je voulais dire c'est que certains des lieux sacrés, comme les endroits foudroyés, étaient en quelque sorte choisis par les dieux, mais on doit en fait considérer que c'est pour cette raison qu'ils ont été consacrés, eux aussi, par les humains.

10. Cf. J. Scheid, « *Lucus, nemus.* Qu'est-ce qu'un bois sacré ? », in *Les bois sacrés*, *op. cit.* (n. 9), p. 33-20, et plus généralement tous les articles de ce volume.

Pour qu'il soit nécessaire de reconsacrer cet espace, il faut qu'une profanation ait porté atteinte à l'autel, au tabernacle, ou aux reliques, c'est-à-dire aux éléments proprement sacrés de l'église, ou bien qu'elle soit due à des comportements jugés moralement contraires à la foi et au respect qui est dû au lieu. La situation est différente chez les chrétiens orthodoxes, où le lieu de culte est partiellement fermé aux laïcs, et c'était bien entendu aussi le cas dans le Temple de Jérusalem. Dans une synagogue, en revanche, on ne peut profaner que les rouleaux de la Torah, et l'entrée elle-même dans le local de prière n'est pas plus prohibée que ne le sont l'entrée et la circulation qui se font dans une église ou un temple protestant, peut-être un lointain héritage de l'époque pendant laquelle les premiers chrétiens aussi se réunissaient dans les synagogues.

Il n'en allait pas de même dans un espace sacré de l'Antiquité romaine, et pour bien saisir cette particularité, il faut relire les documents qui précisent les gestes qui étaient autorisés aux mortels dans les lieux sacrés. À Rome un espace sacré est la propriété d'une ou plusieurs divinités. Il est inviolable, et les humains ne peuvent y pénétrer que pour célébrer le culte ou l'entretenir. Cette règle vaut pour les temples comme pour les bois ou les lacs sacrés. Des limites précises existent qui séparent l'espace profane et l'espace sacré. Ainsi, il ne faut pas imaginer que le peuple, les fidèles comme on dit, visitaient l'intérieur de la *cella* d'un temple. Seuls les célébrants y pénétraient pour y rendre un culte. On peut même se demander si ceux qui n'avaient pas de fonction publique pouvaient pénétrer dans les lieux sacrés, si ce n'est pour y effectuer des travaux, ordonnés par les acteurs du culte, et dûment expiés. Il est vraisemblable qu'en dehors des cultes collectifs, des particuliers pouvaient venir faire des offrandes dans la *cella*, par exemple déposer – ou faire placer – une tablette avec un vœu auprès de la statue cultuelle, voire entrer le matin[11] dans un temple, et s'y

11. Tite Live, XXVI, 19, 5 : *ad hoc iam inde ab initio praeparans animos, ex quo togam uirilem sumpsit, nullo die prius quam publicam priuatamque rem egit, quam in Capitolium iret ingressusque aedem consideret et plerumque solus in secreto ibi tempus tereret. Hic mos, quem per omnem uitam seruabat, seu consulto seu temere uolgatae opinione fidem apud quosdam fecit stirpis eum diuinae uirum esse* ; « Préparant dès le début ses concitoyens à admettre cet état de choses, il eut à peine pris la toge virile qu'il n'accomplit jamais le moindre acte public ou privé sans s'être d'abord rendu au Capitole et, une fois entré dans le sanctuaire, sans s'y asseoir et y passer un certain

asseoir pour y méditer comme le faisait Scipion l'Africain. Lequel avait coutume de pénétrer dans la *cella* de Jupiter au lever du jour et de s'y asseoir. Selon toute apparence, Scipion restait un certain temps assis dans le temple, *in secreto*, « isolé », coutume dont témoignent également un certain nombre d'autres exemples, notamment dans un cas *ominis capiendi causa*[12]. Dans la mesure où il le faisait chaque fois qu'il avait une activité publique ou privée à accomplir au cours de la journée, j'ai proposé d'y voir l'attente d'un signe positif ou négatif venu de Jupiter[13]. En d'autres termes, il s'agissait là de l'accomplissement d'un acte rituel divinatoire public ou privé.

Il n'en va pas différemment pour les bois sacrés. Des inscriptions d'époque républicaine formulent de nombreux interdits, et la longue série des protocoles épigraphiques des arvales atteste qu'aucune activité humaine, sinon celles que nécessitaient le culte et l'entretien du bois sacré ou du temple, ne pouvait avoir lieu dans cet espace. Nous n'avons malheureusement aucun témoignage de l'accomplissement d'un acte

---

temps, en général seul, à l'écart. Cette habitude qu'il garda toute sa vie eut un résultat : il y des gens pour croire à l'opinion répandue soit à dessein, soit par hasard, que cet homme était d'origine divine » ; Aulu-Gelle, *Nuits attiques* VI, 1, 6 : *illi quos supra nominaui litteris mandauerint Scipionem hunc Africanum solitauisse noctis extremo, priusquam diluculaet, in Capitolium uentitare ac iubere aperiri cellam Iouis atque ibi solum diu demorari quasi consultantem de republica cum Ioue, aeditumosque eius templi saepe esse demiratos, quod solum id temportis in Capitolium ingredientem canes semper in alios saeuientes neque latrarent eum neque incurrerent* ; « Les mêmes auteurs que j'ai nommés plus haut, ont livré à la littérature que ce Scipion l'Africain avait l'habitude de venir au Capitole à la fin de la nuit avant le petit jour, de faire ouvrir la *cella* de Jupiter, là de s'y attarder longtemps seul, comme s'il délibérait sur l'État avec Jupiter, et les gardiens du temple s'étaient étonnés souvent que, quand il arrivait seul au Capitole à ce moment-là, les chiens qui se déchaînaient toujours contre les autres n'aboyaient pas contre lui et ne l'attaquaient pas ».

12. Par exemple, Cicéron, *De diuinatione* I, 104 : *L. Flaccum, flaminem Martialem, ego audiui, cum diceret Caeciliam Metelli, cum uellet sororis suae filiam in matrimonium conlocare, exisse in quoddam sacellum ominis capiendi causa, quod fieri more ueterum solebat* ; « J'ai moi-même entendu Lucius Flaccus, flamine de Mars, raconter que Caecilia, femme de Metellus, voulant marier la fille de sa sœur, s'était rendue dans un sanctuaire pour recevoir un présage, ce qu'on faisait souvent alors, d'après la coutume des anciens ». C'est au cours de leur attente que le signe fut donné.

13. J. Scheid, « Nouveau rite et nouvelle piété. Réflexions sur le *ritus Graecus* », in *Ansichten griechischer Rituale. Geburtstags-Symposium für Walter Burkert, Castelen bei Basel, 15.-18. März 1996*, F. Graf éd., Stuttgart-Leipzig, 1998, p. 168-182, en particulier p. 176-180.

cultuel privé dans ce lieu. Nous apprenons toutefois que pendant le sacrifice à Dea Dia, deux frères arvales quittaient à un moment donné le temple et sans doute le bois sacré pour aller chercher les épis nécessaires à l'accomplissement du sacrifice[14]. Ces céréales leur étaient évidemment remises par des personnes comptant parmi celles qui assistaient au sacrifice, et qui les avaient sans doute apportées de leurs champs. Cela signifie que, même dans le cadre de cet échange rituel, les particuliers n'étaient pas autorisés à pénétrer dans le bois sacré, en tout cas pendant un culte public.

Les interdits frappant les bois sacrés sont attestés bien plus tôt par des inscriptions de Lucérie, de Spolète et de Trevi[15], respectivement en

14. Scheid, *Recherches archéologiques à La Magliana*, 2. *Commentarii fratrum arvalium qui supersunt. Les copies épigraphiques des protocoles annuels de la confrérie arvale (21 av.-304 ap. J.-C.)* (Roma antica, 4), Rome. 1998, 2024$^2$ (= *CFA*) n° 114 (240 ap. J.-C.), II, l. 27-30 : *Item de aede exierunt / et ante aram steterunt, et promag(ister) et flam(en) duos collegas / suos ad fruges petendas miser(unt). Et promag(ister) et flam(en) cum / scyfis uini reuersi cum frugib(us) dextra scyfos deder(unt) / laeua frug(es) acc(eperunt)* ; « Ensuite ils sortirent du sanctuaire et se placèrent devant l'autel. Le vice-président et le flamine envoyèrent deux de leurs collègues chercher les céréales. Ensuite le vice-président et le flamine, quand ceux-là furent revenus avec les céréales, tenant les coupes de vin, donnèrent les coupes de la main droite et reçurent les céréales de la main gauche ».

15. *CIL* I$^2$, 401 ; IX, 782 ; *ILS* 4912 ; *ILLRP* 504, Apulie, Colonie latine de Lucérie, peu après 315/314 av. J.-C. : *In hoce loucarid stircus / ne[qu]is fundatid neue cadauer / proiecitad neue parentatid. / Sei qui auors(um) hac faxit, [ceiu]ium quis uolet pro ioudicatod n(ummum) [L] / manum inect[i]o estod. Seiue / mag[i]steratus uolet moltare, / [li]cetod* ; « Que personne ne déverse dans ce lucus du fumier, ni n'y jette un cadavre, ni n'y célèbre un culte funéraire. Si quelqu'un agit à l'encontre de ceci, quel que soit le citoyen qui le voudra, qu'il y ait une *manus iniectio* de [50] deniers. Ou si le magistrat veut infliger une peine, que ce soit permis » ; Spolète, peu après la fondation de la colonie latine, en 241 av. J.-C. (*Année épigraphique*, 1991, 626) : *Honce loucum / ne qu<i>s uiolatod / neque exuehito neque / exferto quod louci / siet neque cedito, / nesei quo die res deina / anua fiet ; eod die / quod rei dinai cau[s]a / [f]iat sine dolo cedre / [l]icetod. Sei quis // uiolasit, Ioue bouid / piaclum datod ; / seiquis scies / uiolasit dolo malo / Iouei bovid piaclum datod / et a(sses) CCC / moltai suntod. Eius piacli / moltai dicator[ei] / exsactio est[od]* ; « Ce bois sacré, que personne ne le profane, que personne n'emporte sur un chariot ou à bras ce qui appartient au bois sacré, ni le coupe en dehors du jour du sacrifice annuel ; ce jour, il est permis de le couper sans commettre d'action illégale si cela se fait en raison du culte. Si quelqu'un l'aura profané, qu'il l'expie en offrant un bœuf à Jupiter et paye une peine de 300 as. Le devoir d'imposer cette expiation aussi bien que la peine incombe au *dicator* » ; même texte à Trevi autour de la même date (ILLRP 508) : *{H}once loucum / nequis uiolato / neque exvehito / neque exferto / quod louci siet / neque caeditod, / nesei quo*

315/314 av. J.-C. et à une date peu postérieure à 241 av. J.-C. : il est interdit de violer un bois sacré, d'y déposer du fumier, d'y creuser, d'y jeter un cadavre, d'y célébrer un culte funéraire, d'emmener, d'enlever ou de couper quoi que ce soit qui appartienne au bois sacré, si ce n'est le jour du culte divin annuel.

Les protocoles des arvales nous livrent d'autres éléments entre 20 av. et 241 ap. J.-C. Le bois sacré de Dea Dia, dans l'enceinte duquel ces prêtres célébraient leur sacrifice annuel, et qui est d'ailleurs appelé *lucus sacer* sur le protocole de 224 av. J.-C.[16], ne devait comporter

---

*die res / [dei]na anua / [fiet ; e]od died / [quod] rei dinai / [causa fi]at sine // [do]lo malo cedr[e / li]cetod. Sequis aduorsum ead / uiolasit Iouei / bouid piaclum / dato ; / seiquis scies / uiolasit dolo / malo et Io[uei] / bouid piacl[um dato] / et a(sses) CCC mo[ltai sunto]. / Eius piacli / e[xactio dicatori estod].* Pour ces textes, voir S. Panciera, « La *lex luci Spoletina* e la legislazione sui boschi sacri in età romana (1994) », in S. Panciera, *Epigrafi, Epigrafia, Epigrafisti. Scritti vari editi e inediti (1956-2005) con note colmplementari e indici*, Rome, I, 2006, p. 904-916.

16. Scheid, *op. cit.* (n. 3) ; réédition 2016, p. 138 sqq., et *CFA*, n° 105 (224 ap. J.-C.), II, l. 2-19 : *[Adfuerunt – – – – – –] / Ṭ. Fḷaụ[ius ? Archelaus1, – – – – – –, M.]* / (7 nov.) *Saenius Donatus, L.Fabius Fortunatus. (vacat) (ante diem septimum) id(us) Nou(embres) / fratr(es) arual(es) in luc(o) D(eae) D(iae) uia Camp(ana) apud lap(idem) (quintum) conu(enerunt) per C. Porc(ium) Priscum / mag(istrum), et ibi imm(olauerunt), quod ui tempestat(is) ictu fulmin(is) arbor(es) sacr(i) l(uci) D(eae) D(iae) attact(ae) / arduer(int), ear(um)q(ue) arbor(um) erụẹndar(um), ferr(o) fendendar(um), adolendar(um), commolendar(um), / item aliar(um) restituendar(um) causa operisq(ue) inchoandi aras temporal(es) sacr(as) D(eae) D(iae) / reficiend(i), eius rei causạ ḷuṣṭr(um) miss(um) suouetaurilib(us) maior(ibus) ; item ante aed(em) / D(eae) D(iae) b(oues) f(eminas) a(uro) i(unctas) n(umero) (duas) ; item ad ar(as) tempor(ales) ḍiṣ inf(ra) s(ub)s(criptis) : Ian(o) patr(i) ariet(es) (duos), Ioui uer/bec(es) (duos), Marti patri ult(ori) ar(ietes) n(umero) (duos), Siue deo siu(e) ḍẹạe uerb(eces) (duos), Iun(oni) D(eae) D(iae) ou(es) n(umero) (duas), / Virginib(us) Diu(is) ou(es) n(umero) (duas), Fam(ulis) Diu(is) uerb(eces) n(umero) (duos), Larib(us) uerb(eces) n(umero) (duos), Ṃatri Lar(um) ọụ(es) n(umero) (duas), / Font(i) uerb(eces) n(umero) (duos), Flor(ae) ou(es) n(umero) (duas), Summa(no) pat(ri) uerb(eces) atros (duos), Vestae matri ou(es) IỊ, / Vestae deor(um) dear(um)q(ue) ou(es) (duas) ; item Adolend(ae) Coinq(uendae) ou(es) (duas) ; et ante Caesar(eum) Genio / d(omini) n(ostri) Seueri Alexandri1 Aug(usti) t(aurum) a(uratum) ; item Diuis n(umero) (uiginti) uerbec(es) (uiginti). (vacat) /* (10 déc). *(Ante diem quartum) id(us) Dec(embres) fratres arual(es) in luco Deae Diae uia Campana apud lap(idem) (quintum) conuener(unt) / per C. Porc(ium) Priscum mag(istrum), et ibi immolau(erunt), quod ab ictu fulminis arbores luci / sacri D(eae) D(iae) attactae arduerint* etc ; « *(7 déc.)* Le septième jour avant les ides de novembre, les frères arvales se réunirent au bois sacré de Dea Dia, sur la via Campana, au cinquième milliaire, par l'entremise du président Gaius Porcius Priscus, et ils y immolèrent parce que des arbres du bois sacré de Dea Dia, frappés

aucune trace de mort. La branche cassée ou morte, l'arbre foudroyé ou qui avait poussé à un endroit impropre, tel le figuier qui avait crû sur le faîte de l'*aedes*, devaient être enlevés, brûlés sur place, et ces activités étaient expiées par des sacrifices. En outre, chaque année, le jour du sacrifice à la déesse, avant de pénétrer dans le bois sacré, les frères arvales offraient un sacrifice expiatoire de deux truies piaculaires pour expier l'émondage et le travail qui y avaient été accomplis au cours de l'année, et peut-être de façon rituelle avant l'utilisation du *lucus* pour le sacrifice annuel. Ce jour-là, ce qui se fera en raison du culte pourra être fait sans sacrilège.

Les célébrants du sacrifice ne peuvent d'ailleurs consommer leur part du banquet sacrificiel ni dans le temple ni dans le bois sacré. Il leur faut quitter le bois sacré et se rendre à l'extérieur, par exemple dans le Caesareum (fig. 2), à la chapelle des empereurs divinisés, située une terrasse plus bas, un espace qui était par ailleurs ouvert aux non-célébrants, exclus du *lucus*, comme nous l'avons vu. Dans les temples, les parties sacrées étaient la *cella*, la zone de l'autel, et éventuellement les autres espaces affectés au culte. Les portiques qui entouraient les temples et l'espace cultuel tout entier, ainsi qu'une partie de la cour, étaient en revanche profanes et accessibles à toutes et à tous[17].

Par ailleurs les bois sacrés aussi bien que les temples n'étaient pas des espaces terrifiants, obscurs et « numineux ». La seule chose que

d'un coup de foudre du fait de la violence d'un orage, avaient brûlé, et pour arracher ces arbres, les frapper du fer, les brûler, débiter, et les remplacer par d'autres, ainsi que pour commencer le travail et reconstruire les autels temporaires sacrés de Dea Dia. Une procession lustrale avec des suovétauriles majeurs fut menée. Ensuite, devant le sanctuaire <ils immolèrent> à Dea Dia deux bovins féminins <aux cornes> jointes par l'or. Puis devant les autels temporaires <ils immolèrent> aux divinités mentionnées ci-dessous : au vénérable Janus deux béliers, à Jupiter deux moutons, au vénérable Mars ultor deux béliers, au Dieu-ou-à-la-déesse deux moutons, à la Junon de Dea Dia deux brebis, aux Vierges Divines deux brebis, aux Divins Serviteurs deux moutons, aux Lares deux moutons, à la Mère des Lares deux brebis, à Fons deux moutons, à Flora deux brebis, au vénérable Summanus deux moutons noirs, à la vénérable Vesta deux brebis, à la Vesta des dieux et des déesses deux brebis ; ensuite à Devant-brûler-et-émonder deux brebis. Et devant le Caesareum <ils immolèrent> au Génie de notre seigneur Sévère Alexandre Auguste un taureau aux cornes dorées, puis aux vingt Divi vingt moutons. *(10 déc.)* Le quatrième jour avant les ides de décembre, les frères arvales se réunirent au bois sacré de Dea Dia, sur la via Campana, (...) immolèrent parce que des arbres du bois sacré (*lucus sacer*) de Dea Dia, (etc.) ».

17. Voic *infra* n. 23.

les visiteurs devaient y craindre, c'était de violer une règle religieuse. Règles qui sont d'ailleurs les mêmes que celles que nous connaissons dans les sanctuaires de sources. De ces sanctuaires Pline le Jeune[18] notamment fournit une description précise : la source, qui est sacrée à l'endroit de son jaillissement, s'écoule dans un bassin, jusqu'à la limite de l'espace sacré marqué par un pont, un peu plus loin.

Maintenant, comment faut-il se représenter ces bois sacrés, qu'ils se trouvent dans la ville ou à la campagne ? Les sources évoquent plusieurs bois sacrés qui étaient situés dans la ville de Rome, mais malheureusement aucun n'a laissé de trace, à part un site dont nous parlerons. À l'extérieur de la ville de Rome, les données ne sont pas

18. Pline, *Epistulae* VIII, 8, 2-6 : *Modicus collis assurgit, antiqua cupressu nemorosus et opacus. Hunc subter exit fons et exprimitur pluribus uenis, sed imparibus, eluctatusque quem facit gurgitem lato gremio patescit purus et uitreus, ut numerare iactas stipes et relucentes calculos possis.* 3 *Inde non loci deuexitate, sed ipsa sui copia et quasi pondere impellitur, fons adhuc et iam amplissimum flumen atque etiam nauium patiens, quas obuias quoque et contrario nisu in diuersa tendentes transmittit et perfert, adeo ualidus, ut illa qua properat ipse, quamquam per solum planum, remis non adiuuetur, idem aegerrime remis contisque superetur aduersus.* 4 *Iucundum utrumque per iocum ludumque fluitantibus, ut flexerint cursum, laborem otio, otium labore uariare. (...)* 5 *Adiacet templum priscum et religiosum ; stat Clitumnus ipse amictus ornatusque praetexta ; praesens numen atque etiam fatidicum indicant sortes. Sparsa sunt circa sacella complura, totidemque di. Sua cuique ueneratio suum nomen, quibusdam uero etiam fontes, nam praeter illum quasi parentem ceterorum sunt minores capite discreti ; sed flumini miscentur, quod ponte transmittitur.* 6 *Is terminus sacri profanique: in superiore parte nauigare tantum, infra etiam natare concessum* ; « 2. Une médiocre hauteur se dresse, boisée et ombragée par d'antiques cyprès. À son pied la source jaillit et se répand par plusieurs filets inégaux ; une fois dégagée du bouillonnement qu'elle forme, elle s'étale en un large bassin, limpide et transparente, si bien qu'il est possible d'y compter les pièces qu'on y jette et les cailloux qui y brillent (...) 5. Tout près un temple ancien et respecté ; on y voit debout Clitumne en personne vêtu et décoré de la prétexte. La divinité réside dans le temple et y rend des oracles, comme l'indique la présence de sorts (*sortes*). Tout autour sont disséminées plusieurs petites chapelles et autant de dieux. Chacune a son culte spécial, son nom et quelques-unes même leurs sources. Car outre cette source qui est comme la mère des autres, il y en a de plus petites, ayant chacune leur lieu d'origine, mais qui viennent se mêler à la rivière sur laquelle est un pont. 6. Ce pont délimite la partie sacrée et la partie profane. Au-dessus, il n'est permis que de naviguer, au-dessous on peut aussi se baigner ». Cf. J. Scheid, « Pline le Jeune et les sanctuaires d'Italie. Observations sur les Lettres IV, 1, VIII, 8 et IX, 39 », in *Splendidissima civitas. Études d'histoire romaine en hommage à François Jacques*, A. Chastagnol, S. Demougin et Cl. Lepelley éd., Paris, 1996, p. 241-258.

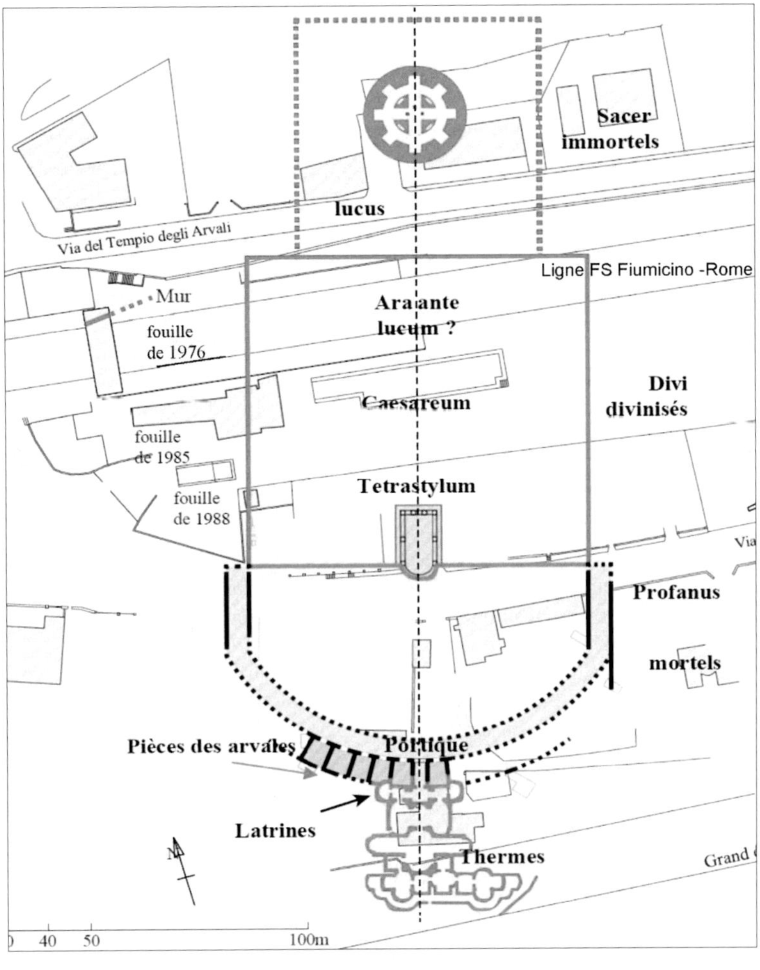


FIG. 2. – Plan du site de La Magliana (Rome).

meilleures, car pratiquement aucun bois sacré ne nous est connu de façon précise. Celui, célèbre, de Diane à Némi, qui se trouve d'après Caton au cœur du *nemus Aricinum*[19], de la forêt qui était la propriété

19. Priscien, *Institutiones grammaticae* IV, p. 129, éd. M. Hertz (H. Keil, *Grammatici Latini* II, Leipzig, 1895) : *Cato Censorius – ibidem (in II originum): Lucum Dianium in nemore Aricino Egerius Laeuius Tusculanus dedicauit dictator Latinus. hi populi communiter: Tusculanus, Aricinus, Lanuuinus, Laurens, Coranus, Tiburtis, Pometinus, Ardeatis Rutulus* ; « Caton le censeur *ibidem* (dans le deuxième

de la cité d'Aricie – et non de Diane, comme on le suppose souvent à tort, malgré le texte de Caton, en raison de l'inclusion du *lucus* de la déesse dans le *nemus* de la cité. Le site du *lucus* a été fouillé au cours des siècles passés et donc détruit. Seules subsistent deux terrasses[20]. Les fouilles qui ont essayé de comprendre ces espaces dévastés par les « fouilles » du passé ont identifié un temple de Diane sur la grande terrasse, autour duquel devait se trouver un bois sacré, dont aucune trace n'a subsisté, et sur la terrasse supérieure les fouilles récentes ont découvert un grand nymphée, que les fouilleurs ont proposé d'attribuer à la nymphe Égérie, vénérée avec Diane à cet endroit, ainsi que les restes d'un arbre qui était entouré d'un mur (fig. 3) : on peut se demander s'il s'agit du vestige d'un autre bois sacré. Le texte de Caton, et sans doute celui de Paul Diacre[21], semblent prouver que le *lucus Dianae*, malgré

livre des *Origines*) écrit : Le dictateur Latin, le Tusculan Egerius Laevius, dédia le bois sacré (*lucus*) de Diane dans le bois (*nemus*) d'Aricie. Ces peuples (s'y réunissaient) collectivement : ceux de Tusculum, d'Aricie, de Lanuvium, les Laurentes, les peuples de Cora, de Tibur, de Pometia, d'Ardée et les Rutules ».

20. Pour ces fouilles G. Ghini, F. Diosono, « Il santuario di Diana a Nemi: recenti acquisizioni dai nuovi scavi », in *Sacra Nominis Latini. I santuari del Lazio arcaico e repubblicano* (*Ostraka,* 2 vol. spéciaux), E. Marroni éd., Naples, 2012, p. 119-137, notamment p. 130 sq. ; F. Coarelli, « Le sanctuaire de Diana Nemorensis : nouvelles découvertes », *Comptes rendus des Séances de l'Académie des Inscriptions et Belles-Lettres*, 2012/1, p. 555-569 ; G. Ghini, « La Terrazza inferior. Dati e recenti acquisizioni dai nuovi scavi. Scavi 1989-2009 », in *Il santuario di Diana a Nemi. Le terrazze e il ninfeo. Scavi 1989-2009*, P. Braconi, F. Coarelli, F. Diosono et G. Ghini éd., p. 17-23, Rome, 2013.

21. Priscien, *Institutiones grammaticae* IV, p. 129, éd. M. Hertz (voir n. 19). Cf. aussi Ovide, *Fastes* III, 263-264 (1er mars) : *Vallis Aricinae silua praecinctus opaca / est lacus, antiqua religione sacer* ; « Dans la vallée d'Aricie, il existe un lac entouré d'une forêt profonde et consacré par un culte antique » ; Strabon, V, 3, 12 (239) : τὸ δ´ Ἀρτεμίσιον, ὃ καλοῦσι νέμος, ἐκ τοῦ ἐν ἀριστερᾶι μέρους τῆς ὁδοῦ τοῖς ἐξ Ἀρικίας ἀναβαίνουσιν. τῆς δ´ Ἀρικίνης τὸ ἱερὸν λέγουσιν ἀφίδρυμά τι τῆς Ταυροπόλου· καὶ γάρ τι βαρβαρικὸν κρατεῖ καὶ Σκυθικὸν περὶ τὸ ἱερὸν ἔθος. καθίσταται γὰρ ἱερεὺς ὁ γενηθεὶς αὐτόχειρ τοῦ ἱερωμένου πρότερον δραπέτης ἀνήρ· ξιφήρης οὖν ἐστιν ἀεὶ περισκοπῶν τὰς ἐπιθέσεις, ἕτοιμος ἀμύνεσθαι. τὸ δ´ ἱερὸν ἐν ἄλσει, πρόκειται δὲ λίμνη πελαγίζουσα, κύκλῳ δ´ ὀρεινὴ συνεχὴς ὀφρὺς περίκειται καὶ λίαν ὑψηλὴ καὶ τὸ ἱερὸν καὶ τὸ ὕδωρ ἀπολαμβάνουσα ἐν κοίλῳ τόπῳ καὶ βαθεῖ. τὰς μὲν οὖν πηγὰς ὁρᾶν ἔστιν, ἐξ ὧν ἡ λίμνη πληροῦται· τούτων δ´ ἐστὶν ἡ Ἠγερία καλουμένη, δαίμονός τινος ἐπώνυμος ; « À droite de la via Appia, (se trouve) la ville romaine de Lanuvium, sur la gauche de la route quand on monte d'Aricie vers les collines, le sanctuaire d'Artémis connu sous le nom de *nemus*. On rapporte que le sanctuaire d'Aricie est la copie de celui de l'(Artémis) Tauropole, et, de fait, quelque élément barbare et scythe

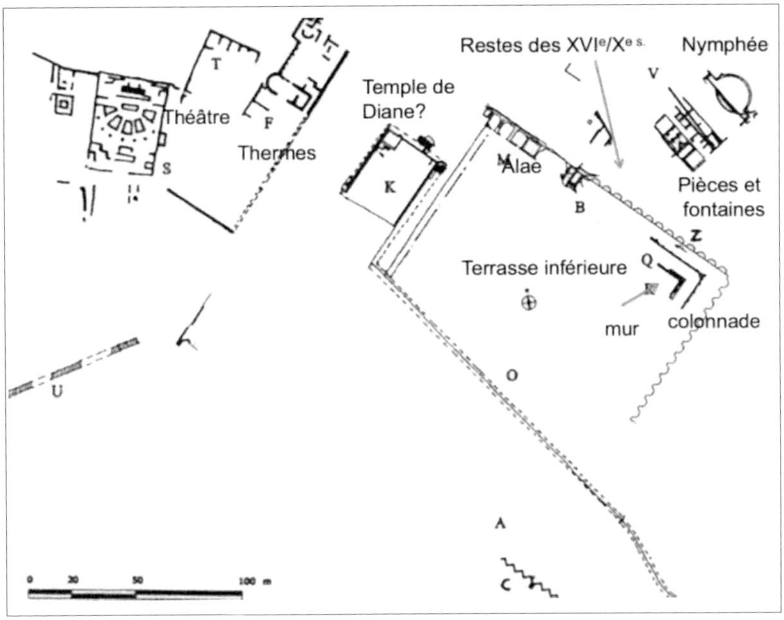


FIG. 3. – Site du bois sacré de Diana à Némi d'après F. Coarelli, *art. cit.* (n. 20).

le témoignage de Strabon, se trouvait au sein d'une forêt de culture, le *nemus* de la cité d'Aricie[22], qu'on est tenté de ranger parmi les « biens d'affectations[23] » aux *loca sacra*.

Le *lucus* de Dea Dia, dont l'utilisation est décrite de façon si précise pendant trois siècles par les protocoles des frères arvales, n'est lui non plus ni conservé ni même fouillable. Seule l'*aedes Deae Diae* qui se trouvait au cœur du *lucus* est conservée, mais elle est entourée

prédomine dans les rites de son culte. Le sanctuaire est situé dans un bois sacré devant lequel s'étend un lac profond comme la mer. Tout autour les montagnes forment un escarpement circulaire ininterrompu et très élevé, qui emprisonne le sanctuaire et l'étendue des eaux dans un creux profond. On peut voir les sources qui alimentent le lac. L'une d'elles est appelée Égérie, du nom de quelque divinité » et Paulus Diaconus, p. 145, éd. Lindsay : *Manius Egeri<us lucum> nemorensem Dianae consecrauit.* – « Manius Egerius a consacré <le *lucus*> de Némi à Diane ». Il est à noter que le *rex Nemorensis* prend son nom du Nemus.

22. Il se pourrait que la cité d'Aricie ait consacré ce *nemus* à Diane, d'où les confusions, mais cette forêt qui serait propriété de Diane n'était pas un bois sacré. Un bois sacré a des qualités supplémentaires.

23. Cf. Y. Thomas, « La valeur des choses. Le droit romain hors la religion », *Annales. Histoire, Sciences Sociales*, 2002/6, 57e année, p. 1431-1462, notamment p. 1443-1447.

d'habitations modernes. En 1943, une bombe française a soufflé la maison du XVIe siècle qui avait été construite sur la rotonde, mais sans toucher en rien la rotonde romaine ni les immeubles environnants, de sorte que la dernière chance de pouvoir faire une fouille s'est évanouie à cette date. De toute façon la construction des immeubles flanquant la rotonde a selon toute vraisemblance détruit toute la couche archéologique. Il est intéressant de noter que ce sanctuaire et son *lucus* se trouvaient dans leur dernier état sur une terrasse surplombant deux autres terrasses, un plan qui correspond à un modèle hellénistique courant (voir fig. 4). Mais ce qu'il convient de préciser, c'est la nature, la forme et l'aspect du bois sacré. S'agit-il simplement d'une forêt relativement touffue avec une clairière cultuelle ?

Grande fut ma surprise et celle de mes collègues quand progressivement, sous l'impulsion en particulier de P. Gros et de F. Coarelli[24], suivant une idée de H. Lauter, on a découvert la réalité physique particulière des bois sacrés. F. Coarelli a ainsi présenté une interprétation nouvelle de la série de « puits » découverts autour du temple de Junon à Gabies[25], en formulant l'hypothèse qu'il s'agissait en fait de fosses de plantation pour des arbres (fig. 5). Il signale qu'une installation du même type est attestée à Munigua en Espagne. Dans la foulée un bois sacré semblable a été découvert à Altinum devant un temple de Jupiter[26]. Et sur le Forum romain, comme P. Gros[27] le rappelle, les fouilles anciennes ont signalé l'existence le long de la *porticus* Iulia de « caissons de travertin, régulièrement disposés sur trois rangées, au fond desquels purent être recueillis des restes de racines appartenant à

24. H. Lauter, « Ein Tempelgarten? », *Archäologischer Anzeiger*, 1968/3, p. 626-631 ; P. Gros, *Aurea Templa. Recherches, sur l'architecture religieuse de Rome à l'époque d'Auguste*, Rome, 1976, p. 90 sq.

25. F. Coarelli, *I santuari del Lazio in età repubblicana*, Rome, 1987, p. 17-21. Cf. pour des découvertes semblables en pays grec : S. Neumann, « Öffentliches Grün in griechischen Städten », in *Naturvorstellungen im Altertum. Schilderungen und Darstellungen von Natur im Alten Orient und in der griechischen Antike*, F. Schimpf, D. Berrens, K. Hillenbrand, T. Brandes et C. Schidlo éd., Oxford, 2018, p. 255-285, notamment p. 260.

26. G. Cresci Marrone, « Da Altno-a Giove: la titolarità del santuario. II. La fase romana », in G. Cresci Marrone, M. Tirelli, *Altnoi. Il santuario altinate: strutture del sacro a confronto e i luoghi di culto lungo la via Annia*, Rome, 2009, p. 129-136.

27. P. Gros, *op. cit.* (n. 24), p. 90 sq.

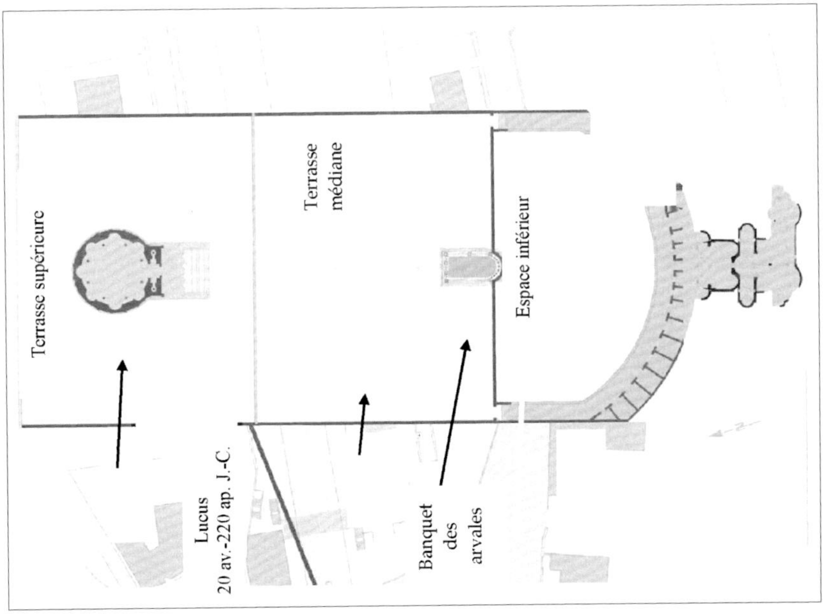


FIG. 4. – Site de La Magliana. Plan des terrasses.

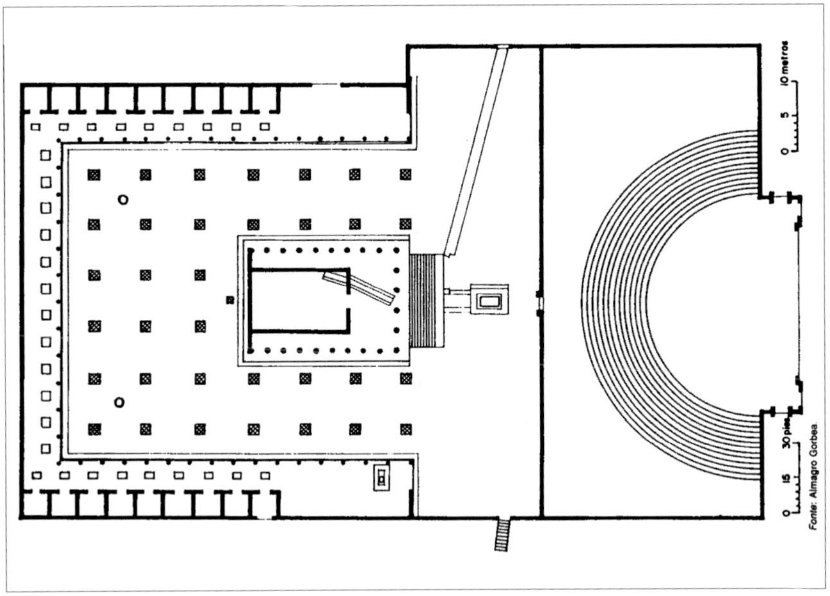


FIG. 5. – Temple de Junon à Gabies, d'après F. Coarelli, *op. cit.* (n. 25).

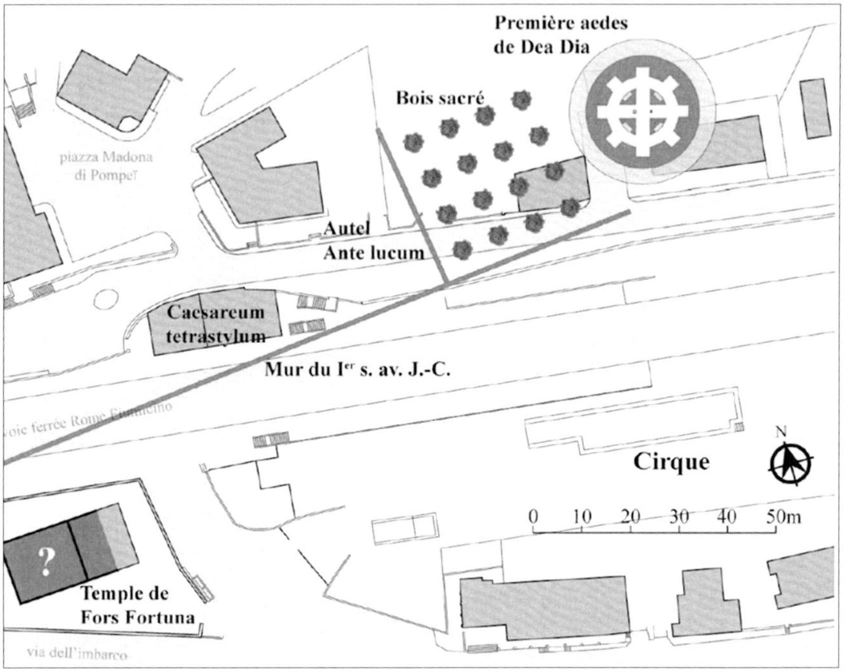


FIG. 6. – Le bois sacré des Julio-Claudiens aux Sévères. L'*aedes* de Dea Dia présévérienne est apparemment couverte par le sanctuaire sévérien. Plan hypothétique.

des lauriers » ; mais P. Gros doute qu'il puisse s'agir d'un *lucus* ou d'un *nemus*. D'autres caissons sont attestés devant le temple du Divin Jules.

Il ressort de ces éléments qu'un bois sacré était en fait une sorte de bosquet soigneusement entretenu, et non le bois touffu et « numineux » dont rêvait l'époque romantique. Celui des arvales peut être reconstruit grossièrement à partir de ce modèle (fig. 6 et 7) et l'on constate que nous sommes loin du beau bois de Böcklin. Mais à quoi pouvait ressembler l'environnement lorsqu'un *lucus* se trouvait dans une forêt, comme c'est le cas du *lucus Dianium in nemore Aricino* ? Nous n'avons malheureusement pas les moyens d'aller plus loin dans notre enquête, mais *a priori* un *nemus* n'était pas nécessairement un bois sacré.

*

* *

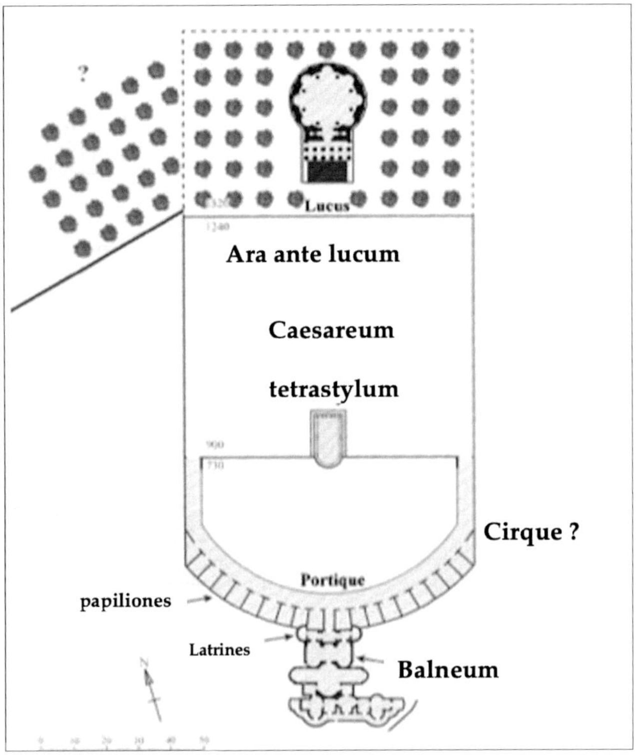


FIG. 7. – Les bois sacré à partir des Sévères. Plan hypothétique.

La forme particulière des bois sacrés incite à comparer ceux-ci aux jardins, aux *horti*. Je ne me lancerai pas dans une reconstruction linguistique et archéologique des jardins, mes collègues s'en sont chargés. Ce qui m'intéresse, c'est le lien qui pouvait exister entre les divinités et les jardins, donc la présence dans ceux-ci d'un caractère sacré. Le lexique nous apprend que les *horti* ne sont apparemment pas sacrés. Les seuls *horti* d'une divinité – il s'agit de ceux de Junon et de Sol – se trouvent d'un côté dans le *De astronomia* d'Hygin, un texte purement mythologique, de l'autre en Afrique, à Djerba[28]. Il s'agit dans le premier cas du jardin d'Héra où des graines des pommes des Hespérides avaient été semées, et bien entendu nullement d'un

28. Hygin, *De astronomia* II, 3 ; *Année épigraphique*, 1933, 46 (El Kantara-*Meninx*).

sanctuaire grec ou romain. Le second document, laconique, ne nous n'apprend rien sur le *(h)ortus Solis* de Djerba.

Les grands jardins de Rome sont au contraire en mesure de nous permettre de vérifier ce qui nous intéresse. Il s'agit d'abord d'espaces accessibles aux mortels. On y trouve même des tombes. Rien n'empêchait non plus d'y construire un temple, comme le prouve la présence du sanctuaire de Sol des Palmyréniens dans les Jardins de César au Transtévère. Ces Jardins contenaient d'ailleurs, tout autour de la naumachie construite par Auguste, un *nemus Caesarum*[29], prolongé au bord de l'étang par une petite île avec un *mnêmeion* et les statues des jeunes Césars défunts avant l'âge. Il ne fait aucun doute que ces espaces étaient utilisés par les mortels. Le *nemus* est appelé *alsos* dans la traduction grecque des *Res gestae Diui Augusti*, qui, faite en Asie Mineure, contient diverses erreurs et imprécisions. Toutefois en grec, les emplois d'*alsos* ne traduisent pas l'équivalent de *lucus*, comme le montre le terme *nemus* employé par les *Res gestae* en latin, même si les *alsē* grecs étaient également soumis à des règles religieuses[30]. Ce bois,

29. *Res Gestae Diui Augusti* XXIII : *Naualis proeli spectac(u)lum populo de[di tr]ans Tiberim, in quo loco nunc nemus est Caesarum. Ναυμαχίας θέαν τῶι δήμ[ῳ ἔδω] κα π[έρ]αν τοῦ Τε[βέριδος, ἐν ὧι τό]πω[ι] νῦν ἐστιν ἄλσος Καισάρων* ; « J'organisai pour le peuple un combat naval au-delà du Tibre, là où se trouve maintenant le Bois des Césars, (…) ». Trad. A. Cooley, *Res Gestae Divi Augusti: Text, Translation, and Commentary,* Cambridge, 2011, *ad. loc.* : « grove of the Caesars » ; E. Weber, *Augustus. Meine Taten. Res gestae Diui Augusti*, Berlin-Boston, 2015[7], *ad. loc.* : « Hain der Caesaren » ; Tacite, *Annales* XIV, 15, 3 : *exstructaque apud nemus, quod nauali stagno circumposuit Augustus conuenticula et cauponae* ; « Près du bois qu'Auguste avait planté autour de la naumachie furent construits des lieux de rendez-vous et des cabarets » ; Dion Cassius LXVI, 25, 3-4 : 3. *καὶ οὖτοι μὲν ἐκεῖ (...) ἐναυμάχησαν, ἄλλοι δὲ ἔξω ἐν τῷ ἄλσει τῷ τοῦ Γαΐου τοῦ τε Λουκίου ὅ ποτε ὁ Αὔγουστος ἐπ΄αὐτὸ τοῦτ΄ὠρύξατο.* (…) *κατοικοδομηθείσης σανίσι τῆς κατὰ πρόσωπον τῶν εἰκόνων λίμνης (...)* 4. *ἐναυμάχησαν ἐπεξῆλθον ἐς τὸ νησίδιον, καὶ προσβαλόντες τείχει τινὶ περὶ τὸ μνημεῖον πεποιμένῳ εἶλον αὐτό* ; « Ces hommes engagèrent un combat naval (…) ; d'autres en livrèrent un, hors de l'amphithéâtre dans le bois de Gaius et de Lucius, que jadis Auguste avait fait creuser pour cet effet. Là, il y eut, le premier jour, combat de gladiateurs et massacre de bêtes, le lac ayant été recouvert d'un plancher au droit des statues, … 4. les "Athéniens" descendirent dans l'île et emportèrent d'assaut un fort qu'on y avait élevé à l'entour du monument (*τὸ μνημεῖον*) ».

30. D. E. Birge, *Sacred Groves in the Ancient Greek World,* Dissert., University of Califormia, Berkeley, 1994, p. 188 sqq. et 222 sqq. ; M. Horster, *Landbesitz griechischer Heiligtümer in archaischer und klassischer Zeit*, Berlin, 2004, p. 103-120 ; Ead., « Natural Order and Order(liness) in Nature », in *Natur – Kult –*

attribué par Auguste à ses fils défunts, était un privilège honorifique, comme l'était par exemple le sacrifice funéraire public (*parentatio*) offert par les pontifes le 23 décembre, lors des Larentalia, à une mortelle, bienfaitrice du peuple romain, la fameuse Acca Larentia, et comme les *parentationes* publiques offertes chaque année en l'honneur des mêmes jeunes Césars. Ce genre d'honneur pouvait être accordé à des défunts méritants ou appréciés. Cassius Dion parle d'ailleurs d'un monument (*mnēmeion*), et non d'une tombe ou d'un lieu sacré. Nous savons cependant par Cicéron et d'autres témoignages que les *horti* pouvaient en principe accueillir des tombes, qui étaient au contraire strictement exclues des bois sacrés, et nous connaissons par ailleurs de nombreux jardins funéraires. Ce n'était pas le cas des tombes des jeunes princes. Au Transtévère, nous voyons que les *horti* pouvaient également accueillir des temples. Bref, les *nemora* n'ont rien de commun avec les *luci*. Je suppose qu'il en allait de même avec les jardins privés domestiques. On pouvait y trouver par exemple les autels des Génies des maîtres de maison et ceux des Lares, qui devaient avoir chacun son petit espace sacré, mais qui n'avaient pas de conséquence sur le statut général du jardin. Il convient aussi de noter que les parcs aménagés dans les grands portiques ou jardins joints à des temples romains, par exemple au théâtre de Pompée couronné d'un temple, comportaient également des rangées d'arbres[31] : ils n'étaient pas non plus des forêts touffues et impénétrables. On peut en conclure que les *luci* ressemblaient par leur

---

*Raum* (Sonderschriften des Österreichischen Archäologischen Instituts, 51), K. Sporn, S. Landstätter et M. Kerschner éd., Vienne, 2015, p. 172-183.

31. Voir Properce, II, 32, 11-16 :

*Scilicet umbrosis sordet Pompeia columnis*
*porticus, aulaeis nobilis Attalicis,*
*et platanis creber pariter surgentibus ordo,*
*flumina sopito quaeque Marone cadunt,*
*et leviter nymphis tota crepitantibus urbe*
*cum subito Triton ore recondit aquam.*

« Sans doute il est bien laid, ce portique de Pompée aux colonnes ombreuses, aux fameuses tapisseries d'Attale – et toutes ces rangées de platanes et tous ces flots que laisse tomber un Marron assoupi et par la ville entière le glouglou de l'onde, quand soudain le triton aspire l'eau de sa bouche » (trad. Paganelli).

Martial, II, 14, 9-10 :

*Inde petit centum pendentia tecta columnis,*
*illinc Pompei dona nemusque duplex.*

« Il gagne ensuite les toits soutenus par cent colonnes, de là, les dons de Pompée avec leurs bosquets jumeaux » (trad. Malick-Prunier).

Cf. S. Neumann, *art. cit.* (n. 25), p. 273.

régularité aux arbres des jardins. Ils s'en distinguaient toutefois par les règles religieuses sévères que nous avons évoquées.

Je reviens pour conclure un instant au bois sacré de Dea Dia, ou plutôt à son *Caesareum*. Comme on l'a vu, les arvales pouvaient y banqueter, et le public assistant au sacrifice de Dea Dia était présent dans cet espace avant le sacrifice, car quand les arvales montaient la pente légère vers la terrasse du bois sacré, les appariteurs écartaient ce public, ce qui est exprimé par le terme *summoto*. Le *Caesareum* n'était donc pas un espace proprement sacré. Nos explorations, forcément limitées par la configuration des lieux, nous ont appris que cet espace n'avait pas d'autre construction que le tétrastyle, découvert et relevé en 1570 mais perdu depuis, car recouvert par une maison. Nous avons pensé à identifier ce *Caesareum* à un jardin, ce qui est possible, même si nous n'avons pas pu rechercher et identifier des témoignages de plantations d'arbres.

Le protocole arvale de 224 nous apprend que lors des sacrifices expiatoires pour les dommages subis par le bois sacré, les empereurs divinisés et le Génie de l'empereur régnant recevaient également un sacrifice au *Caesareum*. J'aurais tendance à considérer que ces expiations leur étaient dues parce que, malgré la différence de statut entre les dieux immortels de toujours et le Génie d'un mortel ou les divinisés, le *Caesareum* est considéré comme une annexe du bois sacré, et que l'on ne peut pas oublier le Génie impérial et les *Divi* lors des sacrifices concernant les dieux du bois sacrés. Mais alors que cet espace devait aussi être entretenu, il n'est jamais question de sacrifices expiant ces travaux. Et pourtant on y sacrifie. Ces quelques remarques font deviner que le *Caesareum* a eu sans doute le statut d'un *hortus*, d'un jardin ouvert à tous, où l'on peut sacrifier et banqueter. Le *nemus* du portique de Pompée correspondait sans doute à ce même type de jardin, depuis sa construction il devait même servir de modèle, à ce détail près que le *Caesareum* jouxtant le bois sacré de Dia ne comportait pas de portiques, et que, pas davantage que le portique de Pompée, il n'avait le statut de bois sacré.

John Scheid

# LE PHILOSOPHE ENTRE LE JARDIN ET LA BIBLIOTHÈQUE

Si nous avions à parler du jardin dans la Bible, cela serait relativement simple, au moins dans un premier temps. Nous évoquerions ce jardin d'Éden, où Dieu fit pousser du sol « toute espèce d'arbres séduisants à voir et bons à manger et l'arbre de vie au milieu du jardin et l'arbre de la connaissance du bien et du mal »[1]. Certes l'inconduite d'Ève et d'Adam fit que l'être humain en fut chassé à tout jamais, mais sous des formes diverses, le paradis continue de hanter nos pensées[2]. La relation de la philosophie au jardin est évidemment tout autre, et pourtant c'est encore et toujours de la connaissance, et particulièrement de celle du bien et du mal qu'il s'agit. Nul ne sait ce qui conduisit Platon à choisir les jardins d'Akadémos pour y créer ce qui fut, on l'oublie trop souvent, la première université de l'histoire[3], mais il est certain qu'il aurait difficilement trouvé un lieu plus apte à l'expression symbolique de sa propre pensée. Le personnage d'Akadémos appartient à la mythologie[4], il était celui qui, disait-on, avait permis aux Athéniens d'éviter le siège de leur ville par les Dioscures, en leur révélant l'endroit où Thésée retenait leur sœur prisonnière, ce qui lui valut d'être comblé de cadeaux par les deux frères. Akadémos est un héros, il se situe donc à la frontière du monde des humains et de celui des dieux, frontière qui

1. Genèse 2, 9, traduction La Bible de Jérusalem.

2. Voir J. Delumeau, *Une histoire du paradis,* t. 1. *Le jardin des délices*, Paris, 1992 ; t. 2. *Mille ans de bonheur*, Paris, 2002, ainsi que *Le paradis*, Paris, 2001.

3. Voir A. H. Chroust, « Plato's Academy, The First Organized School of Political Science in Antiquity », *The Review of Politics* 29, 1967, p. 25-40 ; D. C. Lindberg, *The Beginnings of Western Science,* University of Chicago Press, 2007, chap. 2, « The Greeks and the Cosmos », p. 70.

4. Sur ce personnage, voir P. Grimal, *Dictionnaire de la mythologie grecque et romaine*, Paris, 1986[8], première édition en 1951, p. 2.

fascina toujours Platon, ce qui permet de comprendre que la fameuse phrase du *Théétète*, « la fin suprême est de devenir dieu dans la mesure du possible » soit devenue le leitmotiv de la pensée platonicienne dans le médio-platonisme, après la période dite « sceptique » de la Nouvelle Académie[5]. La familiarité régnant entre les hommes et les dieux était d'ailleurs matérialisée dans l'Académie par la présence d'une statue d'Apollon et de plusieurs autels, dont celui des Muses, auxquelles était dédié le jardin[6]. Parmi les étymologies plus ou moins fantaisistes du *Cratyle*, 398d[7], Platon mentionne la possibilité de dériver le mot « héros » du verbe εἴρειν, parler, et il en tire comme conséquence que les héros aient pu à l'occasion être « savants, orateurs éloquents et bons dialecticiens ». Le lien entre Akadémos et l'Académie comme lieu de savoir se trouvait donc ainsi explicité. Un jardin fut dédié au héros éponyme, à 1,05 km, au nord-ouest d'Athènes, au-delà du quartier du Céramique, à l'endroit où était censée se trouver sa sépulture, faisant de ce lieu celui de la vie et de la progression spirituelle tout autant que de la mort. Ce fut également, à en juger par les dernières découvertes de la papyrologie napolitaine, grâce à l'intelligence artificielle, le lieu où Platon lui-même fut enterré. Créer un espace d'étude pour des jeunes, si près d'un cimetière, c'était donc affirmer à le fois le primat de la

5. Platon, *Théétète* 176b : διὸ καὶ πειρᾶσθαι χρὴ ἐνθένδε ἐκεῖσε φεύγειν ὅτι τάχιστα. φυγὴ δὲ ὁμοίωσις θεῷ κατὰ τὸ δυνατόν· ὁμοίωσις δὲ δίκαιον καὶ ὅσιον μετὰ φρονήσεως γενέσθαι. À la différence de Platon, pour qui l'idéal est dans l'éloignement, φυγή, par rapport au monde de la sensation et de l'immédiateté, les stoïciens prôneront l'οἰκείωσις, autrement dit l'intégration rationnelle de l'être humain dans le monde d'une nature elle-même parfaitement rationnelle. Pour une présentation de ce concept, voir V. Laurand, « *Oikeiôsis* : définition, problèmes et enjeux », in *La politique stoïcienne*, Paris, 2005, p. 9-58. Sur le devenir de la formule du *Théétète*, voir C. Lévy, « Cicéron et le moyen platonisme : le problème du souverain bien selon Platon », *Revue des Études latines* 68, 1990, p. 50-66.

6. Pour une présentation détaillée de l'Académie, voir Matthias Baltes, « Plato's School, The Academy », *Hermathena* 155, 1993, p. 5-26, repris in M. L. Lakmann *et al.* éd., *Dianoemata: Kleine Schriften zu Platon und zum Platonismus*, Berlin, 1999, ainsi que Ch. Picard, « Dans les jardins du héros Académos », in *Séance publique annuelle des cinq Académies du jeudi 25 octobre 1934*, Paris, Institut de France, 1934, et J. Glucker, *Antiochus and the Late Academy*, Göttingen, 1978, p. 226-255 (« The School Property »).

7. Platon, *Cratyle* 398d-e : ὁ γὰρ "εἴρειν" λέγειν ἐστίν. ὅπερ οὖν ἄρτι λέγομεν, ἐν τῇ Ἀττικῇ φωνῇ λεγόμενοι οἱ ἥρωες ῥήτορές τινες καὶ ἐρωτητικοὶ συμβαίνουσιν, ὥστε ῥητόρων καὶ σοφιστῶν γένος γίγνεται τὸ ἡρωικὸν φῦλον. ἀλλὰ οὐ τοῦτο χαλεπόν ἐστιν ἐννοῆσαι, ἀλλὰμᾶλλον τὸ τῶν ἀνθρώπων, διὰ τί ποτε "ἄνθρωποι" καλοῦνται·

vie et celui de l'ordre, car s'il est vrai qu'il n'existe pas de jardin sans plantes, le jardinier ne peut travailler que dans un espace qui a été délimité et qu'il lui appartient d'entretenir et de transformer[8]. Ajoutons que dans une page célèbre du *Phèdre*, le processus de l'enseignement philosophique est lui-même comparé à l'art du jardinier

## Platon

C'est donc par ce texte platonicien que nous commencerons. Pour mener à bien sa critique du discours écrit, Socrate met Phèdre devant une alternative[9]. Le cultivateur intelligent, qui aurait des semences, va-t-il les planter en pleine terre, dans un jardin d'Adonis, cet espace de l'instant et du plaisir, où l'on soumet à une chaleur intense certaines espèces horticoles et céréalières (fenouil, blé, orge, laitue) pour avoir le plaisir de les voir éclore en huit jours, ce processus allant de pair avec une fête où la plus grande liberté sexuelle était autorisée. Ou bien les plantera-t-il d'une manière conforme à l'art de la culture, se félicitant de les voir atteindre leur terme au bout de huit mois ? La réponse, quasiment évidente, est aussitôt mise à profit pour illustrer ce que doit faire le philosophe[10] : « Quand usant de la dialectique et prenant l'âme qui est faite pour cela (ὅταν τις τῇ διαλεκτικῇ τέχνῃ χρώμενος, λαβὼν ψυχὴν προσήκουσαν), on y plante et on y sème des discours qui transmettent la science, des discours qui peuvent se tirer d'affaire tout seuls et tirer d'affaire celui qui les a plantés, des discours qui ne sont pas stériles, mais qui ont en eux une semence d'où viendront d'autres discours qui, poussant en d'autres naturels, seront en mesure de toujours assurer à cette semence l'immortalité et de donner à celui qui en est le dépositaire le plus haut degré de bonheur que puisse atteindre un homme (καὶ τὸν

8. M. Grygielewicz, « Au jardin d'Academos – une rencontre philosophique et artistique », *Rue Descartes* 97, 2020, p. 83-93, écrit, p. 89, « Mais la notion de frontière du jardin doit être entièrement repensée. Elle n'est pas une ligne de séparation, mais un horizon mobile. Ces limites ne sont-elles pas davantage la réfutation d'un enclos ? Ne sont-elles pas la négation de la fonction de l'enclos qui limite le champ visuel ? ». C'est peut-être aller un peu loin, car s'il est vrai que cette frontière est mobile, elle n'en exerce pas moins une fonction constante de séparation, plus ou moins radicale, par rapport à tout ce que la philosophie ne peut pas accepter.

9. Platon, *Phèdre* 276b. Trad. Luc Brisson.

10. *Ibid.*, 276e-277a.

ἔχοντα εὐδαιμονεῖν ποιοῦντες εἰς ὅσον ἀνθρώπῳ δυνατὸν μάλιστα)». De ce texte, nous tirons les conclusions suivantes :

– c'est une erreur de prétendre mettre les structures de la nature au service de son propre plaisir. Il vaut mieux, dit implicitement Platon, précédant le Descartes du *Discours de la méthode*, il vaut mieux changer ses désirs plutôt que l'ordre du monde. Celui qui, pour voir les fleurs pousser plus vite, plante ses graines dans l'espace minuscule d'un jardin d'Adonis, devra se contenter de fragiles jardins. « Le temps court et resserré de ce jardinage rituel peut donc apparaître comme une sorte de violence qui est faite à la nature », dit fort justement M. Detienne[11], qui, en se référant à Aristote, parle d'accroissements et de décroissements « violents et non conformes à la nature », au nombre desquels « la floraison précoce chez l'adolescent sensuel et la croissance accélérée des blés qui n'ont même pas été tassés par la terre » ;

– celui qui se contente de confier à l'écriture trouvera le plaisir de constituer une réserve de remémoration pour lui-même et pour ceux qui s'engageront dans la même voie que lui.

Mais le texte écrit, en quelque sorte chosifié, reste inférieur à un zèle beaucoup plus beau, celui d'une pensée vivante, engagée dans une confrontation permanente avec celle des autres et avec elle-même. Platon ne condamne pas l'écrit, ni donc la bibliothèque, il procède à la dévaluation d'une philosophie qui ne serait que livresque. Comme le dit Jacques Derrida, « L'écriture n'est pas un ordre de signification indépendant, c'est une parole affaiblie, point tout à fait morte : un mort vivant, un mort en sursis, une vie différée, un semblant de souffle ; le fantôme, le fantasme, le simulacre (*eidôlon*, 276a) du discours vivant n'est pas inanimé, il n'est pas insignifiant, simplement, il signifie peu et toujours identiquement »[12]. Cependant, il nous semble que cette dévalorisation platonicienne du livre peut être lue également comme la voie d'accès à une idée moins apparente, à savoir celle d'une nature qui nous parle et qui offre à celui qui sait la voir, la lire, un début de progression dans la vérité du monde. Le grand livre du monde, en quelque sorte. En cela, Platon, malgré toutes ses réserves à propos du sensible, n'est pas si loin des stoïciens, pourtant allergiques à la

11. M. Detienne, *Les jardins d'Adonis. La mythologie des aromates en Grèce*, Paris, 2013, p. 197.

12. J. Derrida, *La pharmacie de Platon*, Paris, 1968, p. 69.

transcendance, pour qui à la fois tout est donné par la *phusis* et tout reste cependant à conquérir. C'est l'idée sur laquelle V. Goldschmidt a construit sa réflexion si profonde sur le temps stoïcien[13]. Le souci platonicien de ne jamais séparer radicalement le mouvement de la pensée de celui de la vie trouve une autre expression dans le *Timée*, où l'unité du vivant est en quelque sorte garantie par l'idée que les plantes aussi ont une âme. C'est le passage, qui fut si critiqué dans l'Antiquité même, où Platon affirme que les plantes ont une âme, et que chacune d'entre elles est un « vivant, immobile et enraciné », mais un vivant qui n'est pas automoteur[14]. À cela s'ajoutent deux éléments importants : le premier est le finalisme, l'idée que les plantes ont été créées pour permettre la vie des humains : « Attendu que la nécessité imposait à cet être de vivre, entouré de feu et assailli par le vent, et que, partant, il tendait à se consumer, dissous et épuisé par ces éléments, les dieux lui ménagent un secours. Ils font pousser une nature apparentée à la nature humaine, une nature qui résulte d'un mélange où entrent comme nouveaux ingrédients d'autres formes et d'autres sensations, de manière à ce qu'il y ait un autre vivant. » Dans un autre contexte, nous retrouverons chez les stoïciens l'idée que non seulement les plantes mais également les animaux sont subordonnés à la vie de l'homme. Mais ce qui nous intéresse tout particulièrement dans cette partie du *Timée* est la relation établie entre la structure de l'être humain et celle du jardin[15] : « Ils ont creusé à travers notre corps lui-même des canaux (τὸ σῶμα αὐτὸ ἡμῶν διωχέτευσαν τέμνοντες οἷον ἐν κήποις ὀχετούς), pareils aux canaux qu'on creuse dans les jardins, afin qu'il fût irrigué comme un jardin par l'eau qui y coule. » Le jardin est donc tout autre chose qu'un simple lieu d'agrément. Il reproduit, dans le microcosme d'un espace naturel, l'archétype à partir duquel a pu être créé l'être le plus complexe, le plus abouti qui soit, malgré ses incertitudes, à savoir l'être humain. Aller dans un jardin, c'est donc aussi une façon de remonter vers l'origine. Et c'est en même temps descendre dans les profondeurs

13. Voir V. Goldschmidt, *Le système stoïcien et l'idée de temps*, Paris, 1953. Sur la place des plantes dans la pensée platonicienne, voir L. Brisson, « Le continuum de la vie chez Platon. Des dieux aux plantes », OpenEdition Journals, https://journals.openedition.org/edl/1479, 2008.

14. *Timée* 77a-b. Traduction L. Brisson, Paris, GF Flammarion, 1992. Brisson, p. 63, qualifie fort justement ce passage de « particulièrement difficile ».

15. Platon, *Timée* 77c.

de son être puisque l'âme des plantes correspond à la partie la plus basse de l'âme humaine. En regardant le jardin, l'être humain qui sait voir découvre tout ce qu'il ne peut pas voir immédiatement de lui-même.

Toutefois, cette fonction en quelque sorte heuristique de l'horticulture ne se limite pas à l'individu. Le jardin, c'est aussi ce qui permet d'aller vers l'ailleurs de l'humanité, un ailleurs dans le temps comme dans l'espace. On remarquera la distinction qui est faite, dans le *Critias*, à propos de l'Athènes préhistorique, entre l'acropole et le reste de la ville, celle où vivaient les artisans et les cultivateurs travaillant les terres du voisinage. Dans la description de cette acropole, la référence au jardin intervient à deux endroits. Tout d'abord, il nous est dit que la ville haute, indication tout autant hiérarchique que topographique, n'était habitée que par la classe des combattants, autour du sanctuaire d'Athéna et d'Héphaïstos, « après que, tel le jardin d'une demeure unique, ils l'eurent entouré d'une enceinte unique »[16]. Puis, à l'intérieur même du jardin symbolique qu'était cette partie de la ville, dans la partie méridionale « ils plantaient des jardins, élevaient des gymnases, et des salles pour les repas en commun qu'ils abandonnaient en été, comme cela est naturel ».

Par ailleurs, dans la description de l'Atlantide elle-même, certes il n'y a pas de mention explicite du jardin, mais tout se passe comme si le sol de ce continent était celui d'un immense jardin. Après avoir évoqué tous les fruits que la terre de l'île portait, Platon écrit[17] : « Outre cela toutes les essences aromatiques que la terre nourrit à présent ici ou là, racines, pousses, bois des arbres ou sucs que distillent fleurs ou fruits, cette terre excellait à les porter et à les nourrir », et un peu plus loin[18] : « tous ces fruits sans exception, l'île que le soleil éclairait alors, les produisait vigoureux, superbes, magnifiques et en quantité inépuisable, aussi merveilleux qu'innombrables. » Tout se passe donc comme si les jardins de l'Athènes de Platon étaient comme l'image segmentée, rapetissée de ce continent-jardin. Autrement dit, la dimension mythique du récit donne au Jardin de l'Atlantide quelque chose comme un statut d'archétype, de Forme, par rapport aux jardins dans lesquels Platon et ses disciples pouvaient se promener. Une Forme puisant son

16. Platon, *Critias* 112b, traduction L. Brisson, *op. cit.*
17. *Ibid.*, 115a.
18. *Ibid.*, 115b.

statut de transcendance dans l'éloignement historique inhérent à la description de l'Atlantide.

Un mot sur un aspect assez surprenant de la relation de Platon au jardin. On sait que la métaphore médicale est omniprésente dans le corpus platonicien. Antoine Thivel, en particulier, lui a consacré lors d'un colloque de la Villa Kérylos une intéressante étude[19]. Or, à notre connaissance, Platon ne perçoit jamais le jardin comme le lieu qui permet de cultiver les plantes dont la médecine fera le meilleur usage.

### Aristote

C'est précisément tout ce système platonicien construit autour du jardin qu'Aristote, le grand classificateur, semble s'être attaché à ruiner. Nous restons prudent car, comme on le sait, le traité du Stagirite *De plantis* ne nous est parvenu que dans l'adaptation de Nicolas de Damas[20]. Assez pour en avoir une idée, mais trop peu pour aboutir à des certitudes. Ce que l'on peut dire, c'est que si Aristote peut être à bon droit rangé parmi les fondateurs de la botanique, son intérêt pour les plantes ne semble avoir eu d'égal que son désintérêt pour le jardin en lui-même, c'est-à-dire pour ce qui ne se réduit pas à la somme des végétaux qui y poussent. Si on laisse de côté, par prudence méthodologique, les occurrences du jardin dans le *De plantis*, quelques allusions aux jardins dans les traités dont l'authenticité n'est pas contestée nous permettent d'y voir un peu plus clair. La plus intéressante est sans doute celle-ci[21] :

19. A. Thivel, « Platon et la médecine », in *La médecine grecque antique*, J. Jouanna et J. Leclant éd., actes du XIV$^e$ colloque de la Villa Kérylos à Beaulieu-sur-Mer, *Cahiers de la Villa Kérylos*, Paris, Académie des Inscriptions et Belles-Lettres, 2004, p. 95-107, qui s'insurge à juste titre contre l'idée selon laquelle la médecine n'aurait d'autre référent, dans l'œuvre platonicienne, que la politique.

20. Voir Nicolas Damascenus, *De plantis*, H. J. Drossaart Lulofs et E. L. J. Poortman, Amsterdam, 1989, avec la traduction des fragments qui nous sont parvenus en cinq langues (arabe, grec, hébreu, latin, syriaque). Nicolas de Damas, *De plantis* 819 répartit les plantes en trois catégories : les plantes d'intérieur (κατοικίδια), les plantes de jardin (τὰ δὲ κηπαῖα) et les plantes sauvages (ἄγρια), avec une hiérarchie, puisqu'il dit que les plantes de jardin sont supérieures aux plantes sauvages. De même, il s'intéresse aux procédés par lesquels une plante sauvage peut être en quelque sorte domestiquée, voir 821b.

21. Aristote, *Les parties des animaux* 668a. La traduction est celle de l'édition des Belles Lettres.

« Il faut, en effet, que le sang traverse et baigne tout, s'il est vrai que chaque partie est formée de sang. C'est ainsi que, dans les jardins, l'irrigation se fait à partir d'un principe unique, d'une seule source (δ' ὥσπερ ἔν τε τοῖς κήποις αἱ ὑδραγωγίαι κατασκευάζονται ἀπὸ μιᾶς ἀρχῆς καὶ πηγῆς), par une foule de conduits qui, sans cesse, se dirigent dans des directions différentes, afin de porter l'eau partout, et que dans la construction des maisons on aligne des pierres sur le tracé des fondations, de manière que, d'une part, les plantes du jardin poussent grâce à l'eau, et que, d'autre part, les fondations soient construites sur ces pierres. De la même façon, la nature a canalisé le sang dans tout le corps, puisque c'est le sang qui constitue la matière de tout le corps (τὸν αὐτὸν τρόπον καὶ ἡ φύσις τὸ αἷμα διὰ παντὸς ὠχέτευκε τοῦ σώματος, ἐπειδὴ παντὸς ὕλη πέφυκε τοῦτο). »

À première vue, il s'agit là d'une adaptation du passage du *Timée* sur le corps qui est fait à l'image du jardin, mais les différences sont substantielles, pour le moins. Non seulement la dimension transcendantale incarnée par la présence du démiurge est effacée, mais la mention de la maison que l'on construit fait intervenir un travail humain qui n'est pas celui du jardinier. Aristote transfère la métaphore des canaux de l'ontologie à la *technè*. Le jardin perd donc la spécificité en quelque sorte ontologique que Platon lui avait donnée, il est donc inséré dans le contexte des transformations que provoque la présence de l'être humain. Nous trouvons un autre aspect de cette mutation en *Historia animalium* 617b : « la grande bécasse se prend *dans les jardins* au filet. Sa taille est celle d'une poule, son bec est long, sa couleur ressemble à celle du francolin. »

Le jardin perd donc avec Aristote et ses successeurs[22] beaucoup de ce foisonnement de sens qui caractérisait la perception qu'en avait Platon, il est repensé à travers la stricte application de la structure cognitive sujet/objet, Cela fait de chacune de ses composantes un objet de connaissance et/ou d'exploitation, *tertium non datur*, puisque les plantes servent aussi à l'alimentation et à la pharmacie. Il est permis de se demander si cette limitation du jardin ne doit pas être mise en relation avec l'un des grands apports de l'école péripatéticienne, à savoir

22. Il ne semble pas que l'attitude de Théophraste ait été différente sur ce point de celle de son maître. Pour avoir une idée de la différence par rapport à Platon, on comparera son allusion aux jardins d'Adonis en *Historia plantarum* VI, 7, 3, à celle que nous avons trouvée dans le *Phèdre*, voir *supra*, n. 9.

l'apparition de ce qu'on pourrait appeler une vraie bibliothèque de recherche, liée à une institution universitaire[23]. Il y avait certainement des livres dans l'Académie de Platon, mais c'est avec Aristote que va se créer une vraie bibliothèque universitaire, recouvrant des savoirs à la fois très détaillés et à vocation encyclopédique, avec au moins un embryon d'organisation rationnelle. Platon cherchait dans le jardin la démonstration de l'unité du vivant, considérant celle-ci comme l'une des voies d'accès à la transcendance. Aristote, lui, fait du livre la condition et le moyen de l'unité du savoir. Il y a là quelque chose comme une différence essentielle. La destinée de la bibliothèque du Stagirite après sa mort a fait l'objet de nombreuses études, car elle permet de mieux connaître le statut des institutions universitaires. En effet, si à son départ d'Athènes, Aristote légua sa collection à son successeur à la tête de l'école, Théophraste, ce dernier a, dans son testament, clairement dissocié la bibliothèque et l'école[24]. Le testament de Théophraste, tel que nous l'a transmis Diogène, mentionne en effet la bibliothèque comme une possession dont il dispose selon son choix, tout comme son terrain de Stagire[25] :

> « Quant à la propriété qui m'appartient à Stagire, je la donne à Callinos et tous les livres à Nélée ; je donne le jardin, la promenade et toutes les maisons attenantes au jardin à ceux, parmi les amis dont la liste suit, qui s'engagent à y étudier et philosopher ensemble de manière permanente. »

Si elles semblent avoir été largement ouvertes à leurs disciples, les collections de livres d'Aristote et, plus tard, celles de Théophraste restent ainsi des bibliothèques privées et leur accès était par conséquent contrôlé par leur propriétaire. Alors qu'il hérite de la bibliothèque, Nélée n'est pas choisi pour succéder à Théophraste à la tête de l'école péripatéticienne. Dès lors, ce qui était considéré comme la « bibliothèque du Lycée » connaît un destin indépendant de l'école philosophique du

23. Sur le Lycée comme institution d'enseignement et de recherche, voir J. P. Lynch, *Aristotle's school. A Study in a Greek educational institution*, University of California, 1972.

24. Voir sur cette question, H. B. Gottschalk, « Notes on the Wills of the Peripatetic Scholarchs », *Hermes* 100, 1972, p. 314-342, en part. p. 335-342 ; P. Schubert « Strabon et le sort de la bibliothèque d'Aristote », *Les Études classiques* 70, 2002, p. 225-237.

25. Diogène Laërce, *Vies et doctrines des philosophes illustres* V, 52, M. O. Goulet-Cazé éd., traduction M. Narcy, Paris, 1999.

même nom : Nélée quitte Athènes, emportant avec lui la bibliothèque[26], laquelle va avoir une histoire compliquée jusqu'au moment où Sylla s'en empara et l'apporta à Rome. On nous permettra d'insister sur ce point : c'est le même personnage qui ravagea l'Académie et qui s'empara de la bibliothèque d'Aristote. Le grammairien Tyrannion et Andronicos de Rhodes s'en occupèrent et c'est ainsi que fut constitué le corpus tel que nous le connaissons. Fragilité du jardin, permanence du livre.

La conquête d'Alexandre fut un bouleversement dont nous peinons aujourd'hui encore à percevoir toutes les conséquences, alors même que nous vivons nous-mêmes un changement de monde. *A priori* on peut se demander en quoi cela pouvait modifier la place du jardin dans les consciences et dans les mentalités. On est bien forcé de constater cependant que les deux écoles hellénistiques apparues après cette conquête vont avoir des attitudes radicalement différentes à l'égard du jardin. C'est comme si après le grand tout platonicien de la vie et l'entreprise classificatrice d'Aristote, la philosophie avait éprouvé le besoin de procéder à une dichotomie clarificatrice. De fait, cette extension sans précédent du monde connu a provoqué deux mouvements opposés, l'un centrifuge, l'autre centripète. Les stoïciens, attachés à penser l'universel, ignoreront la spécificité du jardin, ou plus exactement l'intégreront dans une perception holistique du monde, tandis que les épicuriens, soucieux avant tout d'échapper aux inquiétudes d'une époque troublée en feront le lieu préservé où l'amitié, autrement dit l'harmonie, pourra se développer. Pour les uns comme pour les autres, il s'agissait certes de découvrir la vérité du monde, pour les stoïciens en le percevant dans sa totalité, pour les épicuriens en le contemplant à partir d'un point préservé.

### Les stoïciens

On peut difficilement trouver des philosophes qui aient témoigné moins d'intérêt pour les jardins que les stoïciens, ou qui, en tout cas,

---

26. Selon Strabon, XIII, 608, et Plutarque, *Sylla* 26, Théophraste aurait demandé à Nélée une édition de ses propres œuvres, ce qui aurait permis à ce dernier d'emporter au moins une partie de la bibliothèque chez lui, à Skepsis. Sur cette question, voir P. Moraux, *Der Aristotelismus bei den Griechen von Andronikos bis Alexander von Aphrodisias*, t. 1, Berlin-New York, 1973, p. 5-31.

en aient moins parlé. À la différence de l'Académie platonicienne, ou même, comme nous allons le voir, des épicuriens, l'école stoïcienne n'a eu aucun contact immédiat avec la nature. Si l'on en croit ce qui nous est raconté par Diogène Laërce, le fondateur du stoïcisme, Zénon, qui n'était pas athénien, mais chypriote, originaire de la colonie phénicienne de Kittion, se retrouva à Athènes à la suite d'un naufrage et se mit aussitôt à fréquenter les lieux d'enseignement, sans se préoccuper de la nature environnante, ni même des espaces verts à l'intérieur de la ville[27]. Il délivra son enseignement sous le Portique bariolé, la *Stoa poikilè*, sur l'agora, on ne pouvait pas faire plus central et moins arboré. Parmi ses successeurs immédiats, seul Cléanthe fut en contact avec le monde des jardins, et encore d'une manière très utilitaire. La nuit, il puisait l'eau dans les jardins, tandis que dans la journée il se consacrait à apprendre la dialectique[28]. Un système mixte, avant la lettre, de travail-études qui suscita la curiosité de ses concitoyens, lesquels le conduisirent devant le tribunal pour expliquer comment il réussissait à rester en si bonne forme en vivant ainsi. À Antigone qui lui demandait pourquoi il puisait de l'eau, il répondit[29] : « Ne fais-je que puiser de l'eau ? Eh quoi ? Est-ce que je ne creuse pas la terre ? Est-ce que je n'arrose pas et ne fais pas toute sorte de corvées en vue de la philosophie ? » On retrouve bien là tous les éléments de la métaphore platonicienne de l'ensemencement, mais sans l'ensemencement lui-même, en tout cas l'ensemencement de nature philosophique. Sénèque se réfère à cette donnée de la vie de Cléanthe comme s'il s'agissait d'une simple indication bibliographique, il y voit simplement la preuve que même les plus humbles peuvent philosopher[30]. On trouve dans le *De natura deorum* cicéronien la démonstration de ce que l'on peut appeler la fusion du jardin dans l'universel[31]. Il s'agit de démontrer que le feu est le principe grâce auquel absolument tout vit : « Il faudrait un long développement et beaucoup d'arguments pour

---

27. Diogène Laërce, VII, 2-3.

28. *Ibid.*, 168.

29. *Ibid.*, 169.

30. Sénèque, *Epistulae ad Lucilium* XLIV, 3 : *Patricius Socrates non fuit ; Cleanthes aquam traxit et rigando horto locauit manus.*

31. Cicéron, *De natura deorum* II, 26 : *longa est oratio multaeque rationes, quibus doceri possit omnia quae terra concipiat semina quaeque ipsa ex se generata stirpibus infixa contineat ea temperatione caloris et oriri et augescere.* Trad. C. Auvray Assayas.

montrer que toutes les graines que la terre reçoit et toutes le plantes qu'elle a elle-même engendrées et qu'elle contient, fixées à elle par des racines, naissent et grandissent grâce à la chaleur bien répartie en elle. » Si Platon voyait dans les plantes le moyen de démontrer le continuum de la vie, depuis ses formes les plus humbles, végétales donc, jusqu'aux sommets intellectuels de la dialectique, pour les stoïciens la graine est la preuve que le feu créateur du monde continue à circuler après la *diakosmèsis*, la remise en ordre de l'univers, qui suit l'*ekpurôsis*, la conflagration cyclique qui fait que le *logos* se referme sur lui-même.

Pour le reste, le mot *kèpos* ne se trouve ni chez Marc Aurèle, ni chez Épictète, et *hortus* n'a qu'une présence très discrète dans le corpus sénéquien. L'une des explications de cette discrétion peut être trouvée dans un texte, qui figure au début du livre III du *De finibus*. Cicéron raconte comment, séjournant dans sa villa de Tusculum à la date de 52 av. J.-C., il eut besoin de consulter certains ouvrages, ce qui fit qu'il se rendit chez le jeune Lucullus, afin de les lire dans sa bibliothèque. À sa grande surprise, il y trouva Caton, l'oncle du jeune homme, « assis dans la bibliothèque, un grand nombre d'ouvrages stoïciens autour de lui ». De ce personnage, il nous est dit que souvent, « il lisait même dans le Sénat, en attendant l'ouverture de la séance sans pour autant se soustraire un instant à sa tâche politique[32] » et Cicéron poursuit en disant que cet homme politique qui était aussi un philosophe stoïcien, « se gavait » de livres (*maximaque copia quasi helluari libris, si hoc verbo in tam clara re utendum est*), terme dont il s'excuse donc en précisant qu'il était inadaptée par rapport à une activité si noble, mais dont on peut penser qu'il l'employait parce qu'il le trouvait plus expressif que tout autre. Cicéron se pose en tuteur intellectuel du jeune Lucullus, à qui il veut donner un enseignement digne de son père et de son oncle. Or dans ce passage une phrase est particulièrement significative : « j'aime mieux qu'il prenne plaisir à ces livres qu'aux autres parures de la villa. »[33] Même si le terme de *hortus* ne figure pas dans la phrase, il est indubitable que les jardins faisaient partie des *ornatus* de la villa

32. Cicéron, *De finibus* III, 7 : *M. Catonem, quem ibi esse nescieram, vidi in bibliotheca sedentem multis circumfusum Stoicorum libris. Erat enim, ut scis, in eo aviditas legendi, nec satiari poterat, quippe qui ne reprehensionem quidem vulgi inanem reformidans in ipsa curia soleret legere saepe, dum senatus cogeretur, nihil operae rei publicae detrahens.*

33. *Ibid.* III, 8 : *nam his libris eum malo quam reliquo ornatu villae delectari.*

de Lucullus[34], tout comme la bibliothèque elle-même. Le jardin et la bibliothèque se trouvent ainsi tous deux intégrés dans une même catégorie, celle de l'*ornatus*, ce qui fait la beauté, mais on sait que le verbe *orno* en latin peut avoir un sens fort. *Ornare nauem*, ce n'est pas décorer un navire, c'est faire en sorte qu'il puisse naviguer. Mais la hiérarchie intellectuelle fait qu'à l'intérieur de la catégorie de l'*ornatu*s il faut préférer les livres au jardin.

### Le paradoxe épicurien

Alors que l'école épicurienne est la seule qui ait été désignée par le terme de « jardin », et ses adversaires romains ne se priveront pas de la railler en évoquant les *hortuli*, diminutif évidemment dépréciatif[35], c'est paradoxalement celle sur laquelle nous sommes le moins bien renseignés en ce qui concerne sa relation aux jardins. Nous savons qu'Épicure acheta pour 80 mines un jardin situé dans la banlieue ouest d'Athènes[36] et, paradoxalement aussi, c'est lui qui semble avoir eu la vision la plus claire de la vocation du lieu, en créant ce que P. Grimal a fort justement appelé « un parc d'enseignement ». Paradoxalement, parce que l'image d'Épicure, grand dépréciateur de la *paideia*, est beaucoup moins celle d'un universitaire que ne le fut et ne l'est celle d'Aristote. Mais il sut dès le début dissocier son logement à Melitè du site de l'école[37], définissant celui-ci comme le lieu exclusif de la philosophie. Dans son testament, il précisa que tous ses livres devaient aller à son successeur Hermarque[38]. Peut-être précisément parce qu'ils étaient désignés, ou plutôt stigmatisés par ce terme, il n'y a guère d'allusions au jardin dans

34. Sur les jardins de la villa de Lucullus, voir H. Broise, V. Jolivet, *Recherches sur les jardins de Lucullus dans L'*Urbs. *Espace urbain et histoire*, Rome, 1987, p. 747-761.

35. Voir en particulier l'utilisation humoristique qui en est faite par Cicéron, *De natura deorum* I, 12 : *Mihi quidem etiam Democritus vir magnus in primis, cuius fontibus Epicurus hortulos suos inrigavit*. Sénèque n'est pas en reste, qui, après une pensée inspirée d'Épicure, écrit en *Epistulae ad Lucilium* IV, 10 : *Sed ut finem epistulae inponam, accipe quod mihi hodierno die placuit – et hoc quoque ex alienis hortulis sumptum est*.

36. Voir Sénèque, *Epistulae ad Lucilium* LXXIX, 15.

37. Sur les problèmes que pose cette double localisation, voir R. E. Wycherley, « The Garden of Epicurus », *Phoenix* 13, 1959, p. 73-77, voir *contra* M. L. Clarke, « The Garden of Epicurus », *ibid.* 27, 1973, p. 386 sq., qui soutient que la maison de Mélitè (« a town house ») était bien éloignée du jardin (« a suburban garden »).

38. Voir Diogène Laërce IX, 21.

les textes épicuriens qui nous sont parvenus. Tout au plus peut-on penser que c'était précisément parce qu'il s'agissait d'un lieu d'harmonie et de beauté qu'Épicure en fit le lieu où devaient s'épanouir à la fois le savoir et l'amitié. Dans son testament, il demande que le Jardin et ses dépendances soient mis à la disposition d'Hermarque, son successeur, et des successeurs de celui-ci, « pour y mener une vie conforme à la philosophie »[39]. L'intention est claire. La clôture, qui est consubstantielle à tous les jardins[40], devient la condition du λάθε βιώσας, cette vie à l'abri des tourments du monde, qui est la condition du bonheur.

On aurait pu s'attendre à ce que Philodème, vivant dans le cadre magnifique des villas d'Herculanum, évoquât les jardins qui les environnaient. Il n'en est rien, en tout cas dans ce qui nous est parvenu de son œuvre. Heureusement l'*Anthologie grecque* nous a transmis un petit poème, dans lequel certes le jardin n'est pas mentionné, sans que cela oblitère sa présence, et qui lui ajoute une nouvelle signification[41] :

> « Voici le temps de la rose, du pois chiche en sa fleur (Ἤδη καὶ ῥόδον ἐστὶ καὶ ἀκμάζων ἐρέβινθος), des premières tiges coupées aux choux, ô Sosylos, de la mendole toute frétillante du fromage que le sel vient de faire cailler, des feuilles frisées des laitues à la sève laiteuse. Mais nous, nous ne gagnons plus un rivage escarpé, nous ne nous postons plus sur une éminence d'où l'on voit loin, comme toujours, Sôsylos, auparavant. Eh oui, Antigénès et Bacchios s'amusaient hier et voici que nous les enlevons aujourd'hui pour les ensevelir. »

Ce qui sous-tend tout le poème, c'est une méditation sur la temporalité. Temps du plaisir des sens qui vient couronner la lente production des produits de la terre. Temps de la nature, à la fois belle et indifférente, « comme toujours ». Temps enfin de la mort, imprévisible et cruelle. Double rétrécissement, le jardin ne s'ouvre plus sur un paysage marin, et la vie se referme sur la mort.

Quelques mots de conclusion. Ce que nous vivons actuellement, à savoir la difficulté, voire l'impossibilité d'accepter la rigidité interne

39. *Ibid.* XVIII.

40. Voir sur ce point M. Grygielewicz, *Le jardin grec. Rencontre philosophique*, Paris, 2017, p. 103-114.

41. Philodème, *Anthologie. Épigrammes démonstratives* 412. Nous devons cette référence à Daniel Delattre, directeur de recherches au CNRS, que nous tenons à remercier ici.

de l'écrit, quelle que soit l'habileté de ceux qui maintiennent cette tradition, pousserait à donner raison à Platon, lorsqu'il affirme qu'écrire, c'est toujours perdre quelque chose du sens, une perte à laquelle il est difficile de se résigner. On pourrait cependant objecter à cela que tous les moyens actuels, l'informatique, l'intelligence artificielle, étendent quasiment à l'infini les références et les champs sémantiques, mais il est vrai qu'elles demeurent trop souvent à la surface des mots. Pour ce qui est des jardins, devenus pour l'essentiel des lieux de loisir et, dans le meilleur des cas, de beauté, il conviendrait sans doute de réapprendre à les lire, à les interroger, dans leur totalité, en une réflexion qui ne paraît pas avoir beaucoup progressé depuis le *Timée* platonicien. Car en définitive, c'est la dialectique de la vie et de la limite qu'ils mettent en scène.

Carlos LÉVY

FIG. 1. – Duel dans un « paradis » safavide. Firdousi,
*Livre des rois* (XVI^e s.), R. PATRIS 1948, p. 19.

# LE JARDIN ET SA CLÔTURE : POÉTIQUE ARMÉNIENNE DE LA CONSCIENCE ET DU MONDE

Par la simple vertu de son nom, le jardin arménien – *partēz* – est le frère cadet du paradis perse[1], un parc entouré de murs, qui le protègent des intrusions hostiles, conservant en lui la faune et la flore dignes d'encadrer la gloire du Grand Roi, de ses troupes et des princes de sa cour (fig. 1).

Pas de paradis sans enceinte, ni de jardin sans clôture. Même dans l'Occident latin, le jardin *hortus* signifie proprement l'enclos, comme le grec χόρτος[2]. Dans telle ou telle Annonciation flamande, la maison où l'Archange apparaît à la Vierge s'ouvre sur un *hortus conclusus*[3], prosaïquement dépeint comme un carré de choux entre quatre parois de briques.

En Arménie, ce jardin archétype est déjà le lieu de la tentation d'Ève. « Ah si seulement – déplore la Mère de Dieu au début de la tragédie byzantine de la Passion – la femme n'était jamais entrée dans ce jardin et n'eût point écouté la parole de la bête ! »[4] Tandis qu'Adam siège sur un trône parmi les arbres du paradis (fig. 2)[5], Ève, debout devant lui, détourne la tête pour mieux entendre le serpent qui rampe sur le mur extérieur, avec d'autant plus d'agilité qu'on ne lui a pas encore

1. παράδεισος est un emprunt à l'avestique *pari-daēza*, qu'on pourrait calquer comme *περίτοιχος « entouré de murs », sur le modèle de περίστυλος « entouré de colonnes » ; P. Chantraine, 2009², p. 826.

2. *Ibid.*, p. 1225.

3. Métaphore poétique due à Aldhelmus, évêque de Sherborne († 709) : *De laudibus Virginitatis*, cf. Giles éd., Oxford, 1844, p. 182.

4. Premiers mots de la Mère de Dieu en incipit de la tragédie byzantine *La Passion du Christ*, attribuée à Grégoire de Nazianze. Il s'agit en fait d'une mosaïque de vers d'Euripide composée au XIe siècle ; cf. A. Tuilier, 1969, vers 1-2.

5. Cf. K. Matevossian, E. Vardanian, 2018, p. 246.

FIG. 2. – La tentation d'Ève. Arc'ax (XIII^e^-XIV^e^ s.). Maténadaran n° 4820, fol. 4r.

confisqué les parties saillantes de son corps – pattes, ailes et oreilles ! En effet, le rusé reptile a déjà cessé d'être l'innocente créature apparue le 6^e^ jour, en même temps que le bétail et les animaux sauvages[6]. Le voilà passé à l'ennemi, pour fournir au Démon, expulsé du Jardin, l'enveloppe de sa peau, en guise de camouflage[7]. Tant que sa dissidence reste secrète, il accède librement à tous les massifs – arbres et buissons

6. Genèse 1, 24-25.

7. *Vie d'Adam et Ève* 16, 4 : « Le démon dit au serpent : "Sers-moi d'étui pour que je parle à la femme par ta bouche" » ; cf. G. A. ANDERSON, M. E. STONE, 1999², p. 50-50E.

du jardin – et son corps permet à Satan de déjouer la vigilance aérienne des Séraphins hexaptères et le bouclier sécuritaire des Chérubins, dont les yeux sont nombreux.

Surprise et flattée de l'attention que lui porte le serpent – réputé le plus sage de tous les vivants que Dieu avait créés dans le Jardin[8] – Ève se laisse duper par les mensonges de Satan, avec les conséquences que l'on connaît. L'histoire concerne évidemment toutes les nations de la terre, mais de troublantes précisions géographiques incitent les Arméniens à se sentir plus directement impliqués.

Deux des quatre fleuves de l'Éden[9], le Tigre et l'Euphrate, prennent leur source en Arménie, qui revendique le titre « de Terre paradisiaque » (*Erkir Draxtavayr*)[10], puisqu'elle se trouve à l'emplacement de l'ancien Jardin (*draxt*, synonyme de *partēz*[11]).

Ce qui est vrai pour la première naissance du monde vaut également pour la seconde, juste après le Déluge. Car l'Arche s'est posée sur les « montagnes d'Ararat » – l'Azat Masis au cœur du Massif arménien –, où Dieu a renouvelé, devant la famille de Noé[12], la bénédiction qu'il avait jadis adressée à l'homme et à la femme dans le premier Jardin[13] : « Croissez et multipliez ; emplissez la terre ! » C'est pourquoi, avant

8. Genèse 3, 1. Nous retenons ici l'interprétation gnostique de ce verset, tel qu'il est cité dans le *Témoignage Véritable* (Nag Hammadi IX$^3$, p. 46, lin. 1) ; cf. J.-P. Mahé, P.-H. Poirier, 2007, p. 1415. Dans les LXX, la présentation du serpent est moins flatteuse : « Le serpent était le plus avisé de tous les animaux sauvages qui sont sur la terre » ; cf. M. Harl, 1986, p. 106. Des questions de vocabulaire et le choix des mots grecs ont suscité de vifs débats, relatés par M. Alexandre, 1988, p. 297 sq. : par exemple, le superlatif φρονιμότατος « le plus avisé (sage / rusé) », et les animaux sauvages (θηρία « bêtes » et non ζῷα « vivants »).

9. Genèse 2, 14.

10. Selon un chant patriotique fondé sur le poème de Mkrtičʻ Pešiktʻašlean (1828-1868) : « Ô Arménie, mon splendide pays, sur l'emplacement du paradis ! ». Originaire du quartier stambouliote de Beşiktaş (« la pierre du berceau »), l'auteur, qui ne s'était jamais rendu en Arménie, exprime une nostalgie théorique plutôt qu'une expérience vécue.

11. En pehlevi *draxt* signifie « arbre », d'où le sens arménien de « jardin boisé ». Ce sens est confirmé par une inscription bilingue de Sardes (en lydien et en araméen), où le mot *drḥtʻ* désigne un enclos boisé à l'entrée d'un tombeau creusé dans une paroi rocheuse ; cf. A. Meillet, 1927, p. 313.

12. Genèse 9, 1.

13. Genèse 1, 28.

toutes les autres nations, les Arméniens s'estiment « enfants du Paradis »[14].

Toutefois, leur enthousiasme est tempéré par la rude réalité. La terre, dégradée par le péché, n'a plus la généreuse fertilité d'antan. L'homme doit planter les arbres et cultiver le sol à la sueur de son front. Les animaux, qui s'inclinaient naguère devant la royauté d'Adam, ont cessé de lui obéir et de respecter les humains.

Le jardin ne rend plus ses fruits comme autrefois ; les plus belles fleurs flétrissent. La nostalgie des nourritures et des parfums paradisiaques nourrit désormais l'imagination des contes populaires[15]. L'immortalité est remontée vers la Jérusalem céleste, une « Cité sans prix »[16], un « Temple de lumière »[17], dont les murailles – construites de pierres bleues comme l'azur et closes par des portes d'airain tapissées d'épines pour écarter le mauvais œil – abritent une flore et une faune qui n'existent plus ici-bas. L'Arbre d'encens[18], chargé de Fleurs immarcescibles[19], exhale un parfum d'éternité : c'est le refuge préféré des âmes saintes. L'Arbre de la « Source de lait »[20] attire à lui des oiseaux fabuleux. C'est là que demeurent Énoch et Élie, les deux saints épargnés par la mort, que Dieu ravit directement aux cieux. Au fil des siècles et des millénaires, leur barbe et leurs cheveux ont pris une teinte cendrée, semblable à celle des colombes[21], dont ils partagent la forme et la douceur, comme on le chante dans les églises arméniennes pour l'Office des défunts[22].

---

14. Par exemple, le premier romancier de l'Arménie moderne, Abovian, revendique ce titre dans la préface de son livre *Les plaies de l'Arménie*, écrit vers 1830, mais publié en 1848, longtemps après la mystérieuse disparition de l'auteur.

15. Les croyances sur le paradis sont brillamment exposées par M. ABEGHIAN, 1899 / 1975, p. 478 sq.

16. *Angin K'ałak'*.

17. *Loys Tačar*.

18. *Xnkeni Car̄*.

19. *Ant'ar̄am*.

20. *Kat'nałbiwr*.

21. L'arménien traduit littéralement, d'après une poésie paléochrétienne de Palestine, une série de jeux de mots en grec sur la blancheur des colombes ; cf. P. CHANTRAINE, 2009², p. 843 (πελείας), 858 (περιστέρα), 892 (πολιάς).

22. « Dans la Jérusalem d'en haut, la demeure des anges, où se tiennent Énoch et Élie, blanchis par l'âge sous forme de colombes, baignés de lumière selon leurs mérites, dans le paradis de l'Éden » ; RITUEL DU SIÈGE DE CILICIE, 1988, p. 665 sq.

FIG. 3. – Le paradis, les quatre fleuves et le monde. Xizan (1604). Maténadaran nº 6093.

Imprégnés du souffle de Dieu, les livres de la Bible[23], et plus encore les Évangiles, ont l'irrésistible pouvoir d'élever, vers la tente céleste, à travers l'emboîtement des dix sphères sidérales, l'âme de ceux qui les lisent ou qui les écoutent avec ferveur. Dans un Évangile[24] enluminé en 1604 (fig. 3), l'Éden et le jardin du monde apparaissent superposés : en haut, sur fond vert, le Paradis avec ses arbres et ses oiseaux fantastiques. De la croix centrale, nouvel arbre de vie, partent les quatre fleuves ; en bas, sur fond blanc, s'étend notre monde terrestre, entouré de la même bordure que le jardin d'en haut[25].

23. Les Arméniens appellent la Bible dans son ensemble *Astuacašunč'* (« Insufflée par Dieu »), qui est le calque du grec θεόπνευστος.

24. L'enluminure est due au peintre Martiros et à son fils Grigoris, pour le riche marchand Atom ; cf. H. H. KHATCHERIAN, 2024, p. 34.

25. Le peintre a pris soin d'identifier, en toutes lettres, le Paradis (*Draxt*), ce Monde-ci (*Ašxarhs*) et les Quatre Fleuves (*Č'ors Getk'n*).

Fig. 4. – Canon de concordance. Peintre Grigor (XIe s.). Maténadaran nº 2877, fol. 16.

C'est pourquoi les miniatures placées en tête des Tétraévangiles arméniens, encadrant les tables eusébiennes de concordance[26], représentent les abords paradisiaques de l'ascension spirituelle des fidèles[27]. Promenons-nous dans ce Jardin céleste entre le XIe et le XIVe siècle (fig. 4). Dans ce parcours ascensionnel, le mur d'enceinte de l'ancien paradis est remplacé, comme vous le voyez, par les colonnes qui soutiennent les voûtes planétaires ou stellaires. À l'intérieur, entre les colonnes, s'alignent sagement, en parterres, les péricopes du texte sacré. Les arbres prodigieux, avec leurs fleurs et leurs fruits, sont repoussés sur la lisière.

26. Cf. R. Amirkhanian, 2008-2009.

27. Comme l'attestent les Commentaires sur les tables de Canons, édités par V. Ghazarian, 1995 ; voir aussi (in Th. F. Mathews, 1991, p. 206-212) la traduction anglaise par James Russell des Commentaires de Step'anos Siwnec'i et de Nersēs Šnorhali.

FIG. 5a. – Paons faisant la roue. Dédicace de l'Évangile de Zeyt'un. Peintre T'oros Ṙoslin (1254). Maténadaran nº 10450, fol. 6r.

FIG. 5b. – Paons avançant vers le Cratère. *Ibid.*, fº 4r.

Alors que les oiseaux tiennent encore une place modeste chez ce peintre Grigor au XIe siècle, l'Évangile de Zeyt'un (fig. 5a et b), enluminé en 1254 par T'oros Ṙoslin, juche, sur tous les arbres du jardin, des volatiles aux plumages les plus éclatants. Au sommet de la composition, les paons – tantôt faisant la roue, et tantôt avançant d'un pas majestueux – approchent le Cratère d'immortalité. Entre 1300 et 1310, l'Évangile de Glajor (fig. 6ab[28]) porte à la perfection l'image éblouissante du Paradis perdu.

*

* *

28. Cf. Th. F. MATHEWS, 1991.

FIG. 6a. – Eusèbe écrit à Carpien. Évangile de Glajor (vers 1307). UCLA 170/466, p. 4.

FIG. 6b. – Canon eusébien de concordance. *Ibid.*, p. 8.

FIG. 7. – Le roi David. Frise de la vigne. Façade est de l'église Sainte-Croix d'Ałt'amar (915).

Cependant les enluminures du Jardin céleste ne sont que des sublimations poétiques plus ou moins vaporeuses de domaines terrestres, bien visibles ici-bas. Les évocations littéraires de « paradis » royaux servant de réserve de chasse ou de camp militaire, depuis l'Antiquité jusqu'à 1375 (date de la disparition du dernier royaume arménien), sont généralement trop allusives pour livrer des informations concluantes[29]. De plus, les vestiges archéologiques ou les représentations picturales manquent presque tout à fait. On peut, à la rigueur, alléguer comme décor de parc royal (fig. 7) la frise de l'église Sainte-Croix d'Ałt'amar, sculptée en 915, où David, roi d'Israël, trône, coupe en mains, sur un précieux coussin, à l'ombre d'une vigne grimpante[30].

L'empreinte des jardins monastiques a été plus durable. Ces oasis de fraicheur et de paix ne servaient pas seulement d'écrins à l'architecture des sanctuaires, mais aussi de tremplins aux méditations les plus

29. On pourrait penser à des textes comme la description du camp d'Aršak II (IVe s.) dans *Buzandaran* IV, 15 ; cf. N. G. GARSOÏAN, 1989 (p. 142), et EAD., 1988-1989. Autre exemple : la tente Église-ambulante de Vač'akan le Pieux (VIe s.) ; cf. J.-P. MAHÉ, 2013, spécialement p. 123 (à propos de l'*Histoire des Albaniens* I, 19). Ou encore : la description du parc et du palais d'Ałt'amar par le continuateur de T'ovma Arcruni ; cf. R. W. THOMSON, 1985, p. 357 sq. Les quelques détails significatifs transmis par ces textes laissent dans l'ombre l'ensemble du décor.

30. E. VARDANIAN, 2014, spécialement p. 710.

FIG. 8. – Monastère de Tat'ew. Église Saint-Pierre, Saint-Paul, Siwnik' (IXe s.).

hautes. Pourtant, la ferveur cédait parfois à la somnolence. Le savant moine mathématicien, Yovhannēs Sarkawag, réformateur du calendrier arménien en 1084, s'était endormi sous un arbre en écoutant un chant d'oiseau. En rêve, il entama un dialogue théologique avec le serin[31]. « D'où vient, lui demanda-t-il, que ton art est si parfait, alors que tu n'as jamais étudié ? » Le petit chanteur répondit : « Je ne porte pas en moi le péché d'Adam. C'est pourquoi je conserve intacte la science que le Créateur m'a donnée. »[32] Le savant s'inclina devant cette argumentation conforme au dialogue de Philon *De animalibus* (disparu en grec mais conservé en arménien dans une version du VIe s.)[33].

Le cœur des enclos monastiques s'ornait de fastueuses roseraies, comme celle de Tat'ew (fig. 8), dont le site est si majestueux. Là, le puissant archevêque Gēorg (832-880) avait établi son siège au IXe siècle. Contre 12 mille pièces d'or et une perle sans prix, le métropolite Yakob avait acheté au prince P'ilipē l'usage exclusif des eaux de la rivière pour les vignes, les vergers, et surtout la roseraie du monastère. Il avait rédigé de sa main, scellé, puis fait recopier par le prince une effroyable malédiction vouant au feu inextinguible et aux vers sans sommeil tous les impies qui oseraient détourner, pour leurs champs, pour leurs bêtes ou pour leurs gens, la moindre goutte de cette eau, indispensable à l'épanouissement des fleurs[34].

31. *Sareak.*

32. Voir la belle traduction de ce texte par P. S. COWE, 1994-1995, p. 144-150.

33. Cf. A. TERIAN, 1981 et ID., 1988.

34. Step'anos Ōrbēlean, *Histoire de la Maison de Sisakan*, Paris, 1859 / Tiflis, 1910, chap. 52 ; cf. J.-P. MAHÉ, 1993 p. 507 sq.

Plus encore que la vue et l'éclat pourpré de la rose, son parfum éveillait une voix intérieure, comme un appel à la contemplation mystique : « Quel est donc ce cortège qui vient du désert… répandant l'odeur de la myrrhe, de l'encens et de tous les arômes (...) ? – demande le *Cantique* – C'est la litière de Salomon. »[35] Impalpables, échappant au regard, les senteurs capiteuses des fleurs entraînent irrésistiblement vers la quête de l'Invisible[36].

Mais en Arménie, la mystique nuptiale de la Bible et du *Cantique des Cantiques* se mêle au lyrisme profane de la poésie persane. Voyez ici (fig. 9) une miniature arménienne représentant une récitation poétique avec accompagnement musical. La roseraie[37] est le cadre naturel du dialogue entre la rose[38] bien-aimée et son adorateur, le rossignol[39]. Citons, par exemple, dans la magnifique traduction de René Patris, un poème de Hafiz, à la fin du XIV^e^ siècle († 1394).

> « Je cueillais au jardin la rose de l'aurore, / La voix du rossignol est venue me saisir. / Il souffre comme moi de l'amour d'une rose / Et emplit le matin du bruit de ses sanglots. / Je parcourais en vain les plaintives allées, / Captif de cette rose et de ce rossignol. / "La rose, me disais-je, est l'amie de l'épine, / Pourtant le rossignol ne l'en aime pas moins. / Tu le sais, ô mon coeur, le sort n'est qu'injustice : / L'une ignore l'amour, l'autre aime sans espoir". / Et j'ai fui ce jardin où la rose est cruelle, / Où l'amant qui l'effleure est sûr de se meurtrir. / N'espère point, Hafiz, au mouvement des astres : / Le ciel, prodigue en maux, ignore les bienfaits. »[40]

Du côté arménien, le jardin[41], monde clos, est l'enceinte du soliloque de la conscience qui lutte contre la réclusion cosmique de notre condition mortelle. Chez le moine arménien, Kostandin d'Erznka[42], un

35. Cantique des Cantiques 3, 6-7. Sur les deux versions arméniennes anciennes du *Cantique* et sur son exégèse mystique, voir L. PÉTROSSIAN, 2010.

36. C'est ce qui advint au saint martyr Abo de Tbilisi (VIII^e^ s.), parfumeur et calligraphe : arabe et musulman de naissance, il fut converti au Christ par la suave odeur des Écritures.

37. *vardastan* / *gulistan*.

38. *vard*.

39. *soxak* / *bulbul*.

40. Cf. R. PATRIS, 1948.

41. Pour s'initier en français au « jardin » de la poésie arménienne médiévale, l'anthologie de Tchobanian reste une référence essentielle : A. TCHOBANIAN, 1918, 1923 et 1929.

42. 1280-1320.

Fig. 9. – Un poète-mélode chante des poésies arméniennes de style persan. Maténadaran n° 4426, fol. 12v. (1765).

peu antérieur à Hafiz, le décor et les interlocuteurs sont les mêmes que dans la poésie persane :

> « Les fleurs accourent toutes ensemble / Dans le jardin, au parterre des senteurs… / Le rossignol est là, chantant d'une voix douce… / Pour la rose est plantée la tente de feuillage : / Qu'elle s'y vienne asseoir, vive touche de feu ! »[43]

Mais la mystique ne tarde pas à l'emporter sur l'inspiration amoureuse.

> « Le rossignol soupire à fendre l'âme… / Rose, dit-il, quelle est donc la raison / Pour quoi tu n'as découvert ton visage ? / La rose dit : le temps n'est pas encore venu... / Trop d'ignorants encore conspirent contre nous. »[44]

43. Cf. A. G. Madoyan, G. G. Ananyan 1979, p. 233 sq.
44. *Ibid.*, p. 234.

FIG. 10. – Jardin andalou.

FIG. 11. – Oasis de Bou Saada.

Ici, le rossignol est l'âme impatiente de voir le visage du Christ, la rose. Ailleurs, la distribution des rôles est inversée. Chez Aṙak'el de Bałēš (XVe s.), l'oiseau déclare : « Je suis venu par amour pour toi », et la fleur réplique : « Comment croire à ton message ? Tu es un être ailé qui vole dans les cieux. Moi, je ne suis qu'une pousse terrestre. »[45]

La roseraie est le cœur symbolique du jardin arménien. Pour concevoir l'image concrète du déploiement d'ensemble, il nous faut oublier « l'Europe aux anciens parapets ». Songeons plutôt à certains jardins islamiques en Andalousie (fig. 10), ou encore à la dense végétation des oasis sahariennes (fig. 11)[46]. En Arménie, faute de vestiges anciens,

45. *Ibid.*, p. 352 sq.

46. Aux environs de Tbilissi, nous gardons un souvenir émerveillé des jardins ruraux de Saguramo. C'était là que, pour la fête du prophète Élie – parcourant le ciel sur son char de feu –, le grand écrivain géorgien Ilia Tchatchavadzé recevait tout ce que sa patrie comptait de talents littéraires luttant contre la russification forcée.

on ajoutera au témoignage des poètes, romanciers ou chroniqueurs, les précieuses données des inscriptions relevées dans les monastères. Ces voix de pierre nous décrivent les vignobles, non comme de simples alignements de ceps de vigne soutenus par des tuteurs[47], mais comme des parcelles, délimitées par des lisières[48] ombragées, constituées de grands arbres, au pied desquels poussent des fleurs. On dit ainsi « la Vigne aux ormeaux »[49], un peu comme « le champ de blé aux cyprès » de Vincent Van Gogh. Plutôt que de juxtaposer les arbres et les fleurs, Martiros Sarian, le plus grand peintre arménien du xx^e^ siècle, en a donné une vision fusionnelle dans ses arbres fleuris (fig. 12ab).

Dans les parcs et jardins de nos pays occidentaux, la vue aime à s'étendre sur de vastes espaces où la vitalité brute de la nature, livrée à elle-même, suscite simultanément la croissance de tous les niveaux de la flore. Mais, par la grâce de Le Nôtre et de ses émules, cette impétuosité confuse semble soudain céder aux lumières de la raison, distinguant et classant les essences et toutes les modalités végétales. Les fûtaies des grands arbres s'opposent aux parterres fleuris bordés de buis ou jalonnés d'arbustes. Au lieu de s'épandre librement à travers les terres, les eaux dessinent des canaux, des fontaines ou des bassins. Ainsi, les perspectives horizontales repoussent à la périphérie la verticalité de la forêt première.

À l'opposé, en Arménie, dans la dépression sub-caucasienne, et dans maints pays du Proche et du Moyen Orient, le déploiement horizontal du jardin compte moins que son étagement vertical. Au ras du sol, poussent les baies et autres espèces rampantes. Au-dessus, les fleurs et les légumes. Puis les arbres fruitiers et enfin les grands arbres protégeant du vent et du soleil. La vigne fait le lien entre ces différents niveaux, s'accrochant partout, « comme avec de multiples mains », selon le mot de Caton l'Ancien au témoignage de Cicéron[50].

Ce rôle central de la vigne est confirmé par le vocabulaire. Dans certains dialectes arméniens, le mot jardin (*partēz*) est remplacé par le

47. *xečʻ / xačʻ*.

48. *apʻner*.

49. *Tełenikkʻ*. Cf. inscription Zi 4 du monastère de Bagnayr (cf. J.-P. Mahé, 2021, p. 340).

50. Cicéron, *Cato Major, De senectute* LII.

FIG. 12a. – Martiros Sarian, *Arbres en fleurs* (1910).

FIG. 12b. – Martiros Sarian, *Abricotier en fleurs* (1942).

nom de la vigne *aygi*[51]. C'est ainsi qu'à Van – berceau trimillénaire de l'Arménie – le quartier des jardins, d'où partit la révolte de 1915 contre l'ordre de déportation des Arméniens, se nommait Aygestan, c'est-à-dire littéralement « les vignobles »[52].

En Occident, la Règle de saint Benoit enseigne aux religieux à conjuguer le travail des mains et les élans de l'intellect. Cet équilibre s'atteignait sans doute plus difficilement dans le massif arménien. C'est pourquoi, au XVIe siècle, le patriarche Grigoris était particulièrement fier d'avoir créé un jardin et une roseraie sur les rives arides et caillouteuses du lac de Van. Ce labeur de toute une vie lui avait procuré tant de triomphes successifs qu'il en oubliait les joies célestes pour s'attacher ici-bas à son modeste paradis.

Dans une célèbre chanson[53], il transforme le dialogue amoureux du rossignol et de la rose en confrontation orageuse entre l'Ange de la mort et lui-même, le maître de la roseraie. « Tous les matins au point du jour », explique Grigoris, « Gabriel vient parler à mon âme ». Ne croyons pas que l'Archange soit ici un porteur de bonne nouvelle, comme lorsqu'il salua la future Mère de Dieu. Au quotidien, Gabriel exerce la profession austère de psychopompe. Il accomplit, dans la tradition arménienne, la lourde tâche que le *Requiem* de l'Église romaine confie à l'archange Michel Signifer, le Porte-enseigne des légions angéliques. Il doit saisir, une à une, les âmes des humains pour les déférer devant le trône du Christ-Juge.

Malgré sa piété, Grigoris reçoit plutôt fraîchement Gabriel[54], qui vient, comme le clerc significateur d'un huissier, lui transmettre oralement une injonction à déguerpir. « Lève-toi, dit l'Archange, et sors de ce jardin ! ». Grigoris s'étouffe d'indignation : « Comment cela, sortir ? Je viens à peine de le planter ! ». En un éclair, lui revient à l'esprit le défilé des tâches qu'il a eu la fierté d'accomplir sa vie durant.

51. De même origine que *ūva* « raisin ». Cf. *ArmB* I, p. 166 ; A. ERNOUT, A. MEILLET, 1967, p. 758, ne retiennent pas cette étymologie, qui nous semble tout à fait recevable.

52. Cultiver toutes ces superpositions – arboricoles, florales, fruitières, maraichères – exigeait un travail continu et minutieux, impossible au Proche-Orient sans irrigation quotidienne. Le premier professeur d'arménien à Paris, nommé par Bonaparte, à la veille de la campagne d'Égypte, s'appelait Chahan de Cirbied (Šahan J̌rpetean), c'est-à-dire « Maître des eaux/Surveillant des canaux », charge héréditaire de ses ancêtres à Édesse.

53. A. G. MADOYAN, G. G. ANANYAN, 1979, p. 426 sq. Le titre précis est : « Ode sur celui qui possède une maison nouvellement construite avec un jardin, et qui les pleure ».

54. Voir en annexe le texte complet du poème, que nous résumons *infra*.

Jugez plutôt : gravir les cimes environnantes pour rapporter les pierres de la clôture, arracher les ronces ; bâtir un mur d'enceinte ; amener l'eau de la montagne pour alimenter une fontaine – à quoi il s'est encore si rarement rafraîchi ! Pas de jardin sans ombre modérant la canicule ! À l'abri du saule qu'il a planté, croissent des baies qu'il a à peine eu le temps de goûter. Pas de treille sans aire à fouler le raisin ! Mais à quoi bon le jus, si l'on ne peut taster le vin ? Alternant le blanc et le rouge, la roseraie centrale, qui exhale des parfums capiteux, est cernée de fleurs vertes et jaunes, destinées à la cueillette.

Insensible à ces attraits, Gabriel présente une réquisition si ferme que Grigoris succombe à l'inéluctable. Son regard se brouille et sa langue se fige. Hélas pour son soleil, qui a si peu duré ! L'âme lui est brusquement arrachée de la chair. Pourtant les grappes de raisin chatoient plus que jamais. Le rossignol reprend ses chants, la céleste rosée descend matin et soir, comme si rien ne s'était passé.

*

* *

Prenons un peu de recul.

Le mur du jardin représente à la fois les limites du monde organisé et le filtre de la conscience. Avant la science grecque, la cosmologie de l'Arménie archaïque est directement contraire à la nôtre. L'expansion du cosmos n'est pas illimitée ; il ne peut y avoir d'ordre physique et moral qui se répète à l'infini : le mal pullule, le bien est unique. C'est pourquoi, en arménien classique, l'univers se dit *tiezerk'* – un mot dont je voudrais discuter l'interprétation.

En général, on comprend *ezerk'* (mot pluriel) au sens de « contrées », et *ti* au sens de « grand »[55]. Le monde serait un vaste ensemble de contrées. Au singulier, le même vocable *ezr* a le sens plus spécialisé de « lisière, bordure ». Dans ce cas, le cosmos serait là ou les « grandes bordures » qui entourent le monde.

Comment trancher ce dilemme ? Philologiquement, les deux significations sont également possibles : contrées ou bordures. Il faut passer du signifiant au signifié, c'est-à-dire confirmer le sens des mots

55. *ArmB* II, p. 6 *s. v. ezr*. Pour *ti-* « grand », voir *tikin* « dame/reine », c'est-à-dire littéralement « grande femme ».

FIG. 13. – Tapis arménien à dragons (XVIIe s.) ;
cf. V. GHAZARYAN, 1985, p. 39.

en cherchant des indices matériels à l'extérieur du langage, ce que Ferdinand de Saussure appelait la « linguistique externe », dont il a maintes fois souligné l'importance[56].

Ainsi, dans les productions artistiques caractéristiques de l'Arménie, la bordure ou la lisière sont toujours nettement marquées. Par exemple, dans les tapis[57], qui ont une connivence secrète avec les jardins (fig. 13), les décors latéraux prolongent harmonieusement le rayonnement central. Parfois même on y trouve une profusion créative qui surpasse

56. Cf. F. DE SAUSSURE, 1980, p. 40-43 : « Éléments internes et éléments externes de la langue ». La n. 83 (p. 428) précise que « la thèse exclusiviste (l'étude externe n'est pas linguistique) a été attribuée à tort à Saussure ».

57. Sur le décor, typiquement arménien, des tapis à dragons, voir J.-P. MAHÉ, 2016.

FIG. 14. – *Xač'kar de* Gełardavank' (1213).

le classicisme affiché au cœur de la composition, souvent dicté par la mode, l'ignorance ou le mauvais goût d'un riche commanditaire. C'est dans les marges que la liberté créatrice de l'artisan se déploie le plus aisément.

La même observation vaut aussi pour les tapis de pierre que sont les *xač'kars* arméniens, stèles marquées d'une croix aniconique (fig. 14). Contrairement à celui des crucifix, le décor des *xač'kars* n'est pas concret : sauf de rares exceptions[58], il ne représente pas le gibet du

58. Les *xač'kar* figuratifs appelés *amenap'rkič'*, dont on connaît moins d'une dizaine d'exemplaires.

FIG. 15. – *Xač'kar* de Handaberd (1194).

Calvaire, mais le signe lumineux de la fin des temps. Tout autour de l'espace cosmique, représenté par une dentelle de pierre, se déploie une guirlande d'étoiles à huit branches. C'est dans ce cadre universel que se déroule l'existence humaine : vie, mort et salut.

Le sens symbolique des *xač'kars* est parfois expliqué par l'inscription des commanditaires (fig. 15). Ainsi, on lit au pied de la croix du *xač'kar* de Handaberd (1194) : « Voici les quatre fleuves, et c'est notre monde qui est en dessous. »

Le tapis et le *xač'kar* sont les deux icônes les plus profondément ancrées dans la conscience arménienne – la bordure qu'elles partagent avec le jardin a une signification résolument cosmique. C'est le *limes* du monde, qui le protège à la fois contre les assauts du mal et l'irruption du chaos.

Du macrocosme, passons au microcosme : le mur du jardin est également le filtre de la conscience. Si Satan ne s'était pas glissé dans la peau du serpent, il n'aurait pas pu se faire entendre d'Ève. Il aurait été aussitôt débusqué par les caméras de surveillance ou les drones angéliques, et cette vigilance aurait ruiné ses plans. Mais, déguisant sa malignité, une défroque d'emprunt lui a permis d'introduire le mal, la mort et la corruption.

La vie ne serait-elle qu'une simple parenthèse ? En tout cas le mur du jardin et les barrières de la conscience n'ont guère plus d'emprise sur la réalité qu'un simple signe typographique dans une page d'imprimerie. Rappelons-nous pourtant que – selon le poète Thomas Eliot – l'essentiel d'un texte pourrait bien être ce qu'on lit entre parenthèses : des pensées qu'on cherche à refouler, de précieuses portions de vie, abritées sous les ailes des anges.

Jean-Pierre Mahé

*

* *

## LISTE DES OUVRAGES CONSULTÉS

M. Abeghian, 1899/1975, *Der armenische Volksglaube*, Leipzig, 1899 [réimpression in M. Abełyan, 1975, *Erker* (*Œuvres*), t. 7, p. 447-579, Érévan (Académie) [en arménien et en allemand].

M. Alexandre, 1988, *Le commencement du Livre. Genèse* I-V. *La version grecque de la Septante et sa réception*, Paris, Beauchesne.

R. Amirkhanian, 2008-2009, « Les tables de canons arméniennes et le thème iconographique de la Jérusalem céleste », *Revue des Études arméniennes* 31, p. 181-232.

G. A. Anderson, M. E. Stone, 1999[2] [dir.], *A Synopsis of the Books of Adam and Eve*, Atlanta (Ga).

*ArmB* = A. Ačaṙyan, 1971-1979, *Dictionnaire étymologique arménien*, 4 vol., Érévan [en arménien].

P. Chantraine, 2009[2], *Dictionnaire étymologique de la langue grecque*, Paris, Klincksieck [édition augmentée en un volume].

S. P. Cowe, 1994-1995, «Armenological Paradigms and Yovhannēs Sarkawag's "Discourse on Wisdom" – Philosophical Underpinning of an Armenian Renaissance ? », *Revue des Études arméniennes* 25, p. 125-156.

A. Ernout, A. Meillet, 1967, *Dictionnaire étymologique de la langue latine*, Paris, Klincksieck.

N. G. Garsoïan, 1988-1989, « Les résidences royales des Arsacides arméniens », *Revue des Études arméniennes* 21, p. 251-270.

Ead., 1989 [trad.], p. 142, *The Epic Histories Attributed to P'awstos Buzand (Buzandaran Patmut'iwnk')*, Cambridge Mass, Harvard University Press.

V. Ghazarian, 1995 [éd. trad.], *Commentaries of Canon-Tables*, Érévan [en arménien classique avec traduction en langue moderne].

M. Ghazaryan, 1985, *Armenian Carpets*, Moscou.

M. Harl, 1986, *La Genèse, Bible d'Alexandrie* 1, Paris, Éditions du Cerf.

H. H. Khatcherian, 2024, *Khatchkar. Art and Soul. A Visual Journey.*

A. G. Madoyan, G. G. Ananyan, 1979 [éd.], *Hayoc' hin ew mijnadaryan banastełcut'yan k'restomatia* (*Chrestomathie de la poésie arménienne antique et médiévale*), Érévan [en arménien].

J.-P. Mahé, 1993, « L'Église arménienne de 611 à 1066 », in *Histoire du christianisme*, t. 4, A. Vauchez, J.-M. Mayeur et G. Dagron éd., Paris, p. 457-547.

Id., 2013, « Vatchagan III le Pieux et le culte des reliques », *Revue des Études arméniennes* 35, p. 133-149.

Id., 2016, « Les tapis à dragons et le mythe arménien de l'orage », in *Tempus et tempestas*, P. S. Filliozat et M. Zink éd., Paris, Académie des Inscriptions et Belles-Lettres, p. 101-116.

Id., 2021 = « Le monastère arménien de Bagnayr (xe-xive siècles). Archives de T'oros T'oramanean et inscriptions lapidaires », *Journal des Savants* 2021/2, p. 249-442.

Id., P.-H. Poirier, 2007, *Écrits gnostiques. La bibliothèque de Nag Hammadi*, Paris, Gallimard, La Pléiade.

K. Matevossian, E. Vardanian, 2018, p. 246, *La miniature arménienne, Maténadaran*, Érévan (Maténadaran, UGAB).

Th. F. Mathews, 1991, *Armenian Gospel Iconography*, Washington.

A. MEILLET, 1927, in *Revue des Études arméniennes* 7, p. 313 : compte rendu de F. Sommer et H. Eheloff [dir.], Kleinasiatische Forschungen, Weimar.

R. PATRIS, 1948, *La guirlande de l'Iran. Poèmes de Firdousi, Nizâmi, Omar Khayyam, Saadi, Hâfiz* (vingt-cinq miniatures persanes), Paris, Flammarion.

L. PÉTROSSIAN, 2010, Grégoire de Narek, *Commentaire sur le* Cantique des Cantiques (Orientalia Christiana Analecta, 285), Rome, Pontificio Istituto orientale.

RITUEL DU SIÈGE DE CILICIE, 1988 = Maštoc', Antélias [en arménien].

F. DE SAUSSURE, 1980, *Cours de linguistique générale* (édition critique de T. de Mauro), Paris, Payot, Payothèque.

A. TCHOBANIAN, 1918-1923-1929 [trad.], *La Roseraie d'Arménie*, 3 vol., Paris.

A. TERIAN, 1981 [éd. trad.], Philonis Alexandrini, *De Animalibus*, Ann Arbor, Scholars' Press.

ID., 1988 [trad.], *Alexander vel de ratione quam habere etiam bruta animalia : De Animalibus* (Œuvres de Philon, 36), Paris, Éditions du Cerf.

R. W. THOMSON,1985 [trad.], Thomas Artsruni. *History of the House of the Artsrunik'*, Detroit, Wayne State University Press.

A. TUILIER, 1969 [éd. trad.], Grégoire de Nazianze, *La Passion du Christ* (Sources chrétiennes, 149), Paris, Éditions du Cerf.

E. VARDANIAN, 2014, « Décor sculpté de l'église de la Sainte Croix d'Ałt'amar : les sujets bibliques de la frise de la vigne », *Travaux et Mémoires* 18, p. 707-736.

## ANNEXE

L'Ange de la mort et le Maître de la Roseraie
Supplique à Gabriel, l'Ange qui recueille les âmes

Tous les matins, au point du jour,
Gabriel exhortait mon âme :
« Lève-toi, sors de ce jardin »...
De ce jardin ? Je viens de le planter !

J'ai charrié le roc des montagnes,
Arraché les épines du val,
Entouré d'un mur ce jardin...
Et l'on me dit : « Allons, il faut sortir d'ici ! »
Comment sortir de cet enclos,
Quand tant de ronces demeurent sur les murs ?
Canalisant l'eau des montagnes,
J'ai bâti la fontaine de ce jardin.
Sans même que j'en aie goûté l'eau,
On me dit : « Allons, il faut sortir d'ici ! »
De ce jardin ? Je viens de le planter !

Dans cette enceinte, j'ai dressé un saule,
J'ai irrigué sous cette plantation ;
Avant que je n'en aie recueilli les fruits,
On me dit : « Allons, il faut sortir d'ici ! »
De ce jardin ? Je viens de le planter !

J'ai pavé un pressoir pour ma vigne,
Enfoui les jarres pour le vin.
Avant que je n'aie dégusté ce nectar,
On me dit : « Allons, il faut sortir d'ici ! »
De ce jardin ? Je viens de le planter !

J'ai bâti ma maison dans l'angle du jardin,
– Vrai tabernacle liseré d'or –
Sans que j'en aie étrenné l'édifice,
On me dit : « Allons, il faut sortir d'ici ! »
De ce jardin ? Je viens de le planter !

J'ai constellé de roses cet enclos,
– des rouges et des blanches –
Sans que j'en aie respiré les parfums,
On me dit : « Allons, il faut sortir d'ici ! »
De ce jardin ? Je viens de le planter !

J'ai aussi planté d'autres fleurs,
– des vertes et des jaunes –
J'en ai à peine ressenti la senteur
Qu'on me dit : « Allons, il faut sortir d'ici ! »
De ce jardin ? Je viens de le planter !

*

Voici que Gabriel arrive pour recueillir mon âme :
D'effroi, ma langue s'est nouée,
La lueur de mes yeux s'est changée en ténèbres :
L'éclat de mon soleil n'a duré que si peu
Avant que l'on me dît : « Il faut sortir d'ici ! ».
On me coupa le souffle de ma chair :
De mon jardin, me voici expulsé…
C'est bien la mort qui vient me séparer
De cet enclos, aussitôt que planté !

Le saule a verdi au parterre,
La vigne a mûri sur le cep,
Les grains multicolores égayent le terrain,
Plantes et arbres déploient leur abondance,
Chantant : « Allons, il faut sortir d'ici ! »

Le rossignol récite son appel
Du point de l'aube tant que dure le jour ;
La rosée descend sur la vigne,
Chaque matin, quand brille la lumière.

Grigoris d'Ałt'amar

# JARDINS D'AMOUR DU MOYEN ÂGE

> « Je te montrerai dans un album de miniatures qui m'ont toujours enchanté, ce qu'on appelait au Moyen Âge *un préau*, lequel servait de cadre à des vergers, à des jardins, jardin de *singularité*, jardin de *déduit*. Ce dernier mot avait même plus d'un sens : il évoquait un lieu clos, mais aussi les divertissements et les plaisirs de l'amour. »
>
> José Cabanis, *Des jardins en Espagne*

La belle est au jardin d'amour
Voici cinq à six semaines.
Son père la cherche tous les jours
Et son amant est bien en peine.

« Dis-moi, berger, n'as-tu point vu
Passer ici la beauté-même ? »
……………………………….

« Elle est là-bas dans ce vallon,
Assise au bord d'une fontaine ;
Entre ses mains tient un oiseau,
La Belle lui conte ses peines. »

……………………………..

« Faut-il être auprès du ruisseau
Sans pouvoir boire à la fontaine ? »
« Buvez, mon cher amant, buvez,
Car cette eau-là est souveraine. »

« Peut-on être près du rosier
Sans en pouvoir cueillir la rose ? »
« Cueillissez la si vous voulez
Car c'est pour vous qu'elle est éclose. »[1]

---

1. H. Davenson (H. I. Marrou), *Le Livre des chansons*, Neuchâtel, Éditions de La Baconnière, Collection des Cahiers du Rhône, 1944, 3e édition revue et corrigée, 1955, p. 292.

Tout n'est pas clair dans cette chanson. Si la belle est au jardin d'amour, pourquoi son amant est-il bien en peine ? Pourquoi a-t-il besoin du berger pour savoir où elle se cache ? De son côté, quelles peines conte-t-elle à l'oiseau, puisqu'elle est aimée de celui qu'elle aime, et qu'elle est prête à tout lui donner ? Mais faut-il voir là l'incohérence d'une chanson populaire ou la profonde vérité de l'amour ? Une vérité de l'amour qui réside dans des contradictions qui n'ont nul besoin d'explication tant elles sont évidentes. L'enfermement de chacun dans son amour qui est pourtant l'amour de l'autre. La fuite mêlée à l'offrande de soi. Le don de la rose qui invite l'amant à pénétrer le jardin d'amour de la belle, sans que cette métaphore discrète et osée suffise à dire la fin d'une solitude. Du jardin d'amour à la cueillette de la rose, l'amour, son accomplissement et son inquiétude se disent à travers l'image du jardin.

« La belle est au jardin d'amour » n'est pas une chanson du Moyen Âge. C'est une de ces chansons françaises que nous disons « populaires ». Elles nous paraissent venir de la nuit des temps, mais datent souvent du XVIIe ou du XVIIIe siècle et sont, comme celle-là, des « imitations rustiques de la poésie idyllique, sentimentale et précieuse, à la mode dans les milieux lettrés (...), où le peuple de France s'est si curieusement reconnu »[2]. À vrai dire, rien de « curieux » à cela. Ces chansons, comme Henri-Irénée Marrou le savait mieux que personne, sont toutes dans l'esprit des chansons du Moyen Âge. Certaines remontent en effet jusqu'à lui, en tout cas, jusqu'au XVe siècle, comme « L'amour de moi s'y est enclose », qui dans les années 50 servait d'indicatif à une émission de chansonniers, « Le Grenier de Montmartre », et que Jane Birkin chantait encore. C'est une chanson sur le jardin d'amour.

Remontons encore plus haut jusqu'aux plus anciennes chansons que le Moyen Âge nous a laissées, chansons en latin et dans les langues vernaculaires qui en dérivent, en langue d'oc d'abord, puis en français, mais aussi dans toutes les langues d'Europe. Ce sont des chansons d'amour qui ne peuvent parler d'amour sans parler du jardin, lieu de l'amour. Du jardin, mais d'abord de la nature. Car le passage de la nature sauvage au jardin domestiqué et clos a, pour le Moyen Âge, un sens au regard de l'amour.

C'est ce mouvement que nous allons suivre. En elle-même, l'association entre poésie de l'amour et poésie de la nature,

2. *Ibid.*, p. 293.

particulièrement de la nature printanière, paraît trop universelle pour retenir l'attention. Mais elle revêt dans les débuts médiévaux de notre poésie une importance telle et des formes si particulières qu'elle vaut la peine d'être prise en considération. Elle en fait une expression imagée des tensions et des contradictions de l'amour, auxquelles le Moyen Âge est particulièrement sensible et dont nous attribuons aisément l'expression abrupte à la gaucherie d'une poésie débutante ou rustique, comme dans *La belle est au jardin d'amour*. Elle n'est pas un ornement de sa poésie d'amour. Elle en est un élément obligé. Elle lui est si essentielle que certaines de ses chansons, toutes chargées d'amour, n'en parlent pourtant pas explicitement, mais seulement du printemps et du chant des oiseaux. On les appelle des chansons de reverdie[3].

Laissons ces chansons qui ne sont pas aussi anciennes qu'on voulait autrefois le croire pour pouvoir associer la naissance de notre poésie d'amour à une tradition populaire des fêtes d'avril ou de mai. Laissons même les strophes printanières, automnales ou hivernales qui ouvrent obligatoirement les chansons des premières générations de troubadours. Écoutons-en cependant une, une seule, mais si riche que son commentaire épuiserait le temps qui m'est imparti. Elle est de Peire d'Auvergne, actif vers 1170 :

| | |
|---|---|
| Deiosta·ls breus iorns e·ls loncs sers, | À l'approche des jours brefs, des longs soirs, |
| Quan la blanc'aura brunezis, | Quand l'air limpide s'assombrit, |
| Vuelh que branc e bruelh mos sabers | Je veux que pousse en branche, en surgeon mon savoir |
| D'un nou joy que·m fruich'e·m floris, | D'une joie nouvelle qui pour moi se fait fruit et fleur. |
| Car del doutz fuelh vey clarzir los guarricx, | Je vois les chênaies éclaircies de leur doux feuillage : |
| Per que·s retrai entre·ls enois e·l freys | Aussi se retirent dans les tourments et le froid |
| Lo rossinhols e·l tortz e·l guays e·l picx[4]. | Le rossignol, la grive, le geai et le pic. |

3. K. Bartsch, *Romanzen und Pastourellen*, Leipzig, 1870, I, 27 à 30.

4. Éd. A. Fratta, *Peire d'Alvernhe, Poezie*, Manziana (Rome), Vecchiarelli, 1996. Voir M. Zink, *Les Troubadours. Une histoire poétique*, Paris, Perrin, 2013, p. 169 sqq.

La tristesse de la saison est surmontée par la joie de l'amour. Le contraste paraît banal. Mais il est saisissant dans l'expression, subtil et profond dans le détail. Ce que je traduis par « l'air limpide s'assombrit » est en réalité « le blanc vent qui passe brunit » (*aura* désigne l'air en mouvement). Je traduis par « pousse en branche, en surgeon » des mots inventés par le poète, des verbes formés sur « branche » (mais pour nous « brancher » a un autre sens) et « surgeon ». La joie de l'amour est un printemps en hiver : elle est « nouvelle », comme le « nouveau temps » qui est la façon dont l'ancienne langue nomme le printemps. Elle pousse comme la végétation au printemps. Mais elle n'est pas si simple, cette joie d'amour. Elle n'est pas spontanée. Elle est le résultat d'un effort de volonté (« je veux que pousse en branche »). Elle n'est pas *joya*, mais *joi*, ce mot masculin qui désigne la joie d'amour, mais mêlée d'une incertitude ou d'une angoisse. De même, la chute des feuilles éclaircit le sous-bois alors que le jour s'assombrit, mais elles étaient douces, ces feuilles. Et, si douces soient les feuilles, si clair le sous-bois, cela n'empêche pas les oiseaux de souffrir et de se taire dans le froid. Enfin, Peire d'Alvernhe, selon la poétique du *trobar clus*, de l'art poétique « clos », hermétique, enchaîne les monosyllabes et les grappes de consonnes rugueuses pour que, par ses sonorités, le langage poétique, en écorchant l'oreille, dise les écorchements de l'amour.

C'est une poésie de la nature qui fixe pour fonction à la nature de révéler la nature de l'amour.

Et le jardin ? Le jardin clos est pour les poètes de ce temps une parfaite image de la nature, parce que leur relation à la nature est dans le contact immédiat, parfum de la fleur ou caresse de la brise, et dans le regard attaché au détail proche – la fleur solitaire, l'herbe agitée sur le talus, la haie vive qui borne la vue – et peu sensible au vaste espace d'un paysage, en ce temps où les peintres ignorent la perspective.

Mais en outre, le jardin, espace domestiqué et protégé, s'oppose à la nature sauvage, parce qu'ils correspondent à deux formes opposées de l'amour. Un des genres les plus en vogue du lyrisme médiéval, surtout en français, est la chanson de rencontre amoureuse et particulièrement la pastourelle. Nous connaissons des centaines de ces chansons narratives et dialoguées dans lesquelles le poète, chevauche dans un lieu solitaire, évoqué en quelques mots, lieu étroit mais ouvert (la corne du bois, le coin de la haie, une lande de bruyère, un bosquet d'aulnes), où il trouve une bergère qu'il tente de séduire avec plus ou moins d'habileté, plus ou moins de succès, plus ou moins de brutalité. À lieu sauvage, loi du plus fort. Mais à l'éloquence dangereuse du chevalier répondent le franc-parler de la bergère ou sa ruse, qui lui permettent souvent d'échapper au prédateur. Elle peut appeler les bergers à l'aide ou se laisser faire de plus ou moins bonne grâce, parfois pour s'en féliciter ensuite. Mais où est la pensée passionnée et tourmentée de l'amour que nous devinions il y a un instant ? D'amour, il n'est pas question. Le sujet est le plus souvent traité sur le mode léger, mais l'ombre du viol ne cesse de peser, même quand la jeune fille est vertueuse, préférerait la mort au déshonneur et s'en remet à la protection de la Vierge, comme dans cette pièce bilingue où l'alternance des vers latins et français est surtout une source de comique :

| | |
|---|---|
| « Votre homme sui sans nul retour | « Je suis votre serviteur pour toujours |
| *Et meum est consilium* | *Et mon avis est* |
| Que nous fassions le jeu d'amour : | Que nous fassions le jeu d'amour : |
| *Ecce tempus idoneum.* » | *Le moment est favorable.* » |
| …………………….. | …………………….. |
| « Mon pucelage me gardez : | « Laissez-moi mon pucelage : |
| *Veni Creator Spiritus !* »[5] | *Viens, Esprit Créateur.* » |

Dans les romans d'aventures et d'amours que nous disons courtois, c'est encore pire. La règle des romans arthuriens est qu'un chevalier qui rencontre dans la forêt solitaire une demoiselle solitaire doit se faire son défenseur et son protecteur, mais si cette demoiselle est escortée d'un chevalier, qu'il défie celui-ci et en est vainqueur, alors la demoiselle est à lui et il peut en faire ce qu'il veut. Cette règle, implicite dans les plus anciens romans en vers, est explicite et strictement appliquée plus tard, au XIIIe siècle, dans certains romans en prose, comme *Guiron le Courtois*. Le lieu sauvage rend sauvage.

Au contraire, le jardin, qui enserre en un lieu clos et une nature cultivée, est le lieu de la délicatesse des sentiments et des comportements amoureux. On peut lire ce contraste à travers les trois œuvres d'un romancier du début du XIIIe siècle, francophone mais de terre d'Empire, wallon ou lotharingien, qui se désigne lui-même, et, encore, de façon voilée, par acrostiche ou par énigme, sous le seul sobriquet de Jean

5. Éd. P. Meyer, « Mélanges de poésie anglo-normande », *Romania* IV, 1875, p. 380. On modernise ici les graphies de ce poème anglo-normand. Voir M. Zink, *La Pastourelle*, Paris, Bordas, 1972, p. 37 sq.

Renart. Dans le premier, *L'Escoufle* (vers 1201), la forêt semble protéger la fuite des amants. Mais, refuge provisoire et trompeur, elle les sépare quand le jeune homme se lance à la poursuite d'un milan (un *escoufle*) qui emporte dans ses serres une bourse. Quand il revient, sa bien-aimée a disparu. Dans le dernier, *Le Roman de la Rose ou de Guillaume de Dole* (probablement vers 1228), à ne pas confondre avec le *Roman de la Rose* de Guillaume de Lorris et Jean de Meun, dont nous parlerons dans un instant, un jeune empereur d'Allemagne, célibataire menant joyeuse vie, emmène toute sa cour camper et pique-niquer dans la forêt. Il ne s'y passe rien de fâcheux, tout au contraire, mais les mœurs et les amours y sont légères. Dès l'aurore l'empereur entraîne les vieux époux à la chasse, mais leur fausse compagnie à la première occasion pour aller retrouver leurs jeunes épouses et les jeunes gens au moment où ils vont ensemble faire leur toilette à la rivière :

| | |
|---|---|
| Or ne sai ge que riens lor faille : | Je ne vois pas ce qui pourrait leur manquer : |
| As dames, en lieu de touaille, | Aux dames, en guise de serviette, |
| Empruntent lor blanches chemises ; | Ils empruntent leurs blanches chemises ; |
| Par ceste ochoison si ont mises | C'était pour eux l'occasion de mettre |
| Lor mains a mainte blanche cuisse | Leurs mains à mainte blanche cuisse |
| (Je ne di mie que cil puisse | (Je ne dis pas qu'il puisse |
| Estre cortois qui plus demande)[6]. | Être courtois celui qui demande plus). |

On est certes loin du viol d'une bergère. Toutefois le camping en forêt autorise des libertés et des privautés qui, comme le poète l'observe lui-même, sont à la limite de la courtoisie et dont on ne sait trop, observerait un censeur moderne, jusqu'à quel point elles sont consenties.

Mais entre ces deux romans, vers 1215, Jean Renart a écrit une nouvelle, le *Lai de l'ombre*, qui est comme une leçon de délicatesse amoureuse et de courtoisie. Le cadre en est un lieu clos, le jardin intérieur d'un château, près d'un puits. Un chevalier a glissé, sans qu'elle s'en rende compte, son anneau au doigt de la dame qu'il aime

6. Jean Renart, *Le Roman de la Rose ou de Guillaume de Dole*, éd. F. Lecoy, Paris, CFMA, 1979, v. 277-283.

FIG. 1 – Le jardin de la Cour, Missel de Renaud de Montauban, XV^e siècle. © Wikipédia.

et dont il voudrait être aimé. Quand elle s'en aperçoit, elle insiste pour le lui rendre. Le voilà embarrassé. S'il reprend l'anneau, il semble bien peu tenir à elle. S'il s'y refuse, il la contraint. C'est comme un viol moral. Il lui dit qu'il reprendra l'anneau, puisqu'elle l'exige, et qu'il le donnera à la douce amie qu'il aime le plus au monde après elle. La voilà déjà piquée. Et où est-elle, cette femme ? Tout près, répond-il. Le visage de la dame se reflète dans l'eau du puits. Il y jette l'anneau. L'eau se trouble un peu, le visage s'efface. « Voyez, Madame : elle l'a pris. »

Cette scène dit tout le sens du jardin d'amour dans la poésie du Moyen Âge. Un espace clos d'une haie ou d'un mur qui invite à la révélation de l'amour et protège l'intimité des amants, près d'un puits, d'un bassin, d'une source ou d'une fontaine, qui irrigue le jardin, parmi les arbres, les fleurs, les plantes odorantes et salutaires (fig. 1). Tel est le *locus amoenus* d'un amour qui n'est pas nécessairement chaste, et même d'assez loin, mais que le cadre incite presque toujours à la délicatesse. Le « presque » réserve la place de certaines chansons de la malmariée, voire de nonnes auxquelles l'époux divin ne suffit pas.

Ce jardin ou ce verger est évoqué ou esquissé dans une foule de chansons, à commencer par celle-ci, encore une chanson de malmariée, qui donne l'impression, peut-être trompeuse, d'une grande ancienneté par sa facture archaïque, sa versification simple et sa mélodie répétitive. En voici la première et la dernière strophes. Entre les deux, le mari de la belle est arrivé et l'a battue comme plâtre avec sa ceinture. Elle s'évanouit de douleur et de chagrin. Revenue à elle, elle demande à Dieu que son ami revienne avant le soir et est exaucée :

| | |
|---|---|
| En un vergier lez une fontenele | Dans un verger près d'une source |
| Dont clere est l'onde et blanche la gravele, | Dont l'onde est claire et blanc le gravier, |
| Siet fille a roi, sa main a sa maxele. | Est assise une fille de roi, le menton dans la main. |
| En sospirant son douz ami rapele : | En soupirant, elle ne cesse d'appeler son doux ami : |
| *« Aé, cuens Guis amis,* | *« Ah ! comte Gui, mon ami,* |
| *La vostre amors me tout solaz et ris. »* | *L'amour de vous m'enlève plaisir et rire. »* |
| ………………………………… | …………………………………. |
| Et Nostre Sires l'a molt bien escoutee : | Et Notre Seigneur l'a bien écoutée : |
| Ez son ami qui l'a reconfortee. | Voici son ami qui l'a réconfortée. |
| Assis se sont soz une ante ramee. | Ils se sont assis sous une ente feuillue. |
| La ot d'amors mainte larme ploree. | Là furent versées bien des larmes d'amour. |
| « Aé, cuens Guis amis, | *« Ah, comte Gui, mon ami,* |
| *La vostre amors me tout solaz et ris. »*[7] | *L'amour de vous m'enlève plaisir et rire. »* |

Les exemples se pressent en foule. On peut retenir, à cause du redoublement de la scène, de sa richesse, de son ambiguïté, dans l'*Espinette amoureuse* de Froissart, la rencontre que dans un jardin le poète fait, d'abord de Vénus, puis de la jeune fille lisant un roman, dont il tombera amoureux. Dix ans plus tard, c'est seulement en rêve qu'il pourra retrouver le verger du *Joli Buisson de Jeunesse*. À vrai dire, on ne peut même pas parler d'exemples : toute la littérature du temps y passerait. Des chansons autant qu'on en veut. Beaucoup de chansons de malmariées, où la grossièreté et la brutalité du mari justifient les amours clandestines. Des chansons où le jardin clos a un sens ambigu :

| | |
|---|---|
| Ouvrez moi l'uis, | Ouvrez-moi la porte, |
| Bele tres douce amie, | Belle, très douce amie, |

7. K. Bartsch, *Romanzen und Pastourellen* I, 9, p. 13 ; *Chanson des trouvères*, p. 98 sqq.

| | |
|---|---|
| Ouvrez moi l'uis | Ouvrez-moi la porte |
| Dou petit praëlet[8]. | De votre petit pré. |

La belle ne peut malheureusement pas lui ouvrir, « car mon mari, le cocu jaloux, y est ». Où il est exactement et ce qu'est ce petit pré ou ce petit jardin, Villon le fera dire deux siècles plus tard avec moins d'euphémisme à la vieille femme qu'est devenue celle qui était « la belle Heaulmière » et qui décrit sa beauté perdue :

| | |
|---|---|
| Ces larges rains, ce sadinet* | **objet savoureux* |
| Assis sur grosses fermes cuisses | |
| Dedens son petit jardinet.[9] | |

Mais aussi des chansons riches de toutes les nuances de l'amour vécu ou désiré. Ainsi, le voyeurisme désintéressé, si l'on peut dire, que le trouvère Moniot d'Arras avoue sans remords dans cette chanson aux vers brefs et à la mélodie alerte :

| | |
|---|---|
| L'autrier en mai | L'autre jour, en mai, |
| Au douz tens gai | Au doux temps gai |
| Que la saison est bele, | Où la saison est belle, |
| Main me levai, | Je me levai matin |
| Joer m'alai | Et allai m'ébattre |
| A une fontenele. | Près d'une fontaine. |
| En un vergier | Dans un verger |
| Clos d'aiglantier | Clos d'églantiers |
| Oï une viele : | J'entendis une vielle : |
| La vi danser | Là je vis danser |
| Un chevalier | Un chevalier |
| Et une damoisele[10]. | Et une demoiselle. |

Le poète les voit danser. Ils sont beaux, dansent très bien, prennent leur plaisir à se serrer dans leurs bras et à s'embrasser, puis « dans un coin écarté vont faire le jeu d'amour sur les fleurs, tout à leur gré ». Ils découvrent sa présence, lui demandent ce qu'il fait là, il leur confie son désespoir de n'être pas aimé de sa dame et ils souhaitent aimablement en le raccompagnant que Dieu ramène celle qu'il aime à de meilleurs

8. N. H. J. Van Den Boogard, *Rondeaux et refrains. Du* XII$^{e}$ *au début du* XIV$^{e}$ *siècle*, Paris, Klincksieck, 1969, rondeau 189, p. 89.

9. François Villon, *Le Testament*, v. 506-508.

10. K. Bartsch, *Altfranzösische Romanzen und Pastourellen*, Leipzig, 1870, t. I, 63, p. 78 sq.

sentiments à son égard pour qu'il puisse connaître comme eux la joie d'amour. Une chanson au rythme rapide, prêtant à la danse, qui, à toute allure, réunit la joie de l'amour et ses tourments sans rien oublier du décor nécessaire : la clôture du jardin (moyennement efficace), la fontaine ou la source (le mot *fontenele* peut désigner l'une ou l'autre), les arbres du verger, les fleurs du jardin.

Verger ou jardin ? Les deux bien sûr, mais l'emploi fréquent du mot verger dans le contexte amoureux met en évidence, non seulement l'importance de l'arbre dans son association à l'amour, mais aussi le fait qu'il s'agit d'un arbre du verger. Non pas un grand arbre des forêts, le pin, comme celui sous lequel se tient Charlemagne au début de la *Chanson de Roland* où celui sous lequel s'étend Roland au moment de sa mort. Non pas les chênes et les charmes contre lesquels les chevaliers qui décideront de son destin heurtent leurs armes dans sa forêt natale. Non pas le hêtre dont les feuilles tombent au moment où le troubadour Marcabru commence une chanson virulente contre la dépravation des mœurs[11]. Mais un arbre du verger, un arbre fruitier, un arbre cultivé. La malheureuse fille de roi de la chanson *En un vergier lez une fontenele* se console dans les bras de son ami, le comte Gui, sous « une ente ramée », sous le feuillage d'un arbre greffé, un arbre dont le greffon a pris. Cette ente, cet arbre fruitier greffé pour être plus fécond et donner de plus beaux fruits, on le trouve très souvent désigné comme l'arbre des amoureux. Marcabru montre une jeune fille qui se lamente de l'absence de son ami, parti pour la croisade. La chanson ne serait pas éloignée de *En un vergier lez une fontenele* si elle n'était pas placée dans la bouche du poète, soupirant malheureux de la belle, qui surprend sa plainte et pour finir tente en vain de la consoler, situation symétrique et inverse de la chanson de Moniot d'Arras. Voici la première strophe :

| | |
|---|---|
| A la fontana del vergier | À la fontaine du verger |
| Ou l'erb'es vertz josta×l gravier, | Où l'herbe est verte près du gravier, |
| A l'ombra d'un fust domesgier, | À l'ombre d'un arbre fruitier, |
| En aiziment de blancas flors | Rendu plaisant par ses fleurs blanches |
| E de novelh chant costumier, | Et l'habituel chant printanier, |

11. *Lo vers comens quan vei del fau / Ses foilla la cim e×l branquil* (« Je commence mon poème quand je vois le hêtre / avec sa cime et sa branche sans feuilles »), éd. S Gaunt *et al.*

| | |
|---|---|
| Trobey sola, ses companhier, | J'ai trouvé seule sans compagnon |
| Selha que no vol mon solatz[12]. | Celle qui ne veut pas mon bonheur. |

Ici, rien ne manque, ni la fontaine, ni le verger, ni l'arbre fruitier, ni les fleurs blanches, ni le chant printanier des oiseaux. L'essentiel est le verger et l'arbre fruitier, puisque les fleurs sont celles de l'arbre et le chant celui des oiseaux qui y nichent. Quel est cet arbre fruitier qui couvre les amours de son ombre ? Rarement le pommier, arbre du premier péché (il est vrai qu'un prédicateur du XIII^e s. assure que le fruit du péché originel était la banane), mais souvent le poirier, « le poirier qui charge souvent », dira une chanson du XV^e siècle, c'est-à-dire le poirier qui se charge de fruits, le poirier fécond. Dans *Cligès*, le deuxième des cinq romans de Chrétien de Troyes (vers 1172), Cligès et Fénice trouvent pour leurs amours le refuge d'une tour au pied de laquelle se trouve un merveilleux jardin ceint d'un mur très haut au milieu duquel est un poirier au pied duquel ils s'aiment. *Le Roman de la Poire* d'un certain Thibaut (vers 1250), roman allégorique inspiré du *Roman de la Rose* de Guillaume de Lorris, doit son titre au fait que, dans une scène essentielle, la jeune fille pèle avec ses dents une poire qu'elle offre à l'amant. Le manuscrit unique de ce roman est célèbre pour ses miniatures qui représentent des couples d'amants célèbres, parmi lesquels Cligès et Fénice.

Le jardin d'un roman allégorique est un jardin qui prend un sens nouveau, qui prend tout son sens au moment où il n'est plus seulement le cadre poétique de l'amour, mais sa représentation même et l'instrument de son élucidation. Ce moment est celui du grand *Roman de la Rose*, récit et exégèse d'une initiation amoureuse dont Guillaume de Lorris écrit les quatre mille premiers vers, apparemment vers 1230, et que Jean de Meun poursuit et achève vers 1271 ou 1272 en y ajoutant près de dix-huit mille vers.

Au début du roman, le narrateur dément l'opinion commune qui veut que les songes soient mensonges, car il voit aujourd'hui se réaliser un rêve qu'il a fait cinq ans auparavant, encore adolescent, et dont il offre le récit à la dame de ses pensées en espérant qu'elle le prendra en gré. Dans ce rêve, il se levait par un matin de mai et entrait dans le verger sur lequel règne Amour entouré des « vertus » dont la pratique lui est favorable. Dans la fontaine où jadis se noya Narcisse, il voit le reflet d'un buisson

12. Éd. S. Gaunt *et al.*

de roses, se détourne du reflet pour s'approcher du vrai buisson, a le regard attiré par un bouton de rose particulièrement charmant. Amour, qui l'a suivi, lui décoche alors une flèche qui, entrant par l'œil, lui perce le cœur. Il est désormais amoureux de la rose et le prisonnier d'Amour, qu'il promet de servir. Malgré les remontrances de Raison, il entreprend, en suivant les conseils d'un ami nommé Ami (tout amoureux doit avoir un ami), de faire la conquête de la rose, malgré Danger (la pudeur de la jeune fille), Peur, Jalousie, Male-Bouche (les médisants), etc., mais avec l'aide de Bel-Accueil (les sentiments de la jeune fille qui lui sont favorables). Il obtient un baiser, mais Jalousie, alertée, construit un château où Bel-Accueil est enfermé. Le poème de Guillaume de Lorris s'interrompt à ce moment au milieu des lamentations de l'amant et Jean de Meun prend le relais sans couture apparente mais dans un esprit différent. Après l'intervention des hypocrites Faux-Semblant, en froc de dominicain, et Abstinence Contrainte, et après la corruption de la Vieille qui garde Bel-Accueil, il ne faudra rien de moins que l'intervention de Nature elle-même, arrachée à la forge où la mort des créatures la contraint à en fabriquer sans cesse de nouvelles et secondée par son chapelain Genius, pour que le château soit pris par l'armée d'Amour et que le narrateur, pèlerin d'amour, puisse enfin glisser son bâton entre les pétales de la rose avant de s'éveiller.

Les longs discours et digressions satiriques, philosophiques, scientifiques, théologiques de Jean de Meun font un peu oublier le jardin de Guillaume de Lorris. Mais c'est ici lui qui nous occupe. Il réunit tous les éléments du jardin d'amour en les amplifiant. Le jardin « de Déduit et d'Amour » n'est pas seulement clos. Il est entouré d'un mur infranchissable sur lequel sont représentées les « images » des « vices » incompatibles avec l'amour, comme Avarice, mais aussi comme Vieillesse ou Pauvreté. Il faut pour y pénétrer se faire ouvrir l'unique petite porte gardée par Oiseuse, l'oisiveté : pour être amoureux, il faut avoir du temps. Les « vertus » qui dansent avec Amour sont Beauté, Jeunesse, Richesse, Largesse (la générosité), etc. (fig. 2). La fontaine du jardin est celle où Narcisse s'est noyé et c'est dans cette fontaine que le rêveur voit le buisson de roses qui l'attire dans son ensemble. En se tournant vers lui et en s'en approchant il y distinguera un bouton en particulier. L'amour commence en désir narcissique qui se fixe sur un objet particulier. Les troubadours le répétaient depuis plus d'un siècle, mais de façon allusive dans de brèves chansons, de même que leurs jardins n'étaient que des esquisses minutieuses et en suspens, limpides

FIG. 2 – *Roman de la Rose*, *circa* 1490-1500. © Wikipedia.

et inachevées. Le *Roman de la Rose* ne laisse rien dans l'ombre. C'est sa force et sa faiblesse. Après lui, pendant plusieurs siècles, tous les romans et toutes les chansons d'amour se référeront à son jardin et aux figures allégoriques qui le peuplent. Il va de soi désormais que la Belle est au jardin d'Amour.

Un mot encore. Jean de Meun, insolent, provocateur, caustique, truculent, volontiers indécent, contempteur des ordres religieux mendiants, se révèle plus orthodoxe et plus moraliste qu'il ne paraît en faisant *in extremis* de son éloge de l'amour un éloge de la reproduction. De même, s'il oublie un peu le verger de Déduit et Amour, il laisse entrevoir pour finir le Beau Parc qui nous attend à la suite de l'Agneau, évocation peu explicite, mais où il est difficile de ne pas voir le Paradis.

De même, le jardin et la fontaine des chansons de rencontre amoureuse se retrouvent dans bien des chansons à la Vierge. Ils sont la Vierge même dans sa virginité et dans l'amour qu'elle inspire. C'est ce que dit en ces propres mots la célèbre hymne grégorienne à la Vierge, mêlée d'emprunts au Cantique des cantiques, qui voit en elle le jardin clos du plus grand amour :

| | |
|---|---|
| *Hortus conclusus es, Dei genitrix,* | Tu es un jardin fermé, mère de Dieu, |
| *Hortus conclusus et fons signatus.* | Un jardin fermé et une fontaine scellée. |
| *Surge amica mea,* | Lève-toi, mon aimée, |
| *Quam puchra es et decora :* | Que tu es belle et gracieuse : |
| *Oculi tui columbarum.* | Tes yeux sont ceux des colombes. |

Michel ZINK

# LE DIVIN JARDINIER

Je vais traiter d'un jardin très particulier, le jardin d'Éden. Notre regretté confrère Jean Delumeau a exploré le Paradis dans trois gros volumes[1], et je ne vais pas reprendre son parcours exhaustif : en raison du thème retenu pour cette session, c'est l'aspect horticole, botanique, qui a retenu mon attention, en me situant essentiellement dans la tradition biblique et même chrétienne[2]. Le matériau est extrêmement abondant, aussi me contenterai-je de quelques témoins significatifs.

## Jardin ou verger ?

« Le Seigneur Dieu planta un jardin en Éden, à l'Orient, et y plaça l'homme qu'il avait modelé, et la femme sa compagne » ; וַיִּטַּע יְהוָה אֱלֹהִים, גַּן-בְּעֵדֶן—מִקֶּדֶם Cette première phrase soulève déjà deux difficultés que les exégètes juifs et chrétiens durent affronter. 1. « à l'Orient », κατὰ ἀνατολὰς, comme traduisent les LXX : a) est-ce compatible avec Genèse 3, 24 « il posta les chérubins à l'Orient du Jardin d'Éden » ; b) mikhedem (מקדם) : קדם désigne ce qui est devant : l'Orient où le soleil se lève, mais aussi l'origine, ce qui était auparavant, ce qui explique la traduction de la Vulgate *a principio* ; 2. La plantation du jardin est donc antérieure à l'installation d'Adam et Ève.

Le texte sacré continue : « Le Seigneur Dieu fit pousser du sol toutes sortes d'arbres à l'aspect désirable et aux fruits savoureux. »

1. J. Delumeau, *Une histoire du Paradis*, I. *Le Jardin des délices*, Paris, Fayard, 1992 ; *Une histoire du Paradis*, II. *Mille ans de bonheur*, Paris, Fayard, 1995 ; *Une histoire du Paradis*, III. *Que reste-t-il du Paradis ?*, Paris, Fayard, 2000.

2. J'ai été très aidé par deux remarquables études, une, ancienne, d'Edoardo Coli, *Il paradiso terrestre dantesco* (Florence, 1897), qui déborde le sujet par une histoire du paradis, et l'autre, récente, de James Dauphiné, dans le recueil aixois *Vergers et jardins dans l'univers médiéval*, Presses universitaires de Provence, 1990

C'est ainsi que la Bible dans l'antique mythologie du premier récit de la Création, au début du livre de la Genèse, présente l'activité de Dieu : un jardinier, et plus précisément un arboriculteur. Les allusions bibliques à ce jardin le montrent planté d'arbres : Ézéchiel, dans une vision, voit un cèdre gigantesque :

> « Dans ses rameaux nichaient tous les oiseaux du ciel, sous ses branches toutes les bêtes sauvages mettaient bas, et à son ombre habitaient de nombreuses nations. Il était beau par sa grandeur, par l'ampleur de son branchage ; ses racines s'étendaient jusqu'aux eaux abondantes. Les cèdres ne l'égalaient pas dans le jardin de Dieu, les cyprès n'étaient pas comparables à ses branches, ni les platanes à ses rameaux ; aucun arbre dans le jardin de Dieu ne lui était comparable en beauté. » (Ézéchiel 31) (même vision Daniel l4).

Il s'agit d'un verger – on n'imagine pas l'Éden comme un potager !

L'Académie française, qui définit le *verger* comme un lieu planté d'arbres fruitiers donne comme exemple : *Se promener dans un verger.* Comme l'explique Jean Delumeau, l'ancien persan parlait d'un jardin clos d'un mur, mot adopté en hébreu comme *pardès*. Les LXX traduisirent par *paradeisos* à la fois *pardès* et *gan*, le jardin. Il ne s'agit pas d'un pré, mais bien d'un espace clos. Étymologiquement, le mot *jardin* vient du francique *gart*, *gardo*, qui signifie « clôture », en allemand *Garten,* et en moyen néerlandais *gaert* (attesté dans des composés, *boomgaert* « jardin, verger », *wijngaert* « vignoble »), ainsi que l'ancien français *jart, gart* « jardin ».

En effet, il s'agit dès l'origine d'un espace délimité au sein d'un territoire rural ou urbain : pas de jardin sans partition, sans arrêt, sans clôture, qui ne vienne tenir à distance négociée la nature brute.

Ce lieu de délices est à l'image des jardins luxuriants des despotes orientaux. Il est plaisant de voir confirmée cette tradition horticole en joignant à l'étymologie savante les étymologies imaginaires, qui sont si instructives. Au XVII<sup>e</sup> siècle, l'exégète jésuite Cornelius a Lapide (1567-1637) attribue à « Suidas », la Souda, cette encyclopédie byzantine du X<sup>e</sup> siècle, l'étymologie de « παρὰ καὶ δεὺω, *id est irrigo* ». Ou bien une autre, anonyme : « παρὰ τὴν δεῖσαν πονεῖσθαι, *id est a collectione herbarum* ». Mais le savant exégète confirme l'origine persane – ou hébraïque –, de la racine פרה (il a fructifié), et חר ס (le myrte), « comme pour dire le jardin des myrtes, ou celui où fructifient les myrtes. Car le myrte par son odeur et son goût est plus agréable que tous les autres arbres »[3].

Les LXX ont traduit גַּן-בְּעֵדֶן par ἐφύτευσεν κύριος ὁ θεὸς παράδεισον **ἐν Ἔδεν** κατὰ ἀνατολὰς – et le savant jésuite donne ici encore des étymologies diverses et variées du mot Éden.

### Arbres et fruits

Je ne peux qu'abréger la longue discussion sur le lieu géographique de cet Éden – le souci constant est à la fois d'en préserver la réalité physique, de rappeler qu'il fut le jardin des voluptés – et d'expliquer pourquoi on ne peut pas le retrouver – l'explication à laquelle semble souscrire Cornelius a Lapide est que le déluge a perturbé la géographie terrestre et a fait disparaître la luxuriante végétation de l'Éden.

Il s'intéresse bien sûr à la végétation, mais il s'arrête surtout sur les deux arbres mystérieux : l'arbre de vie et celui de la connaissance du bonheur et du malheur.

Quel était le mode d'emploi de l'arbre de vie ? Tout en rapportant beaucoup d'auteurs majeurs, dont Robert Bellarmin (1542-1621), qui pensaient qu'une bouchée du fruit procurait l'immortalité, il est plus réservé : une bouchée du fruit procurait une prolongation finie de la vie, et non pas l'immortalité. Avec Duns Scot, Cajetan et son savant confrère Pereira (1535-1610), il pensait qu'il fallait manger du fruit régulièrement pour se maintenir dans cet heureux état de santé et d'esprit. Ce qui lui permet d'accuser d'erreur Aristote[4]. La consommation régulière pouvait donner l'immortalité, ou du moins cette grande longévité, de plusieurs milliers d'années, que Dieu peut accorder avant d'appeler un juste auprès de lui... Du reste le fruit n'était pas seulement un aliment mais aussi un *pharmacum mirae virtutis*.

Mais si Adam n'avait pas été expulsé du Paradis, aurait-il pu continuer à manger du fruit ? Non, car l'immortalité n'est pas bonne

---

3. Cornelius a Lapide, *Commentaria in Pentateuchum Moysis*, Anvers, 1616 (nous utilisons la réédition d'Aug. Crampon, Paris, Vivès, t. 1, 1859, ici p. 82).

4. Aristote, *Métaphysique* III, 15 : « (à propos d'Hésiode et de tous les théologiens :) car, si c'est en vue du plaisir que les êtres touchent à l'ambroisie et au nectar, le nectar et l'ambroisie ne sont nullement causes de l'existence ; si au contraire c'est en vue de l'existence, comment ces êtres seraient-ils éternels, puisqu'ils auraient besoin de nourriture ? Mais nous n'avons pas besoin de soumettre à un examen approfondi des inventions fabuleuses. »

pour l'homme pécheur, accablé des maux de la vieillesse (pensons aux malheureux Struldbruggs immortels chez Swift). Au terme d'une longue discussion sur la façon dont l'arbre aurait pu conserver la vie, notre exégète conclut :

> « Note : Adam n'a pas goûté de ce fruit de vie, car c'est très peu de temps après sa création qu'il a péché et été chassé du paradis... » (p. 87).

L'arbre de la connaissance du bien et du mal était-il un pommier ? Faisant référence au Cantique des Cantiques 8, 5, certains l'affirment (« Sous le pommier, je te réveille », p. 88) : mais le mot *poma* désignant toute sorte de fruit, il s'agissait plutôt du figuier, puisque c'est à cet arbre que les protoparents arrachèrent des feuilles pour couvrir leur nudité – ils devaient donc se trouver devant lui. Irénée (IIe s.) pense que les feuilles de figuier, qui sont urticantes, étaient tout à fait convenables, comme un cilice, pour couvrir leur nudité[5]. Quant au verset 21, avec les « tuniques de peau » dont le Seigneur revêtit les protoparents, il suscita de vives réserves de la part de Pères de l'Église animalistes…

### Un jardin illustre

Jean Delumeau a parcouru toutes les anciennes traditions religieuses et poétiques, qui situent très souvent les origines dans un jardin. Je ne relèverai, pour son importance en Occident, que le jardin d'Alkinoos dans l'Odyssée (traduction V. Bérard) :

> « Aux côtés de la cour, on voit un grand jardin, avec ses quatre arpents enclos dans une enceinte. C'est d'abord un verger dont les hautes ramures, poiriers et grenadiers et pommiers aux fruits d'or et puissants oliviers et figuiers domestiques, portent, sans se lasser ni s'arrêter, leurs fruits ; l'hiver comme l'été, toute l'année, ils donnent ; l'haleine du Zéphyr, qui souffle sans relâche, fait bourgeonner les uns, et les autres donner la jeune poire auprès de la poire vieillie, la pomme sur la pomme, la grappe sur la grappe, la figue sur la figue. Plus loin, chargé de fruits, c'est un carré de vignes, dont la moitié, sans ombre, au soleil se rôtit, et déjà l'on vendange et l'on foule les grappes ; mais dans l'autre moitié, les grappes encore vertes laissent tomber la fleur ou ne font que rougir. Enfin, les derniers ceps bordent les plates-bandes du plus soigné, du plus complet des potagers ; vert en toute saison, il y coule deux sources ; l'une est pour le jardin, qu'elle arrose en entier, et l'autre, sous le seuil de la cour, se

---

5. Irénée, *Contre les hérésies* III, 37.

détourne vers la haute maison, où s'en viennent à l'eau tous les gens de la ville. Tels étaient les présents magnifiques des dieux au roi Alkinoos. »

Pour qui connaît l'importance des poèmes homériques dans l'éducation byzantine, le jardin d'Eden a certainement emprunté quelques images – et quelques fruits – au merveilleux jardin d'Alkinoos.

Nos protoparents ne durent pas jouir longtemps de ce jardin merveilleux, qui comportait un danger : cet arbre de la connaissance du bonheur et du malheur dont la consommation était interdite. On connaît l'histoire fatale qui entraîna l'exclusion du jardin d'Éden, et la crainte du Seigneur Dieu de voir l'homme s'emparer aussi du fruit de l'arbre de vie. Il expulsa les protoparents et, nous dit l'Écriture, « il posta les chérubins à l'Orient du Jardin d'Éden avec la flamme de l'épée foudroyante pour garder le chemin de l'arbre de vie ».

Ce jardin terrestre interdit alimenta l'imagination juive et chrétienne de deux manières : à la fois en termes de nostalgie – et c'est le rêve de l'âge d'or – et en termes de localisation géographique. Dans un monde aux frontières inconnues, mystiques et érudits essayèrent d'imaginer où pouvait bien se trouver ce jardin fermé.

## Le jardin clos

Dans un oikoumène cerné de zones d'ombres, il était facile de supposer que le jardin interdit se trouvait quelque part au-delà des pays connus, souvent sous la forme d'îles inabordables, protégées par des abîmes de feu.

Comment ne pas penser aux vers de Dante, au chant XXVI de l'*Enfer*, où Ulysse raconte son dernier voyage : franchissant ce passage étroit où Hercule posa ses signaux, au bout de cinq jours de navigation, « nous apparut une montagne brune / dans la distance et qui semblait si haute / que je n'en avais jamais vu de pareille. / Nous nous réjouîmes, mais la joie se changea vite en pleurs / car de la terre nouvelle un tourbillon naquit / qui vint frapper le navire à l'avant. / Il le fit tournoyer trois fois avec les eaux ; / à la quatrième, il dressa la poupe en l'air/et enfonça la proue, comme il plut à un Autre, / jusqu'à ce que la mer fût refermée sur nous / (v. 133-142)[6].

6. J.-L. Poirier, *Ne plus ultra : Dante et le dernier voyage d'Ulysse*, Paris, Les Belles Lettres, 2016.

Il n'appartient pas aux mortels de rentrer dans le jardin fermé : le Talmud raconte que quatre sages réussirent à pénétrer dans le Pardés, le jardin secret. Un seul, le grand maître Akiva, entra et sortit indemne, mais le destin des trois autres fut tragique : l'un mourut, un autre devint fou et le troisième, Élisha ben Avouya, dont le nom a été banni et qui n'est habituellement pas nommé, mais seulement désigné comme « l'Autre », « arracha les racines », c'est-à-dire apostasia[7].

Les traditions médiévales sont extrêmement riches[8]. Le *Roman de la Rose* (XIIIe s.) se déroule autour d'un jardin : Guillaume de Lorris parle de nombreuses fois de *vergier*, et très rarement de *jardin*, alors que son continuateur Jean de Meun emploie davantage *jardin* que *vergier* (une seule fois à la rime). Les deux formes resteront en concurrence jusqu'à la fin du XVe siècle.

> « Lors entray au jardin tout vert / Par l'huys qu'Oyseuse m'a ouvert / Et quant par dedans je le vy / Je fuz de joye si ravy / Que pour tout vray je cuidoye estre / Venu en Paradis terrestre. / Tant estoit beau ce lieu ramaige[9] / Que bien sembloit divin ouvraige / Car comme il me sembla de faict / En aucun Paradis ne faict / Si bon estre comme il faisoit / Au verger qui tant me plaisoit. »

Un autre thème qui connut une longue fortune artistique est celui du jardin clos, *hortus conclusus* (Cantique des cantiques 4, 12 selon la Vulgate) :

> *Hortus conclusus soror mea, sponsa ; hortus conclusus, fons signatus.*

La représentation de l'*hortus conclusus* prend la forme d'un jardin généralement de petite taille, délimité par une barrière, luxuriant et empli de fleurs. On le trouve dès le début du XIVe siècle dans les enluminures de manuscrits : le jardin est alors représenté enclos et parfois doté d'une entrée relativement petite ou d'un portail muni de barreaux. Ce thème iconographique est souvent utilisé dans les scènes de l'Annonciation, où un jardin enclos est représenté en arrière-plan.

---

7. Beaucoup d'anecdotes sur Élisha sont rapportées dans le traité *Haguiga* du Talmud. Voir A. Goshen-Gottstein, *The Sinner and the Amnesiac: the rabbinic invention of Elisha ben Abuya and Eleazar ben Arach*, Stanford University Press, 2000.

8. Voir entre autres *« Verzieri e pomieri ». Il giardino medievale. Culture, ideali, società*, P. Caraffi et P. Pirillo Prati dir., actes du colloque tenu à Bagno a Ripoli (Italie) le 23 mai 2015, Florence, Edifir edizioni, 2017.

9. Ramaige : couvert de rameaux.

Un seul exemple du XVIe siècle : le fondateur du collège oxonien de Corpus Christi, l'évêque Richard Foxe définit, dans les statuts fondateurs du collège de 1517, son institution comme « un jardin d'abeilles [...] où les savants, comme des abeilles ingénieuses, œuvrent jour et nuit pour fabriquer de la cire en l'honneur de Dieu, et laissent couler la douceur du miel pour leur profit et celui de tous les chrétiens »[10].

## Des fruits paradisiaques

Pour m'en tenir au thème de notre rencontre, je ne ferai pas l'histoire ou la géographie de ces paradis imaginés, mais je limiterai mon propos au domaine horticole. Un livre admirable m'est passé entre les mains, d'un franciscain portugais qui en 1702 publie *Les fruits du Brésil*[11]: d'*Ananas* à *Maracuja*, ce sont trente-six fruits exotiques qui sont décrits, provenant de ce que le pieux auteur appelle « un ciel nouveau, une terre nouvelle » (Apocalypse 21). Il n'en a retenu que deux pour construire des paraboles : l'ananas, le roi des fruits, et sa reine, la canne à sucre.

L'ananas est le roi : il porte une couronne, et les épines de ses côtés représentent ses gardes. De surcroît, son nom même en fait le fruit marial, le fruit du rosaire : *Anna nascitur* (p. 20). Par apocope, *Annanascitur* est devenu *ananas,* comme *Paranabuca* est devenu *Pernambuc*, ou *Paranáaiba* devenu *Paraíba*. Quant à la reine, c'est la canne à sucre (p. 46), toute de douceur (et il cite le début des *Bucoliques* : *Nos patriae fines et dulcia linquimus arva*).

## Mais bien des questions...

Par la découverte des Indes occidentales et les circumnavigations, tout ce qui a permis d'inventorier la planète, les Européens ont peu à peu compris que le monde était clos, et même qu'il était entièrement découvert. Y avait-il encore des zones d'ombre où se nichait le paradis terrestre ? Je limiterai mon propos, ici encore, à un ou deux exemples.

10. R. Fox(e), *The Foundation Statutes of Bishop Fox for Corpus Christi College*, trad. et éd. G. R. M. Ward, Londres, 1843, p. 2, cité par F. Kieffer, « De l'*hortus conclusus* au labyrinthe intérieur : promenade arcadique dans les jardins de la Renaissance », *Regards croisés*, 2022, p. 12-22.

11. A. do Rosario, *Frutas do Bresil numa nova, e ascetica Monarchia*, Lisbonne, 1702.

Le franciscain vénitien Francesco Zorzi ou Georgio (1466-1540), prodigieux kabbaliste chrétien de la Renaissance, est l'auteur de *In scripturam sacram problemata*, un gros volume de 800 pages publié à Venise en 1536, réédité à Paris en 1575.

Où et comment, demande-t-il, a été planté le jardin des délices ? Est-ce sur la terre, comme le dit l'opinion vulgaire ? D'où la fausse appellation de paradis terrestre, qui ne se trouve jamais dans l'Écriture. Il poursuit par une série de questions, toutes improbables, par exemple : après le départ d'Adam et Ève, qui s'est occupé du jardin ? Énoch et Élie y furent admis par la suite, mais bien longtemps après. Et qui donc, entre les protoparents et les prophètes, l'a cultivé et en a récolté les fruits ? Et puis même, comment deux personnes ont-elles pu jardiner cet immense territoire ? On croirait lire du Voltaire.

Notre franciscain poursuit : quels arbres ont bien pu être plantés dans ce jardin ? Des arbres matériels comme le figuier, la vigne, le pommier ? Mais Zorzi relève bien le détail des plantations de la *Genèse*, au troisième jour : « Dieu dit : “que la terre se couvre de verdure, d'herbe qui rend féconde sa semence selon son espèce, d'arbres fruitiers qui, selon leur espèce, portent sur terre des fruits ayant en eux-mêmes leur semence” » (Genèse 1, 11). Il rappelle aussi le Psaume 103 (Vulg.). *Saturabuntur ligna campi* (mais Zorzi corrige sur l'hébreu, selon l'*hebraica veritas* : « les arbres du Seigneur se rassasient »), les cèdres du Liban qu'il a plantés.

Mais encore, demande Zorzi, quand donc ce jardin a-t-il été planté ? Retrouvant les lectures talmudiques, Zorzi pense que le jardin a été planté avant la création de l'homme, interprétant de la sorte l'hébreu (Genèse 2, 8 ) : le Seigneur planta un jardin en Éden, à l'Orient גנ בעדנ מקדמ, et il y plaça l'homme qu'il avait formé. Le Seigneur fit germer du sol tout arbre, d'aspect attrayant et bon à manger, l'arbre de vie au milieu du jardin et l'arbre de la connaissance du bonheur et du malheur. Mais surtout fidèle à son système d'interprétation, il lit la narration biblique comme un récit symbolique.

Les consulteurs du Saint-Office furent très ennuyés, car ce livre, nourri de la kabbale hébraïque et chrétienne, se présentait sous formes de questions, souvent insolites – et il fut condamné en 1583 sous réserve de remaniements et corrections.

Mersenne (1588-1648), ce moine érudit ami de Descartes et interlocuteur épistolier de toute l'Europe savante, entreprit de corriger Zorzi, « Venetus », dans des *Emendationes* publiées en appendice

(250 p.) de son copieux commentaire des sept premiers chapitres de la Genèse (900 p. in-f°). C'est très commode pour l'historien parce que Mersenne reproduit en italiques les passages condamnés par l'Index... Il s'agit précisément des questions relatives au jardin d'Éden.

Mersenne s'élève contre la lecture symbolique proposée par Zorzi : il faut revenir, dit-il, au sens littéral, ce sont des arbres matériels que le Seigneur planta au troisième jour – au sens où César construisit un pont, par la médiation de causes secondes. Aussi tout le récit de la Genèse permet à Mersenne de reconstruire l'Univers comme une sorte d'immense « meccano », dont le récit biblique fournit les pièces détachées.

Rappelons, pour finir, que vers 1647, un Mercredi des Cendres, le futur cardinal de Retz opposa dans un sermon le pays des romans au paradis terrestre. Au pays des romans, dit-il, l'or coule à gros bouillons parmi le sable de leurs rivières. Sa description est très minérale : l'ambre gris et les perles, les rubis, les émeraudes et les opales, les mines d'argent, les carrières de marbre, le jaspe, le porphyre, etc. Tandis que le paradis terrestre, *en paradeisô èdonôn*, est un jardin de délices et de plaisirs, tout de végétation...

## Conclusion

Tout a commencé dans un jardin, où Dieu se promenait, où il créa l'homme et la femme, et d'où ils furent chassés. Mais l'histoire sainte voit revenir le salut dans l'Incarnation de Dieu, en Jésus, Nouvel Adam. Il prêche, fait des miracles – et puis, trahi par un des siens, et abandonné par les autres, il est torturé et mis à mort. Des gens courageux recueillent le corps du condamné et le déposent dans un tombeau tout neuf, au milieu d'un jardin. À la fin du sabbat, au lever du soleil, un des biographes, dans ce qu'on appelle le Quatrième Évangile, dit qu'une femme se rendit au tombeau, le trouva vide, alla prévenir deux des disciples qui se précipitent et voient en effet que le tombeau est vide. Mais alors qu'ils repartent pour partager la nouvelle à la communauté, la femme reste en pleurs : « on a enlevé mon seigneur, je ne sais pas où on a pu le déposer. » En se retournant, elle voit quelqu'un, qui lui semble un jardinier (δοκοῦσα ὅτι ὁ κηπουρός ἐστιν), qui lui demande pourquoi elle pleure et qui elle peut bien chercher, si tôt dans la journée, dans ce jardin. La femme s'adresse à lui : « si c'est toi qui l'as enlevé, dis-moi où il est, j'irai le reprendre. » L'homme la regarde et se contente de dire son nom : « Marie ! » (Jean 20, 15).

Ainsi cette histoire sainte qui a commencé dans un jardin trouve son épilogue dans un jardin : aux origines, le divin jardinier, le créateur, se promenait לְרוּחַ הַיּוֹם, « dans le souffle du jour » (Genèse 3, 8). Les LXX et la Vulgate comprennent *dans la soirée*[12]. Et ainsi l'histoire sainte, qui est en quelque sorte celle de l'humanité, commença dans un jardin *post meridiem* ; elle se clôt, pour ainsi dire, à l'aube, dans un jardin.

Jean-Robert ARMOGATHE

12. LXX : ἤκουσαν τὴν φωνὴν κυρίου τοῦ θεοῦ περιπατοῦντος ἐν τῷ παραδείσῳ τὸ δειλινόν; Vulgate : *cum audissent vocem Domini Dei deambulantis in paradiso ad auram post meridiem*.

# CLAUDE-HENRI WATELET, L'*ESSAI SUR LES JARDINS*, 1775 : ENTRE LA JOUISSANCE DE LA NATURE ET LA THÉORIE DE LA COMPOSITION : LE JARDIN PAYSAGER

Le 9 janvier 1774, au cours d'une séance de l'Académie française, « Monsieur Watelet a présenté un ouvrage de sa composition, qui a pour titre l'*Essai sur les jardins* »[1]. Ce livre, qui reçut bientôt une traduction en anglais[2], fut extrêmement célèbre à l'époque, au milieu d'une production d'ouvrages sur les jardins très abondante et son importance est telle qu'il a connu encore aujourd'hui plusieurs rééditions[3]. Nous avons pensé que ce colloque qui nous réunit à la Villa Kérylos[4] devait lui consacrer un exposé, car les sujets qu'abordait l'auteur étaient liés à la problématique générale de l'esthétique des jardins, qui a suscité tant de débats au XVIII^e^ siècle et qui sont à nouveau repris depuis plusieurs années[5] par suite de l'essor de la pensée écologique.

1. Citation extraite du registre manuscrit des délibérations de l'Académie française, 9 janvier 1774 (bibliothèque de l'Institut de France).

2. Reprise aujourd'hui in *Penn studies in landscape architecture, Essay on gardens: a chapter in the french picturesque*, introduction de J. Disponzio, traduction anglaise de S. Danon, Université de Pennsylvania Press, 2003.

3. Édition Gérard Montfort, 2004. Nous utiliserons ici la version donnée par Hachette-Livre, BNF, 2020. Sur l'emploi du mot « essai » pour ce type d'ouvrages, cf. S. Lefay, « Les essais sur les jardins à la fin du XVIII^e^ siècle », in *Promenades et flâneries : vers une poétique de l'essai entre le XVIII^e^ et le XIX^e^ siècle* (La Licorne, 124), ouvrage collectif sous la direction de G. Farrugia, P. Loubier et M. Parmentier, Presses universitaires de Rennes, 2022, p. 67-79.

4. Actes du XXXIV^e^ colloque de la Villa Kérylos, 11-12 octobre 2024, J. Jouanna et N. Grimal éd., Paris, 2025.

5. Cf. M. Baridon, *Les jardins. Paysagistes, jardiniers, poètes* », Paris, coll. Bouquins, 1998, p. 802 et 881-886. Voir la grande synthèse de M. Mosser, « L'histoire

L'auteur (1718-1786) (fig. 1), de nos jours encore trop méconnu[6], mérite qu'on s'y attache car il fut, selon Marc Fumaroli, un « second Caylus », après la mort de celui-ci en 1765. Né en 1718, fils d'un receveur des finances de la généralité d'Orléans, il lui succéda dans cette charge en 1741 et le traitement qu'elle lui assurait lui permit de mener une vie brillante à Paris et de recevoir dans son hôtel particulier toute la bonne société littéraire et artistique de son temps. Il fut un « amateur » par excellence, au sens du mot au XVIIIe siècle, un collectionneur avisé de tableaux[7] et un graveur à l'eau-forte de talent[8] puisque Rousseau[9] lui-même lui demanda d'illustrer son œuvre. Ce fut aussi un mécène éclairé et parmi les artistes qu'il protégea, il faut compter Hubert Robert. Le nom de Watelet apparaît dans presque toutes les correspondances des grands esprits de l'époque, Voltaire, Grimm, d'Alembert (dont il fut l'exécuteur testamentaire), et plus généralement chez les Encyclopédistes qu'il fréquentait. Auteur de livrets d'opéras, de pièces de théâtre, de nombreux poèmes, de traductions de l'italien, il laisse aussi une trentaine de notices touchant aux problèmes artistiques dans l'*Encyclopédie*, reprises et augmentées dans son *Dictionnaire des arts de peinture, sculpture et gravure,* ouvrage qu'il ne put mener à son

des jardins en France : un état des lieux », dans la revue *Histoire de l'Art*, numéro thématique « Nature, paysage », 1990, p. 21-25, qui montre bien comment dès l'époque de Watelet, « le jardin dialogue avec le paysage ». Cf. également, de la même auteur, « Claude-Henri Watelet 1718-1786 », in *Créateurs de jardins et de paysages en France, de la Renaissance au XIXe siècle*, ouvrage collectif dirigé par M. Racine, Paris, Actes-Sud, École nationale du Paysage, 2001, p. 154 sqq.

6. Après l'article de M. Henriet, « Un amateur d'art au XVIIIe siècle, l'académicien Watelet », *Gazette des Beaux-Arts* 64, 1922, p. 173-194, il a fallu attendre la thèse de S. Couturier, *L'implication des amateurs d'art dans les réseaux artistiques et intellectuels en France au XVIIIe siècle : le cas de Claude-Henri Watelet 1718-1786*, Montréal, Concordia University, 2008, et celle J.-L. Haquette, *Les paysages de la fiction : création romanesque et arts du paysage au tournant du siècle des Lumières*, thèse université de Paris III, 1995, pour mieux connaître ce personnage d'une grande complexité et l'un des plus célèbres de la fin du XVIIIe siècle.

7. À sa mort, sa collection comptait plus de cent tableaux (A. J. Paillet, *Catalogue des tableaux, dessins montés en feuilles, pastels... le tout provenant du Cabinet de feu M. Watelet*, Paris, 1786).

8. S. Couturier estime son œuvre propre à au moins 380 pièces.

9. Rousseau, lettre 15 février 1764 conservée à la bibliothèque de l'Institut. Watelet ne donna pas suite à cette demande mais elle montre sa notoriété et il rencontra plusieurs fois Rousseau, dont une fois à Môtiers (Rousseau, *Œuvres*, vol. XVII, et le portrait qu'il fit de Rousseau à Môtiers en 1766).

FIG. 1. – Claude-Henri Watelet portrait par Greuze, musée du Louvre).
© RMN (Michel Urtado).

terme mais qui contient nombre d'articles richement documentés[10]. Son œuvre la plus célèbre reste son *Art de peindre*, long poème de mille deux cents vers dédié à la marquise de Pompadour, qui lui valut d'entrer à l'Académie française en 1760 et de prendre place parmi les critiques d'art les plus connus de son temps. Dans un article récent[11], nous avons rappelé sa place décisive dans la réintroduction de la mosaïque en France grâce au talent de la « dame de ses pensées » (selon son expression empruntée au vocabulaire de l'amour courtois),

10. Cl.-H. Watelet, Ch. Levesque, *Dictionnaire des arts de peinture, sculpture et gravure*, Paris, 1792.

11. H. Lavagne, « Claude-Henri Watelet et la première mosaïque française du XVIIIe siècle par Marguerite Lecomte pour la salle des séances de l'Académie (1765-1820) », *Monuments Piot* 103, 2024, p. 121-140.

Marguerite Lecomte, 1717-1800 (fig. 2), avec laquelle il vécut quarante ans, qui fut la première femme mosaïste dans cet art alors disparu en France et qu'elle remit à l'honneur. Celle-ci, outre son indépendance d'esprit et son dédain des convenances sociales (elle vécut avec Watelet mais partageait en même temps sa vie avec son mari, Roger Lecomte, procureur au Chatelet), était pastelliste mais dessinait et gravait aussi avec Watelet et l'on a conservé des pièces où est inscrite leur devise : *una eademque die sculpserunt*[12]. Elle eut un rôle prépondérant dans la création d'un jardin paysager dans leur maison de campagne, le « Moulin-Joli »,[13] en bordure de Seine, à une dizaine de kilomètres de la capitale, au pied du village de Colombes[14]. Ils y recevaient une société choisie d'artistes, en particulier Madame Vigée-Le Brun[15], d'hommes de lettres et de célébrités, soucieux de venir admirer cette création dont chacun parlait comme le triomphe d'un nouveau type de jardins, « le jardin paysager » par opposition à l'esprit qui avait inspiré ceux de Lenôtre, particulièrement Versailles. Pour ne citer que trois exemples

12. Y. Sjöberg, sous la direction de F. Gardey, *Inventaire du Fonds français, graveurs du XVIII^e^ siècle*, 13, 1974, p. 483-486. Cf. également le *Catalogue raisonné du Cabinet des Estampes de feu M. Winckler*, t. IV, par J. G. Stimmel, Leipzig, 1801, p. 156, qui comprend six gravures de Marguerite Lecomte et 70 pour Watelet (p. 617-625).

13. Pour l'étude du Moulin-Joli et de Marguerite Lecomte, voir F. Arquié-Bruley, « Watelet, Marguerite Lecomte et le Moulin-Joli d'après les Archives nationales », *Bulletin de la Société de l'Histoire de l'Art français*, 1999, p. 131-157.

14. L'emplacement du site du Moulin-Joli est aujourd'hui recouvert par le « parc Pierre-Lagravère » créé en 1973. C'est un ensemble constitué par le regroupement d'îles de la Seine (rive gauche) avec la réutilisation d'un des bras du fleuve pour créer l'autoroute A 86, le reste des terrains, beaucoup plus étendus (25 ha) qu'au XVIIIe siècle, servant d'aire de jeux et de parc sportif. L'île elle-même du Moulin-Joli est impossible à reconnaître, les différents propriétaires qui ont suivi la vente par Marguerite Lecomte ayant coupé les arbres et les alluvions du fleuve ayant recouvert le site. Le moulin a été détruit en 1811. Cf. G. Joudiou, « Parc Pierre-Lagardère », in *Cent jardins à Paris et en Île-de-France*, textes réunis par B. de Andia, G. Joudiou et P. Wittmer, Délégation à l'Action artistique de la Ville de Paris, Paris, 1992, p. 236, fig. 245. Cf. *Moulin Joly, un jardin enchanté au siècle des Lumières*, catalogue de l'exposition à Colombes (Hauts-de-Seine, 2006-2007) sous la direction de C. Dessemme, C. Maincion et I. Leunuque, avec introductions de M. Baridon et J. L. Haquette. Voir aussi la communication de C. Lebrument, « Marguerite Lecomte, une pastelliste au Moulin-Joly », *Bulletin des Amis de Colombes et de son Histoire* 48, 2012.

15. G. Haroche-Bouzinac, *Louise-Élisabeth Vigée Le Brun, histoire d'un regard,* Paris, 2011, p. 140-143.

FIG. 2. – Marguerite Lecomte par M. Quentin de la Tour (musée de Karlsruhe, Allemagne) (cl. musée de Karlsruhe).

d'illustres visiteurs, B. Franklin après être allé admirer Versailles, se rend au Moulin-Joli, dont il se fait l'écho dans une lettre de 1778[16]. Grimm s'y promène également[17] et le prince de Ligne, très admiré

16. B. Franklin lettre du 13 août 1778 à Madame Brillon, *Papers of B. Franklin* 27, C. A. Lopez éd., Yale University Press, 1988, p. 430-435. Cf. aussi un bref message de Marguerite et de Claude-Henri Watelet, datable après le 12 février 1779, « faisant leurs compliments à M. Franklin et à son fils » (*Papers of B. Franklin* 28, 1778-1779, B. B. Oberg éd., New Haven-Londres, Yale University Press, 1990, p. 521). L'ensemble est cité par R. J. Squires, « The sentimental traverse of Claude-Henri Watelet's eighteenth-century picturesque garden isle, the Moulin Joly », *Studia Universitatis Babeş-Bolyai philologia* LXVIII/3, 2003, p. 132.

17. Grimm, *Correspondance* éditée par le Centre international d'Étude du XVIII^e siècle, Ferney-Voltaire, t. IX, 1762, X, 1763, 134.

lui-même pour son parc de Beloeil, y prolonge sa visite plusieurs jours, soulignant l'effet que ce jardin a produit sur sa sensibilité[18]. A côté des hommes de Lettres, ce sont les peintres qui marquent le plus par leur présence la propriété du Moulin-Joli. Nicolas Lesur[19] a montré l'importance des premiers dessins à la sanguine que de jeunes artistes, dont Watelet est le mécène, ont produits dans les années 1750 avant leur séjour à l'Académie de France à Rome. Leurs noms sont plus ou moins célèbres, comme celui de Jean-Baptiste Marie Pierre, l'ami de jeunesse de Watelet, Jean-Denis Lempereur, Jean-Claude Richard de Saint-Non (lui-même cousin de Watelet), Jean-Hugues Taraval, Friedrich Reclam, Jacques-François Amand, et Jean-Baptiste Le Prince, ce dernier réunissant en 1755 huit sanguines et pierres noires intitulées « Varie vedute del gentile mulino », enfin et surtout Hubert Robert, dont plusieurs sanguines donnent des aperçus du paysage du Moulin-Joli, comme le « pont de bateaux » (fig. 3) auquel Watelet accordait tant d'importance. Remarquant la similitude de style de ces dessins, particulièrement leur insistance sur « les feuillages un peu tombants », la place des eaux courantes et le rôle des arbres solitaires comme sujets privilégiés, Nicolas Lesur souligne le rôle de pépinière de talents qu'a joué le jardin de Colombes sur les peintres paysagistes du temps.

Autour de ces artistes, des écrivains comme Delille[20] et des membres choisis de l'aristocratie[21] se retrouvent autour de Marguerite Lecomte, la « jolie meunière », pour admirer les berges et les méandres des bras de la Seine qui irriguent le parc et, à l'invite de Watelet, ils écrivent leurs vers sur des arbres que les sentiers sinueux révèlent à chaque

18. Ch.-J. de Ligne, *Coup d'œil sur Belœil et sur une grande partie des jardins de l'Europe*, 1786, Bruxelles, éditions Labor, 2003, p. 117 sqq.

19. N. Lesur, « Des rives de la Seine aux bords du Tibre. L'influence du cercle amical de Claude-Henri Watelet », in *Le Grand tour et l'Académie de France à Rome, XVIe-XIXe siècle*, É. Beck Saiello et J.-N. Bret dir., Paris, 2018, p. 215-239.

20. J. Delille, *Les jardins ou l'art d'embellir le paysage*, Paris, 1782, chant III. Cf. B. Luczak, « Les jardins de Jacques Delille et le modèle du jardin paysager », *Studia romanica posnaniensa* 42/3, 2015, p. 115-126. Voir aussi D. Mornet, *Le sentiment de la nature en France, de J.-J. Rousseau à Bernardin de Saint-Pierre*, Paris, 1907, p. 378-381.

21. Ange-Laurent de La Live de Jully (1725-1779), notamment. Rappelons aussi que c'est au Moulin-Joli que Julie de Lespinasse s'éprend de Jacques-Antoine Hippolyte de Guibert en 1772 (cf. B. Peralez Peslier, *La littérature et son public d'amateurs au XVIIIe siècle, contribution des correspondances féminines*, thèse Paris-Sorbonne, 2015, p. 111).

FIG. 3. – Le pont de bateaux au Moulin-Joli par Hubert Robert (musée de Sceaux) (cl. musée de Sceaux).

détour. La célébrité du Moulin-Joli est telle que le roi lui-même et Marie-Antoinette viennent l'admirer en 1774, la reine y retournant seule en 1776[22], afin de s'en inspirer pour le Petit Trianon et son « Hameau ». Cet afflux de visiteurs donne même à Watelet l'idée d'une comédie pour se moquer de ceux qui veulent se faire inviter chez lui et qui porte le titre révélateur de « La maison de campagne à la mode ou la comédie d'après nature »[23], où l'expression « d'après nature » est aussi une allusion déguisée au débat contemporain sur la place de la nature dans le jardin. Marguerite Lecomte joue un rôle prépondérant dans la promotion et l'entretien de ce jardin et on lui appliquait la célèbre devise qui ornait le parc du couvent de Vorau en Autriche : *dirigit et irrigat*[24]. Ses amis avaient coutume de l'appeler la « jardinière du Moulin-Joli »,

22. Lettre de M^me^ du Deffand à Walpole dans *The Yale edition of Horace Walpole's correspondence*, W. S. Lewis éd., 28, 1955, p. 349.

23. Cl.-H. Watelet, *La maison de campagne à la mode ou la comédie d'après nature*, comédie en deux actes en prose, nouvelle édition Hachette-BNF, 2017.

24. G. Bazin, *Jardins, la recherche du paradis perdu*, Paris, 1988.

et les vers qu'on lui adressait le disaient sur le mode badin ne doivent pas dissimuler qu'elle régentait les coteries d'une main ferme :

« Je vois une aimable meunière,
Talents par-ci, talents par-là.
Des beaux-arts la troupe légère
Est toujours à ce moulin-là.
On les entend dire autour d'elle
Guérissons-la et servons-la.
Où trouver un meilleur modèle ?
Chérissons-la et servons-la,
La reine de ce moulin-là. »

Sans refaire toute l'histoire du parc du Moulin-Joli[25], on voit que Watelet n'eut de cesse d'agrandir le domaine en acquérant de nouveaux terrains et d'autres îlots que formaient les bras de la Seine et ses alluvions, mais il faut noter qu'il ne cherchait pas à « agrandir son pré carré », selon l'expression qu'aimait naguère Louvois, mais à adjoindre à sa propriété des fragments du pays ou, devrait-on plutôt dire, des « éléments du paysage » (comme on parle aujourd'hui d'« éléments de langage »), qui pouvaient en enrichir la vue et augmenter l'agrément[26].

Nous entrons ici dans le problème, si débattu aujourd'hui du « paysage » dans ses rapports avec le « pays », question étudiée par G. Chouquer[27] qui reprend la différence établie en 1777 par René-Louis de Girardin entre le « pays » des géographes et le « paysage » des peintres et des paysagistes, créé « par le goût ou le sentiment ».

25. Sur les acquisitions successives et le destin malheureux de la propriété, voir les détails réunis par F. Arquié-Bruley, *art. cit.* (n. 13), à partir d'un dépouillement considérable des archives.

26. Voir N. Lesur, « Claude-Henri Watelet et le paysage : la pratique avant le discours », *Écrire et peindre le paysage, 1750-1825*, Cerisy-la-Salle, 14-16 juin 2016, É. Beck Saiello, L. Châtel et É. Martichou dir., Presses universitaires de Rennes, 2021, p. 55-67. Également, J. L. Haquette, « L'esthétique du paysage de Claude-Henri Watelet », in *L'idée de paysage*, M. J. Perrin éd., Griefswald, Reinecke, 1997, p. 205-225.

27. G. Chouquer « À propos d'un contresens partiel sur « pays et paysage » dans le *Court traité du paysage* d'A. Roger, *Études rurales* 161-162, 2002, p. 273-288. Sur ce problème crucial cf. A. Roger », *Court traité du paysage*, bibliothèque des Sciences humaines, Paris, 1997, et la critique de Jacques Bethemont dans *Géocarrefour*, 1998, p. 337, ainsi que l'entretien avec l'auteur, rédigé par C. Véran sous le titre : *Entretien avec Alain Roger : « Faute de modèles, nous ne savons pas "voir" esthétiquement »*, dossier *Architectures*, n° 258, 2017.

Il montre bien qu'il ne faut pas chercher une opposition séparant la nature de l'art mais au contraire une tentative d'un passage de l'un à l'autre, dans des conditions complexes où la personnalité du jardinier est sans cesse à l'œuvre. Nous appliquerions volontiers au « pays » la formule de Mallarmé « fait, étant, il a lieu tout seul », alors que le paysage est sans cesse à recomposer avec les meilleurs éléments de la nature par une personne qui sélectionne et choisit, en fonction de sa conception du Beau, de ses goûts, de ses sentiments et même de son histoire personnelle. Nous estimons que l'étude du traité de Watelet conduit davantage vers une personnalisation de la nature que vers son « artialisation », pour employer un terme remis à l'honneur par A. Roger. Selon lui, le jardin consacre une « prise de distance », voire un rejet de la nature, alors que chez Watelet, il s'agit, au contraire, selon nous, d'une appropriation par une sorte de connivence entre une personne et un site.

On ajoutera que sur le plan de l'histoire des idées, Jacques Rancière[28] a montré que la « révolution esthétique » qui ouvre « le temps du paysage » est illustrée par un philosophe que les amateurs de jardins n'ont sans doute pas lu à l'époque, Emmanuel Kant. Dans la *Critique de la faculté de juger*[29], celui-ci fait entrer l'art des jardins dans la catégorie des « arts figuratifs » et fait se rejoindre la peinture, définie comme « art de la belle reproduction de la nature » et l'art des jardins, comme « l'art du bel arrangement de ses produits ». Cette « promotion » que l'on n'attendrait peut-être pas dans la pensée kantienne, avait déjà été proclamée par un autre amateur de jardins, l'anglais Thomas Whately[30], qui avait affirmé que l'art de former les jardins « ayant été porté dernièrement à la perfection en Angleterre méritait de prendre place parmi les arts libéraux ». Watelet[31], qui ne cite pas Whately, est parfaitement conscient du problème et écrit[32] qu'on ne regardait pas autrefois les jardins comme « susceptibles d'une certaine

---

28. J. Rancière, *Le temps du paysage, aux origines de la révolution esthétique*, Paris, Éditions La fabrique, 2020.

29. E. Kant, *Critique de la faculté de juger*, 1790, trad. A. Philonenko, Paris, 1979, p. 151.

30. Th. Whately, *Observations on modern gardening*, Londres, 1770, p. 1. Traduction de J. Rancière, *op. cit.* (n. 28), p. 14, et n. 3, p. 127.

31. L'ironie de la patronymie veut que son nom soit presque identique à celui de son rival anglais.

32. Cl.-H. Watelet, *op. cit.* (n. 3), p. 105, souligne à dessein, le mot « libérale » par des italiques.

perfection libérale qu'on désire aujourd'hui » et il affirme que parmi « les arts connus, celui qui a le plus de relations d'idées avec l'art des jardins, c'est celui de la peinture ». Il serait trop long dans le cadre de cette communication d'envisager le problème des rapports avec la peinture dans toute sa complexité, mais il est certain que le cénacle du Moulin-Joli, dans lequel Hubert Robert (fig. 4) joue un rôle primordial avant de passer à son chef-d'œuvre, la création du parc de Méréville[33], a été l'un des foyers de discussions dans ce domaine. *L'Essai sur les jardins* en est comme une synthèse[34] et se voulait sans doute comme un manifeste, voire comme un manuel dans lequel les amateurs de jardins pouvaient trouver sous une forme agréable des « axiomes horticoles »[35] et des préceptes de vie, voire de vertu.

Écrit avec un style fluide, dans la langue aimable du XVIII^e^ siècle et sans volonté de polémique avec quiconque, dépourvu de références précises à d'autres écrits (alors que la littérature anglaise sur les jardins est partout présente à l'arrière-plan), l'ouvrage se déroule avec élégance mais la présence de l'auteur est toujours prégnante, même si par une coquetterie littéraire, la partie la plus personnelle, c'est-à-dire la description de son propre jardin à Colombes, ne vient qu'en deuxième partie sous le titre modeste de : « Le jardin français, lettre à un ami » et tient en 23 pages. En réalité, c'est là que Watelet se livre avec le plus de liberté. En effet, le choix du site a été déterminé par une sorte d'enchantement de l'auteur, frappé dans sa sensibilité lors d'une promenade en 1749 à Colombes. Il eut alors la certitude intime que les beautés que le paysage recelait étaient à découvrir et il le souligne : « les beautés dont il était susceptible n'existaient que dans la possibilité de les mettre en œuvre. »[36] On a là l'écho de la façon dont les jardins anglais, à partir des années 1760, avaient été créés par leur plus célèbre jardinier, Capability Brown. Celui-ci, transformant son véritable prénom, Lancelot en Capability, avait pris pour principe de s'appuyer

33. Pour Méréville, voir M. Baridon, *op. cit.* (n. 5), p. 930-934.

34. Voir la remarquable synthèse de J. de Reyniès, « De la villégiature comme pastorale moderne : Watelet et la ferme ornée, 1774 », in *Villégiatures*, F. Le Borgne et A. Montandon dir., Paris, 2022, p. 65-85.

35. La formule est de S. Le Ménahèze-Lafay, « L'écriture des jardins au tournant des Lumières, le savant désordre d'un corpus », in *Écritures hétérogènes, Babel* 3, 1999, p. 103-112.

36. Cl.-H. Watelet, *Essai sur les jardins*, *op. cit.* (n. 3), p. 139.

FIG. 4 – Le Moulin-Joli (1765) par Hubert Robert (musée de Valence) (cl. Ph. Petiot).

sur les « capacités » (« capabilities ») immanentes du paysage naturel et sur ses ressources, dont le créateur du jardin devait agir comme le révélateur, presque comme le catalyseur. Le poète Wordsworth, qui est une des voix les plus autorisées de la controverse sur la place de la nature par rapport à l'intrusion de l'homme, même si son propos est plus tardif que celui de Brown et de Watelet, écrit avec fermeté : « l'aménagement des parcs... peut être considéré comme l'un des arts libéraux au même titre que la poésie et la peinture : il a pour objet d'aider la nature à toucher ceux qui en perçoivent la beauté le plus profondément »[37]. « Aider la nature », et non pas la dominer, tel est aussi le grand principe de Watelet, qui, dans une page voisine[38], emploie pour la première fois le mot moderne de « paysagiste », en parlant de la Seine, dont « le courant qui se brise et bouillonne en s'échappant, présente aux *paysagistes* des accidents faits pour les intéresser ». Bien entendu, cette attention « aux accidents » de la nature est, chez Watelet, empreinte de la plus grande humilité et il aurait été impensable pour

37. W. Wordsworth, lettre à G. Beaumont, 17 octobre 1805, citée par M. Baridon, *op. cit.* (n. 5), p. 827 (trad. M. Baridon).

38. Cl.-H. Watelet, *Essai sur les jardins*, *op. cit.* (n. 3), p. 142.

lui d'agir comme Brown pour le château de Blenheim, où le jardinier paysagiste avait transformé les sinuosités de la rivière de la Clyme en un lac, traversé par un pont de pierre monumental[39]. Au Moulin-Joli, le pont est aussi présent (fig. 3)mais comme un simple élément de paysage dont la construction a été comme commandée par le terrain lui-même, non pas construit en pierre mais formé de « douze petits bateaux de bois soutenant un plancher de cent pieds de long », que des caisses remplies de fleurs des deux côtés viennent égayer aux yeux du promeneur. On est donc loin de la magnificence du château anglais et de ce que Watelet critique comme l'effet « de la vanité ostensive »[40].

L'enchantement de Watelet devant le paysage qui deviendra son jardin témoigne avec force de la part que la sensibilité de l'inventeur du jardin doit prendre dans la réalisation concrète de son œuvre. C'est là qu'il s'insère aussi dans le grand débat d'idées qui agite la fin du XVIIIe siècle et qui l'oppose au rationalisme qui prévalait au siècle précédent. On a défini les jardins du XVIIe siècle comme les jardins de l'intelligence et de la raison et, sans prononcer même le nom de Le Nôtre dans son opuscule, Watelet condamne cette manière de concevoir ce qu'il appelle les « parcs anciens », où le cordeau[41] était l'outil essentiel et où le souci de la perspective longue était un but tyrannique, avec un « point de perspective » qui demeurait l'apanage du souverain pour « montrer ses jardins » aux visiteurs. Dans le système général du parc de Versailles dont on avait cru qu'il demeurerait le modèle indépassable, la Nature était partout « ordonnée par le roi »[42], et le résultat de plans soigneusement exécutés au compas était une « Nature compassée », au sens propre comme au figuré, les parcs anciens « n'étant guère plus qu'un magnifique ennui », dit Watelet.

39. G. Bazin, *op. cit.* (n. 24), p. 196 sq. Le pont est de l'architecte John Vanbrugh (1664-1726) et ne présente de surcroît aucune utilité puisqu'il ne mène pas au château.

40. Cl.-H. Watelet, *Essai sur les jardins*, *op. cit.* (n. 3), p. 17.

41. On se souvient de la condamnation prononcée par M. de Wolmar dans la *Nouvelle Héloïse* : « la nature ne plante rien au cordeau », Paris, Garnier, 1960, p. 462.

42. Dans la réédition de l'*Essai sur l'art des jardins modernes* d'Horace Walpole (G. Monfort éd., Paris, 2000), l'introduction historique de Stephen Bending insiste avec raison sur le symbolisme politique que l'on doit voir dans les réalisations du XVIIe siècle français par opposition au jardin paysager anglais : le jardin français était le fruit de la « politique despotique française » (p. 13), le jardin anglais reflète un régime « mêlé et constitutionnel » (*ibid.*, p. 14).

Un point essentiel de l'*Essai* de Watelet est l'abondance des citations poétiques que lui-même et ses hôtes, à son invite, ont tenu à graver sur l'écorce des arbres qualifiés par lui d'« arbres-poètes » et d'« hamadriades ». Ils n'ont pas manqué de frapper les visiteurs comme Grimm, Franklin ou Delille. Dulaure, à son tour, dans sa *Nouvelle description des environs de Paris*[43] en cite quelques-uns, dont le long morceau final, de Watelet lui-même, mais que sa longueur lui a fait inscrire sur le mur principal du moulin. Ces vers, qualifiés de « vers de sentiment », sont à la fois tout un programme et une conclusion de l'œuvre :

« Je suis le talisman de ces lieux de féerie,
Malheur à qui me détruira,
Bonheur à qui conservera
Les droits de la nature et ces rives chéries.
Un couple heureux, ami de la nature,
Me prit en gré, me respecta...
...Ce que sans art, sans symétrie
La nature en riant de ses mains décora. »

Les droits de la nature sont ici proclamés et le couple des Watelet-Lecomte a su respecter ce « produit de la nature » auquel il n'a rien imposé. On a là le principe fondamental qui a guidé l'entreprise : ne pas faire violence à la nature, alors qu'elle a elle-même prodigué ses trésors qu'il faut seulement révéler.

Si l'on considère l'ensemble des dix textes laissés par les « hamadryades », et que le visiteur pouvait méditer dans ses promenades, on peut se demander comment concilier leur intrusion dans un parc dont l'auteur proclame avant tout qu'il se caractérise par le respect de la nature[44]. Cette présence n'est-elle pas surérogatoire, voire intempestive ? Jean-Louis Haquette[45], le meilleur exégète de Claude-Henri Watelet, dans ses études remarquables sur l'esthétique du paysage chez ce dernier,

43. J. A. Dulaure, *Nouvelle description des environs de Paris*, 1787, p. 148.

44. Cl.-H. Watelet, *op. cit.* (n. 3), p. 80, 114, 147, 158 ainsi que 159, et in J. A. Dulaure (*op. cit.*), p. 142 sqq., ou, pour les auteurs étrangers, C. Lorenz Hirschfeld, *Theorie der Gartenkunst* et traduction française, *Théorie de de l'art des jardins,* Leipzig, 1779, p. 6 et 49.

45. J.-L. Haquette, *Les paysages de la fiction : création romanesque et arts du paysage au tournant du siècle des Lumières*, thèse non publiée, université de Paris III, 1995.

a bien montré que le Moulin-Joli est à part dans la série des jardins français de l'époque comme Méréville, Retz et plus encore Ermenonville où domine l'ombre de Rousseau, avec un effet de miroir, fondé sur les figures de Pétrarque et Laure. Son article, essentiel sur le texte dans le paysage[46], ne cite pas Watelet, alors que l'*Essai* ne renferme pas moins de dix textes poétiques. La culture française, nourrie de Théocrite et de Virgile avec parfois des accents lucrétiens, transparaît souvent dans les textes de Girardin, mais pas chez Watelet, pourtant homme de grande culture et qui en témoigne dans tous ses écrits. La raison nous paraît être que l'*Essai sur les jardins* atteste une tout autre conception du « paysage à recomposer » car il se refuse à faire un paysage littéraire, à évoquer l'Arcadie des poètes, le souvenir de Saint-Preux et de Julie, les vers du Tasse (auteur qu'il a traduit) ou les « scènes picturales » de ses amis peintres comme Hubert Robert. Nous dirions volontiers, en adaptant l'expression fameuse de Roland Barthes, que le Moulin-Joli est le « degré zéro du paysage littéraire ». Mais après avoir prétexté avec une feinte modestie qu'il ne veut pas se risquer à affronter la sévérité de ses visiteurs en matière de poésie[47], il reprend pourtant une série de vers de sa veine personnelle dont il faut examiner la signification :

> « Vivez pour peu d'amis ; occupez peu d'espace.
> Faites du bien surtout ; formez peu de projets.
> Vos jours seront heureux ; et si ce bonheur passe,
> Il ne vous laissera ni remords, ni regrets. »

Ou encore :

> « De ce riant séjour, de ce paisible ombrage
> Éprouvez les charmes secrets.
> Infortunés, retrouvez-y la paix ;
> Heureux ? Soyez-le davantage. »

Et Watelet y ajoute quelques vers de son ami Delille, dont la conclusion est :

> « Des jours heureux, voici l'image. »

46. J.-L. Haquette, « Le texte dans le paysage : réflexions sur la pratique de l'inscription dans le jardin paysager au XVIIIe siècle », dans le numéro thématique de la revue *Image-texte-langage* 11-12, 1997, p. 63-75.

47. Cl.-H. Watelet, *Essai sur les jardins*, *op. cit.* (n. 3), p. 148 sq.

FIG. 5 – Vue prise du Moulin-Joli (1812), d'après le dessin de Berthault, gravure de Bourgeois (cl. Musée de Colombes).

On voit ici (fig. 5) que le ton n'est pas celui de l'homme de lettres, ou du poète qui avait réussi à s'imposer par son abondance poétique, mais plutôt l'attitude du moraliste, avec des recommandations pour atteindre à un art de vivre tendant au bonheur, ce but le plus fondamental de toute la pensée du XVIII^e siècle[48] et où la sensibilité joue le rôle primordial. On pense ici au mot de d'Alembert, l'ami le plus cher de Watelet, regrettant que « nos lumières se font presque toujours aux dépens de nos plaisirs ».

Il est d'ailleurs frappant de constater que la première recension de son *Essai* en 1775 par un critique du *Mercure de France*[49] le définit comme « l'ouvrage d'un amateur éclairé et sensible », et relève qu'il répond à la tendance majeure de son temps : « tous les possesseurs de jardin s'occupent aujourd'hui de mettre du goût et de la volupté là où l'on ne mettait auparavant que de la magnificence. » Il faut donc pour

48. R. Mauzi, *L'idée du bonheur dans la littérature et la pensée française au XVIII^e siècle*, Paris, 1960.

49. *Mercure de France*, janvier 1775, p. 131-154. Cf. aussi celle de Diderot, *Correspondance littéraire, philosophique et critique de Grimm, Diderot, Raynal*, M. Tourneux éd., Paris, 1879, t. X, p. 521-524.

réussir un jardin, « parvenir à la perfection de jouissance », et si l'on fait une lecture attentive de Watelet, on est frappé par la répétition constante de l'adjectif « sensible », et des termes de « jouissance » et de « plaisir sensuel ». Ces expressions reviennent comme un leitmotiv, l'*Essai* lui-même s'ouvrant par l'oxymore de « jouissance réfléchie », repris plus loin[50] par « sensualité recherchée ». Il n'est pas jusqu'au bruit du moulin et à son mouvement permanent qui n'entraînent la prescription épicurienne :

> « De vos beaux jours, le fuseau roule.
> Jouissez, jouissez, ne perdez pas d'instants. »

L'injonction de Watelet a surpris et même scandalisé certains auteurs comme Dulaure[51] qui cite longuement le texte dans sa *Nouvelle description des environs de Paris* (1787), et malgré son opinion généralement favorable pour Watelet, s'indigne sur ce point précis en commentant avec fermeté : « moralité qui n'est rien moins qu'affligeante ». Mais est-ce bien d'abord aux « pourceaux d'Épicure » que cet encouragement de Watelet s'adresse ? On doit se demander si ce n'est pas plutôt un écho de la philosophie de Condillac dont le *Traité des sensations* n'est pas très éloigné par sa date (1754) de l'*Essai sur les jardins*. Le rôle éminent que joue selon Condillac, la sensation dans l'acquisition de la connaissance elle-même, est ici repris par Watelet à travers le prisme du jardin, et l'invocation à la jouissance n'est peut-être entraînée que par le mouvement des aubes du moulin dont le passage évoque la fuite du temps, dans une sorte de pré-romantisme à la Rousseau. Il est certain que dans l'esprit de Watelet, ami de Rousseau, le souvenir de la *Nouvelle Héloïse*[52] est présent et les célèbres pages consacrées au jardin de Julie comportent nombre de détails qui expriment deux témoignages analogues d'un amour indestructible. Mais avec l'*Essai* de Watelet, nous le percevons encore davantage, en relevant la part importante qu'il réserve aux amours dramatiques d'Héloïse et

50. Cl.-H. Watelet, *op. cit.* (n. 3), p. 50 et 92.

51. J. A. Dulaure, *Nouvelle description des environs de Paris*, 1787, p. 146.

52. Rousseau, *La nouvelle Héloïse*, lettre 11 de la quatrième partie (éd. par R. Pomeau, Paris, 1960, p. 453-472). J. Delille (*Les jardins ou l'art d'embellir les paysages*, 1782, t. III) ne manque pas également de faire allusion à ces amours célèbres (« Quelquefois, vous croirez, au déclin d'un jour sombre / d'une Héloïse en pleurs entendre gémir l'ombre »).

d'Abélard et où il faut voir un écho de son vécu personnel et de son amour interdit pour Marguerite Lecomte, qu'il avait séduite dans sa jeunesse lorsqu'il lui donnait des cours de gravure.

Nous rejoignons ici les intuitions de Rebecca Squires[53] et nous y voyons comme elle une allusion précise dans la mention que fait Watelet[54] aux bâtiments de l'abbaye de Notre-Dame d'Argenteuil encore visibles sur une éminence non loin du Moulin-Joli : c'est le lieu où Abélard et Héloïse cachèrent leurs amours dans la dernière partie de leur vie.

Ici, la réminiscence de la destinée des deux amants du Moyen Âge n'est pas sans présenter des analogies avec la sienne : de même qu'Abélard séduisit son élève, de même Watelet, qui fut le professeur de gravure de Marguerite Lecomte, tomba amoureux d'elle et lui resta attaché pendant quarante ans, comme Abélard, qui malgré l'acharnement de ses adversaires, ne quitta jamais Héloïse et la fit rentrer à la fin de sa vie au couvent d'Argenteuil dont elle devint l'abbesse. Watelet qui en aperçoit les restes de constructions est saisi par ce souvenir et lui accorde plus de deux pages : « il fut habité par Héloïse. À ce nom, qui ne s'arrêterait à le considérer ? Qui ne parlerait un moment de cette délicate et trop malheureuse amante ! Après sa funeste aventure, elle se retira dans un monastère, dont le savant, l'inquiet, l'exigeant, le jaloux Abélard était directeur. » Watelet reprend alors des vers (très certainement de lui-même) qui étaient gravés dans le jardin :

« Ces toits élevés dans les airs
Couvrent l'asile où vécut Héloïse.
Cœurs tendres, soupirez et retenez mes vers
Elle honora l'Amour, l'Amour l'immortalise. »[55]

Et songeant aux réactions des « jeunes personnes » parmi les visiteuses, il s'émeut lui-même en pensant « qu'elles sentent s'élever dans leur sein un mouvement plus précipité qu'à l'ordinaire, leur regard devient incertain et embarrassé (...) » et il devine qu'elles lisent alors

53. R. J. Squires, « An ephemeral traverse of Claude-Henri Watelet's picturesque eighteenth-century garden, the Moulin-Joli », in colloque *Mémoire et oubli*, Maison de la Recherche de la Sorbonne nouvelle, Paris, 2024, p. 130 sq., où elle reprend l'essentiel de son premier article cité s*upra* n. 16.

54. Cl.-H. Watelet, *op. cit.* (n. 3), p. 154.

55. *Ibid.*, p. 155. Grimm, au cours de sa visite, avait vu ces vers et les cite aussi.

les vers qu'il écrit comme un appel à la poésie d'amour. On voit que la citation est devenue moins littéraire et plus personnelle et que Marguerite Lecomte est aussi présente. Le paysage du Moulin-Joli devient un lieu de mémoire pour Watelet, comme il est aussi, selon J.-L. Haquette, « le lieu naturel du désir »[56].

Il faut d'ailleurs rappeler un détail plus prosaïque, mais porteur de sens : l'achat des terres à Colombes par Watelet a été mis par lui au nom de Lecomte, ce qui est une sorte d'hommage indirect à l'attitude d'Abélard à l'égard du couvent des bénédictines d'Argenteuil[57]. On peut donc dire qu'il y a, à l'origine du jardin du Moulin-Joli, une « secrète sympathie »[58] entre la liaison tragique d'Abélard et Héloïse et celle, plus heureuse, qui unissait Watelet et Marguerite. On rejoint ici une notion qui était à la mode à cette époque et que Rebcca Squires[59] a analysée, celle de la « serendipity », mot anglais que l'on ne peut rendre en français que par « heureux hasard » et gloser comme « la découverte inattendue d'un élément favorable à celui qui l'éprouve ». La conviction intime de Watelet est que le lieu où il est saisi par la beauté du paysage renvoie à un fait majeur de sa vie sentimentale et le conduit à l'achat du terrain : c'est bien là un exemple de « serendipity ». Watelet ne reprend pas le mot anglais alors que chacun sait à son époque que cette notion vient d'Horace Walpole[60], qui s'efforçait par ses écrits de l'introduire dans la langue anglaise mais n'y réussit pas en français[61]. Or, Watelet a rencontré Walpole dans son château de Strawberry Hill près de Londres, dont les jardins avaient commencé à être composés en 1749 et il a certainement lu son traité *Essay on modern gardening*, publié dès 1768 ;

56. J.-L. Haquette, *op. cit.* (n. 45), p. 222.

57. E. Arquié-Bruley, *art. cit.* (n. 13). La date d'acquisition par Watelet est le 16 août 1750. Sur les amours dramatiques d'Abélard et Héloïse, voir H. Silvestre, « L'idylle d'Abélard et Héloïse : la part du roman », *Bulletin de la Classe des Lettres et des Sciences morales et politiques de l'Académie royale de Belgique*, 5e série, 71, 1985, p. 157-200.

58. L'expression est de Cl.-H. Watelet, *Essai sur les jardins*, *op. cit.* (n. 3), p. 141.

59. R. J. Squires, *art. cit.* (n. 16).

60. Horace Walpole a inventé ce terme de « serendipity » à partir d'un ouvrage du XVIe siècle (*Les trois princes de Sérendip*) qu'il réédite en 1754.

61. Le dernier volume paru du *Dictionnaire de l'Académie française*, 9e édition, t. IV, Paris, 2024, *s. v.* « sérendipité », donne comme définition : « faculté de discerner l'intérêt, la portée d'observations faites par hasard et sortant du caractère initial de la recherche », ce qui limite trop l'emploi du mot à l'investigation scientifique par rapport à l'acception première du terme.

et Walpole à son tour lui rend sa visite au Moulin-Joli le 6 septembre 1775 et la raconte longuement à William Mason, lui-même théoricien des jardins anglais[62]. On voit combien l'*Essai* de Watelet est en écho avec les théoriciens des jardins de son temps, même s'il n'y fait que des allusions discrètes et rares dans son ouvrage.

On peut conclure cette étude sur l'*Essai* en affirmant que l'attitude de Watelet par rapport à la nature est déjà très moderne et annonce la pensée écologiste d'aujourd'hui, qui affirme que le jardin est avant tout un « lieu de bienveillance réciproque entre la nature et l'homme jardinier »[63]. Celui-ci doit même témoigner de « l'affection » pour la nature. On pourrait être tenté de dire pourtant que la nature n'a pas toujours cette bienveillance et qu'ici, les terribles inondations de la Seine qui ont ravagé au XVIII^e^ siècle les berges du fleuve, seraient la preuve du contraire. Mais Watelet ne se dérobe pas devant ce qu'un arbre, se substituant à lui par quelques vers sur son écorce[64], qualifie simplement d'« accident » :

> « Dans ces climats, plus d'un orage
> A troublé le ciel et les coeurs.
> L'onde, franchissant son rivage,
> A submergé nos vergers et nos fleurs.
> Dieux bienfaisants, réparez ces malheurs !
> Et que les habitants d'un modeste bocage
> Par vos faveurs trouvent sous nos rameaux
> Quelqu'abri pour un doux repos.
> A qui tient peu de place, il faut si peu d'ombrage ! »

C'est aux habitants de ces « modestes bocages » de réduire leur prétention à la sécurité en diminuant d'eux-mêmes la place qu'ils y occupent !

La relation à la nature dans laquelle Watelet trouve sa place est donc complexe puisqu'il y cherche une forme de bonheur à cultiver, la nature étant toujours pour lui non pas un objet à conquérir mais un jardin à faire

62. Visite de Walpole in R. J. Squires, *art. cit.* (n. 16), p. 123. Sur W. Mason, voir M. Baridon, *op. cit.* (n. 5), p. 911 sq.

63. La phrase est de D. Ribouillaut dans « De la réunion des arts dans le jardin au jardin partagé », *Intermédialités* 35, 2020, p. 15.

64. Cl.-H. Watelet, *op. cit.* (n. 3), p. 159.

FIG. 6. – Gravure de la maison du Moulin Joli par Cl. H. Watelet (1783).
Légende inscrite en partie à la main : Maison de Marguerite Le Comte meunière du Moulin-Joli . *Cur valle permutem Sabina divitias operosiores.*
Cliché de la gravure conservée à la Maison de G. Sand (Nohant), don Aurore Lauth-Sand.

fleurir par l'art, comme le dira Hölderlin à la même époque[65] « l'art est la floraison, la perfection de la Nature ».

Henri LAVAGNE

*
* *

65. Holderlin, *Fondement d'Empédocle*, 1799.

# APPENDICE

## L'APOLOGUE DU MOULIN-JOLI « REVISITÉ » PAR GEORGE SAND

Une page de la cinquième *Lettre d'un voyageur*[66] a toujours surpris les lecteurs de George Sand, même si les aérolithes apparemment étrangers au monde sandien ne manquent pas dans cette œuvre où l'autobiographique se mêle intimement à l'imaginaire et à l'historique. Béatrice Didier[67] a donné une analyse remarquable du caractère apparemment hétérogène de bien des pages, même si elle ne traite pas précisément de ce passage sur le Moulin-Joli. G. Lubin, pour souligner son caractère inattendu, le considérait d'ailleurs comme un « apologue », c'est-à-dire un « petit récit destiné à illustrer une vérité morale ou instructive », pour le dire comme les dictionnaires. Les exégètes sandiens[68] ne se sont pas attachés à ce passage de ce qui peut seulement passer en première apparence pour une anecdote du XVIIIe siècle, sans y voir la résonance affective profonde qu'elle peut avoir pour l'écrivain, après sa rupture avec Jules Sandeau, puis avec Musset, à un moment de désarroi où, après la séparation avec Casimir Dudevant, elle congédie son rêve d'un « bonheur à deux, pauvre, studieux et immuable ». L'étude du contexte dans lequel il faut replacer le passage en révèle les implications profondes que seul Balzac parmi

66. George Sand, *Lettres d'un voyageur*, G. Lubin éd., *Œuvres autobiographiques*, coll. de la Pléiade, t. II, 1970-1971, p. 771 sq., n. p. 1459 sqq. La lettre V est datée de 1835. La note qu'il consacre aux deux protagonistes est sommaire puisque Watelet est seulement qualifié de « littérateur artiste » et Marguerite n'a droit qu'à « femme d'un commissaire des fermes », avec renvoi à la référence de la gravure du Moulin-Joli, B. N. Est. 64 B 34776. La discussion sur l'identification du personnage du portrait qui ne peut être ni Jules Sandeau, ni Musset, selon Lubin, reste ouverte. Plutôt que pour Franklin, nous penchons pour Watelet.

67. B. Didier, « Incertitude générique ou création d'un genre ? », in *Les Lettres d'un voyageur de George Sand, une poétique romantique* (Recherches et Travaux, 67), D. Zanone éd., Université de Grenoble-Alpes, 2007.

68. Seul Christian Lebrument (voir *infra* n. 14) cite le passage *in extenso* dans sa conférence sur le Moulin-Joli. É. Francalanza, « L'*hortus amoenus* de George Sand : des traités du XVIIIe siècle à *Histoire de ma vie* », in *Fleurs et jardins dans l'œuvre de G. Sand*, études réunies par S. Bernard-Griffiths et M. C. Levet, collection « Révolutions et Romantisme », Presses universitaires Blaise Pascal, 10, 2014, p. 50-66, ne s'y attarde pas.

les contemporains de George Sand avait décelées. On citera ce passage d'une lettre à Madame Hanska[69] : « Mon Dieu, mon Dieu, avez-vous lu, dans les *Lettres d'un voyageur* l'endroit du Moulin-Joli, cette gravure que j'ai vue chez elle (fig. 6) sans savoir encore à quel passage terrible elle a donné lieu, terrible pour des gens dépareillés. »

Relisons le passage de G. Sand :

« Écoute une histoire et pleure. Il y avait un bon artiste qu'on appelait Watelet, qui gravait à l'eau-forte mieux qu'aucun homme de son temps. Il aima Marguerite Lecomte et lui apprit à graver à l'eau-forte aussi bien que lui. Elle quitta son mari, ses biens et son pays pour aller vivre avec Watelet. Le monde les maudit, puis, comme ils étaient pauvres et modestes, le monde les oublia. Quarante ans après, on découvrit aux environs de Paris, dans une maisonnette appelée Moulin-Joli, un vieil homme qui gravait à l'eau-forte et une vieille femme qu'il appelait sa meunière et qui gravait à l'eau-forte, assise à la même table. Le premier oisif qui découvrit cette merveille l'annonça aux autres et le beau monde courut en foule à Moulin-Joli pour voir le phénomène d'un amour de quarante ans, un travail toujours assidu et toujours aimé ; deux beaux talents jumeaux, Philémon et Baucis du vivant de Mmes de Pompadour et du Barry. Cela fit époque et le couple miraculeux eut ses flatteurs, ses amis, ses admirateurs, ses poètes. Heureusement le couple mourut de vieillesse peu de jours après, car le monde aurait tout gâté. Le dernier dessin qu'ils gravèrent représentait le Moulin-Joli, la maison de Marguerite, avec cette devise :
*Cur valle permutem Sabina*
*Divitias operosiores ?*[70]

69. Passage relevé par S. Esquier dans son édition critique des *Lettres d'un voyageur*, œuvres complètes, sous la direction de B. Didier, Paris, 2010, p. 659. La lettre de Balzac est dans les *Lettres à Madame Hanska*, Roger Pierrot éd., Paris, 1990, p. 462-463.

70. La traduction généralement reprise (par exemple par G. Haroche-Bouzinac, *op. cit.*, p. 140) de *divitias operosiores* en « richesses tourmentées » est une hardiesse empruntée à la traduction d'Horace par Leconte de Lisle dans son édition de 1873, mais l'expression n'a guère de sens en français. Le mot latin *operosus* signifie « ce qui coûte beaucoup de peine, de soucis ». Horace veut simplement dire que sa modeste maison de Sabine lui coûte moins à entretenir que les grandes villas de ses contemporains. P. Grimal (*Horace*, Paris, coll. « Écrivains de toujours », 1962, p. 145) traduit par « Pourquoi changer ma vallée sabine pour des richesses qui coûtent tellement plus de soins ? ».

Il est encadré dans ma chambre, au-dessus d'un portrait dont personne ici n'a vu l'original. Pendant un an, l'être qui m'a légué ce portrait s'est assis avec moi toutes les nuits à une petite table et il a vécu du même travail que moi. Au lever du jour, nous nous consultions sur notre œuvre et nous soupions à la même petite table, tout en causant d'art, de sentiment et d'avenir. L'avenir nous a manqué de parole. Prie pour moi, ô Marguerite Lecomte ».

Remarquons d'abord, pour les vers d'Horace qui terminent le passage, que G. Sand, qui connaît mal le latin (malgré les efforts de François Rollinat[71] pour lui faire lire le poète dans le texte), a retenu deux vers qui correspondent parfaitement à la situation de Watelet à la fin de sa vie. Après avoir acheté les terrains du Moulin-Joli, il a fait construire une maison de deux étages pour y recevoir fastueusement ses amis, puis racheté d'autres îlots de la Seine et surtout fait entretenir le jardin par plusieurs jardiniers, ce qui lui coûte une fortune qu'il ne possède pas. Ses fonctions d'intendant lui permettant de gérer la caisse des finances de sa province, il y puise subrepticement, est convaincu de concussion par la justice royale, et acculé à la faillite en 1773, il est contraint de vendre son hôtel particulier parisien. Heureusement pour lui, comme graveur, et pour Marguerite comme pastelliste, ils reçoivent du comte d'Angivillers, en tant qu'artistes, un logement au Louvre mais ils vivent la plupart du temps plus modestement au Moulin-Joli. Par ce détail, on a déjà le sentiment que G. Sand a une connaissance précise de la vie du couple Watelet-Lecomte, mais par qui ? nous pensons qu'elle en a eu la révélation par les récits de sa grand-mère. Il faut y voir une histoire qu'elle lui racontait dans son enfance parce qu'elle en avait connu elle-même les protagonistes. En effet, on sait que la petite Aurore a été élevée par sa grand-mère paternelle, Marie-Aurore de Saxe (1748-1821), et on a souligné la force des liens et des souvenirs familiaux chez Sand[72], particulièrement ceux de sa grand-mère, qu'elle a veillée jusqu'à sa mort en 1821. Or, celle-ci avait épousé en secondes noces Louis-Claude Dupin[73] de Francueil, devenu fermier général en

71. M. Perrot, *George Sand à Nohant, une maison d'artiste*, Paris, 2018, p. 333.

72. Voir en dernier lieu G. Peylet, *George Sand, de l'universel à l'intime*, Paris, 2024.

73. Sur les liens familiaux entre G. Sand et les Dupin, cf. J. Buon, « G. Sand et Madame Dupin », in *George Sand et les arts du XVIII^e^ siècle*, numéro spécial de la revue *Les amis de George Sand* 34, 2012, p. 188-204.

1726, mort en 1786. Ce qu'on oublie souvent, c'est que ce personnage était très proche de Claude-Henri Watelet : non seulement, il occupa une fonction semblable au service de l'administration royale mais partageait la même passion que lui pour la gravure. Mieux, ce talent commun les a réunis parfois pour l'exécution de gravures qu'ils signent de leurs deux noms, comme celle[74] sous-titrée « Moulin au bord d'une rivière » qui porte la mention de *Watelet delineavit, Francueil pinxit, Lalive sculpsit*, où il faut reconnaître le site du Moulin-Joli[75]. Aurore Dupin de Francueil a donc certainement connu Watelet, qui devait fréquenter son salon parisien où se réunissaient les encyclopédistes et il est même plus que probable qu'elle a visité le Moulin-Joli avec son mari. Les liens qui unissaient Claude-Henri et Marguerite ne lui étaient donc pas inconnus et devaient déjà constituer un amour légendaire dont beaucoup de contemporains se font l'écho, comme Madame Vigée-Lebrun[76] qui écrit : « le temps avait, pour ainsi dire, sanctifié leur liaison, au point qu'on les recevait ensemble dans la meilleure compagnie, ainsi que le mari de la dame, qui, chose assez bizarre, ne la quittait jamais. »

On voit avec cet « apologue » du Moulin-Joli comment G. Sand peut prendre avec la vérité historique ses distances et la transformer pour défendre une cause personnelle et un idéal qui lui est cher. Chaque phrase de ce passage en est le témoignage clair puisque les contre-vérités y abondent : nous savons que Marguerite ne quitta ni son mari (Roger Lecomte), ni son pays puisqu'elle demeura avec Watelet jusqu'à la fin de sa vie. Le couple, qui était en fait un ménage à trois très bien accepté par la bonne société, ne fut aucunement « maudit » mais était reçu avec honneur dans les salons les plus en vue de Paris et Watelet, membre de l'Académie française, y occupa les plus hautes fonctions. Enfin, les adjectifs qui les qualifient de « pauvres et modestes » ne leur conviennent en aucune façon. Catherine Mariette[77] a bien montré

74. Bibliothèque nationale, Estampes, *Inventaire du Fonds français* par M. Hébert et Y. Sjöberg, Paris, 1973, t. XII, p. 329, n. 33. Également, S. Sjöberg sous la direction de F. Gardey, *Inventaire du Fonds français*, Paris, XIII, 1974, p. 484 sq.

75. Il a été repéré par S. Couturier, *op. cit.* (n. 6), p. 50, n. 89, qui renvoie à B. N., *Inventaire du fonds français* 12, p. 329, n° 33.

76. *Louise-Élisabeth Vigée-Lebrun, Souvenirs 1755-1842*, G. Haroche-Bouzinac éd., Paris, 2008, p. 226.

77. C. Mariette, « Éthique et idéal de la pauvreté dans quelques romans de G. Sand », in *George Sand et l'idéal, une recherche en écriture*, textes réunis et présentés par D. Zanone, Paris, 2017, p. 316-327.

comment beaucoup de personnages les plus chers au cœur de l'écrivain, particulièrement Consuelo et Albert dans la *Comtesse de Rudolstadt*, font de la pauvreté un mode de vie et même un véritable vœu. On peut presque dire que les figures de Marguerite Lecomte et Claude-Henri Watelet auraient pu être des personnages de roman pour G. Sand et que la page de la cinquième *Lettre d'un voyageur* en donne comme un canevas rêvé, qui se termine par une invocation à Marguerite devenue une véritable sainte dans la lignée de François d'Assise et qui peut intercéder pour elle. Enfin, le couple ne mourut pas « quelques jours après leur découverte » par la foule des flatteurs, puisque le décès de Watelet eut lieu en janvier 1787 et celui de Marguerite en 1800.

Lorsqu'elle écrit en 1835, G. Sand occupe alors la chambre de sa grand-mère, au rez-de-chaussée, et travaille avec Jules Sandeau dans le « réduit »[78] qui jouxte la pièce. La mémoire des lieux de la maison de Nohant, à laquelle Sand est si attachée, a dû jouer le rôle de déclencheur de ce souvenir. La valeur autobiographique du passage est donc incontestable, fût-ce de façon « spéculaire », comme dit justement[79] Henri Bonnet : Sand, qui se souvient d'avoir travaillé de nuit avec Jules Sandeau, s'imagine comme un double de Watelet et Marguerite Lecomte à leur atelier de graveurs.

La ressemblance avec le couple ovidien de Philémon et Baucis n'a, en fait, que la valeur d'un exemple légendaire d'un amour voué au travail de l'artisan et loin du monde. Est-ce là une nouvelle fois un « écart de la romancière »[80] qui s'éloigne de la vérité historique pour mieux défendre son idéal du couple ? Nous pensons que la façon dont George Sand les fait entrer dans son imaginaire personnel, à un moment de sa vie particulièrement douloureux, après le départ de Jules Sandeau et l'échec des retrouvailles avec Musset, est très significatif de son jugement sur l'amour du couple et la valeur du mariage, qu'elle rêvait

78. Sur ce point, cf. M. Perrot, *George Sand à Nohant, une maison d'artiste*, Paris, 2018, p. 132.

79. H. Bonnet, « Les voyages du moi et le complexe de la maison, ou le discours de la nostalgie », in *Lettres d'un voyageur*, *op. cit.* (n. 67), p. 15.

80. Nous nous permettons de renvoyer à notre communication « George Sand entre histoire et histoire de l'art, les écarts de la romancière », in *George Sand et l'écriture du roman, XI^e^ colloque international George Sand*, J. Goldin éd., Montréal, 1986, p. 115-162.

immuable et consacré par un « talent jumeau »[81]. On y voit souvent qu'une réflexion amère sur son rôle (« je ne suis l'autre moitié de personne ») et sa peur de la vieillesse solitaire : « il m'importe peu de vieillir, il m'importerait beaucoup plus de ne pas vieillir seule. »[82] Mais pour saisir la véritable signification de l'« apologue du Moulin-Joli », nous croyons qu'on doit le rapprocher de vers de Musset peu connus[83], et adressés précisément à G. Sand :

> « Faisons-nous des amours qui n'aient pas de vieillesse ;
> Que l'on dise de nous quand nous mourrons tous deux
> Ils n'ont jamais connu la crainte ni l'envie ;
> Voilà le sentiment où durant cette vie,
> En se parlant tout bas, ils souriaient entre eux ».

Un amour sans vieillesse est un rêve impossible de Musset comme il vient d'en faire l'expérience avec la romancière, mais elle, animée par la force indéracinable de son espérance, a vu un exemple de son idéal dans l'exemple de Watelet et de Marguerite Lecomte au Moulin-Joli.

Henri Lavagne

81. Voir les analyses de S. Esquier dans S. Bernard-Griffiths et P. Auraix-Jonchière, *Dictionnaire George Sand*, Paris, 2015, t. II, *s. v.* « mariage », p. 655 sq.

82. *Lettres d'un voyageur*, t. V, S. Esquier éd., p. 382.

83. A. de Musset, « À George Sand », in *Œuvres complètes*, t. III, p. 234. Cité par O. Bara, « Musset et Sand ironistes : deux romantiques critiques », in *Littérature*, 2009, p. 234.

# LE JARDIN CHINOIS AUX XVII^e ET XVIII^e SIÈCLES SOUS LE REGARD DES JÉSUITES. SÉDUCTION ET INCOMPRÉHENSION

Avec l'arrivée des jésuites en Chine au tournant du XVII^e siècle, les civilisations européenne et chinoise sont entrées en contact l'une avec l'autre, et durant deux siècles n'ont cessé de s'enrichir mutuellement grâce à cette rencontre. Pour la première fois depuis Marco Polo (1254-1324), dont le *Livre des merveilles* (1298) ne donne qu'un témoignage imparfait et peu fiable sur la Chine, de précises descriptions de ce pays accompagnées d'images figurant ses traits culturels les plus originaux parvinrent en Occident, et avec elles un vaste ensemble de connaissances scientifiques et de techniques nouvelles.

Après avoir abordé à Macao en 1582 avec ses compagnons et séjourné dans le Sud de la Chine durant près de vingt ans, Matteo Ricci (Macerata, 1552-Pékin, 1610), le plus célèbre de ces missionnaires, fut l'un des premiers jésuites à résider à Pékin, de 1601 à sa mort. C'est lui qui établit les règles de fonctionnement de la mission jésuite en Chine[1]. Tous ses membres devaient en apprendre la langue, s'initier à la culture classique, et entretenir des échanges savants avec les élites lettrées dans les disciplines qu'ils maîtrisaient le mieux[2]. Ses successeurs nouèrent

1. Cf. I. Landry-Deron, « La mission chrétienne en Chine », in *L'Europe missionnaire en Chine sous l'empereur Kangxi. Lettres du père jésuite Jean-François Foucquet écrites de Chine à sa famille (1698-1721)*, I. Landry-Deron éd., Paris, 2022, p. 45.

2. J. Gernet, *Le Monde chinois*, Paris, 1990 (3^e éd.), p. 394 sq. et 451 sq. Lors de leur séjour en Chine, d'après un recensement de 1958, ils publièrent cent soixante-dix-sept livres en chinois entre 1584 et 1753. Parmi les plus notables se trouvent des livres sur l'astronomie, sur les mathématiques ou encore sur l'hydraulique. D'après J. Gernet, in *L'Europe en Chine : interactions scientifiques, religieuses et culturelles aux* XVII^e *et*

une relation plus étroite avec les empereurs mandchous de la dynastie Qing (1644-1911), d'abord Kangxi (r. 1662-1722), le contemporain de Louis XIV, puis Qianlong qui régna de 1736 à 1796. Bien que l'ordre ait été dissous le 21 juillet 1773 par Clément XIV, la mission subsista jusqu'en 1813, date de la mort du dernier jésuite resté sur place[3]. Ceux qui étaient parvenus à se faire admettre à la cour étaient tout à la fois des érudits et des hommes cultivés, certains même d'authentiques artistes ou musiciens[4]. Leur esprit n'en resta pas moins animé d'une ferveur prosélyte[5]. Ils étaient guidés par l'idée que la conversion de l'empereur serait suivie de celle de tout un peuple, et qu'en dévoilant auprès de lui les grands acquis scientifiques de l'Europe, ils parviendraient à leur fin. Sur le plan scientifique, leur apport fut considérable, notamment par le biais de traductions qu'il firent en chinois d'ouvrages dans des domaines très divers, sur l'hydraulique par exemple[6]. Mais, l'inverse est tout aussi

*XVIII^e^ siècles, actes du colloque de la Fondation Hugot, 14-17 octobre 1991*, C. Jami et H. Delahaye éd., Paris, Collège de France / Institut des Hautes Études chinoises, 1993.

3. Sur les conséquences de cette suppression, voir H. Cordier, « La suppression de la Compagnie de Jésus et la Mission de Peking », *T'oung Pao* 17/1, 1916, p. 271-347. Il fallut dix ans pour qu'ils soient remplacés par des prêtres de la Société de Saint-Lazare. Voir Liu Qinghua, *Une paroisse à la Cité impériale : le Beitang de Pékin, 1688-1827*, [Paris] : Paris, 2021, p. 166 sq.

4. Un petit nombre de jésuites, sélectionnés parmi les plus érudits, résidèrent à Pékin auprès de l'empereur. Certains occupèrent une position éminente à la cour. Parmi les savants se trouvait Adam Schall von Bell (Cologne, 1592-Pékin, 1666) qui devint même mandarin de première classe et directeur du Bureau impérial d'Astronomie. Il n'eut cependant pas les moyens de changer le calendrier traditionnel chinois. Cf. Huang Y., « L'attitude des missionnaires jésuites face à l'astrologie et à la divination chinoises », *in L'Europe en Chine*..., *op. cit.* (n. 2), p. 87-103. Voir p. 94. Quant aux artistes, le plus célèbre n'est autre que le frère Giuseppe Castiglione. Voir M. Pirazzoli-t'Serstevens, *Giuseppe Castiglione, 1688-1766 : peintre et architecte à la cour de Chine*, Paris, Thalia, 2007.

5. Cette ferveur est présente dans tous leurs écrits. Le cas du père Jean-François Foucquet dont les trente-sept lettres à sa famille viennent d'être publiées est certainement représentatif de la situation dans laquelle s'est trouvé le plus grand nombre : une mission apostolique souvent difficile, placée entre espoir et proscription, mais soutenue par un élan religieux dont témoigne amplement sa correspondance. Cf. I. Landry-Deron, *art. cit.* (n. 1).

6. J. Gernet, *op. cit.* (n. 2), p. 398. Il s'agit du *Taixi shuifa* 泰西水法 « Hydraulique du Grand Ouest », un manuel compilé à Pékin par le frère jésuite d'origine italienne Sabatino de Ursis (1575-1620), venu en Chine en 1606 où il apprit le chinois et s'associa à un lettré converti, Xu Guangqi 徐光啓 (1562-1633), pour la traduction de l'ouvrage. Voir aussi H. U. Vogel, S. Kink, J. Cao, « Sabatino de Ursis' Preface to the

vrai, car les connaissances des Chinois ont présenté le plus grand intérêt pour les Européens et les descriptions du pays que les jésuites livrèrent dans leurs lettres connurent un retentissement dans toute l'Europe[7].

L'art des jardins est emblématique de ces échanges entre la Chine et l'Europe, révélant autant dans leurs descriptions que dans des réalisations concrètes une opposition radicale entre deux conceptions. Malgré leurs discordances ces conceptions ont suscité une vive curiosité réciproque, et en raison même de ces différences de perception elles ont aussi généré des malentendus.

## Le témoignage des jésuites

### Premières impressions au XVII^e^ siècle

Parmi les quelque huit cent cinquante jésuites qui séjournèrent en Chine entre 1583 et 1813, seuls quelques-uns ont évoqué les jardins chinois dans leurs lettres[8]. Pourtant, presque tous avaient certainement eu l'occasion d'en visiter. Un ouvrage récent, dû à Bianca Maria Rinaldi, recense tous les textes connus sur les jardins chinois écrits par des Européens, missionnaires, commerçants ou diplomates, jusqu'aux témoignages de deux des participants au sac du Palais d'Été par les troupes franco-anglaises en 1860[9]. Sur la trentaine de textes réunis par B. M. Rinaldi, quinze sont de leur main.

Ricci rédigea un journal pendant son séjour en Chine, dans lequel il décrit l'évolution de la mission, mais aussi la culture et les coutumes du pays[10]. Ce journal, rapporté en Europe, traduit et publié en latin d'abord, contient le premier témoignage d'un jésuite sur les jardins

Taixi shuifa 泰西水法 (Hydromethods of the Great West; 1612): The "Basic Discourse on Hydromethods" (Shuifa benlun 水法本論) », *Idomeneo* 30, p. 209-218.

7. Voir à ce sujet Étiemble, *L'Europe chinoise,* I. *De l'Empire romain à Leibniz*, II. *De la sinophilie à la sinophobie*, Paris, Gallimard, 1988 (vol. I), 1989 (vol. II).

8. On sait combien leurs écrits furent importants dans le mouvement qui conduisit à la naissance de la sinologie. Cf. D. E. Mungello, *Curious Land: Jesuit Accomodation and the Origins of Sinology*, Honolulu, 1989 ; P.-É. Will, « French Sinology », *Journal of Chinese History* 7/ 2, 2023, p. 525-574. Les jésuites commencèrent à s'implanter à Macao en 1556, peu de temps après la mort de François Xavier (1506-1552) dans un îlot de la province du Guangdong.

9. B. M. Rinaldi, *Ideas of Chinese Gardens: Western Accounts, 1300-1860*, Philadelphie, 2016.

10. *Ibid.*, p. 52.

chinois[11]. Invité à se rendre chez un prince vivant à Nankin, Ricci livre ses impressions, déclarant que le jardin de cette demeure est « le plus délectable de toute la ville ». Plusieurs détails pertinents ont frappé son imagination, en particulier la présence de pierres ayant conservé leur forme naturelle. Il mentionne aussi « un rocher artificiellement fait de divers marbres non polis, lequel était proprement creusé en grottes, où il y avait des chambres, salles, degrés, viviers, arbres et plusieurs autres, où l'art était en débat avec la volupté »[12]. Certaines pierres avaient été en effet accumulées pour constituer des rocailles à l'intérieur desquelles on venait s'abriter de la chaleur et où l'on cheminait comme dans un labyrinthe, nous dit-il encore (fig. 1). Cette référence n'est pas dénuée d'intérêt, car les jardins de la Renaissance comprenaient souvent des labyrinthes végétaux, d'abord en Italie, puis en France dès le XVI^e^ siècle[13]. Ricci a observé que l'élément minéral était fondamental dans ce jardin. En dépit du caractère déroutant de ces roches ou de leur accumulation arbitraire, il reste de bout en bout très élogieux. Cependant, comme

11. La traduction et la publication en latin du journal sont dues au missionnaire des Pays-Bas méridionaux Nicolas Trigault (Douai, 1577-Hangzhou, 1628), qui devait faire deux séjours en Chine, d'abord en 1610-1613, puis de 1619 à sa mort en 1628. Cf. M. Ricci, N. Trigault, *Histoire de l'expédition chrestienne au royaume de la Chine entreprinse par les P.P. de la Compagnie de Jésus, comprinse en cinq livres ... Tirée des Mémoires du R. P. Matthieu Ricci,... par le R. P. Nicolas Trigault,... et nouvellement traduite en françois par le S. D. F. de Riquebourg-Trigault*, A Lille, De l'Imprimerie de Pierre de Rache, Imprimeur Juré à la Bible d'or, 1617 (1^re^ éd. 1616).

12. Cf. chap. VI de l'*Histoire de l'expédition chrestienne au royaume de la Chine*, cité dans la note précédente, intitulé « Les Principaux de la ville de Nanquin recherchent l'amitié du Père Matthieu » (p. 311 sq.). Selon la première définition du dictionnaire de l'Académie (édition de 1694), le mot « volupté » avait au XVII^e^ siècle le sens de « plaisir corporel », mais la notice ajoute que le mot « s'employe quelquefois pour marquer les plaisirs de l'esprit. » Dans la citation, « et plusieurs autres » n'étant pas suivi d'un mot qui permettrait de comprendre de quoi il s'agit peut être compris comme « etc. ».

13. Le labyrinthe a été introduit dans les jardins français par Catherine de Médicis. Cf. T. Chevalier, « Le labyrinthe des fables de Versailles : un bosquet initiatique ? », *Le Fablier. Revue des Amis de Jean de La Fontaine*, 2018, p. 35-42 : voir p. 36. Parmi les premières représentations de labyrinthes végétaux en France, figurent ceux du château de Gaillon dans le livre de Jacques Androuet Du Cerceau (1511?-1586), *Le Premier volume des plus excellents bastiments de France.... Tome 1 / auquel sont designez les plans de quinze bastiments et de leur contenu ensemble les elevations et singularitez d'un chascun, par Jacques Androuet Du Cerceau, architecte, À Paris, Pour ledit Jacques Androuet, Du Cerceau*, 1576, vol. 1, planche non paginée en fin de volume.

FIG. 1. – Le « labyrinthe » du jardin Ge 个園, Yangzhou (Jiangsu), dynastie des Ming (1368-1644), reconstruit au début du XIXe siècle. Photographie de l'auteur.

le remarque Craig Clunas, il n'a pas perçu le véritable rapport que les Chinois entretenaient avec la nature[14]. C'est seulement au XVIIIe siècle que les missionnaires, après s'être pénétrés en profondeur de la culture chinoise, commenceront à en prendre conscience.

## L'ÉLÉMENT MINÉRAL

En 1687, le père Jean-François Gerbillon (Verdun, 1654-Pékin, 1707) et cinq autres jésuites furent envoyés en Chine par Louis XIV en tant que « Mathématiciens du Roy » afin d'y établir une Mission française (l'un d'eux s'arrêta au Siam)[15]. En mars 1690, par deux fois l'empereur Kangxi invita les membres de la Mission dans l'une de ses résidences pour discuter de questions relatives à la géométrie. Lors de ces visites, plusieurs choses frappèrent Gerbillon qui livra

14. C. Clunas, « Nature and Ideology in Western Descriptions of the Chinese Garden », *Extrême-Orient Extrême-Occident* 22 (« L'art des jardins dans les pays sinisés : Chine, Japon, Corée, Vietnam »), 2000, p. 153-166. Voir p. 153.

15. H. Cordier, « Cinq lettres inédites du Père Gerbillon, S. J. », *T'oung Pao* 7/4, 1906, p. 437 sq. Le père Gerbillon devint le supérieur de la Mission en 1699, et en 1700 le supérieur de tous les jésuites français de Chine.

ses impressions dans une lettre, d'une part la simplicité apparente des pavillons dans une résidence impériale, d'autre part le contraste entre l'architecture d'où tout emploi de la pierre est quasiment banni et l'art des jardins où sont mises en valeur des pierres laissées à l'état brut (fig. 2). Dans son témoignage, il semble décontenancé par ce qu'il a vu[16]. Commentant cet usage de la pierre, il ajoute :

> « Les gens riches parmi eux ne laissent pas de faire de la dépense en ces sortes de bagatelles : ils achèteront bien plus cher un morceau de quelque vieille roche qui ait quelque-chose de grotesque ou d'extraordinaire, comme, par exemple, si elle a plusieurs cavités, ou si elle est percée à jour, qu'ils ne feraient un bloc de jaspe, ou quelque belle statue de marbre. S'ils n'emploient point de marbre dans leurs bâtiments, ce n'est pas qu'ils en manquent ; les montagnes voisines de Pékin sont pleines de très-beau marbre blanc, qu'ils n'emploient guère que pour l'ornement de leurs sépultures… »

Gerbillon venait d'arriver à Pékin lorsqu'il fit ces différentes découvertes, il avait un œil neuf, et sa réaction fut à la mesure du choc ressenti au premier contact avec une civilisation aussi différente. Il ne savait pas encore que l'architecture chinoise est faite de bois pour l'essentiel et de torchis ; la pierre ne sert que de base aux colonnes en bois ; les pavillons sont en général de plain-pied, ou n'ont qu'un étage. Tous ces traits qui arrêtent son esprit correspondent si peu à la pompe de Versailles et ses jardins dessinés par Le Nôtre qu'il en donne une interprétation erronée. Il croit que cet aspect rustique tire son origine du souci qu'avait l'empereur de ne rien dépenser des ressources de l'empire pour son plaisir personnel, ce qui n'a jamais été le cas. Il ne sait pas non plus qu'un jardin chinois n'est jamais agrémenté de statues, pas plus que les villes. Les statues n'y sont apparues qu'au XX^e^ siècle sous la République à l'imitation des villes occidentales.

---

16. Le récit de Gerbillon est reproduit dans le livre de Jean-Baptiste Du Halde (1674-1743), *Description géographique, historique, chronologique, politique et physique de l'Empire de la Chine et de la Tartarie chinoise… Par le P. J.-B. Du Halde,* …, Paris, P.-G. Le Mercier, 1735, vol. 4, « Second voyage fait par ordre de l'empereur en Tartarie par les Pères Gerbillon et Pereira, missionnaires de la Compagnie de Jésus en Chine », p. 163-251. Voir p. 228 sq.

FIG. 2. – Vue d'une pierre dressée dans le jardin du Maître des filets (Wangshi yuan 網師園), à Suzhou (Jiangsu), XVIIIe siècle, devant une inscription gravée sur le mur, allusion à un poème en vers pentasyllabiques de Zhang Yuniang 張玉娘 (1250-1277), 春睡 (Sommeil printanier). Photographie de l'auteur.

## UNE LETTRE DE 1743

Le témoignage le plus important, à la fois vivant, précis et détaillé, et l'un des plus longs aussi, est celui du frère coadjuteur Jean-Denis Attiret (Dole, 1702-Pékin, 1768), qui passa trente ans de sa vie en Chine, dont une grande partie auprès de l'empereur. Qianlong l'appréciait tant qu'il voulut lui accorder le titre de mandarin de 3e classe en 1754, titre qu'il refusa. Sa lettre sur les jardins chinois (1er novembre 1743), documentée et alerte, reste la plus célèbre de toutes sur le sujet[17]. Publiée en plein règne de Louis XV, en 1749, puis traduite et éditée séparément en Angleterre en 1752, elle exerça une réelle influence sur

17. I. et J.-L. Vissière (Chronologie introduction, notices et notes) éd., *Lettres édifiantes et curieuses de Chine par des missionnaires jésuites, 1702-1776*, Paris, 1979, p. 411-429. Une nouvelle édition a paru en 2024 avec une présentation actualisée par Isabelle Landry-Deron. Voir p. 265-284.

FIG. 3. – Vue d'un « Jardin de l'Empereur de la Chine » d'après une peinture chinoise, estampe, 29 x 47 cm. Planche 14 du Quinzième cahier des jardins chinois, édité par Georges-Louis Le Rouge (1712-179?), 1776-1788. Bibliothèque de l'Institut national d'Histoire de l'Art, collections Jacques Doucet.

l'esprit des jardins européens. Attiret y décrit le Yuanmingyuan (Jardin de la Clarté parfaite) où résidaient les empereurs durant une grande partie de l'année, jusqu'à dix mois parfois (fig. 3). Situé à une dizaine de kilomètres au nord-ouest de la Cité interdite qui occupe le centre de Pékin, ce jardin-palais était en fait constitué de trois grands jardins attenants construits entre 1709 et le milieu du XVIII^e siècle (fig. 4)[18].

18. L'empereur Kangxi le fit construire pour son quatrième fils, le futur empereur Yongzheng (1722-1736). Ce dernier y établit sa résidence principale et commença à l'agrandir en 1725. Puis son successeur, l'empereur Qianlong lui adjoignit deux jardins, à l'est le Changchun yuan 長春園 (Jardin de l'Éternel printemps) entre 1745 et 1751, et au sud le Qichun yuan 綺春園 (Jardin du Printemps lumineux) en 1772, appelé en 1870 Wanchun yuan 萬春園 (Jardin des Dix mille printemps). Cf. B. M. Rinaldi, *op. cit.* (n. 2), p. 105 sq.

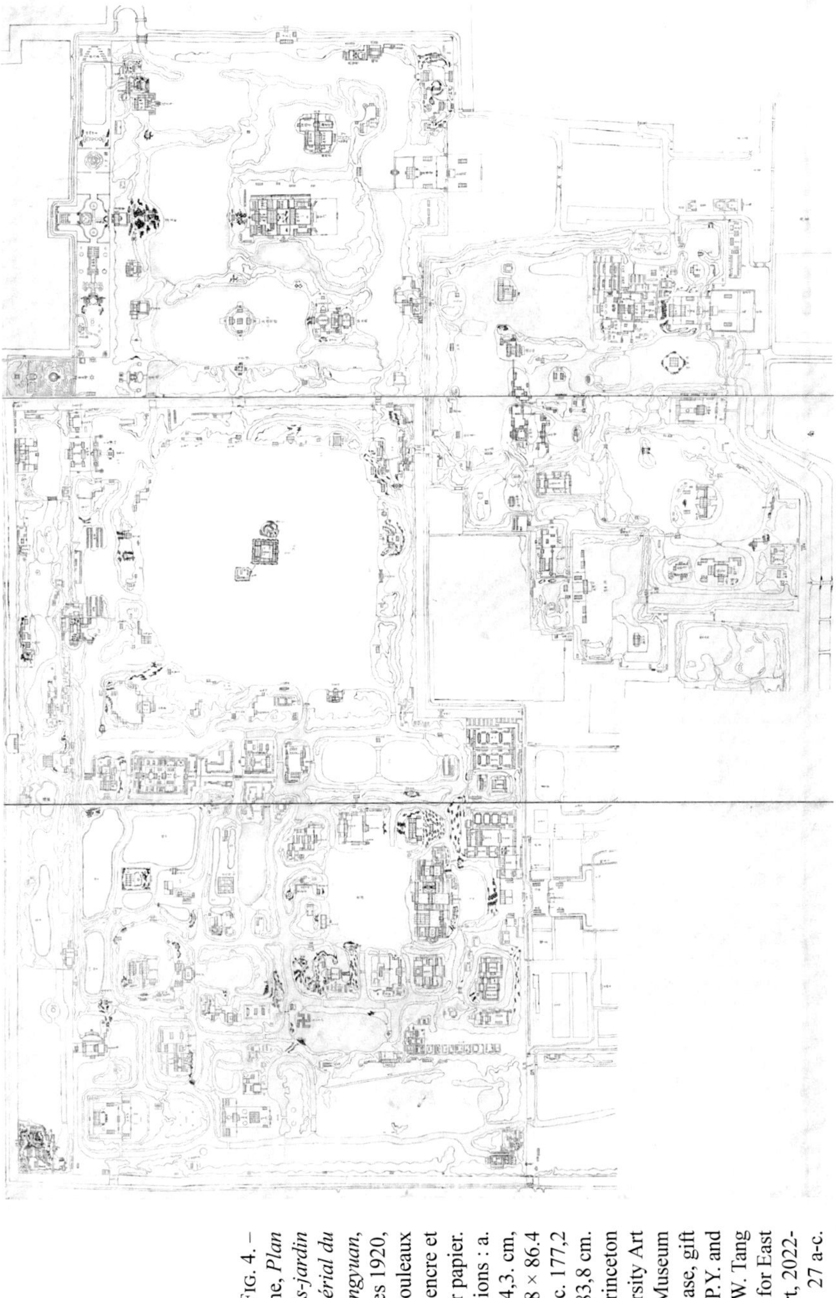

FIG. 4. – Anonyme, *Plan du palais-jardin impérial du Yuanmingyuan*, années 1920, trois rouleaux verticaux, encre et couleur sur papier. Dimensions : a. 177,2 × 84,3. cm, b. 176.8 × 86.4 cm, c. 177,2 × 83,8 cm. Princeton University Art Museum. Museum purchase, gift of the P.Y. and Kinmay W. Tang Center for East Asian Art, 2022-27 a-c.

Attiret mentionne aussi les principales composantes du jardin, des collines artificielles jusqu'aux grottes, des étendues d'eau aux cascades. Il note la sinuosité des cours d'eau et des sentiers. Même les ponts vont en « tournant et en serpentant », et non « en droiture », pour reprendre ses termes. Son panorama est complet. Le jardin doit paraître un « ouvrage de la nature », et la flore évoquer le passage du temps. Il est frappé par la présence de bosquets plantés pour compartimenter l'espace. Des ménageries, des réserves de poissons rares ont été installées dans le parc. Le palais de l'empereur, construit de la même façon, formait à lui seul une île entourée d'un canal profond. C'est là qu'étaient réunis une partie de ses trésors.

### Un véritable paradis terrestre et un beau désordre

Le repli de l'empereur dans son palais-jardin correspondait au mode de vie qui lui était réservé. Nul ne pouvait approcher sa personne en ce lieu, hormis ses femmes et ses eunuques, et à son invitation, des proches parents[19]. Les fonctionnaires de son gouvernement étaient reçus en audience dans la partie officielle de son palais de Pékin. On ne peut donc imaginer ici ni un jardin ni un palais ouverts aux courtisans, comme le palais de Versailles où des membres de la Cour assistaient au lever du roi et se promenaient dans les jardins. Ce contraste très accusé entre vie privée et vie officielle a bien été saisi par Attiret. Dans son enthousiasme, il déclare même que ces jardins sont « un véritable Paradis terrestre ». La séduction exercée par les jardins est ici à son comble.

### Interroger la sagesse

Dans le tome II (1777) des *Mémoires concernant l'histoire, les sciences, les arts, les mœurs, les usages, &c. des Chinois, par les*

---

19. Le père Michel Benoist (Dijon, 1715-Pékin, 1774), arrivé en 1745 à Pékin comme mathématicien, fut invité en 1747 à entrer au service de Qianlong, d'abord pour diriger des travaux hydrauliques, et il y resta jusqu'à sa mort. Dans une lettre de 1767, Il note que pour entretenir ces jardins, il existe à proximité des villages dont les habitants « ne sortent jamais de leur enclos ». Cf. B. M. Rinaldi, 2016, *op. cit.* (n. 2), p. 131 ; « Lettre du père Benoist, missionnaire, à M. Papillon d'Auteroche. A Péking, le 16 novembre 1767 », in *Lettres édifiantes et curieuses écrites des Missions étrangères. Mémoires de la Chine, Tome Vingt-troisième, Nouvelle édition, À Paris, Chez J. G. Merigot le jeune, Libraire*, 1781, p. 534-547. Voir p. 539.

*Missionnaires de Pékin*[20], se trouve une « traduction » d'un texte de Sima Guang 司馬光 (1019-1086) sur son jardin. Le père Pierre-Martial Cibot (Limoges, 1727-Pékin, 1780) qui la livre ne prétend pas l'avoir faite. Ce texte, qualifié de « poème » par le missionnaire, est précédé d'une introduction de sa main[21]. Vivant au XIe siècle et occupant de très hautes fonctions, Sima Guang fut contraint de se retirer sur ses terres à Luoyang pour avoir eu des positions antiréformistes, ce qui lui laissa tout le loisir d'écrire une histoire générale de la Chine, considérée comme un modèle dans l'historiographie chinoise, mais aussi des poèmes et divers autres textes. Bien qu'elle n'ait que peu de choses en commun avec l'original, la traduction reproduite par Cibot apparaît comme le premier texte d'un auteur chinois sur un jardin jamais porté à la connaissance des savants et des curieux de l'Europe[22]. Cependant, aux caractéristiques déjà notées par ses prédécesseurs, dans sa présentation du texte le missionnaire ajoute avec pertinence que le jardin permet de « fuir le tumulte du monde », d'y trouver silence et solitude, et d'y méditer. D'où son absence complète de faste et son aspect champêtre. L'homme d'État qu'était Sima a recherché la solitude dans quelques arpents de terre. Il rassembla dans son ermitage cinq mille volumes pour, selon les mots de Cibot, « interroger la sagesse ». Il y avait là une cabane de chaume et de roseaux. On pouvait recevoir des amis dans ce jardin et partager avec eux les joies d'une vie simple.

20. Sur la constitution et l'histoire de ces *Mémoires*, voir J. Dehergne, « Une grande collection : *Mémoires concernant les Chinois* (1776-1814) », *Bulletin de l'École française d'Extrême-Orient*, 1983, p. 267-298. Ces *Mémoires*, publiés en dix-sept volumes, réunissaient un grand nombre de lettres et de textes produits par les jésuites vivant en Chine, sans vrai plan d'ensemble. Toutes sortes de sujets y sont abordés, relatifs à l'histoire, aux sciences physiques et naturelles, à la médecine, aux techniques, à la littérature. Certains avaient déjà été publiés dans les *Lettres édifiantes et curieuses*, d'autres étaient inédits.

21. *Mémoires concernant l'histoire, les sciences, les arts, les mœurs, les usages, &c. des Chinois, À Paris chez Nyon Libraire*, t. 2, 1777, p. 643-650.

22. La traduction par Cibot du « Dule yuan ji 獨樂園記 » est très infidèle au texte d'origine : d'une part il l'a tronqué et d'autre part il l'a enrichi de passages complètement inventés, s'inspirant apparemment d'autres écrits des jésuites. Enfin, le texte n'est pas un poème. Voir la traduction qu'en donne M. Valette-Hémery, « Le jardin des joies non partagées », dans le livre qu'elle a consacré aux descriptions faites par les lettrés de leur jardin, *Les paradis naturels : jardins chinois en prose*, Arles, 2001, p. 41-44.

En 1782, cinq ans après la publication du poème, parut un *Essai sur les jardins de plaisance des Chinois*, également de Cibot[23]. Ce traité peut être considéré comme un travail sinologique en dépit de ses approximations, car son auteur ne s'est pas contenté de décrire ce qu'il a vu, comme l'avait fait Attiret, mais il s'est plongé dans la littérature ancienne, jusqu'aux premiers canons de l'Antiquité, pour retracer leur histoire. Son interprétation fait aussi écho à des questions pré-révolutionnaires, notamment quand il décrit des jardins d'un coût extravagant créés par des princes aux dépens de leurs sujets, une folie qui les avait conduits à leur perte déjà par le passé. Il loue les avancées des Chinois en matière de botanique et de jardin dès l'époque contemporaine de notre Moyen Âge et prend comme exemple la pivoine (*mudan* 牡丹), l'une des fleurs les plus célébrées des jardins chinois, aujourd'hui encore, ainsi que la fleur du « Hai-tang d'automne », que B. M. Rinaldi identifie au bégonia (*Begonia evansiana* Andr.), qui se dit en chinois *qiu haitang* 秋海棠[24] :

> « Que l'Europe revienne de ses présomptions & renonce à la gloire d'avoir la première vaincu ou suppléé les saisons, subjugué ou surpassé la fertilité de la terre, commandé à la nature, & plié ses efforts aux vouloirs & aux inconstances du caprice. L'Occident ne distinguait pas encore les jardins de plaisance des vergers, que déjà l'envie de plaire aux empereurs, ou de partager leurs plaisirs avait fait imaginer ici d'élever de simples plantes au rang des arbrisseaux & de leur en procurer la durée & la beauté, témoin les pivoines changées en ces majestueux Moutan que l'Europe ne connaît pas encore ; tantôt de conduire de soins en soins, les plantes les plus sauvages, à une prééminence & à une supériorité d'agréments qui effaça celle des fleurs les plus renommées, témoin le Hai-tang d'automne, si longtemps inconnu sur les rivages de la mer, & aujourd'hui la plus belle décoration des parterres en cette saison. »[25]

La culture des arbres nains par les amateurs qui s'y consacrent à défaut de posséder un grand jardin est également mentionnée, avec éloge : « Les cèdres & les sapins furent rapetissés dans les proportions

23. P.-M. Cibot, « Essai sur les jardins de plaisance des Chinois », in *Mémoires concernant l'histoire, les sciences, les arts, les mœurs, les usages, &c. des Chinois, À Paris chez Nyon Libraire*, 1782, vol. 8/17, p. 301-326.
24. B. M. Rinaldi, *op. cit.* (n. 2), n. 45, p. 180.
25. P.-M. Cibot, *art. cit.* (n. 23), p. 312.

les plus gracieuses & les plus intéressantes. »[26] Pour aménager un jardin, Cibot a bien saisi que le principe de base consistait à choisir un site favorable, afin de rendre harmonieux son lien avec l'environnement. Se basant sur un texte de la fin du VIIIe ou du début du IXe siècle, il énumère les conditions à respecter pour parvenir à cette harmonie : il ne faut ni affectation, ni raffinements superflus. Les efforts et le travail qui sous-tendent cette création ne doivent apparaître à aucun prix. Tout alignement, toute symétrie sont à bannir. Les plantes sont choisies pour qu'en toute saison le jardin conserve ses charmes et que les accidents du terrain puissent les mettre en valeur.

À travers leurs lettres, l'admiration qu'ils ont éprouvée pour les jardins chinois est commune à plusieurs missionnaires[27]. En revanche, Gerbillon, dont nous avons noté plus haut les premières impressions lors de sa visite à l'empereur Kangxi, leur oppose un jugement en demi-teinte, reprochant la simplicité des jardins sans comprendre qu'elle n'est qu'apparente. Et même pour lui « … les Chinois n'ont nulle idée de ce que nous appelons Bâtiments & Architectures »[28]. Au XVIIIe siècle, les jésuites qui se sont exprimés sur les jardins et sur l'architecture de la Chine ont évoqué pour l'essentiel ce qu'ils avaient pu observer dans une résidence impériale conçue pour le délassement de la seule personne de l'empereur. Aussi avaient-ils pour références dans leurs jugements l'agencement des résidences royales ou princières en France, voire papales en Italie, et la vie qu'on y menait.

---

26. *Ibid.*, p. 314. Cibot ne donne pas leur nom chinois. Il s'agit bien sûr des arbres miniatures connus sous le nom de *penjing* 盆景 (paysage en bassin) en Chine, dont l'invention remonte au VIIe siècle au moins, et sous le nom de *bonsaï* 盆栽 (plante en bassin) au Japon. L'étude que leur a consacrée Rolf Stein montre que ces jardins en miniature possèdent un caractère religieux. Cf. R. A. Stein, *Le Monde en petit. Jardins miniatures et habitations dans la pensée religieuse d'Extrême-Orient*, Paris, 2001 (1re éd. 1987).

27. Comme Attiret près de trente ans plus tôt, Cibot s'excuse même d'admirer si fort les jardins chinois en avouant que cela tient peut-être au fait que, resté longtemps en Chine, il n'a plus un souvenir précis de ce qu'il a quitté en Europe, à moins que par habitude son goût ne se soit laissé subjuguer à « la vue des jardins d'ici ». P.-M. Cibot, *art. cit.* (n. 23), p. 322.

28. Du Halde, 1735, vol. 4, *op. cit.* (n. 16), p. 228.

## Les palais européens du Yuanmingyuan

Un peu avant le milieu du XVIIIe siècle, quelques jésuites qui avaient été distingués par l'empereur pour leurs connaissances et leurs talents ont eu le privilège de lui montrer ce qu'était un jardin en Europe. Tandis que l'eau dans les jardins chinois était présente de la façon qui devait paraître la plus naturelle possible, à Versailles des bassins pourvus de jets d'eau avaient été creusés, alimentés par la machine hydraulique de Marly. Intrigué en 1747 par une peinture représentant un jet d'eau, Qianlong demanda au frère Castiglione (1688-1766) s'il y avait parmi les missionnaires quelqu'un de compétent capable d'en créer plusieurs dans ses jardins[29]. Ce fut au père Michel Benoist (Dijon, 1715-Pékin, 1774), astronome de formation, que fut assignée cette tâche. Devant le résultat, la satisfaction de l'empereur fut telle qu'il décida d'édifier aussi des palais à l'occidentale et ordonna aux deux missionnaires d'en tracer les plans[30]. Les constructions se situaient dans l'angle nord-est du Yuanmingyuan (angle supérieur droit du plan, fig. 4). En choisissant un peintre, Castiglione, plutôt qu'un architecte, l'empereur ne faisait que suivre une longue tradition voulant que l'aménagement d'un jardin revînt toujours à un peintre capable de comprendre les différentes perspectives mises en œuvre[31].

Couvrant une dizaine d'hectares sur les 350 hectares du Yuanmingyuan, cet ensemble fut détruit lors du sac du Palais d'Été en

29. Son grand-père, l'empereur Kangxi, avait déjà fait installer par les missionnaires des jets d'eau dans les jardins impériaux dès la fin du XVIIe siècle. Apparemment, faute d'entretien ceux-ci ne fonctionnaient plus quelque cinquante ans plus tard.

30. M. Pirazzoli-t'Serstevens, *op. cit.* (n. 4), p. 133 sqq. Il y avait eu quelques précédents, avec des constructions de type européen, mais rien d'aussi majestueux que ce qui allait être entrepris à l'initiative de Qianlong. La description des palais donnée ici se fonde aussi sur une première analyse entreprise par Michèle Pirazzoli-t'Serstevens dans le cadre d'un programme de recherche qu'elle avait lancé au milieu des années 1980, « Les palais européens, histoire et légendes », in *Le Yuanmingyuan. Jeux d'eau et palais européens au XVIIIe siècle à la cour de Chine*, M. Pirazzoli-t'Serstevens éd., Paris, 1987, p. 6-10.

31. Zou H., *A Jesuit Garden in Beijing and Early Modern Chinese Culture*, West Lafayette, 2011. Originaire de Florence, le frère Ferdinand-Bonaventure Moggi (1684-1761), qui avait une bonne formation en architecture, ne fut pas invité à y participer.

FIG. 5. – Vue partielle des ruines du Dashuifa 大水法, les Grandes eaux, situé au centre de la bande est-ouest des palais européens du Yuanmingyuan, achevée en 1759. Photo de l'auteur (1980).

1860[32]. Il ne subsiste rien des pavillons chinois créés selon le mode de construction traditionnel, et les quelques ruines qui se trouvent encore sur le site sont constituées d'éléments sculptés dans la pierre provenant des palais européens (fig. 5). Fort heureusement, une série de vingt gravures en taille douce fut réalisée sur l'ordre de l'empereur entre 1781 et 1786 à partir des dessins d'un peintre mandchou, Yi Lantai 伊蘭泰[33] (fig. 6). L'architecture y combinait les deux traditions occidentale et chinoise. Pour la première, des édifices en brique, des colonnes et pilastres en pierre et leur ornementation ; pour la seconde, les toitures,

32. Un terrain situé dans la partie nord-est du Yuanmingyuan fut mis à disposition pour cet ensemble de constructions et de jardins. Il avait une forme en « T », comprenant une bande orientée nord-sud de 320 m de long et 100 m de large et une bande étroite mesurant 770 m de long et 100 m de large orientée est-ouest. La seconde bande fut accolée à l'est de la première après l'achèvement de celle-ci en 1751. Cf. M. Pirazzoli-t'Serstevens éd., *op. cit.* (n. 30), p. 8 sq.

33. M. Pirazzoli-t'Serstevens, *op. cit.* (n.4), p. 144. La technique de la gravure en taille douce a été introduite en Chine par les jésuites au XVII^e^ siècle. Jusqu'alors, seule la xylographie était pratiquée aussi bien pour l'impression des livres que pour la production d'images.

la structure en bois et la couleur rouge des murs. Mais l'ensemble avait un caractère italien.

Quant au jardin, il était clairement d'inspiration occidentale. Les arbustes étaient taillés selon l'art topiaire. Plusieurs jets d'eau étaient actionnés grâce à une machine hydraulique que les missionnaires n'hésitèrent pas à comparer à la machine de Marly dans leurs lettres. Le jardin comprenait aussi un labyrinthe, mais en partie végétal, en partie construit en brique dans un enclos percé de quatre portes avec en son centre un pavillon octogonal surmonté d'un dôme.

Le Palais de la Mer calme, Haiyantang 海晏堂, constituait le point d'orgue de cet ensemble. Devant la façade ouest du bâtiment, une grande vasque en forme de coquillage dominait un escalier d'eau (fig. 6). L'eau se déversait dans un bassin entouré des douze animaux du zodiaque en bronze crachant un grand jet d'eau à tour de rôle durant deux heures et ensemble à chacune des heures : il s'agissait de l'horloge hydraulique conçue par le père Benoist. Le contraste était donc saisissant entre ces jardins à l'italienne et le reste du jardin impérial.

Les missionnaires n'avaient pas ménagé leurs efforts pour divertir l'empereur et lui faire découvrir, sous la forme d'un microcosme, les réalisations architecturales et végétales les plus marquantes de l'Europe tout en essayant de les adapter au goût chinois. L'empereur ne devait pas résider dans ces palais, mais il y fit organiser des concerts, des fêtes, des représentations théâtrales[34].

## Le jardin vu par les Chinois

Peu de missionnaires ont compris l'esprit et l'organisation des jardins chinois comme Attiret et, à sa suite, Cibot. Cependant, tous ont d'abord admiré une esthétique plaisante à l'œil, sans se demander quel était le fondement de l'imitation de la nature. Si maintenant, nous interrogeons les Chinois sur leurs jardins, leur regard apparaît en divers points différent de celui des jésuites. Plusieurs sources permettent d'en prendre la mesure : ce sont les jardins eux-mêmes lorsqu'ils subsistent encore ; ce sont aussi de rares traités sur le sujet ; enfin, ce sont des évocations transmises par les lettrés et les artistes.

34. M. Pirazzoli-t'Serstevens, *op. cit.* (n. 4), p. 145.

FIG. 6. – *Le Palais de la Mer calme, Haiyantang* 海晏堂, édifié entre 1756 et 1759, d'un ensemble de vingt gravures, 1781-1786, H. 60 cm, l. 95 cm.

## LE JARDIN DANS SON ENVIRONNEMENT

Le plus célèbre traité sur l'art des jardins, et le seul complet, est celui de Ji Cheng 計成 qui vivait au milieu du XVIIe siècle[35]. Le *Yuanye* 園冶 fut publié probablement en 1634, dix ans avant que les Mandchous ne s'emparent de l'empire, et au moment même où les jésuites implantaient leur mission. D'après ce traité, le jardin doit être

35. Ji Cheng (1582-?), *Yuanye, Le traité du jardin chinois*, 1634 (?), traduction et commentaires de Che Bing Chiu, Paris, 1993. La date exacte de sa première édition n'est pas connue. L'ouvrage possède une préface datée de 1631 et une postface de 1634. Voir aussi Ji Ch. et M. Keswick (préface), A. Hardie (trad.), *The Craft of Gardens / Ji Cheng*, New Haven-Londres, 1988. Ce traité est l'œuvre d'un maître-jardinier dont la vie reste mal connue. Che Bing Chiu, dans la préface à sa traduction, p. 48 sq., retrace les circonstances dans lesquelles Ji Cheng rédigea son traité, sous la forme d'un manuscrit destiné à instruire ses deux fils encore jeunes à qui il souhaitait transmettre son expérience afin qu'ils poursuivissent un travail qu'il avait commencé sans vraiment pouvoir le développer lui-même dans le contexte trouble de l'époque. Initialement, il n'envisageait pas de publier son manuscrit, qui s'adressait aux jardiniers ou aux artisans, mais par la suite il revint sur son opinion, jugeant qu'un livre mettrait en valeur son œuvre auprès de ses clients.

absolument en harmonie avec le site où il se trouve, et un relief accidenté est à privilégier. La présence d'une source, celle d'un ruisseau ou d'une étendue d'eau sont de prime importance. Dans les limites très étroites du terrain qui lui est réservé, les lettrés chercheront à reconstituer des paysages grandioses, réunissant les montagnes et les cours d'eau. « Le jardin, œuvre de l'homme, doit sembler être celle de la nature »[36], cette citation du *Yuanye* résume à elle seule l'esprit du jardin chinois. Toute construction, qu'il s'agisse d'une demeure, de pavillons ou d'un ermitage, doit s'adapter autant que possible à la conformation d'origine du site tout en le mettant en valeur. Les arbres qui s'y trouvent déjà seront respectés. On protégera leurs racines si elles gênent une construction en choisissant un autre emplacement[37].

Ayant en horreur les croyances religieuses de la Chine qui ne sont à leurs yeux que des superstitions, les missionnaires ne mentionnent pas dans leurs descriptions la présence d'un mur-écran élevé juste après la porte d'entrée d'un jardin, ou d'une cour de maison[38]. Cet écran contraint le visiteur de faire un détour soit à droite soit à gauche pour y pénétrer. D'après les prescriptions de la géomancie, le *fengshui* 風水, il convient en effet de protéger la maison des esprits néfastes venant du dehors. Or ces esprits, incapables de se mouvoir autrement, n'avancent que tout droit[39]. De même, l'orientation du jardin est importante, non

36. Citation du *Yuanye* traduite par M. Valette-Hémery, *art. cit.* (n. 22). Introduction, p. 14.

37. C. B. Chiu, *op. cit.* (n. 35), Introduction, p. 99.

38. Un exemple parmi tant d'autres, le père Jean-François Foucquet dans l'une de ses lettres à son beau-frère, Antoine-Guillaume d'Orbigny, datée du 27 novembre 1703, lui écrit ceci : « Il n'y a pas quinze jours qu'un homme de considération dans cette ville m'étant venu voir pour affaire, me demanda fort tranquillement pourquoi la secte des Taossië [taoïstes] ne devait pas être suivie. Cette secte des Taossië reconnaît pour chef un certain "Lao kiun" [Laojun, ou Laozi], plus ancien que Confucius. Ses disciples sont d'insignes imposteurs. Les sortilèges et la magie sont leurs exercices les plus ordinaires, ils donnent des recettes pour se rendre immortels et ils assurent avec une impudence la plus effrontée que, par ces moyens, il y a beaucoup de gens qui se sont soustraits à la commune nécessité de mourir. Les misérables Chinois devenus le jouet de leurs propres passions donnent avec une facilité surprenante dans ces folles et impertinentes doctrines et n'écoutent pas même ce qu'on leur dit pour les détromper ». in I. Landry-Deron éd., *op. cit.* (n. 1), p. 216.

39. A. Gournay, « Le système des ouvertures dans l'aménagement spatial du jardin chinois », *Extrême-Orient Extrême-Occident* 22, 2000, p. 51-71. Voir p. 53 sq. Antoine Gournay signale que la porte d'un jardin a pu être ouverte devant un bassin ou

seulement par rapport à son environnement, mais afin qu'il bénéficie des meilleures conditions relatives à l'ensoleillement, à l'orientation des vents dominants, à la circulation de l'eau. Et là encore, c'est le *fengshui* qui la détermine.

D'après le traité de Ji Cheng, plutôt que le recours au *fengshui*, indispensable pour toute construction d'une maison, c'est l'environnement et la succession des scènes structurant le jardin qui dictent son emplacement[40]. Cependant, le traducteur du traité, Che Bing Chiu, a remarqué, en se fondant sur un rapport trouvé dans les archives impériales qu'il date d'environ 1724, que le père de Qianlong, l'empereur Yongzheng (r. 1723-1735), avait fait examiner par deux experts en *fengshui* le site du Yuanmingyuan lorsque le jardin était en cours d'aménagement. Il souhaitait vérifier si les lieux étaient fastes pour cette réalisation, ce que les géomanciens confirmèrent. Dans son analyse, Che Bing Chiu montre que la disposition des montagnes, des cours d'eau et enfin des étendues d'eau dans le jardin a été pensée en termes de correspondances avec la géographie de l'empire, composée de Neuf Régions et de Quatre Mers[41].

### Jardins de lettrés

Traditionnellement, la bureaucratie occupe une place très importante dans l'empire. Les fonctionnaires-lettrés étaient recrutés par concours[42]. Le succès aux épreuves redoutablement difficiles qu'il fallait passer pouvait ouvrir à un candidat la voie pour la plus belle réussite sociale, même s'il était d'humble extraction. Les fonctionnaires avaient une formation classique fondée sur les valeurs du confucianisme. En

---

un canal et n'est accessible dans ce cas qu'en franchissant un pont en zigzag, toujours pour se conformer au *fengshui*.

40. C. B. Chiu, *op. cit.* (n. 35), p. 135, n. 212.

41. Id., *Yuanming yuan. Le jardin de la Clarté parfaite*, Besançon, 2000, p. 125 sqq.

42. Sur les fonctionnaires, leur recrutement et leurs obligations, voir l'article de Jacques Gernet : « Le pouvoir d'État en Chine », *Actes de la Recherche en Sciences Sociales*, 1997, p. 19-27. À propos des trente-trois copies d'examen possédées par l'Institut des Hautes Études Chinoises, des candidats et du fonctionnement des examens, voir l'introduction en chinois de Pierre-Henri Durand (Dai Tingjie 戴廷杰) dans le recueil édité par l'Institut des Hautes Études Chinoises du Collège de France, 法蘭西學院漢學研究所 éd., *Falanxi xueyuan Hanxue yanjiusuo cang Qing dai dianshi cijuan (quan 33 ce)* (法蘭西學院漢學研究所藏清代殿試策卷 [全33册]), Pékin, 2014.

même temps, ils aspiraient souvent à développer une vie intérieure, soit en suivant la voie du bouddhisme qui invite à la méditation, soit en suivant celle du taoïsme qui permet à un individu de cultiver son essence vitale. Ces deux pôles entre lesquels un lettré se trouvait placé, l'un vers la réussite et l'ascension sociale, l'autre vers le repli sur soi afin d'accéder à sa propre perfection, n'étaient pas incompatibles. Les lettrés furent nombreux à célébrer l'esthétique des jardins et à décrire l'atmosphère qu'ils y recherchaient au cours d'une vie réglée par les rites et des obligations de toutes sortes[43]. Le jardin était pour eux un lieu de délassement et de méditation permettant d'oublier les turbulences de la vie bureaucratique ou les aléas de la politique, et parfois un refuge pour un fonctionnaire frappé de disgrâce et contraint à l'exil[44].

Un site isolé et tranquille devait donc être choisi. Quelles que fussent ses dimensions, l'espace couvert était entouré de hauts murs chaulés, généralement aveugles. En ville, on recherchait le voisinage d'un monastère, lieu de retraite par excellence, enveloppé de silence, troublé seulement par les psalmodies de ses occupants[45]. Offrant l'image d'une nature sublimée, le jardin devait permettre par la contemplation de faire corps avec la nature, d'entrer en résonance avec elle. Contrairement à ce qui est admis ordinairement, les motivations des lettrés lorsqu'ils créaient un jardin, et même celles d'un empereur comme Qianlong, n'étaient donc pas seulement d'ordre esthétique, mais aussi d'ordre intellectuel et religieux. Aussi sophistiqué soit-il, et même si les composantes de son jardin se réfèrent à des sites grandioses, un lettré aspire à y mener une vie rustique. Sa maison se réduit souvent à une

43. Dans l'anthologie qu'elle a consacrée aux écrits en prose des lettrés sur les jardins, M. Valette-Hémery, *op. cit.* (n. 35), fait découvrir à son lecteur la passion qu'ils ont générée chez eux durant près de deux mille ans. Ces hommes, en poste dans des régions parfois très éloignées de leur région natale, furent en effet nombreux à célébrer l'esthétique des jardins et à décrire l'atmosphère qu'ils y recherchaient au cours d'une vie très codée.

44. P.-M. Cibot, *art. cit.* (n. 23), cite abondamment Liu Zongyuan 柳宗元 (773-819), l'un des plus célèbres écrivains de la dynastie des Tang (618-907), qui décrit les joies ressenties lorsqu'il se replia sur son jardin. Après une brillante carrière dans le gouvernement, il occupa des fonctions très subalternes loin de la capitale à la suite de déboires, ce qui équivalait à un véritable exil, mais lui permit de se consacrer à son œuvre littéraire. Cf. A. Lévy, *Dictionnaire de littérature chinoise*, Paris, 2000 (1re éd. 1994), p. 201 sq.

45. C. B. Chiu, *op. cit.* (n. 35), Introduction, p. 51-63.

simple chaumière. L'idéal recherché dans ce cadre dépouillé où seul le jardin est mis en valeur est de se laisser absorber entièrement par l'harmonie de la nature, de se fondre dans le paysage environnant, ce que Léon Vandermeersch résume admirablement bien : « Le jardin chinois ne se conçoit que comme une expression de l'univers entier. »[46]

En Chine, un jardin est « construit », et non « planté » comme en Occident, ce qui témoigne aussi de liens étroits avec l'architecture[47]. C'est dans la région du cours inférieur du fleuve Bleu que se concentraient aux XVIe-XVIIIe siècles les plus beaux jardins de lettrés, une région baignée par les eaux, au relief ponctué de collines, et parfois de montagnes aux à-pic vertigineux, lieux de randonnées qui ont souvent inspiré la construction des jardins[48]. Comment « construire » un jardin une fois son implantation choisie en respectant son environnement et en suivant les lois de la géomancie ? Plusieurs principes seront à suivre. Tout d'abord, un promeneur ne saurait l'embrasser du regard à partir d'un seul point d'observation, mais il doit en découvrir les différentes perspectives successives à mesure qu'il progresse sur un chemin ou qu'il suit les méandres d'une galerie ou d'un pont en zigzag (fig. 7). Pour obtenir cet enchaînement de vues, d'après le *Traité* de Ji Cheng, la présence d'obstacles et un parcours sinueux sont des conditions essentielles. Toute symétrie doit être bannie, et on n'aménagera ni de larges allées droites, ni des pelouses, ni des massifs de fleurs, ni des fontaines. À l'intérieur du jardin, des murs élevés vont même arrêter le regard, mais seront entrecoupés de portes rondes et de fenêtres à claustra aux dessins les plus surprenants, qui orientent l'attention du promeneur vers de nouvelles perspectives (fig. 8, etuites, celles notamment qui évoquent au plus près la nature non retouchée par la main de l'homme,

46. L. Vandermeersch, « L'arrangement de fleurs en Chine », *Arts asiatiques* 11/2, 1965, p. 82.

47. M. Pirazzoli-t'Serstevens, *Chine*, coll. « L'architecture universelle », Fribourg, 1970, p. 179.

48. Cette région était déjà connue beaucoup plus tôt pour ses jardins, mais des circonstances particulières et son développement économique ont favorisé leur essor à partir du XVIe siècle. Yangzhou et Suzhou rivalisaient au XVIIIe siècle pour leurs jardins, et aujourd'hui encore s'y trouvent les plus renommés, tels le Ge yuan 个園 créé au début du XIXe siècle à Yangzhou, et à Suzhou le jardin de la Politique des simples (Zhuozheng yuan 拙政園, créé au début du XVIe s., mais remanié plusieurs fois depuis) et le jardin du Maître des filets (Wangshi yuan 網師園, XVIIIe s. dans sa configuration actuelle).

FIG. 7. – Pont reliant une galerie au bord de l'étang. Jardin de la Politique des simples (Zhuozheng yuan 拙政園, début du XVIe siècle (mais remanié plusieurs fois), Suzhou (Jiangsu). Photographie de l'auteur.

ils ont ignoré l'idée que des pierres puissent évoquer des montagnes et l'existence, pourtant fondamentale, d'une relation de l'homme à la nature avec laquelle il cherche à faire corps. Et le principe selon lequel l'imitation de la nature dans un jardin procède d'une construction réfléchie de la part de ses concepteurs leur a complètement échappé.

En second lieu, selon le traité, dans l'idéal les montagnes seront évoquées par une accumulation de pierres sans que l'on sente l'artifice de leur construction, un torrent sera suggéré par un ruisselet au tracé imprévu dont le cours est interrompu par des pierres faisant couler l'eau en cascade. Ce qui tient lieu de montagnes occupera quatre dixièmes du terrain, et l'étendue d'eau, trois dixièmes[49]. Les pierres ont des formes étranges, elles sont souvent percées, et on les fait reposer sur leur extrémité la plus étroite afin de donner l'impression d'un pic jaillissant du sol, comme en suspension. En revanche, le *Traité* de Ji Cheng accorde peu de place aux plantes[50]. Parmi elles, le prunier, le

49. C. B. Chiu, *op. cit.* (n. 35), Introduction, p. 107.

50. G. Métailié, « Lettrés jardiniers en Chine ancienne », *Journal d'Agriculture traditionnelle et de Botanique appliquée*, n. s., 1995, XXXVII/1, p. 31-44 : voir p. 38.

FIG. 8. – Détail d'une porte. Jardin de la Politique des simples, Suzhou. Photographie de l'auteur.

FIG. 9. – Fenêtre à claustra, interprétation contemporaine, musée de Suzhou, inauguré en 2006, architecture de Ieoh Ming Pei. Photographie de l'auteur.

bambou et le pin, appelés « les trois amis de l'hiver » règnent en maîtres, tandis que les fleurs jouent un rôle secondaire, en dépit de l'amour que leur portent les Chinois[51]. Leur présence est plutôt requise pour suggérer le passage d'une saison, une idée à laquelle les missionnaires ont été sensibles ; ainsi, les chrysanthèmes pour l'automne, les pivoines au seuil de l'été. Cependant, la dimension symbolique des composantes

51. Cf. L. Vandermeersch, *art. cit.* (n. 46), p. 79-140. Il existe des traités sur l'art de mettre les fleurs dans des vases, comprenant toutes sortes de recommandations sur leur choix, sur la forme des vases, sur l'eau à utiliser, sur leur entretien afin d'en prolonger la vie.

du jardin est restée chez eux impénétrable : les « trois amis » y sont privilégiés car la floraison du prunier est la première au sortir de l'hiver, le bambou allie force et souplesse, et le pin reste vert toute l'année. Le bambou comme le pin sont des symboles de longévité, le premier car il demeure éternellement jeune tandis que le second subit les assauts du temps quel que soit l'endroit où il est planté, ce que prouvent ses formes les plus étranges. Enfin, le bambou symbolise aux yeux d'un lettré l'absence parfaite d'ambition du fait que sa tige est creuse : cette plante a « le cœur vide » (*xuxin* 虛心), autrement dit, le bambou est modeste et réservé, mais aussi libre de préjugés, comme me l'a indiqué Jan De Meyer. Tous ces aspects, qui relevaient de croyances, ou plutôt selon les missionnaires de « superstitions », leur faisant horreur, ne pouvaient guère susciter un grand intérêt dans leur approche de la culture chinoise.

Traditionnellement en Chine la représentation artistique du monde diffère de celle qu'en ont donnée les Occidentaux depuis la Renaissance[52]. Dans la peinture occidentale, c'est un espace objectif qui est montré, ayant pour résultat une représentation distanciée. La perspective avec un unique point de fuite donne son unité à l'œuvre. De plus, l'emploi de l'huile permet de corriger, de retoucher l'œuvre autant que l'on souhaite. La peinture chinoise sert d'autres buts. La représentation qu'offre une peinture a un caractère subjectif, entièrement dépendant du peintre. Elle traduit un moment unique dans la mesure où l'encre une fois posée sur le papier ou sur la soie ne peut plus être retouchée. C'est un moment chargé d'émotion. L'image joue sur le vide et le plein, la perspective y est multiple. À cela s'ajoutent les caractéristiques matérielles de ces deux techniques de peintures, l'huile et l'encre. La peinture occidentale sur toile ou sur bois est destinée à être présentée sur un mur. La peinture chinoise prend au contraire la forme de rouleaux, de format vertical ou horizontal. Quel que soit son format, elle n'est jamais appelée à rester sur un mur, mais sera vue en certaines occasions. Bien qu'il n'y ait aucune interruption dans l'œuvre, le rouleau sera progressivement déroulé, section par section, de la même façon qu'un visiteur découvre de nouvelles perspectives à mesure qu'il avance dans un jardin.

52. Sur les différences de conception entre la peinture occidentale et la peinture chinoise, voir J.-F. Billeter, *L'art chinois de l'écriture*, Milan, 2001, p. 47 sqq.et 184. Voir aussi H. Delahaye, « Du peu d'effet de la peinture occidentale en Chine aux XVII^e^ et XVIII^e^ siècles », in C. Jami et H. Delahaye éd., 1993, *op. cit.* (n. 2), p. 241-250.

FIG. 10. – Wang Hui 王翬 (1632–1717), *Les couleurs du Mont Taihang*, détail d'un rouleau horizontal, daté de 1669, encre et couleurs sur soie, dimensions de la peinture : 25,3 x 209,4 cm, dimensions du rouleau : 29,8 x 883,9 cm. Metropolitan Museum of Art, 1978.423, DP154147.

Amateurs de peintures, peintres eux-mêmes, les lettrés ont toujours gardé à l'esprit cette relation étroite entre l'aménagement d'un jardin et la peinture de paysage, un thème qui a dominé l'histoire de la peinture chinoise durant plus d'un millénaire. Ne désigne-t-on pas celle-ci par le mot *shanshui* 山水, « montagnes et eaux » (ou *shanchuan* 山川, « monts et fleuves »), un nom qui évoque les deux grandes composantes du jardin[53] ? Dans ces œuvres, l'homme réduit à une silhouette se fond dans l'immensité de la nature (fig. 10). Le jardin comme la peinture de

53. Sur la spécificité de la peinture chinoise, de l'usage de l'encre, du trait du pinceau, et de la peinture de paysage, voir P. Ryckmans, traduction et commentaire du traité de Shitao, *Les propos sur la peinture du Moine Citrouille-Amère : traduction et commentaire de Shitao*, Paris, 1984. L'expression du « trait unique de pinceau » (*yihua* 一畫), à la base de ce traité, apparaît comme le principe unificateur cosmique sous-tendant toute pratique picturale. Selon Jonathan Hay, « Le peintre participe ainsi à l'idéal taoïste de l'homme parfait, maître cosmique dans son propre corps. » Cf. J. Hay, *Shitao: Painting and Modernity in Early Qing China*, New York, 2001, p. 272 sqq.

paysage visent à produire une vue idéalisée de la nature, l'un comme l'autre réalisent une forme de microcosme. Il arrive aussi qu'un jardin, à la manière d'une peinture, s'inspire d'un site célèbre, voire d'un site imaginaire comme les îles Penglai 蓬萊, siège des immortels, ce qui lui confère une dimension magico-religieuse[54]. Les noms attribués aux différentes parties d'un jardin, même de faible superficie, invitent le promeneur à se rendre par la pensée vers ces sites. La ressemblance avec un site célèbre est bien souvent approximative, mais son nom seul gravé dans la pierre ou calligraphié sur un panneau de bois agira efficacement sur l'esprit du visiteur. En effet, les caractères d'écriture dont ce nom est formé ont le pouvoir d'exprimer l'essence des lieux, comme ils l'ont d'exprimer la personnalité des individus ou l'essence des êtres, comme l'a analysé Jacques Gernet, et ils le feront d'autant mieux dans l'œuvre calligraphique qui les transmet[55].

## Conclusion

À la suite de cet exposé, il ne faudrait pas déduire que l'aménagement des jardins chinois est resté immuable au cours de leur histoire. En Chine comme en Occident, l'art des jardins a évolué, et tels qu'ils sont énoncés ici, les quelques principes qui le règlent ne se sont imposés qu'à l'orée du XVIe siècle, soit peu de temps avant l'arrivée des jésuites. D'autre part, les connaissances acquises par les missionnaires sur cet art se sont formées à travers leurs observations, bien entendu, mais aussi grâce aux échanges qu'ils ont eus avec des lettrés. Certainement, par ce biais se sont imposées les vues d'une classe sociale dominante, faible numériquement, et parmi cette élite le milieu le plus sophistiqué.

La confrontation entre les images des jardins chinois rapportées par les jésuites et celles qu'ils ont offertes des jardins européens à

54. Au Japon, où les jardins sont assez différents des jardins chinois, la référence à un paysage associé aux immortels existe également. Ainsi, au milieu de l'étang de la villa impériale de Katsura 桂離宮 édifiée au XVIIe siècle se trouve une « île des immortels ». Et de même, à Katsura un paysage s'inspire de la très célèbre vue, au bord de la mer, de Ama no hashidate 天橋立. Cf. N. Fiévé, « La topographie légendaire de l'ermitage de Katsura. Renaissance aristocratique et paysagère dans le Japon du XVIIe siècle », *Comptes rendus des Séances de l'Académie des Inscriptions et Belles-Lettres*, 2013, p. 1741-1771. Voir p. 1759, 1766, et fig. 1 p. 1742.

55. J. Gernet, *L'intelligence de la Chine. Le social et le mental*, « Aspects et fonctions psychologiques de l'écriture », Paris, 1994, p. 360-379.

travers la création des palais européens du Yuanmingyuan révèle une incompatibilité entre deux univers culturellement opposés. Quand les Chinois aménagent leurs jardins sous une forme idéalisée de la nature afin de créer un microcosme à l'image du monde, mais hors du monde, pour s'y retirer seul ou avec quelques amis bien choisis, en Europe jusqu'au début du XVIII^e^ siècle, le jardin était chez les élites un lieu de prestige fait pour recevoir et éblouir un visiteur, parfois même le public, en exposant sous ses yeux une nature dominée par l'homme. De leur côté, les missionnaires n'ont pas ménagé leurs efforts pour divertir l'empereur de Chine et lui faire découvrir, sous une forme qui s'apparente aussi à un microcosme, les réalisations architecturales baroques de l'Italie et les créations végétales les plus typées de l'Europe, adaptées quelque peu au goût chinois. Ces palais pourtant ne durèrent qu'un temps, et les fontaines ne fonctionnaient déjà plus à la fin du XVIII^e^ siècle. De plus, en dépit de tous les efforts des jésuites pour révéler à l'empereur ce que les jardins de l'Europe avaient de plus beau, de plus surprenant, passées la première surprise et les premières séductions, les palais européens du Yuanmingyuan n'exercèrent quasiment plus aucune influence sur l'évolution des jardins chinois jusqu'au XX^e^ siècle.

En conclusion de son *Essai sur les jardins chinois*, Cibot se demandait « en quoi, comment, d'après quelles règles, & jusqu'où le goût chinois peut être introduit dans les jardins de plaisance d'Occident, et même y dominer ». Et d'ajouter quelques lignes plus loin que « Plus [les Européens] suivront le goût chinois plus cela leur deviendra facile, & ils pourraient faire adopter tel système qui vaudrait à l'agriculture des milliers de bras si inutilement occupés à ratisser des allées où personne ne passe, & à tondre ou façonner des arbres que personne ne voit »[56]. Ce traité, rappelons-le, parut en 1782, deux ans après la mort à Pékin de son auteur. Or, il avait quitté l'Europe en mars 1758 sans jamais y être retourné. Nul doute que, lorsqu'il écrivit ces lignes, il n'avait pu prendre connaissance du livre de William Chambers (1723-1796), paru d'abord en Angleterre en 1757, puis en France en 1776[57]. Ce célèbre architecte

56. P.-M. Cibot, *op. cit.* (n. 23), p. 326.

57. W. Chambers, *Desseins Des Édifices, Meubles, Habits, Machines, et Ustenciles Des Chinois. Gravés Sur Les Originaux Dessinés à La Chine ... Auxquels Est Ajoutée Une Description de Leurs Temples, de Leurs Maisons, de Leurs Jardins, &c., Se Vend Chez l'auteur* [Londres], 1757. Voir : J. Barrier, M. Mosser, C. B. Chiu (textes réunis et présentés par), *Aux jardins de Cathay : l'imaginaire anglo-chinois*

avait séjourné par deux fois en Chine, à Canton principalement, et en avait tiré des dessins qui devaient révolutionner l'art des jardins en Europe. Le mouvement initié par les lettres et les gravures envoyées par les jésuites en France trouvait dans le livre de Chambers sa théorisation sous le nom de « jardins anglo-chinois »[58]. Partout alors furent édifiés en Angleterre et sur le continent pagodes, pavillons et ponts chinois dans des jardins où pour la première fois la nature retrouvait sa part de liberté.

Alain Thote

*en Occident. Chambers William*, Besançon, Paris, 2004, p. 11 sqq. Chambers publia un autre livre plus tourné vers les jardins, *Dissertation on Oriental Gardening*, en 1772, traduit en français la même année (*Dissertation sur le jardinage de l'Orient*). Cf. J. Barrier, *et al.*, p. 147-198.

58. On a même construit en Angleterre des belvédères pour y loger des ermites. Je tiens cette information de Jan de Meyer, que je remercie.

# À LA RECHERCHE DES JARDINS DE LA MÉSOAMÉRIQUE INDIGÈNE

Parmi les témoignages historiques des conquérants, missionnaires et occupants de ce qui était en train de devenir la Nouvelle Espagne, plusieurs évoquent, souvent avec émerveillement, divers jardins indigènes de l'époque ; ils le font de façon plus ou moins détaillée, mais en restant globalement muets sur leur valeur symbolique. Ce sont surtout les jardins nobles et royaux qui retinrent leur attention, principalement ceux du Haut Plateau central mexicain. Les témoignages laissés par ces observateurs, bien qu'ayant commencé à être étudiés depuis un siècle environ[1], n'ont fait l'objet d'analyses plus approfondies qu'à date assez récente[2]. Sur un autre plan, les jardins préhispaniques qui furent décrits au moment du Contact n'ont pu être que très peu interrogés par l'archéologie ; en effet, sauf exceptions, ils furent soit détruits dès le début de la période coloniale, soit profondément modifiés, et cela jusqu'au XIXe siècle compris. Quant à l'iconographie, voire aux écrits de la tradition indigène, laquelle possédait une dimension largement pictographique, ils fournissent certes quelques pistes d'information, notamment pour des périodes plus anciennes que celle de la Conquête, mais ils ne sont ni très nombreux, ni faciles à interpréter.

Il faut de plus se demander si, outre les jardins prestigieux des élites que découvrirent les Espagnols, et qui étaient d'accès réservé et n'avaient

1. La première grande référence en la matière est Z. Nuttall, *Los jardines del antiguo México*, México, Sociedad Científica « Antonio Alzate », 1920.

2. Voir, notamment, le texte remarquable d'A. Musset, « Les jardins préhispaniques », *Trace* 10, 1986, p. 59-73. À date plus récente, on peut se reporter à P. Granziera, « Concept of the garden in pre-Hispanic Mexico », *Garden History* 29/2, 2001, p. 185-213. On doit aussi signaler ici que le sujet des anciens jardins mexicains a fait l'objet d'un intéressant dossier spécial de la revue *Arqueología mexicana* X, n° 57, 2002, p. 16-69.

pas de fonction économique prioritaire, il n'a pas existé, dans la même région et au-delà sur l'ensemble du territoire mésoaméricain[3], d'autres jardins, que l'on pourrait qualifier de « familiaux » et dont il faudrait élucider la fonction. Domestiques, certes, et sans doute généralement dotés d'un caractère économique, ils n'avaient cependant pas forcément cette seule attribution. De nos jours, c'est surtout l'étude des schèmes d'établissement de l'habitat qui offre des voies pour appréhender ce type de jardins dans le monde mésoaméricain ancien et pour s'interroger sur la place qu'ils occupaient. C'est ce que commencent aussi à révéler quelques fouilles accompagnées par des travaux d'archéo-botanique au sens large, incluant même, parfois, l'étude des ADN que l'on peut prélever dans les sols jardinés. Cela dit, au-delà de l'inventaire de ce qui a pu exister, des progrès restent à faire sur un enjeu central : celui d'arriver à comprendre les rapports particuliers qu'entretenaient les hommes mésoaméricains avec leurs environnements aménagés en jardins et, peut-être, investis de ce fait d'une ou de plusieurs dimensions symboliques ou spirituelles.

Compte tenu de l'ampleur spatiale et de l'extension temporelle du domaine mésoaméricain préhispanique[4], on insistera ici principalement sur quelques aspects des jardins de cette aire culturelle qui sont les moins mal connus : ceux du Haut Plateau central mexicain décrits au XVIe siècle et ceux que plusieurs spécialistes commencent à considérer comme ayant existé dans les Basses Terres mayas, où l'archéologie permet de s'interroger sur les questions relatives à leur existence, à leur nombre et à leurs fonctions et sens (fig. 1). Reste encore à dire, en préambule, que l'étymologie du mot « jardin » admise dans notre langue, comme dérivée du composé latino-francique *hortus gardinus* et désignant un espace aménagé, cultivé et surtout pourvu d'une clôture, paraît tout à fait applicable au tableau que l'on peut reconstituer des jardins mésoaméricains.

3. Celui-ci a couvert jusqu'à un million de $km^2$ et il présente des conditions environnementales extraordinairement variées.

4. On peut considérer que sa durée d'existence a été d'au moins deux millénaires et demi, du début du dernier millénaire avant notre ère jusqu'à la conquête espagnole.

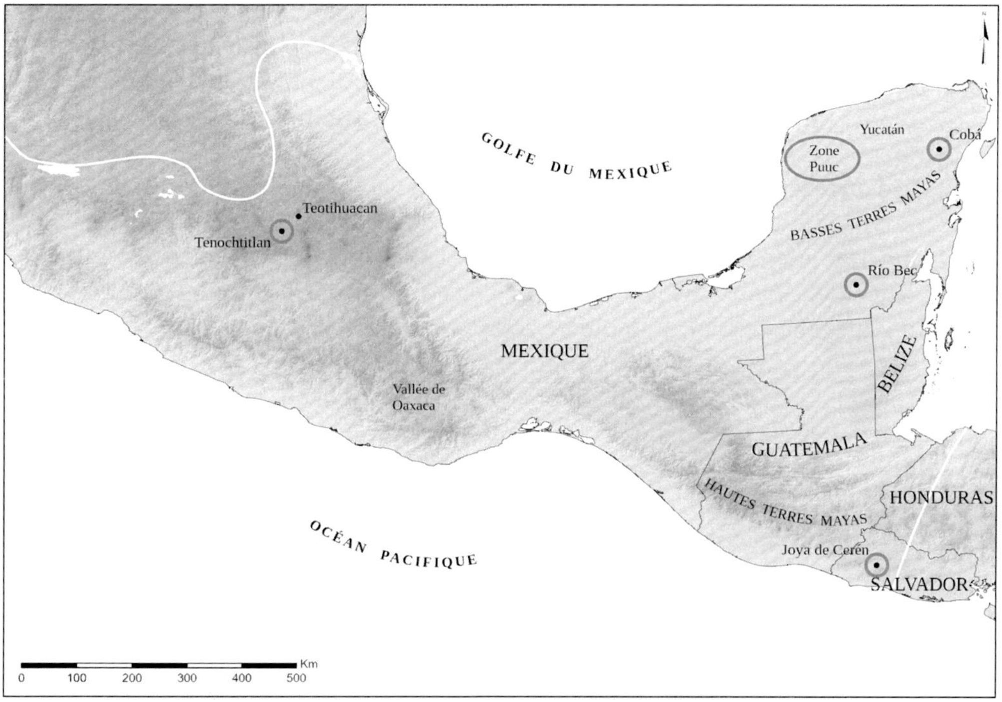


FIG. 1. – Carte de la Mésoamérique, avec localisation des lieux et des régions cités dans le texte (réalisation : J.-F. Cuenot, Archam).

## Les jardins autochtones découverts au début de la Conquête

Si on interroge le vocabulaire de la langue náhuatl, c'est-à-dire celle du groupe – les Mexica – qui dominait une bonne partie de la Mésoamérique occidentale au moment de la Conquête, il semble qu'il ait comporté un nombre élevé de mots désignant différentes formes de jardins. Ce seraient, selon Zelia Nuttall, les suivants : *xochitla* (« lieu des fleurs ») ou, sous forme duplicative, *xoxochitla* (« lieu de nombreuses fleurs »), mais aussi *xochitepanyo* (« jardin [fleuri] entouré d'un mur »), *xochiteipancalli* (« jardin [fleuri] de palais ») et *xochichinancalli* (« jardin [fleuri] entouré de haies ou d'une claie », autrement dit jardin populaire).

Ces différents termes appellent au moins quatre commentaires. Remarquons d'abord qu'ils mettent tous au premier plan, dans leurs dénominations, le mot qui signifie « fleur » (*xóchitl*[5]). Cette particularité confirme ce que diverses sources révèlent, qu'elles aient été écrites en caractères latins à partir de la Conquête, ou qu'elles soient iconographiques ou archéologiques pour des temps plus anciens : la place éminente que les Mexica et bien d'autres peuples de la Mésoamérique préhispanique accordaient aux fleurs[6]. Cette relation privilégiée avec les fleurs[7] remonte peut-être même à l'époque olmèque : ainsi, le monument 1 de Chalcatzingo (État du Morelos), qu'on peut dater de l'intervalle 800-400 av. notre ère, montre un personnage, un possible faiseur de pluie et donc un maître de la prospérité, assis dans une grotte dont le pourtour est rehaussé de plantes… ou de fleurs (fig. 2). Presque un millénaire plus tard, on peut constater que les fleurs constituent des motifs très représentés dans la peinture murale de cette capitale majeure, pourtant parfaitement urbaine, que fut Teotihuacan (fig. 3).

Le second point qui mérite d'être souligné à propos des mots náhuatl qui servaient à nommer les jardins, c'est la distinction qui existait entre ceux de l'élite dirigeante et ceux de la population ordinaire, les premiers étant ceints de murs, les seconds délimités par de simples clôtures végétales. Dans les deux cas, ce qui est constant, c'est bien la référence aux fleurs, mais il faut préciser que les jardins des uns et des autres ne contenaient pas les mêmes éléments. En effet, plusieurs sources signalent clairement que la société mexica observait une stricte hiérarchie entre certaines fleurs réservées aux nobles et aux souverains, par exemple, le *cacaloxóchitl* ou frangipanier rouge – *Plumeria rubra* –,

5. Mais on trouve aussi en náhuatl, pour parler d'un jardin à clôture, le mot *tepancalco*, locatif correspondant à *tepancalli*, qui désigne un enclos entourant une maison et qui est un mot formé des substantifs *tepantli* (« mur, limite, barrière ») et *calli* (« maison »). De cette étymologie il ressort que les jardins allaient de pair avec des maisons à l'intérieur d'espaces bien délimités. Sur ces éléments relatifs à la terminologie, voir notamment F. Karttunen, *An analytical dictionary of Nahuatl*, Austin, University of Texas Press, 1983, p. 229.

6. Une place que manifeste aussi certainement le fait que le mot *xóchitl* ait été choisi par les Mexica pour dénommer le vingtième et dernier jour de la série des vingtaines (ou mois) de l'année solaire comme de la série des vingt noms qui, combinés aux chiffres de 1 à 13, servaient de base au calendrier divinatoire en treizaines.

7. À ce sujet, voir en particulier D. Heyden, *Mitología y simbolismo de la flora en el México prehispánico*, México, Universidad Nacional Autónoma de México, Instituto de Investigaciones Antropológicas, 1983.

FIG. 2. – Motif gravé sur le monument 1 de Chalcatzingo (dessin de D. Salazar Lama d'après M. Córdova Tello, C. Meza Rodríguez, T. Doering, J. González García, L. Collins, « El registro 3D y sus aportes a la conservación en Chalcatzingo », *Digital Heritage and Humanities Collections Faculty and Staff Publications*, 23, 2019 <https://digitalcommons.usf.edu/dhhc_facpub/23>).

FIG. 3. – Un des arbres ou arbustes fleuris figurés à Techinantitla, Teotihuacan. Tous distincts entre eux, ils sont considérés par certains comme des toponymes. Dessin de D. Salazar Lama d'après la photo publiée dans *Arqueología mexicana* 78, 2006, p. 37.

ou l'*eloxóchitl* – *Magnolia dealbata* –, et d'autres qui étaient accessibles à tous : ainsi, le *cempoalxóchitl* – *Tagetes erecta* – ou « rose d'Inde », étymologiquement « la fleur vingt », connue encore de nos jours comme la fleur des morts et largement utilisée lors des cérémonies dont ils font toujours l'objet dans les communautés indiennes autour de la Toussaint (fig. 4a, b et c). Constatons en troisième lieu que plusieurs des termes existants se réfèrent aux clôtures des jardins, qu'il s'agisse de murs ou de simples haies ou palissades. Notons enfin que, malgré l'abondance des termes relatifs aux jardins dans le náhuatl parlé, aucun ne semble avoir donné lieu à une ou à des versions glyphico-pictographiques dans les documents écrits selon la tradition indigène au début du XVI^e^ siècle ou avant. Une étude, celle de Viola König[8], sur la représentation, dans les codex et les lienzos du Mexique ancien, des paysages, jardins et autres espaces cultivés, propose seulement comme possibles pictographies

8. « The representation of landscape, gardens and other cultivated spaces in the codices and lienzos (maps) from native México », *Anales de Antropología* 39/1, 2005, p. 79-97.

Fig. 4. – Fleurs réservées aux élites chez les Mexica : a) *cacaloxóchitl* (*Plumeria rubra*) ; b) *eloxóchitl* (*Magnolia dealbata*) . Fleur accessible aux gens du commun : c) *cempoalxóchitl* (*Tagetes erecta*).

Fig. 5. – Possible pictogramme (?) pour « jardin » selon V. König : page 69 du *Codex Zouche Nuttall*.

(mais en les qualifiant simplement de *sign*) de rares images présentes dans des documents de la tradition mixtèque : par exemple à la p. 69 du *Codex Zouche Nuttall* (fig. 5).

## Les jardins des élites au cœur de l'empire mexica

Ce sont les mieux documentés, d'abord par les récits et descriptions des Espagnols et, en tête d'entre eux, les premiers arrivés, Hernán Cortés et Bernal Díaz del Castillo[9]. Postérieurement, d'autres chroniqueurs fournirent des informations complémentaires : fray Toribio de Benavente (Motolinía), qui rédigea son *Historia de los Indios de la Nueva España* vers le milieu du XVIe siècle, le dominicain Diego Durán, auteur, entre 1576 et 1581, d'une *Historia de las Indias de Nueva España e Islas de Tierra Firme*, le jésuite Francisco Javier Clavijero, dont l'ouvrage *Historia antigua de México y de su conquista* parut en 1780, ou encore le très important Fernando de Alva Cortés Ixtlilxóchitl, descendant, par sa mère, de la famille royale de Texcoco et qui écrivit principalement

9. Dans la seconde de ses lettres à Charles-Quint, datée du 30 octobre 1520, Cortés indique qu'à Temixtitlan [Mexico], les nobles et les gens riches, « en plus de posséder de grands et beaux palais, ont d'agréables jardins de fleurs de formes diverses, aussi bien dans les parties hautes que dans les parties basses » (H. Cortés, *Cartas de relación*, México, Editorial Porrúa [Sepan Cuantos nº 7], édition de 1975, p. 65).

FIG. 6. – Dans le *Codex de Florence* : a) titre du livre XI ; b) titre du paragraphe 11 dans le chapitre 7 du même livre, fol. 198r ; c) Les *xochimanque*, ou préposés aux fleurs, fol. 198v.

au début du XVIIe siècle mais dont les œuvres ne furent redécouvertes qu'un siècle plus tard. Le dernier auteur que l'on doit citer et qui devrait être en fait le premier pour la précocité, la fiabilité et l'exhaustivité des informations qu'il a recueillies et qu'il nous a transmises, n'est autre que le franciscain Bernardino de Sahagún. Celui-ci inclut, dans son monumental manuscrit largement illustré que l'on appelle, du lieu où il est conservé, *Codex de Florence*[10], un livre XI dont deux longs chapitres (les 6 et 7) traitent de la flore autochtone, notamment les arbres, les arbustes et les fleurs, et précisent les usages qu'on en faisait, fournissant ainsi une ample, mais indirecte, documentation sur les jardins (fig. 6).

10. *Códice Florentino*, édition en fac-similé des manuscrits 218, 219 et 220 de la collection palatine de la Biblioteca Medicea Laurenziana, 3 t., Florence, Casa Editorial Giunti Barbèra, 1979.

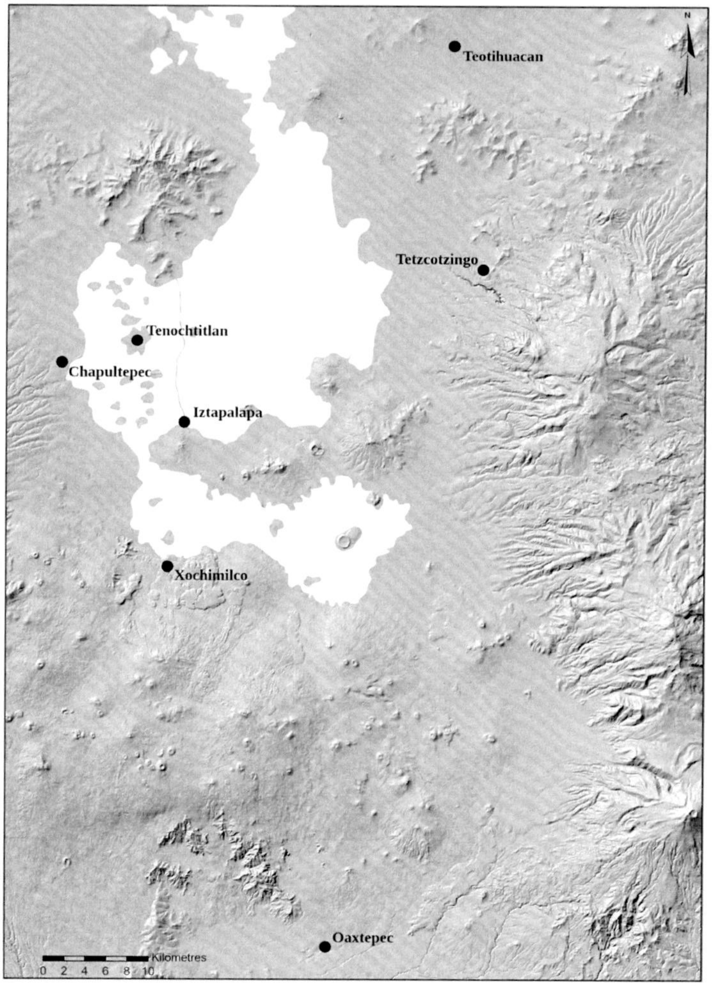


FIG. 7 – Outre les sites de Tenochtitlan et de Teotihuacan, localisation des quatre jardins royaux principaux du Bassin de Mexico et de ses alentours (carte : J.-F. Cuenot, Archam).

L'ensemble des sources disponibles permet d'établir des cartes montrant les emplacements des principaux jardins nobles et princiers du Bassin de Mexico et même de mettre en relation ces derniers avec les centres de pouvoir dont ils dépendaient, comme le démontre, en particulier, l'important travail d'Andrea B. Rodríguez Figueroa[11] (fig. 7).

11. *Los jardines nahuas prehispánicos. Una introducción desde la perspectiva de la arquitectura de paisaje*, México, Universidad Nacional Autónoma de México, Facultad de Arquitectura, 2021.

FIG. 8 – Jardin d'Ixtapalapa : tentative de reconstitution par R. Rojas Velasco pour *Arqueología mexicana* X, n° 57, 2002, p. 29 (courtoisie de la revue).

On s'en tiendra ici à quelques observations importantes relatives à trois d'entre eux particulièrement célèbres.

Au sud de Tenochtitlan, le jardin d'Ixtapalapa (administré en 1519 par un frère cadet de l'empereur mexica) fut le premier que Cortés et ses hommes visitèrent avant de s'engager sur la chaussée qui allait les conduire, à seulement quelques kilomètres de là, au cœur de la capitale de l'empire[12]. Toutefois, les commentaires éblouis des Espagnols ne permettent pas d'avoir une idée précise de l'organisation des lieux. Sa reconstitution partielle proposée en 2002 par Ruy Rojas Velasco pour la revue *Arqueología mexicana* (fig. 8) a le grand mérite d'inclure quatre aspects fondamentaux de ce type de jardin : le strict ordonnancement des choses, la présence, à côté des végétaux, de toute une faune, la place centrale jouée par l'eau, l'inclusion enfin d'un relief[13] dans le paysage architecturé construit. En fait, ces jardins avaient une dimension

12. A. M. L. Velasco Lozano, « El jardín de Ixtapalapa », *Arqueología mexicana* X, n° 57, 2002, p. 26-33. Voir également Ead., « Iztapalapan Xochitla. El jardín de Iztapalapa como parte del paisaje ritual de la cuenca de México », in *Jardines históricos brasileños y mexicanos*, A. R. Sá Carneiro et R. Pérez Bertruy coord., Recife-México, Editora universitaria UFPE-Universidad autónoma metropolitana, 2010, p. 21-57.

13. On considère que ce jardin s'étendait, en partie au moins, sur les pentes de ce qui aujourd'hui est connu comme le Cerro de la Estrella.

cosmologico-symbolique forte, laquelle est justement illustrée, d'une part, par la centralité de l'eau, condition de la prospérité, et, de l'autre, par l'inclusion du lieu d'origine de celle-ci puisque, dans la vision du monde des populations locales, l'eau, pluies comprises, provenait du cœur des montagnes.

Dans le fameux jardin des rois de Texcoco, le Tetzcotzingo construit au milieu du xv<sup>e</sup> siècle par Nezahualcóyotl – dont, de façon assez exceptionnelle, quelques éléments ont survécu jusqu'à nos jours –, l'eau occupe aussi une place majeure[14]. Comme elle n'existait pas à l'endroit choisi pour être aménagé, elle a été amenée depuis des lieux montagneux plus élevés au moyen d'un vaste système de canalisations-aqueducs. Dans le domaine royal jardiné de Texcoco, il existait en outre, il faut le souligner, un ou des espaces plantés de végétaux exotiques, dans des zones qui devaient faire office de serres[15] : il s'agissait en effet de conserver ou, mieux, de tenter d'acclimater des plantes provenant d'autres régions, surtout des basses terres tropicales. On observe donc là une autre dimension des jardins royaux : l'intégration de flores (et de faunes aussi) non locales. Dans cette perspective, l'idée a été avancée, sans doute à juste titre, que la création des jardins ou la mise en place d'aménagements nouveaux à l'intérieur de ces derniers devait être consécutive à des conquêtes. Ce qui conduit à reconnaître à ce genre d'entreprise et aux jardins eux-mêmes une autre dimension, de nature politique. Il a d'ailleurs été parfois suggéré que des fleurs et, plus généralement, des végétaux, mais aussi des animaux, purent faire partie de ce qui était exigé comme tribut de certaines régions conquises[16].

---

14. Sur ce jardin, on peut se référer par exemple à S. T. Evans, « The Garden of the Aztec Philosopher-King », in *Gardening – Philosophy for Everyone: cultivating wisdom*, Dan O'Brien éd., Malden, Mass., Wiley-Blackwell, 2010, p. 207-219. Mais sur les aspects proprement hydrauliques de son aménagement, voir plutôt J. R. Parsons, « Ingeniería hidráulica prehispánica en Acolhuacan », *Arqueología mexicana* X, n° 58, 2002, p. 54-59.

15. À propos de l'emplacement de ces zones, le travail graphique de l'architecte S. Alcántara Onofre, « El jardín de Nezahualcoyotl en el cerro de Tetzcotzingo », *Arqueología mexicana* X, n° 58, 2002, p. 52 sq., et, en particulier, la figure inférieure de la page 53 indiquent qu'au moins une d'entre elles se serait située au sud-ouest du « Baño del Rey », c'est-à-dire à proximité des bâtiments palatiaux.

16. En fait, dans les listes de tributs qui nous sont parvenues, ces éléments ne sont guère mentionnés. Sur le fol. 31r du codex Mendoza, rédigé autour de 1541 (voir l'édition de référence de F. R. Berdan et P. Rieff Anawatl, *The essential Codex Mendoza*, Berkeley-Los Angeles-Londres, University of California Press, 1997) face

FIG. 9. – *Ahuehuetes,* « vieux de l'eau » (*Taxodium mucronatum*).

Dans le troisième exemple auquel on fera brièvement référence, le jardin de Chapultpetec – mis en place sous le règne de Moctezuma Ilhuicamina ou de son successeur Axayacatl, dans la seconde moitié du XV^e^ siècle –, c'est certainement aussi un souci d'ordre politique qui conduisit les empereurs à y faire sculpter, sur les pans rocheux locaux, leurs portraits[17]. En tout cas, le jardin qui était, nous disent les sources, strictement entouré d'un haut mur et qui s'est développé autour d'un vigoureux relief naturel isolé, était pourvu, dans ses pentes et au pied de celles-ci, de plusieurs sources d'eau douce ; de là partait un système d'aqueduc à double canalisation qui alimentait la ville, peu éloignée, de Tenochtitlan. On retiendra encore ici la présence, à la base de la « montagne de la sauterelle » – c'est le sens du mot Chapultpetec –, d'ahuehuetes (*Taxodium mucronatum*), ces arbres spectaculaires associés strictement à l'eau, comme l'indique l'étymologie de leur nom, « vieux de l'eau » (fig. 9). Leur existence à cet endroit rappelle que les jardins, en plus des fleurs, comprenaient également arbres et arbustes. Mais la longévité bien connue des ahuehuetes donne sans doute aussi une autre dimension aux jardins qui en comprenaient : celle d'être des lieux où

aux noms de cités conquises est figuré et spécifié « un aigle vivant, ou deux, ou trois, ou quatre, autant qui ce qui pouvait être capturé ». Encore faut-il remarquer que ces aigles ne devaient pas rejoindre les jardins, mais plutôt les parcs zoologiques royaux.

17. Voir, sur ce sujet, le témoignage du dominicain Diego Durán au chapitre XXXI de son *Historia de las Indias de Nueva España e Islas de Tierra Firme*.

l'on pouvait entrer en relation avec les ancêtres. En ce sens d'ailleurs, on ne peut pas ne pas rappeler qu'avant de faire de Chapultepec un jardin, les Mexica avaient résidé dans ce lieu lors de la dernière étape de leur migration, juste avant leur installation sur l'île où ils sont dits avoir fondé Tenochtitlan. Ce serait là un argument supplémentaire pour penser que les jardins avaient comme autre fonction de permettre une relation avec le passé.

Ainsi, les jardins nobles et royaux du Haut Plateau central mexicain à l'époque de la Conquête n'étaient pas que des lieux d'agrément, de repos et de divertissement, voire d'activités intellectuelles et artistiques, même si cet aspect des choses existait bel et bien[18]. Sur un autre plan, ne parle-t-on pas également des vertus de plusieurs fleurs qui y étaient cultivées comme l'*eloxóchitl*, cité plus haut, supposé alléger la fatigue de ceux qui exerçaient une charge publique ? D'ailleurs, les jardins des élites produisaient aussi certainement des plantes médicinales, dont on sait qu'elles étaient nombreuses et très prisées[19]. Ils en contenaient aussi d'autres, très utilisées dans les rituels, ces jardins étant manifestement liés à plusieurs divinités, à Tlaloc en tout premier lieu, lui le garant de la fécondité végétale et donc de la prospérité. Dans les fouilles du Templo Mayor, où les conditions de conservation des matières organiques sont meilleures qu'ailleurs, on a pu, depuis quelques années et par l'analyse de macro-restes, de phytolithes ou de pollens, reconstituer des listes de plantes employées dans divers dépôts cérémoniels[20]. Sans nul doute,

18. Le diphrasisme *in xóchitl in cuícatl* (« la fleur, le chant ») servait à désigner la poésie et, dans les poèmes náhuatl anciens qui nous sont parvenus, les évocations de fleurs sont omniprésentes. Reste à souligner que les jardins passent pour avoir été des lieux privilégiés pour la composition littéraire.

19. En témoignent le *Codex Badiano* ou *Codex De la Cruz-Badiano* qui s'intitulait plus proprement *Libellus de medicinalibus indorum herbis*, rédigé vers 1552, mais aussi l'*Historia natural de la Nueva España*, fruit des compilations botaniques et minérales de Francisco Hernández que Philippe II envoya en Nouvelle-Espagne en 1571 avec le titre de « *protomédico general de nuestras Indias* » et, bien entendu, le *Codex de Florence* (1577).

20. Ici il convient de consulter en particulier les recherches d'A. Montúfar López publiées dans le premier volume de cette somme qu'est *Al pie del Templo Mayor de Tenochtitlan. Estudios en honor de Eduardo Matos Moctezuma*, que coordonnèrent L. López Luján et X. Chávez Balderas et que publia le Colegio Nacional en 2019 : voir les chapitres « Arqueobotánica de la ofrenda 141 del Templo Mayor de Tenochtitlan », p. 305-330, cosigné par A. Montúfar López et A. Aguirre Molina, ainsi

FIG. 10. – Vue partielle, et au trait, des motifs de la peinture murale du Tlalocan à Tepantitla, Teotihuacan. Dessin original de D. Salazar Lama à partir des photos disponibles sur la médiathèque numérique de l'INAH, <https://mediateca.inah.gob.mx/repositorio/islandora/object/mural%3A166>.

certaines devaient provenir des jardins nobles – quoique aussi peut-être de jardins non nobles.

Ces jardins à forte connexion avec les mondes cosmologiques et religieux, justement qualifiés par Alain Musset de lieux de « re-création » et non de simple récréation[21], devaient enfin avoir une dimension édénique. Cela, déjà dix siècles environ plus tôt, les peintures murales du portique 2 dans l'ensemble palatial de Tepantitla, à Teotihuacan, semblent l'avoir illustré (fig. 10) : la scène est qualifiée de « Tlalocan », c'est-à-dire « le lieu de Tlaloc », un mot souvent traduit de façon moins littérale par « le paradis de Tlaloc ». Là se rendaient les morts dont le décès était lié à l'eau et à son dieu principal, dont l'image surmonte la scène peinte. L'image comporte, au centre de sa base, une montagne d'où coulent des flots d'eau : quelques défunts s'y baignent et y nagent ; plusieurs autres brandissent des rameaux fleuris[22], dansent et même

que « Arqueobotánica de los sedimentos de sahumadores: las ofrendas 152 y 155 del Templo Mayor de Tenochtitlan », p. 353-374, dû à la seule A. Montúfar López.

21. Cf. *supra* la n. 2.

22. Le mythe précise que les morts dont la destinée auprès de Tlaloc n'était pas assurée devaient être enterrés avec un bâton sec ; si l'individu était réellement appelé à rejoindre le Tlalocan, alors son bâton refleurirait. Cette revitalisation végétale pourrait trouver un écho actuel dans certains enclos, notamment dans la campagne du

jouent à la balle ; de leurs bouches s'échappent des volutes de paroles fleuries, très vraisemblablement celles de la poésie. Tous ces points communs avec les jardins que l'on a décrits plus haut pourraient être une préfiguration de ce que les jardins de l'élite mexica voulurent, longtemps après, reconstituer… ou simplement perpétuer.

### La question des jardins familiaux dans le bassin de Mexico tardif

Certains essais de reconstitution « artistiques » modernes de Tenochtitlan-Tlatelolco, y compris les meilleurs[23], semblent attribuer à la ville une allure relativement végétalisée, ce qui peut donner l'impression que celle-ci incluait de nombreux jardins, familiaux notamment. Mais sur le plan le plus ancien que nous ayons de la cité, élaboré très peu après le Contact et publié à Nuremberg[24] en 1524, conjointement avec la seconde lettre de Cortés à Charles Quint, si l'ordonnancement des habitations suit des quadrillages formés par des canaux et des rues, on n'observe guère la présence de jardins attenant aux maisons. Il est vrai, cependant, qu'il existe aussi un autre plan, dit *Plano en papel de maguey*, qui remonte, lui, aux environs de 1543 et où une grande partie de l'espace est divisée en parcelles régulières : chaque maison, avec l'image de la tête du chef de famille accompagnée parfois de la transcription de son nom en caractères latins, y apparaît associée à des bandes de terres parfaitement géométriques et très probablement cultivées (fig. 11). Ce schéma évoque en fait le système des *chinampas*, longtemps considérées comme situées dans des lacs relativement distants du centre de la ville, principalement dans l'un de ceux du sud, Xochimilco[25], où l'eau était douce, contrairement à celle du lac de Texcoco, qui était saumâtre. Des fouilles relativement récentes, à l'intérieur même de la ville actuelle de Mexico, ont montré, malgré tout, qu'il avait existé des *chinampas* à la

Veracruz, où les poteaux de délimitation des prairies, sommairement équarris et que l'on désigne comme des « *cercos vivos* », redeviennent des arbres quelque temps après leur plantation.

23. Cf. en particulier les vues en 3D créées par T. Filsinger, par exemple celle qui est reproduite dans le catalogue *Mexica. Des dons et des dieux au Templo Mayor*, Paris, musée du Quai Branly et Éditions El Viso, 2024, p. 97.

24. Et conservé aujourd'hui à la Newberry Library de Chicago.

25. Où le système subsiste encore.

Fig. 11. – Détail du *Plano en papel de maguey*. D'après *Arqueología mexicana*, edición especial, nº 42, 2012, p. 59 (courtoisie de la revue).

périphérie de l'ancienne capitale tenochca[26]. Le terme *chinampa*, qui viendrait du mot náhuatl *chinam(i)tl* « clôture [ou espace enclos] de cannes ou de tiges de maïs », ce qui renvoie à un des aspects spécifiques des jardins, a souvent été glosé de façon assez malheureuse en « jardin flottant ». C'est là une erreur puisque les champs surélevés entourés d'eau que sont les *chinampas* étaient tous amarrés au fond des lacs, notamment par la plantation d'arbres à leur périphérie, ce qui fait qu'ils ne flottaient d'aucune manière (fig. 12). En outre, il paraît difficile de leur attribuer la qualification de « jardins ». Certes, les bandes de terrain en question – aux sols enrichis régulièrement par l'apport des nutriments

26. R. Barrera Rodríguez, « Las chinampas y canales de Ateponazco. Un barrio de México-Tenochtitlan », *Arqueología mexicana* XXX, nº 184, 2024, p. 46-55.

Fig. 12. – Reconstitution partielle de *chinampas* par I. Larrauri Velasco pour *Arqueología mexicana*, XIII, nº 78, 2006, p. 22 (courtoisie de la revue).

obtenus en raclant les fonds des canaux –, généralement étroites[27], étaient ceintes par leurs bordures et par les canaux eux-mêmes. Mais les végétaux qui y étaient produits, de façon apparemment intensive et, pourrait-on dire, presque standardisée, étaient majoritairement d'ordre alimentaire et devaient servir à l'approvisionnement en nourriture de la capitale. S'il est vrai aussi que, dans certains de ces champs, on pouvait cultiver des fleurs, celles-ci n'étaient pas destinées à seulement charmer leurs producteurs par leurs couleurs, leurs odeurs ou les deux à la fois ; elles alimentaient plutôt l'important marché qu'entretenait la demande élevée dont elles faisaient l'objet. Les éléments figurés sur le *Plano en papel de maguey* révéleraient donc que, même en périphérie du cœur de la ville, des secteurs entiers de *chinampas*, de surface modeste, étaient consacrés à la production soit de végétaux alimentaires pour la consommation familiale, soit d'autres plantes destinées plutôt à la

27. On évoque souvent des surfaces de l'ordre de 1000 m$^2$ avec des dimensions ordinaires de 10 par 100 m. Toutefois, les ensembles mis au jour dans le secteur d'Ateponazco (voir note précédente) sont plus petits, avec des longueurs comprises entre 26 et 36 m et des largeurs oscillant entre 2 et 8 m.

commercialisation[28]. On le voit, beaucoup, pour ne pas dire tout, reste à faire pour identifier et étudier les traces des véritables *xochichinancalli* ou jardins domestiques mexica.

## Autres pistes pour l'étude des jardins ordinaires : ceux du monde maya classique[29]

Le bref excursus que l'on souhaite ajouter maintenant et qui concerne les basses terres mayas à la période classique représente un saut temporel et spatial conséquent par rapport à ce qui précède : au moins six siècles, et plus de 1 000 km. Mais il s'impose, car il répond à un objectif important : celui d'étoffer notre enquête sur la réalité de ce qu'on peut nommer « jardin » en Mésoamérique et, surtout, sur les méthodes qui sont aujourd'hui mobilisables pour en vérifier l'existence et en décrypter nature(s) et usages dans un contexte où les sources écrites disponibles – la *Relación de las cosas de Yucatán*, écrite par le premier évêque du Yucatan, Diego de Landa, en 1566, et les *Relaciones histórico geográficas de la gobernación de Yucatán* de 1578, à quoi on pourrait ajouter le *Diccionario de Motul*, de la fin du XVIe siècle – sont bien tardives et peuvent induire, au moins partiellement, en erreur, car postérieures à la mise en œuvre des Ordonnances de Tomás López de Medel qui instituèrent la « congregación de pueblos ». Ces dernières modifiaient, en effet, l'allure de l'habitat préhispanique, comme en rend compte l'extrait suivant : « J'ordonne que tous les Naturels de ladite province soient rassemblés dans leurs villages et construisent des maisons proches les unes des autres, disposées en forme de vrais villages, que ces derniers soient assujettis (*parcialidades*) ou qu'il s'agisse de chefs-lieux (*cabeceras*), ce dans un endroit commode et convenable, et qu'ils fassent leurs maisons en pierres et en ouvrage

28. Sur les *chinampas* il existe une littérature abondante en dépit du fait que le sujet n'ait été abordé par l'archéologie qu'à une date assez récente (voir le dossier « Las chinampas de la Cuenca de México » publié dans *Arqueología mexicana* XXX, n° 184, 2024). Pour des travaux plus anciens mais sérieux, on peut se référer à E. E. Calnek 1972, « Settlement Pattern and Chinampa Agriculture at Tenochtitlan », et 1973, « The Localization of the Sixteenth Century Map Called the Maguey Plan », les deux parus dans *American Antiquity*, respectivement dans les volumes 37/1, p. 104-115, et 38/2, p. 190-195.

29. Comme ce sous-titre l'indique, on omettra ici de s'interroger sur les jardins extra-ordinaires dans le monde maya classique, bien qu'il ait dû en exister.

durable, chacun ayant sa propre maison, dans le cadre qui lui est donné, et qu'ils ne sèment aucun champ dans le village, mais qu'ils coupent tout, à l'exception de quelques arbres fruitiers. »[30] Plusieurs sources permettent en réalité de penser que les parcelles destinées aux familles dans les villages de « réduction » avaient pour norme dimensionnelle supérieure 50 x 50 m. Ainsi, pour connaître les jardins mayas préhispaniques, c'est l'archéologie qu'il convient d'interroger[31].

Le site de Joya de Cerén au Salvador, situé juste sur la frange Sud-Est de la Mésoamérique (se reporter à la fig. 1), a offert à une date relativement récente (à partir de la fin des années 1970) un terrain *a priori* idéal pour tenter d'aborder les questions que l'on se pose. Il s'agit des vestiges d'un village d'environ 200 habitants qui, vers 630 de notre ère, a été enseveli sous une épaisse couche de cendres volcaniques émises par l'appareil dénommé Loma Caldera, pas trop chaudes toutefois et ayant donc contribué plus à la conservation qu'à l'annulation des vestiges. Les fouilles réalisées sur place ont mis au jour, outre les habitats, les restes de plusieurs zones entretenues et cultivées situées autour de ces derniers et de leurs dépendances[32]. L'exacte détermination des restes botaniques préservés et recueillis et la reconstitution de l'organisation des zones aménagées, appuyée par la mise en place d'un système d'information géographique, ont

30. « […] *mando, que todos los naturales de esta dicha provincia se junten en sus pueblos, y hagan casas juntas, trazadas en forma de pueblos todos los de una parcialidad y cabecera en un lugar cómodo y conveniente, y hagan sus casas de piedras, y de obra duradera, cada vecino casa de por sí, dentro de la traza que se le diere, y que no siembren milpas algunas dentro del pueblo, sino que todo lo corten, sino fuere algunos árboles de fruta* […]. » Voir R. Mariaca Méndez, A. González Jácome, L. M. Arias Reyes, *El huerto maya yucateco en el siglo XVI*, El Colegio de la Frontera Sur, 2010, p. 34 ; mais on consultera aussi avec profit le premier chapitre, « Umbral », de l'ouvrage coordonné par F. de Pierrebourg et M. Humberto Ruz, *Nah, Otoch. Concepción, factura y atributos de la morada maya*, Izamal, Secretaria de Educación del Gobierno del Estado de Yucatán-UNAM, 2013.

31. Mais voir aussi l'enquête entamée en 2009, dans le cadre d'un M1 présenté à l'Université de Paris 1 (Archéologie et histoire de l'art), par C. Lamb, « À la recherche du jardin "domestique" préhispanique des basses terres mayas. Méthodes et problématiques ».

32. Pour une brève introduction à ce site, on peut consulter P. Sheets, « Dwelling in the Ancestral Joya de Cerén Village », in *Revealing Ancestral Central America*, R. A. Joyce éd., Washington, Smithsonian Institution, The Smithsonian Latino Center and the National Museum of the American Indian, 2015, p. 22-31.

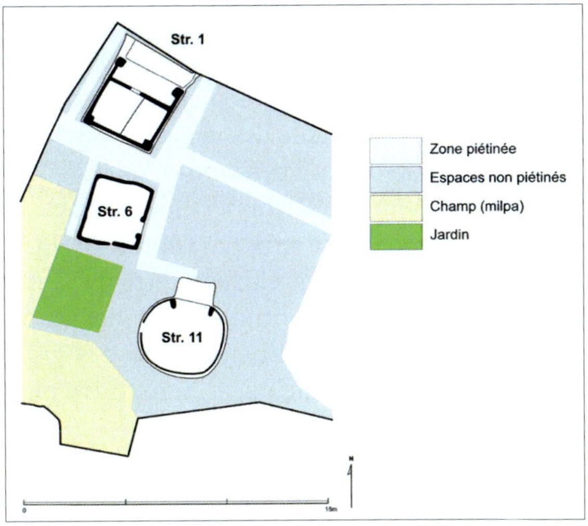


FIG. 13. – Plan schématique de l'extrémité NO de l'unité d'habitat 1 à Joya de Cerén. Dessin de D. Salazar Lama d'après le plan d'A. Farahani *et al.*, *Antiquity*, 91(358), 2017, p. 986.

fourni des images précises du paysage villageois (fig. 13). On y voit, en particulier, la contiguïté avec les maisons de certains vrais champs, notamment de maïs, mais pas seulement[33]. Pourtant, de petits espaces, localisés en général à proximité plus immédiate encore des bâtiments, ont été répertoriés par les fouilleurs et qualifiés par eux de « jardins potagers » (*kitchen gardens*[34]). Ils se signalent par la présence de quelques arbres (localement surtout des cacaoyers, *Theobroma cacao*,

33. À noter que les synthèses les plus complètes, parmi les plus récentes, sur l'agriculture dans les Basses Terres mayas à date ancienne – Sh. Morell-Hart, L. Dussol, S. L. Fedick « Agriculture in the Ancient Maya Lowlands (Part 1): Paleoethnobotanical Residues and New Perspectives on Plant Management », *Journal of Archaeological Research* 31, 2023, p. 561-615 ; S. L. Fedick, Sh. Morell-Hart, L. Dussol, « Agriculture in the Ancient Maya Lowlands (Part 2): Landesque Capital and Long-term Resource Management Strategies », *Journal of Archaeological Research*, 2023, <https://doi.org/10.1007/s10814-023-09185-z> – ont réuni de bons arguments pour penser aujourd'hui que le maïs, quoique essentiel, ne fut pas aussi exclusif parmi les plantes vivrières qu'on l'a cru longtemps, pas plus que la culture extensive sur brûlis sous la forme dénommée « *milpa* ». Ainsi, par exemple, et justement à Cerén, si on a d'abord supposé que le manioc (*Manihot esculenta*) n'avait été produit que dans les jardins, on sait maintenant qu'il était aussi cultivé dans de vrais champs (P. Sheets, C. Dixon, M. Guerra, A. Blanford, « Manioc Cultivation at Ceren, El Salvador: Occasional Kitchen Garden Plant or Staple Crop? », *Ancient Mesoamerica* 22/1, 2011, p. 1-11).

34. A. Farahani, K. L. Chiou, A. Harkey, C. A. Hastorf, D. L. Lentz, P. Sheets, « Identifying "plantscapes" at the Classic Maya village of Joya de Cerén, El Salvador », *Antiquity* 91 (358), 2017, p. 980-999.

mais aussi des avocatiers), arbustes et plantes plus variées que dans les champs proprement dits et qui devaient représenter quelques ressources, alimentaires et autres, d'accès direct. Ici donc, bien que cela ne soit pas vraiment explicité, ce serait surtout la diversité des végétaux produits sur ces petites surfaces proches des maisons qui permettrait de les qualifier de « jardins ». À l'inverse, on pourrait s'étonner que ces possibles jardins n'aient été ceints d'aucune clôture propre. Toutefois, à Cerén comme dans bien d'autres villages mayas préhispaniques de la même époque, les unités d'habitat abritaient majoritairement des familles étendues[35], et ce sont plutôt les limites de l'emprise de ces grandes maisonnées qui étaient marquées : un modèle que l'on retrouve plus ou moins dans les exemples suivants.

Dans le grand site de Cobá, un peu plus récent que celui de Cerén et localisé dans le nord-est de la péninsule du Yucatan (voir sa situation sur la fig. 1), les groupes d'habitat sont systématiquement circonscrits par des murets (fig. 14)[36]. Des travaux réalisés dans la seconde moitié des années 1980, notamment à partir de l'analyse de composants chimiques des sols (spécialement les doses de carbonates et de phosphates), avaient permis aux pionniers de ce type de recherche de formuler des hypothèses quant à l'utilisation des espaces au sein des enclos résidentiels : on notera ici la dénomination retenue, celle de « verger domestique » (*domestic orchard* dans la publication originelle), pour l'un d'entre eux dont la surface ne dépasse pas 150 m$^2$ : c'est évidemment là – en l'absence de données botaniques, qui n'avaient pas été identifiées à l'époque – moins un fait avéré qu'une hypothèse, mais elle est vraisemblable.

Dans d'autres parties des Basses Terres mayas, en particulier la zone des collines du Puuc dans le nord-ouest de la péninsule du Yucatan, dont le développement démographique fut très net après 750 et pendant les deux siècles suivants, l'organisation des groupes résidentiels, bien souvent, ne comporte apparemment pas d'espace qui aurait pu servir

35. Remplacer l'habitat en familles étendues – car elle étaient soupçonnées d'être propices à des comportements sexuellement déviants – par un habitat en familles nucléaires, fut en réalité au cœur de l'entreprise de transformation territoriale des sociétés indigènes par les colonisateurs-missionnaires.

36. L'analyse du secteur ici figuré (cf. Linda R. Manzanilla, Luis Barba, « The Study of Activities in Classic Households: Two Case Studies from Coba and Teotihuacan », *Ancient Mesoamerica* 1/1, 1990, p. 40-49) suggère que les deux unités connexes 2-14 et 15-37, chacune à deux maisons ou deux foyers, représenteraient le résultat de la croissance d'une seule famille nucléaire originelle.

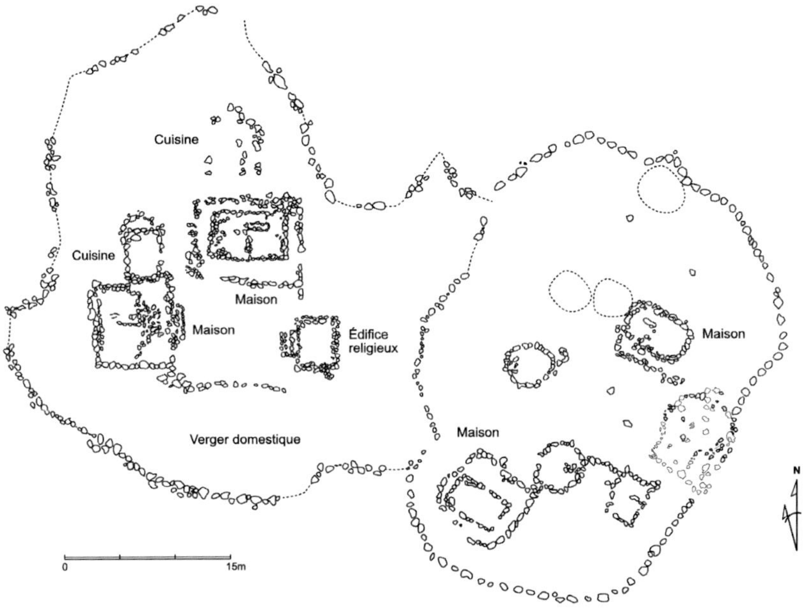


FIG. 14. – Plan des ensembles résidentiels 2-14 et 15-37 à Cobá : dessin de D. Salazar Lama d'après L. Manzanilla et L. Barba, voir n. 36, p. 44.

de jardin près de chacune des maisons. En fait, dans cette région, les résidences étaient systématiquement implantées sur des pointements du substrat calcaire, une condition *sine qua non* pour y creuser des citernes souterraines (*chultun*), alimentées par les eaux de pluie et susceptibles de répondre aux besoins des habitants pendant la saison sèche (novembre-avril) puisque, dans cette partie du pays, les eaux de surface sont pratiquement inexistantes. Dans ce cas, la priorité donnée dans la structure de l'habitat à l'approvisionnement en eau expliquerait l'absence de jardins au contact des maisons. Mais il pouvait en exister sur certains affleurements plus étendus ou au pied de ceux-ci. D'ailleurs, les travaux effectués dans le site de Chunchucmil, situé plus au nord et dans un secteur où, pourtant, le substrat rocheux est encore plus affleurant que dans le gros du Puuc, l'existence de petits jardins (de 50 m$^2$ d'extension ou moins) au sein d'enclos résidentiels a pu être démontrée, toujours sur la base des composants chimiques et de l'épaisseur des sols[37].

Quant aux travaux effectués dans la zone de Río Bec depuis un peu plus de deux décennies, ils ont permis finalement d'étudier de près divers ensembles d'habitat ordinaire. Ainsi, autour de la maison 7N63 (composée d'une pièce à vivre et d'une cuisine) (fig. 15), il a pu être établi, d'abord par une étude microtopographique, qu'il avait existé une unité d'environ un hectare, soigneusement séparée des unités voisines, en particulier par des talus (ou *camellones*) qu'avaient peut-être surmontés originellement des palissades[38]. Le recours à des analyses innovantes, concernant les charbons de bois, les macro-restes végétaux, les phytolithes, les grains d'amidon et les isotopes des sols, a commencé à permettre de préciser quels végétaux avaient été cultivés ou entretenus dans cet espace[39]. L'image obtenue, encore incomplète, donne à penser que certaines zones proches des bâtiments, dans lesquelles, comme dans d'autres, avaient poussé des arbres fruitiers mais aux sols plus épais qu'ailleurs, auraient pu constituer un ou des jardins, à moins qu'il ne faille considérer l'ensemble enclos tout entier comme une espèce de grand jardin avec des zones d'usages divers, incluant même des parties cultivées en maïs. L'image LiDAR obtenue à Río Bec pour une zone de près de 80 km$^2$ montre l'existence d'arrangements autour de bâtiments résidentiels qui sont d'une morphologie assez comparable à ce qui existe autour de 7N63. Aurait-il existé, dans tous ces cas, des espaces jardinés ou bien consacrés à une exploitation agricole véritable, mais d'un genre assimilable à de l'horticulture ?

Les quatre exemples mayas que l'on vient de réviser brièvement, peu éloignés dans le temps les uns des autres et tous situés dans les Basses Terres, sont porteurs d'enseignements, mais ils conduisent aussi à un questionnement qui demeure primordial. Du côté des leçons à

37. Voir, en particulier, la fig. 11 dans l'article de S. R. Hutson, T. W. Stanton, A. Magnoni, R. Terry, J. Craner, « Beyond the buildings: Formation processes of ancient Maya houselots and methods for the study of non-architectural space », *Journal of Anthropological Archaeology* 26, 2007, p. 442-473.

38. Cf. É. Lemonnier, B. Vannière, « Agrarian features, farmsteads and homesteads in the Río Bec nuclear zone », *Ancient Mesoamerica* 24/2, 2013, p. 397-413.

39. É. Lemonnier, A. Dorison, M. Elliott, « Nuevas perspectivas: el proyecto Río Bec 2 (2019-2026) », in *Río Bec, un sitio maya extraordinario*, Museo Nacional de Antropología, México, INAH-CEMCA, 2024, p. 93-100.

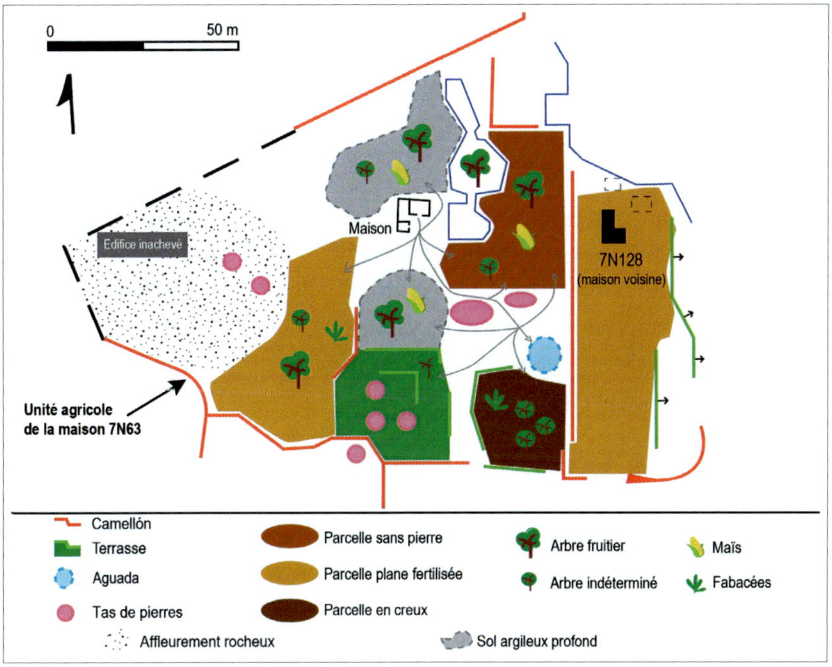


FIG. 15. – Plan de l'unité 7N63 de Río Bec (par É. Lemonnier publié in *op. cit.* [n. 39], p. 98). Adaptation française de D. Salazar Lama.

retenir – bien que toujours en voie d'acquisition –, il apparaît qu'il existe désormais des outils archéologiques et archéométriques qui permettent d'obtenir des informations sur ce qui pourrait avoir constitué des jardins individuels ou familiaux aux temps préhispaniques : outre leur contiguïté avec les habitats, ceux-ci auraient été caractérisés surtout par la diversité des végétaux qu'ils contenaient ainsi que par la présence d'arbres, arbustes et autres plantes qui n'étaient pas forcément alimentaires. Mais, dans les cas dont il a été question, les réalités reconstituées, ou qui vont l'être, peuvent, malgré tout, différer un peu les unes des autres. En fait, la variabilité des environnements naturels dans lesquels se trouvent les exemples interrogés, et que l'on a sans doute tendance à sous-estimer, pourrait expliquer en partie les différences constatées. Reste la question majeure à se poser : au-delà des choix que pouvait faire chaque famille, n'a-t-il pas existé, avant la Conquête, une « idéologie » commune des jardins familiaux comme il semble y en avoir toujours une, mais là encore avec des variantes, de nos jours, dans nombre de villages du Yucatan[40] ?

Plusieurs études détaillées de ceux-ci dont on peut être tenté de se servir dans une démarche de type ethnoarchéologique, en dépit des transformations intervenues depuis la colonisation, révèlent notamment que les *solares*, comme on les appelle, sont destinés (fig. 16) à[41] :

1) recevoir les visiteurs, mais sans compromettre la « privacité » des actions quotidiennes de la maisonnée ;
2) assurer un certain confort aux occupants des lieux, en particulier par la création de secteurs ombragés ;
3) produire quelques fruits ainsi que des végétaux d'usage courant, y compris des plantes aromatiques et médicinales.

Mais on ne saurait perdre de vue également la communication que ces *solares* permettent, dans leur partie non modifiée, entre les espaces de vie avec leurs occupants, d'une part, et, d'autre part, l'état de nature « originel » forestier environnant, peuplé par les entités spirituelles – des entités avec lesquelles il faut rester en contact et négocier. On le voit, au-delà de la reconstitution des jardins dans leur matérialité, que l'archéologie et les sciences qui lui sont associées commencent à permettre, on ne peut se dispenser de s'interroger sur les dimensions sacrées et religieuses très vraisemblables des jardins.

L'étude des jardins préhispaniques de Mésoamérique n'en est vraiment qu'à ses débuts !

Dominique MICHELET

40. Sur cette variabilité, consulter notamment le chapitre « La vivienda en su medio, la vivienda en sus diversidades », de l'ouvrage coordonné par F. de Pierrebourg et M. Humberto Ruz cité dans la n. 30.

41. Sur la discrimination entre les différentes parties des *solares*, voir la même référence que celle mentionnée à la note précédente.

FIG. 16 – Maison villageoise yucatèque actuelle avec son *solar*.
Dessin de D. Salazar Lama adapté de Ma. T. Ayllón Trujillo, Ma. R. Nuño Gutiérrez, « El sistema casa o solar y la ordenación territorial de las familias: aplicación de la teoría de sistemas a escala micro social », *Redes* 13/2, 2008, p. 266.

## LISTE DES AUTEURS

| | |
|---|---|
| Jean-Robert ARMOGATHE | Membre de l'Académie des Inscriptions et Belles-Lettres |
| Nathalie BEAUX | Chercheur associée au Collège de France |
| Nicolas GRIMAL | Secrétaire perpétuel de l'Académie des Inscriptions et Belles-Lettres, conservateur de la Villa Kérylos, professeur honoraire au Collège de France |
| Jacques JOUANNA | Membre de l'Académie des Inscriptions et Belles-Lettres, professeur émérite à la Sorbonne |
| Henri LAVAGNE | Membre de l'Académie des Inscriptions et Belles-Lettres, directeur d'études émérite à l'École pratique des Hautes Études, IV$^{e}$ section |
| Carlos LÉVY | Membre de l'Académie des Inscriptions et Belles-Lettres, professeur émérite à la Sorbonne |
| Jean-Pierre MAHÉ | Membre de l'Académie des Inscriptions et Belles-Lettres, directeur d'études émérite à l'École pratique des Hautes Études, IV$^{e}$ section |
| Dominique MICHELET | Membre de l'Académie des Inscriptions et Belles-Lettres, directeur de recherche émérite au CNRS |

| | |
|---|---|
| Thomas RÖMER | Associé étranger de l'Académie des Inscriptions et Belles-Lettres, administrateur du Collège de France |
| Agnès ROUVERET | Membre de l'Académie des Inscriptions et Belles-Lettres, professeur émérite à l'Université Paris X-Nanterre |
| John SCHEID | Membre de l'Académie des Inscriptions et Belles-Lettres, professeur honoraire au Collège de France |
| Alain THOTE | Membre de l'Académie des Inscriptions et Belles-Lettres, directeur d'études émérite à l'École pratique des Hautes Études, IVe section |
| Michel ZINK | de l'Académie française, Secrétaire perpétuel honoraire de l'Académie des Inscriptions et Belles-Lettres, professeur honoraire au Collège de France |

# TABLE DES MATIÈRES

# LES CAHIERS DE KÉRYLOS

*Les vol. 1 à 31 des* Cahiers de la Villa Kérylos *peuvent être consultés et téléchargés sur le portail* Persée *des revues en sciences humaines et sociales, dans un espace spécifique dédié aux publications de l'Académie des Inscriptions et Belles-Lettres, à l'adresse suivante : https://www.persee.fr/collection/aibl.*

**N° 1. – Colloque du 27-30 septembre 1990, « Platonisme et néoplatonisme – Antiquité et temps modernes » – Athènes, 1991 – épuisé**

E. Moutsopoulos, « Le modèle platonicien du système ontologique plotinien »
J.-F. Mattei, « Du mythe hésiodique des races au mythe homérique des Muses dans la *République* »
A. Thivel, « Hippocrate vu par Platon »
N.-L. Cordero, « Les circonstances atténuantes dans le parricide du *Sophiste* de Platon »
J.-M. Gabaude, « Les *Énnéades* et l'expression poétique de la métaphysique
L. Jerphagnon, « Plotin ou l'anti-Narcisse »
M. Dixsaut, « Le sens d'une alternative (*Phédon*, 78b) ou de l'utilité des commentaires néo-platoniciens »
A. Charles-Saget, « Le philosophe et le sacré. Réflexions sur le caractère hiératique de la philosophie chez Jamblique »
M. Koutlouka, « La notion du temps, de l'Antiquité au christianisme »
I. Gobry, « La ténèbre (γνόφος) : l'héritage alexandrin de saint Grégoire de Nysse »
M. de Gandillac, « La renaissance du platonisme selon Marsile Ficin »
K. Christodoulou, « De quelques aspects du « platonisme » de Montaigne »
J. Dillon, « Notre perception du monde extérieur selon Plotin et Berkeley »
A. Pigler-Rogers, « Interprétation de la durée chez Plotin et Bergson »
C. Spantidou, « Plotin et S. J. Perse : la rencontre lumineuse »
P. Rodrigo, « τῆς ψυχῆς ἐπιμελεῖσθαι, Platon et la phénoménologie »
D. O'Brien, « Platon et Plotin sur les parties de l'Autre (résumé) »
L. Westra, « Liberté, créativité et l'Un de Plotin (résumé) »

**N° 2. – Colloque de l'automne 1991, « Les Grecs et l'Occident » – Rome, 1995 – 14 €**

J. Leclant, « *In memoriam* »
G. Vallet, « Avant-propos »
P. Lévêque, « Les Grecs en Occident »

V. Tusa, « Greci e Punici »
J. de La Genière, « Les Grecs et les autres. Quelques aspects de leurs relations en Italie du Sud à l'époque archaïque »
J.-P. Morel, « Les Grecs et la Gaule »
E. Sanmarti-Greco, « La présence grecque en péninsule Ibérique à l'époque archaïque »
E. Greco, « Sulle città coloniali dell'Occidente greco antico »
P. Rouillard, « Les *emporia* dans la Méditerranée occidentale aux époques archaïque et classique »
M. Gras, « La Méditerranée occidentale, milieu d'échanges. Un regard historiographique »
P. Orlandini, « L'arte in Magna Grecia e in Sicilia. Aspetti e problemi »
A. Stazio, « Monetazione dei Greci d'Occidente »
G. Vallet, « Quelques réflexions en guise de conclusion »

## N° 3. – Colloque du 29-30 octobre 1992, « Architecture du Rêve » – Paris, 1994 – épuisé

M. Querrien, « Introduction : Pourquoi ce colloque ? »
P. Pinon, « Vu de Kérylos : réappropriation des monuments et changement de signification »
F. Reinach, « Le Rêve de Théodore Reinach : la vie à Kérylos de sa construction au Musée »
A. Gall, « Le Château enchanté de La Napoule »
M. Gall, « Un labyrinthe du Présent : la Fondation Maeght »
M. Saltet, « La villa Ephrussi de Rothschild : témoin d'une vision, d'un rêve et d'une imagination passionnée »
A. Rouveret, « Le manifeste dans l'architecture antique et néo-classique de Délos à Kérylos »
J.-Cl. Delorme, « Maisons de rêves ou machines à habiter »
B. Lassus, « Organisation du paysage et réutilisation d'éléments anciens »
V. Hartmann, « La civilisation du leurre »
M. Querrien, « Synthèse et clôture du colloque »

## N° 4. – Colloque du 30 septembre-3 octobre 1993, « Le Romantisme et la Grèce » – Athènes, 1994 – 14 €

E. Moutsopoulos, « Fuite et nostalgie romantique de la Grèce »
A. Thivel, « Prométhée, personnage romantique »
J.-M. Galy, « Le romantisme des premiers lyriques grecs »
A. Pigler-Rogers, « La *Penthésilée* de Kleist »
A. Villani, « Hölderlin et la question du centre »
J.-L. Vieillard-Baron, « Hegel et la Grèce »
A. Lang, « Le pessimisme romantique et le pessimisme dionysiaque des Hellènes selon Nietzsche »

R. Tschumi, « Résurgences grecques au fil du romantisme anglais »
P. Antoine, « De l'*Itinéraire* à la *Note sur la Grèce*. Évolution et constantes de l'attitude de Chateaubriand face à la Grèce »
R. Garguilo, « D'Atala à Athéna. L'itinéraire poétique et politique de Chateaubriand »
A. Santa, « Stendhal et la Grèce »
A. Court, « Lamartine et la Grèce »
J. Guichardet, « Edgard Quinet, chantre de "La Grèce moderne" »
J.-M. Gabaude, « Le romantisme de M. de Guérin et la Grèce »
X. Goula-Mitacou, « Flaubert en Grèce »
R. Richer, « Le romantisme grec »
E. Moutsopolos, « Considérations rétrospectives »

## N° 5. – Colloque du 6-9 octobre 1994, « Entre Égypte et Grèce » – Paris, 1995 – 14 €

J. Leclant, « Préambule »
F. Reinach, « Avant-propos »
N. Grimal, « L'Égypte et le monde égéen préhellénique : entre commerce et histoire »
A. Laronde, « Mercenaires grecs en Égypte à l'époque saïte et à l'époque perse »
F. Chamoux, « L'Égypte d'après Diodore de Sicile »
S. Amigues, « Les plantes d'Égypte vues par les naturalistes grecs »
J. Ducat, « Grecs et Égyptiens dans l'Égypte lagide : hellénisation et résistance à l'hellénisme »
J. Sirinelli, « Un regard sur la Bibliothèque d'Alexandrie »
P. Arnaud, « Naviguer entre Égypte et Grèce : les principales lignes de navigation d'après les données numériques des géographes anciens »
V. Karagéorghis, « Chypre entre l'Égypte et l'Égée »
M. Dewachter, « Un Grec de Louqsor collaborateur de Champollion et Lepsius : Ouardi-Triantaphyllos »
R. Richer, « La communauté grecque d'Alexandrie aux xix$^{e}$ et xx$^{e}$ siècles »

## N° 6. – Colloque du 6-7 octobre 1995, « L'Académie des Inscriptions et Belles-Lettres et l'Académie des Beaux-Arts face au message de la Grèce ancienne » – Paris, 1996 – 14 €

J. Leclant, « Préambule »
R. Vian Des Rives, « Avant-propos »
S. Exc. D. Macris, « La Grèce éternelle et la Grèce d'aujourd'hui : un survol de la diachronie grecque »
J. de Romilly, « Des philologues au grand public : le renouveau des textes sur la Grèce antique »
B. Zehrfuss, « De Pergame à Kérylos, l'esprit grec »

J. Marcadé, « De Délos à Beaulieu »
F. Chamoux, « L'homme Socrate »
J. Irigoin, « Dom Bernard de Montfaucon »
R. Turcan, « Le symbolisme funéraire à l'Académie des Inscriptions et Belles-Lettres »
J. de La Genière, « L'immortalité d'Héraclès : voyage d'un mythe grec »
H. Metzger, « Perspectives nouvelles offertes à l'étude des vases grecs et de leurs images »
J.-L. Florentz, « À l'écoute de la Grèce antique »
P. Carron, « L'Omphalos, centre du monde »
A. Poncet, « L'influence de la Grèce antique sur la sculpture contemporaine »
C. Abeille, « La Grèce toujours recommencée »

## N° 7. – Colloque du 4-5 octobre 1996, « Regards sur la Méditerranée » – Paris, 1997 – 14 €

J. Leclant, R. Vian Des Rives, « Préambule »
J. Leclant, « Allocution d'accueil »
J.-R. Pitte, « Un regard géographique sur la Méditerranée »
F. Chamoux, « Le monde égéen et l'Afrique »
J. Desanges, « Regards de géographes anciens sur l'Afrique mineure »
M. Reddé, « Rome et l'Empire de la mer »
M. H. Fantar, « La Tunisie et la mer »
P. Pomey, « L'art de la navigation dans l'Antiquité »
M. Provost, « La carte archéologique des départements français du littoral méditerranéen »
P. Toubert, « L'homme et l'environnement dans le monde méditerranéen : le regard du médiéviste »
J. Richard, « La Méditerranée des Croisades »
X. de Planhol, « Les musulmans sur la Méditerranée »
M. Mollat du Jourdin, « La Méditerranée, mère (et mer) de l'Europe »
P. Cabanel, « André Siegfried et la Méditerranée : le travail empaysagé et le chasseur de frontières »
N. Aziza, « Pour un remembrement intellectuel des héritages en Méditerranée, au-delà des fractures »

## N° 8 – Colloque du 3-4 octobre 1997, « Le théâtre grec antique : la tragédie » – Paris, 1998 – 18 €

J. Leclant, « Allocution d'accueil »
J. Jouanna, « Présentation »
J. de Romilly, « La prévision et la surprise dans la tragédie grecque »
F. Jouan, « La tétralogie des Danaïdes d'Eschyle : violence et amour »

A. Moreau, « Portraits des humbles dans le théâtre d'Eschyle (le messager thébain, le veilleur, le héraut et la nourrice d'Argos) »
C. Mauduit, « Les murs auraient-ils des oreilles ? Contribution à l'étude du palais dans les tragédies de Sophocle »
R. Dumanoir, « Les mondes virtuels de Sophocle »
M. Fartzoff, « Pouvoir, destin et légitimité chez Sophocle : d'*Œdipe Roi* à *Œdipe à Colone* »
J. Jouanna, « Le lyrisme et le drame : le chœur de l'*Antigone* de Sophocle »
F. Chamoux, « Le théâtre grec en Libye »
J. Assaël, « La Muse d'Euripide : définition d'une inspiration tragique »
A. Lebeau, « Le camp des Grecs en Troade dans la tragédie grecque »
A. Billault, « Les romanciers grecs et la tragédie »
A. Pasquier, « À propos d'un nouveau cratère phlyaque au musée du Louvre »
P. Brunet, « Mettre en scène aujourd'hui le théâtre grec : *À quand Agammemnon ?* »
C. Constant, « Scènes du théâtre antique chez les peintres romantiques philhellènes »

## N° 9 – Colloque du 2-3 octobre 1998, « Alexandrie : une mégapole cosmopolite » – Paris, 1999 – 18 €

S. Exc. P. Hunt, « Adresse : L'année France-Égypte 1998 »
J. Leclant, « Allocution d'accueil »
M. Chauveau, « Alexandrie et Rhakôtis : le point de vue des Égyptiens »
G. Le Rider, « Le monnayage d'or et d'argent frappé en Égypte sous Alexandre : le rôle monétaire d'Alexandrie »
J.-Y. Empereur, « Travaux récents dans la capitale des Ptolémées »
F. Burkhalter-Arce, « Les fermiers de l'arabarchie : notables et hommes d'affaires à Alexandrie »
N. Grimal, « L'Un et les autres »
B. Meyer, « Les *Magiciennes* de Théocrite et les papyrus magiques »
F. Chamoux, « Le poète Callimaque et le rayonnement culturel d'Alexandrie »
A. Laronde, « Alexandrie et Cyrène »
C. Nicolet, « Alexandrie et Rome : peut-on comparer ? »
J. Mélèze Modrzejewski, « Espérances et illusions du judaïsme alexandrin
M. Philonenko, « La Bible des Septante »
G. Dorival, « Les débuts du christianisme à Alexandrie »
A. Le Boulluec, La rencontre de l'hellénisme et de la "philosophie barbare" selon Clément d'Alexandrie »
J. Sirinelli, « Clément d'Alexandrie, cosmopolitisme, œcuménisme »
D. Roques, « Alexandrie tardive et protobyzantine (ive-viie s.) : témoignages d'auteurs »
R. Solé, « La "Place des Consuls" à Alexandrie »

## N° 10 – Colloque du 1er-2 octobre 1999, « Le théâtre grec antique : la comédie » – Paris, 2000 – 18 €

J. LECLANT et R. VIAN DES RIVES, « Préambule »
J. LECLANT, « Allocution d'accueil »
J. JOUANNA, « Présentation du colloque »
J.-M. GALY, « Les moyens de la caricature dans les comédies d'Aristophane »
I. RODRÍGUEZ ALFAGEME, « La structure scénique dans les *Nuées* d'Aristophane »
P. THIERCY, « L'utilisation dramaturgique du chœur dans les comédies d'Aristophane »
E. MOUTSOPOULOS, « La musique dans l'œuvre d'Aristophane »
F. JOUAN, « Les tribunaux comiques d'Athènes »
C. HUNZINGER, « Aristophane, lecteur d'Euripide »
M.-P. NOËL, « Aristophane et les intellectuels : le portrait de Socrate et des "sophistes" dans les *Nuées* »
M. TRÉDÉ, « Aristophane, critique littéraire »
A. ROSELLI, Les cuisiniers-médecins dans la comédie nouvelle »
J. JOUANNA, « Maladies et médecine chez Aristophane »
S. BYL, « Aristophane et Éleusis »
J.-C. CARRIÈRE, « L'Aristophane perdu. Une introduction aux trente-trois comédies disparues avec un choix de fragments traduits et commentés »
J.-M. JACQUES, « Le Sicyonien de Ménandre »
A. BLANCHARD, « Le mouvement des acteurs dans les *Sicyoniens* de Ménandre »
J.-J. MAFFRE, « Comédie et iconographie : les grands problèmes »
F. JOUAN, « EXODOS... »

## N° 11. – Colloque du 13-14 octobre 2000, « Histoire et historiographie dans l'Antiquité » – Paris, 2001 – 18 €

J. LECLANT, « Allocution d'accueil »
N. GRIMAL, « L'histoire dans la tradition pharaonique »
F. CHAMOUX, « Du mythe à l'histoire »
D. KNOEPFLER, « Trois historiens hellénistiques : Douris de Samos, Hiéronymos de Cardia, Philochore d'Athènes »
É. FOULON, « Polybe et l'histoire universelle »
M.-R. GUELFUCCI, « De Polybe à Diodore : les leçons de l'histoire »
R. ÉTIENNE, « César, historien ? »
P. JAL, « Lire Tite-Live aujourd'hui »
V. FROMENTIN, « Denys d'Halicarnasse, historien grec de Rome »
A. MICHEL, « Tacite : le pessimiste humaniste et le salut de l'Empire »
J. GASCOU, « Histoire et historiographie : Suétone »
P. GOUKOWSKY, « Un "compilateur" témoin de son temps : Appien d'Alexandrie et la révolte juive de 117 ap. J.-C. »
J.-P. CALLU, « Écrire l'histoire à la fin de l'Empire »
F. CHAMOUX, « Bilan et conclusions »

## N° 12. – Table ronde du *LIMC* du 8-9 juin 2001, « Rites et cultes dans le monde antique » – Paris, 2002 – 10 €

J. Leclant, « Allocution d'accueil »
J.-Ch. Balty, « Avant-Propos »
V. Lambrinoudakis, « Rites de consécration des temples à Naxos »
G. Camporeale, « Sui culti dell'abitato etrusco dell'Accesa (Massa Marittima) »
R. Olmos, « Rites d'initiation et espace sacrificiel en Ibérie pré-romaine »
P. Linant de bellefonds, « Sanctuaires et asylie : à propos d'un relief figuré d'époque antonine à Aphrodisias de Carie »
E. Simon, « Lychnouchos Platonikos »

## N° 13. – Colloque du 19-20 octobre 2001, « Tradition classique et modernité » – Paris, 2002 – 20 €

J. Leclant, « Allocution d'ouverture »
A. Michel, « Avant-propos »
J. Irigoin, « La transmission des textes et son histoire »
P. Demont, « Hannah Arendt et la philosophie politique grecque »
M.-P. Noël, « De la sophistique à la néosophistique ; sur quelques "lectures" modernes des sophistes »
V. Gély, « La fille de Mercure et de Philologie : comparatisme et mythologie, des Anciens aux Modernes »
J. Dangel, « Grammaire et esthétique littéraire à Rome : tradition et modernité »
J.-L. Ferrary, « La culture antique et l'Europe »
G. Sauron, « Le sens et le temps : le legs romain des formes architecturales et de leurs significations »
C. Nativel, « Tradition classique et modernité, lumière et mouvement »
F. Hallyn, « De la science antique à la science moderne : Galilée et le Livre du monde »
P. Magnard, « Les Sources antiques de l'humanisme moderne »
P. Laurens, « Le parallèle. Réflexions sur la place et l'utilité de la controverse savante dans la réception des auteurs de l'Antiquité »
G. Declercq, « *Declamator inquietatorque*. Un antiquaire fabulateur en modernité : Pascal Quignard »
M. Autrand, « Le théâtre du XXe siècle et l'Antiquité »
D. Millet, « Tradition antique et poésie chrétienne : le Paradis du langage »
A. Michel, « Les lettres antiques dans l'éducation et la culture modernes »

## N° 14. – Colloque du 18-19 octobre 2002, « La poésie grecque antique » – Paris, 2003 – 20 €

J. Leclant, « Allocution d'ouverture »
J. Jouanna, « Introduction »

## N° 15. – Colloque du 10-11 octobre 2003, « La médecine grecque antique » – Paris, 2004 – 20 €

C. Magdelaine, « La littérature médicale aphoristique : paradoxes et limites d'un genre »
B. Mondrain, « Les manuscrits grecs de médecine »

## N° 16. – Colloque du 8-9 octobre 2004, « La Grèce antique sous le regard du Moyen Âge occidental » – Paris, 2005 – 24 €

J. Leclant, « Allocution d'ouverture »
M. Zink, « Présentation du colloque »
L. Jerphagnon, « Saint Augustin et la diffusion de la pensée grecque dans l'Occident médiéval : l'hypothèque de la langue ? »
J.-Y. Tilliette, « *Grecia mendax* »
A. M. Babbi, « Le grec de Boèce et les clercs médiévaux : le malentendu
B. Munk Olsen, « La Grèce vue par l'école du XIIe siècle »
J. Ziolkowski, « La Grèce antique sous le regard de Gervais de Tilbury »
W. Berschin, « *Iucundissimae lectiones, quae excitant nobis memoriam eorum, quae deforis sunt.* Homère dans le royaume de Frédéric II de Hohenstaufen (1194-1250) »
D. Jacquart, « Les allusions à la Grèce antique dans les commentaires aux *Problèmes* d'Aristote »
G. Most, Les Grecs chez Dante »
M. Scordilis-Brownlee, « Le palimpseste grec en Espagne au Moyen Âge. Anachronisme créatif et lectures idéologiques de Troie »
M. Zink, « Apollonius de Tyr : le monde grec aux sources du roman français »
J. Cerquiglini-Toulet, « L'imaginaire de la langue grecque au Moyen Âge »
I. Heullant-Donat, « La Grèce antique au miroir de l'histoire universelle à la fin du Moyen Âge. L'exemple de la *Tabula super Speculum historiale fratris Vincentii* de Jean Hautfuney (v. 1320) »
E. Doudet, « Le miroir de Jason : la Grèce ambiguë des écrivains bourguignons au XVe siècle »
G. Dagron, « Byzance et la Grèce : un impossible retour aux sources »

## N° 17. – Colloque du 14-15 octobre 2005, « L'Homme face aux calamités naturelles dans l'Antiquité et au Moyen Âge » – Paris, 2006 – 25 €

J. Leclant, « Allocution d'ouverture »
J. Jouanna, Michel Zink, « Présentation du colloque »
J. Dercourt, « De l'océan thétysien à la Méditerranée : les phénomènes cataclysmiques »
J.-P. Poirier, « Réactions à un cataclysme : le séisme de Lisbonne en 1755 »
B. Bousquet, « Les séismes de l'Antiquité, entre nature et société »
A. Laronde, « Séismes et diplomatie : Rhodes en 228 av. J.-C. »
P. Goukowsky, « Flottes antiques et marées subites dans l'Antiquité grecque »
J.-R. Armogathe, « *A calamitatibus libera me* : de la prière psalmique à l'invocation litanique »

M. PHILONENKO, « *Per ignem et aquam* »
R. RECHT, « L'effondrement d'une cathédrale au Moyen Âge : calamités et progrès »
J. BERLIOZ, « Les lendemains des catastrophes naturelles au Moyen Âge »
A. VAUCHEZ, « L'homme au péril de la mer dans les miracles médiévaux »
J. JOUANNA, « Famine et pestilence dans l'Antiquité grecque : un jeu de mots sur *limos / loimos* »
J. DESANGES, « Témoignages antiques sur le fléau acridien »
D. JACQUART, « La perception par les contemporains de la peste de 1348 »
P. CONTAMINE, « Entre Montlhéry et Gallardon. L'Orage du "lundi noir" (13 avril 1360) aux origines de la paix de Brétigny ? »
M. ZINK, « Les calamités et la conscience du poète au Moyen Âge »

**N° 18. – Colloque du 20-21 octobre 2006, « La Méditerranée d'une rive à l'autre : culture classique et cultures périphériques » – Paris, 2007 – 24 €**

J. LECLANT, « Allocution d'ouverture »
A. LARONDE, « Présentation du colloque »
H. CARRÈRE D'ENCAUSSE, « Le rêve grec de Catherine II »
T. PETIT, « Aspects de l'hellénisme chez les dynastes orientaux (Asie Mineure, Phénicie et Chypre) à l'époque classique »
J.-M. DENTZER, « L'impact des modèles "classiques" sur le cadre de la vie urbaine en Syrie du Sud, entre la fin de l'époque hellénistique et le début de l'époque byzantine. »
C. DOBIAS-LALOU, « Les dialectes grecs au sud de la Méditerranée »
A. LARONDE, « Athènes et Cyrène »
J.-J. MAFFRE, « Céramiques grecques en Afrique »
A. AVRAM, « L'Égypte lagide et la mer Noire : approche prosopographique »
G. DORIVAL, « Hellénisme et judaïsme »
J. DESANGES, « Aspects de l'hellénisme dans l'Afrique du Nord antique »
A. BESCHAOUCH, « Référents grecs, expression latine : à propos de la culture des sodalités africaines »
N. DE CHAISEMARTIN, « Le commerce des sculptures dans l'empire romain : témoignages sur les échanges artistiques des ateliers d'Aphrodisias avec l'Afrique »
M. HADAS-LEBEL, « La connaissance du grec en milieu juif du IIIe siècle av. J.-C. au IVe siècle ap. J.-C. »
N. BELAYCHE, « Les immigrés orientaux à Rome et en Campanie : fidélité aux patria et intégration sociale »
L. BRICAULT, « Isis : des eaux du Nil à celles de la Méditerranée »
J. BAECHLER, « La Méditerranée, trait d'union ou barrière ? »
A. LARONDE, « Bilan du colloque »

## N° 19. – Colloque du 4-5-6 octobre 2007, « Pratiques et discours alimentaires en Méditerranée de l'Antiquité à la Renaissance » – Paris, 2008 – 40 €

J. Leclant, « Allocution d'ouverture »
S. Collin-Bouffier et Bruno Laurioux, « Introduction »
F. Joannès, « L'alimentation des élites mésopotamiennes : nourriture du roi, nourriture des dieux »
P. Tallet, « Une boisson destinée aux élites : le vin en Égypte ancienne »
J. Jouanna, « Le régime dans la médecine hippocratique : définition, grands problèmes, prolongements »
P. Schmitt-Pantel, « De la table d'Alkinoos à Phéacie à la table de Kléanax à Kymè : variations sur le thème grec de l'invitation des élites au banquet »
S. Collin-Bouffier, « Le poisson dans le monde grec, mets d'élites ? »
P. Goukowsky, « L'alimentation en Grèce et à Rome en temps de crise »
A. Tchernia, « Le *convivivm* romain et la distinction sociale »
J. Wilkins, « Visions de la comédie grecque sur les alimentations des élites »
Y. Roman, « Le mou, les mous et la mollesse ou les systèmes taxinomiques de l'aristocratie romaine »
B. « Cabouret, Rites d'hospitalité chez les élites de l'Antiquité tardive »
B. Caseau, « Monastères et banquets à Byzance »
C. Caby, « Abstinence, jeûnes et pitances dans le monachisme médiéval »
A. Gautier, « "Regards ethnographiques sur le rebord du monde" : les modèles alimentaires méditerranéens dans l'Angleterre du haut Moyen Âge »
M. Nicoud, « Diététique et alimentation des élites princières dans l'Italie médiévale »
P. Guichard, « Alimentation et cuisine en al-Andalus »
C. de La Roncière, « Un hôpital florentin et son alimentation au XIVe siècle : Santa Maria Nuova »
F. Pucci Donati, « Les bonnes manières à table dans le discours proverbial du Moyen Âge italien »
B. Laurioux, « Athénée, Apicius et Platina. Gourmands et gourmets de l'Antiquité sous le regard des humanistes romains du XVe siècle »
P. Mane, « Les fruits et les légumes dans les livres de cuisine à la fin du Moyen Âge »
M.Ferrières, « Boire frais : re-naissance et mort d'un paradigme »
P. Toubert, « Disettes, famines et contrôle du risque alimentaire dans le monde méditerranéen au Moyen Âge »
M. Zink, « La poésie par le menu. Pourquoi la nourriture est-elle au Moyen Âge un sujet poétique ? »
M. Sartre et A. Vauchez, « Conclusions »

**N° 20. – Colloque du 10-11 octobre 2008, « Un siècle d'architecture et d'humanisme sur les bords de la Méditerranée. La Villa Kérylos, joyau d'inspiration grecque et lieu de mémoire de la culture antique » – Paris, 2009 – 35 €**

J. Leclant, « Allocution à l'occasion du dévoilement de la plaque commémorant le centenaire de la Villa »
G. de Broglie, « Allocution du dîner de gala »
G. de Broglie, « Allocution d'accueil »
J. Leclant, « Allocution d'ouverture »
A. Laronde, « Présentation du colloque »
F. Reinach, « Cent ans de la vie de la Villa Kérylos »
S. Legrand-Rossi, « Le musée Nissim de Camondo. La demeure d'un collectionneur bâtisseur et décorateur »
A. Arnold, « La construction de la Villa Kérylos et ses modèles »
A. Barbet, « Les peintures romaines inédites de la Villa Kérylos »
P.-A. Gatier, « La restauration de la Villa Kérylos »
H. Lavagne, « Quelques mosaïques de la Villa Kérylos : essai de lecture iconographique »
A. Pasquier, « La sculpture délienne et Kérylos, un rendez-vous manqué »
É. Mension-Rigau, « Les mécènes en France à la Belle Époque : essai de typologie »
J.-L. Fontana, « Folies architecturales de la Côte d'Azur »
R. Solé, « Alexandrie en 1900 »
A. Laronde, « L'architecture coloniale dans le Nord de l'Afrique et au Proche-Orient : Casablanca, Tripoli d'Afrique, Damas »
P. Gros, « De Vitruve à Pontremoli : l'invention de la maison grecque »
J.-P. Babelon, « Quelques réflexions sur la notion de villa à travers les siècles »
A. Bélis, « Théodore Reinach et les partitions grecques »
A. Laronde, « Conclusion »

**N° 21. – Colloque du 9-10 octobre 2009, « Les sanctuaires et leur rayonnement dans le monde méditerranéen de l'Antiquité à l'époque moderne » – Paris, 2010 – 40 €**

J. Leclant, « Allocution d'ouverture »
A. Vauchez, « Introduction »
N. Grimal, « Le roi, le temple et l'Empire »
J. de La Genière, « Sanctuaires grecs dans un environnement non grec : les exemples d'Éphèse et de Sélinonte »
R. Panvini, « Le rayonnement des sanctuaires grecs de Géla sur l'arrière-pays sicane »

J. Jouanna, « Les sanctuaires des divinités guérisseuses dans l'Athènes classique : innovations et continuités »
J.-L. Ferrary, « Le sanctuaire de Claros à l'époque hellénistique et romaine »
F. Gaultier, « Sanctuaires et territoires en pays étrusque : le cas de Veies »
J. Scheid, « *Siue in ciuitate... Siue in agro*. Réflexions sur le statut des lieux de culte situés sur le territoire des cités »
J.-M. Dentzer, « Espaces et communautés de culte dans le royaume nabatéen : sanctuaires rupestres et circulations rituelles à Pétra (Jordanie) et à Hégra (Arabie) »
C. J. Robin, « L'Arabie à la veille de l'islam : la campagne d'Abraha contre La Mecque ou la guerre des pèlerinages »
N. Amri, « Zâwiya et territoire en Ifrîqiya du VII^e^/XIII^e^ siècle à la fin du IX^e^/XV^e^ siècle »
J.-P. Sodini, « L'influence de Saint-Syméon dans le culte et l'économie de l'Antiochène »
G. Otranto, « Le rayonnement du sanctuaire de Saint Michel au Mont Gargan en Italie du Sud à l'époque médiévale »
M. Lauwers, « Sanctuaires, liturgie et territorialisation du sacré dans le bassin occidental de la Méditerranée au Moyen Âge »
Y.-M. Bercé, « L'aire adriatique du pèlerinage de Lorette (XVI^e^-XVII^e^ s.) »

## N° 22. – Colloque du 8-9 octobre 2010, « Histoire et archéologie méditerranéennes sous Napoléon III » – Paris, 2011 – 40 €

J. Leclant, « Allocution d'ouverture »
A. Laronde, « Introduction »
G. Pécout, « Nice et les Niçois entre Cavour et Napoléon III »
G. Ferragu, « Rome et la romanité, de Napoléon III aux sœurs latines »
P. Arnaud, « L'archéologie en pays niçois »
A. Laronde, « Qui conseillait Napoléon III en matière d'archéologie et d'histoire ? »
G. Nadalini, « L'acquisition du musée Campana et ses implications dans la recherche archéologique du Second Empire »
Y. Le Bohec, « Napoléon III et Alésia »
M. Sève, « Les missions scientifiques en Grèce du Nord et en Macédoine sous Napoléon III »
C. J. Robin, « La mission d'Ernest Renan en Phénicie »
P. Morizot, « La naissance de l'archéologie romaine en Algérie »
N. Grimal, « Mariette-Pacha »
D. Grange, « L'Égypte à l'Exposition universelle de 1867 »
J.-B. de Vaivre, « Les canons de Rhodes offerts à Napoléon III »
R. Recht, « Les reconstitutions historiques sous Napoléon III »
P. Toubert, « Conclusions »

## N° 23. – Colloque du 7-8 octobre 2011, « L'eau en Méditerranée de l'Antiquité au Moyen Âge » – Paris, 2012 – 50 €

F. Reinach, « Hommage à Jean Leclant »
P. Toubert, « Allocution d'ouverture »
J. Baechler, « L'eau dans les cosmogonies orientales »
N. Grimal, « L'eau en Égypte »
J. Jouanna, « L'eau dans la médecine au temps d'Hippocrate »
O. Picard, « Les nymphes, images de l'eau sur les monnaies des cités grecques »
B. Saint-Sernin, « L'eau dans le *Timée* et les *Lois* »
M. Brunet, « Les aménagements hydrauliques dans les cités grecques antiques. Techniques et société »
X. Delestre, « L'eau dans la Provence antique : monuments, découvertes archéologiques et études en cours »
H. Lavagne, « Quelques fontaines publiques et nymphées en Gaule romaine »
F. Baratte, « L'eau en Afrique : villes et campagnes »
J.-M. Dentzer, « Note sur la technologie et la politique de l'eau en Syrie du Sud entre l'âge du Bronze et l'époque romaine impériale »
T. Fournet, « Thermes impériaux et monumentaux de Syrie du Sud et du Proche-Orient »
C. Robin, « L'eau en Arabie »
P. Guichard, « Eau et société dans l'islam occidental (viii$^{e}$-xv$^{e}$ s.) »
A. Vauchez, « L'eau et les sanctuaires chrétiens dans le monde méditerranéen, du Moyen Âge à nos jours »
A. Humbert, « Les terroirs irrigués en Occident méditerranéen. Observations aériennes d'héritages agraires »
P. Toubert, « Usages de l'eau et transferts technologiques dans la Méditerranée médiévale »
J. Jouanna, « Conclusion »
H. Lavagne, « Mémoire de l'eau à Kérylos (Annexe) »
A. Pasquier, « Reflets des eaux grecques (Annexe) »

## N° 24. – Colloque du 5-6 octobre 2012, « La Grèce antique dans la littérature et les arts, de la Belle Époque aux années trente » – Paris, 2013 – 35 €

J. Jouanna, « Deux bâtisseurs de l'hellénisme en France : Théodore Reinach et Paul Mazon, membres de l'Institut »
H. Duchêne, « En Méditerranée orientale avec les frères Reinach : Joseph, Salomon, Théodore »
B. Robert-Boissier, « La Grèce par-delà le miroir. La villa Kérylos et les enjeux de l'hellénisme entre la France et l'Allemagne »
M. Zink, « *Elpénor* de Giraudoux ou La guerre de Troie a eu lieu »
A. Compagnon, « Albert Thibaudet et la Grèce »
A. Lanavère, « Pierre Benoit, l'Atlantide, et Platon »

M. Jarrety, « Valéry et la Grèce »
X. Darcos, « Le *Démosthène* de Clemenceau (1926) »
J.-Y. Tadié, « Debussy, Proust et la Grèce »
H. Lavagne, « Une autre villa Kérylos ? La villa du Sphinx (Primavera) à Cap d'Ail (Alpes-Maritimes) »
A. Pasquier, « La Grèce du Louvre et celle des musées d'Europe, au miroir des conceptions muséographiques d'avant 14 »
A. Gœtz, « L'Arcadie réinventée – dans la peinture française de Puvis de Chavannes à Matisse »
B. Duteurtre, « La Grèce dans la musique française de *Daphnis* et *Chloé* à *Phi-Phi* »
V. Schiltz, « L'Odyssée des Duncan, Isadora et Raymond »
J. Jouanna, « Postface »

## N° 25. – Colloque du 4-5 octobre 2013, « Charmer, convaincre : la rhétorique dans l'histoire » – Paris, 2014 – 35 €

M. Zink, « Allocution d'accueil »
J. Jouanna, « Rhétorique et médecins en Grèce ancienne »
L. Pernot, « L'invention de la rhétorique démocratique en Grèce ancienne »
P. Chiron, « L'exhumation en cours des traités de rhétorique grecs : quelques traits saillants »
R. Turcan, « Philosophe et orateur : un idéal cicéronien »
C. Lévy, « Les écoles de philosophie et le procès fait à la rhétorique »
P. Laurens, « Rhétorique et poésie : le cas de l'épigramme »
N. Grimal, « La langue de l'homme, c'est sa balance »
M. Carruthers, « *Intentio auctoris*, *dispositio* et *ductus* dans la rhétorique médiévale »
J.-Y. Tilliette, « Quand la persuasion se fait séduction : rhétorique de la lettre d'amour dans le Moyen Âge latin »
L. Bolzoni, « Mémoire et invention : les machines rhétoriques de Giulio Camillo »
M. Zink, « Rhétorique de la fable médiévale : un dialogue des créatures
P. Mack, « Les innovations rhétoriques dans l'Europe du Nord à la Renaissance : Rodolphe Agricola et Érasme »
C. Nativel, « Rubens et la rhétorique »
J. Lichtenstein, « Règles rhétoriques et règles de l'art en France au XVIIe siècle »
M. Fumaroli, « Rhétorique jésuite, logique janséniste »
J. Jouanna et L. Pernot, « Bilan et conclusions »

## N° 26. – Colloque du 3-4 octobre 2014, « La Grèce et la guerre » – Paris, 2015 – 35 €

M. Zink, « Allocution d'accueil »
M. Trédé, « La guerre et les historiens »

L. Pernot, « Les orateurs antiques entre guerre et paix »
J. Jouanna, « Guerre et philosophie en Grèce ancienne : aux origines de l'art de la guerre »
P. Ducrey, « Du nouveau sur le combat des hoplites. Vraiment ? »
D. Knoepfler, « L'éphébie athénienne comme préparation à la guerre du IVe au IIe siècle av. J.-C.
M. Hatzopoulos, « L'organisation de la guerre macédonienne : Philippe II et Alexandre »
O. Picard, « Payer la guerre en Grèce antique »
R. Halleux, « Le feu grégeois, ses vecteurs et ses engins de propulsion »
J.-Y. Tilliette, « Alexandre le Grand, modèle et précurseur des croisés ? »
J.-C. Cheynet, « La défense de l'Empire romain d'Orient lors de la quatrième croisade »
P. Contamine, « Quand la Morée était française : "Faits d'armes et de chevalerie" »
J.-P. Bois, « Polybe et le chevalier de Folard »
A. Goetz, « Ingres, historien militaire ? Quelques aspects du fonds inédit du musée Ingres de Montauban »
Y. Mourélos, « Le front d'Orient dans la Grande Guerre. Enjeux et stratégies »
P. Contamine et J Jouanna, « Bilan et conclusions »

## N° 27. – Colloque du 9-10 octobre 2015, « La Grèce dans les profondeurs de l'Asie » – Paris, 2016 – 40 €

M. Zink, « Allocution d'accueil »
V. Schiltz, « L'Asie profonde d'Hérodote. Scythes, Issédons, Iyrques, Argippéens »
C. de Lamberterie, « La Grèce et l'Orient : questions de lexique »
J. Jouanna, « Les médecins grecs et l'Asie »
P. Bernard, « Un Chinois, des nomades et la fin de la Bactriane grecque (145-128 av. J.-C.) »
S. Amigues, « Plantes et produits végétaux de l'Asie profonde dans le monde grec antique »
D. Marcotte, « Le Périple de Néarque. Les enjeux scientifiques et géopolitiques d'un rapport de mission »
P. Hoffmann, « La philosophie grecque sur les bords de l'Oxus : un réexamen du papyrus d'Aï Khanoum »
Échange entre Paul Bernard et Philippe Hoffmann
O. Picard, « La pénétration de la monnaie grecque en Orient »
François Baratte, « De la Méditerranée à la Chine : Dionysos, Héraklès et les autres dans les profondeurs de l'Asie, au miroir de la vaisselle d'argent »
A. Filigenzi, « Dionysos et son double dans l'art du Gandhāra : dieux méconnus d'Asie »
H.-P. Francfort, « Figures emblématiques de l'art grec sur les palettes du Gandhāra »

P.-S. FILLIOZAT, « La nature des planètes selon le *Yavanajātaka* "L'Horoscopie grecque" de Sphujidhvaja et le *Bṛhajjātaka* "La Grande Horoscopie" de Varāha Mihira »

J.-N. ROBERT, « La constitution d'une tradition grecque au Japon du XVII<sup>e</sup> au XIX<sup>e</sup> siècle »

J.-Y. TILLIETTE, « Exotisme ou merveilleux ? La réception médiévale de la *Lettre d'Alexandre à Aristote* »

J. JOUANNA et V. SCHILTZ, « Bilan et conclusions »

## N° 28. – Colloque du 7-8 octobre 2016, « Au-delà du savoir : les Reinach et le monde des arts » – Paris, 2017 – 30 €

M. ZINK, « Allocution d'accueil »

J. JOUANNA, « Les Reinach et les revues savantes »

C. CORBIER, « Des *Hymnes delphiques* à *Salamine*. Théodore Reinach, Maurice Emmanuel et la musique grecque antique »

A. ROUVERET, « Adolphe Reinach (1887-1914) : peinture antique et modernité »

F. TUENA, « *Le variazioni Reinach* (Milan, 2005) : nouveaux documents »

A. PASQUIER, « Au temps de Léon Reinach, figures de musiciens du conservatoire et des orchestres parisiens, avec des dessins exécutés par l'un d'entre eux »

P. CATHÉ, « La Grèce dans les premières affirmations esthétiques de Charles Koechlin : les *Chroniques musicales* de la *Gazette des Beaux-Arts* (1909-1919) »

A. COMPAGNON, « Proust, les frères Reinach et Emmanuel Pontremoli »

H. DUCHÊNE, « Salomon Reinach et la peinture italienne, ses rapports avec Bernard Berenson »

V. SCHILTZ, « Les Reinach entre raison et déraison »

P. PINON, « La Villa Kérylos : le projet d'Emmanuel Pontremoli pour Théodore Reinach »

M. JARRETY, « Salomon Reinach et Renée Vivien »

J.-L. FONTANA, « Hommes et lieux de la vie musicale azuréenne à l'époque de Théodore Reinach »

H. LAVAGNE, « En guise de conclusion »

## N° 29. – Colloque du 13-14 octobre 2017, « Vie et Climat d'Hésiode à Montesquieu » – Paris, 2018 – 50 €

M. ZINK, « Allocution d'accueil »

J. JOUANNA, « Subir et penser le climat : essai de comparaison entre Hésiode et Hippocrate »

P. HOFFMANN, « Climat et environnement chez les philosophes grecs de l'époque classique »

D. MARCOTTE, « Entre Athènes et Alexandrie, la genèse de la notion de climat »

S. AMIGUES, « L'impact du climat sur l'environnement botanique chez Théophraste »

V. BOUDON-MILLOT, « D'Hippocrate à Avicenne : aux origines de l'écologie de la santé »

Pierre GROS, « Les composantes environnementales de la qualité d'un projet dans le *De architectura* de Vitruve »

M.-D. NENNA, « Les changements de niveau de la Méditerranée et l'archéologie »

H.-P. FRANCFORT, « Les archéologues, le climat et l'environnement »

P. DARCQUE, « Les sociétés égéennes du Néolithique et de l'âge du Bronze face aux changements climatiques »

A. ROUVERET, « La crue du Nil vue à distance : la mosaïque de Préneste »

É. FOUACHE, « Fluctuations climatiques et sociétés dans le sud-ouest des Balkans depuis le Néolithique : pour une approche régionale de l'étude des interactions »

C. J. ROBIN, « La faune de l'Arabie heureuse : les textes et les images rupestres de Ḥimà »

P. TOUBERT, « Fluctuations climatiques et désastres démographiques au Moyen Âge »

J. CÉARD, « Climat, environnement et politique selon le politologue Jean Bodin »

C. VOLPILHAC-AUGER, « Montesquieu : le changement du paradigme climatique »

## N° 30. – Colloque du 12-13 octobre 2018, « Des tombeaux et des dieux » – Paris, 2019 – 50 €

M. ZINK, « Allocution d'accueil »

O. PICARD, « La Cité et le tombeau : du citoyen au héros »

L. PERNOT, « L'oraison funèbre en Grèce ancienne : des tombeaux pour des héros »

D. KNOEPFLER, « Tombeaux de héros dans les sanctuaires des divinités olympiennes : de Hyakinthos le Laconien à l'Eubéen Narkittos »

J. JOUANNA et Christine MAUDUIT, « Les tombeaux, les morts et les dieux dans le théâtre d'Eschyle : essai de comparaison entre les *Perses* et les *Choéphores* »

W. Van ANDRINGA, « Rituels pour les morts et culte des dieux à Pompéi »

G. SAURON, « Les tombeaux-tours, expressions de la diversité des messages à travers l'espace romain »

J. SCHEID, « Homologies et incompatibilités du culte funéraire et du culte des dieux à Rome »

X. DELESTRE, « Nouveau regard sur le décor du mausolée de Saint-Rémy-de-Provence »

J. GUYON, « Tombes de chrétiens ou tombes chrétiennes ? Les chrétiens et leurs morts pendant l'Antiquité tardive »

N. Bériou, « Le Saint-Sépulcre en Occident au Moyen Âge »
A. Dierkens, « Tombes, cimetières et églises dans l'Occident altomédiéval »
P.-Y. Le Pogam, « Les gisants des XIIIe-XIVe siècles. Un portrait des morts à l'image des vivants »
J. Santrot, « À Nantes, le tombeau des parents d'Anne de Bretagne, le duc François II et Marguerite de Foix »
C. Debaine-Francfort, « Sépultures d'Asie centrale : des corps, des représentations, des esprits »
D. Michelet, « La mort en Mésoamérique précolombienne : des dieux et des hommes »

**N° 31. – Colloque du 11-12 octobre 2019, « Les petites phrases. puissance de la brièveté dans les littératures d'Orient et d'Occident » – Paris, 2020 – 50 €**

M. Zink, « Allocution d'accueil »
L. Pernot, « Les défis de la brièveté en Grèce ancienne »
P. Hoffmann, « Maximes, proverbes et formes brèves dans la philosophie grecque »
É. Prioux, « Rêves et apparitions dans les épigrammes de Posidippe de Pella : comment unir ἐνάργεια et concision ? »
É. Wolff, « Symphosius : énigme, brièveté et sel »
M. Zink, « Brièveté de la danse et de l'amour. Refrains et formes fixes du lyrisme médiéval »
P. Laurens, « Battista et Léonard. Ouvriers de la forme brève »
F. Vuilleumier-Laurens, « *Qvo breviora, Eo venvstiora.* Le travail du « mot » dans la devise humaniste »
A. de Libera, « Χριστός : Χιασμός. Angelus Silesius. Épigrammes théologiques et sources "latines" »
È. Feuillebois, « Les fragments poétiques sapientiaux persans au XIVe siècle. L'exemple d'Ibn Yamīn (m. 1368) »
R. Graziani, « De la pérennité des petites phrases »
F. Robin, « *Les Aphorismes de Sakya* (XIIIe s.) : formes tibétaines, brèves et sages, leur histoire et leur usage au Tibet »
J.-N. Robert, « Du bref au plus bref : assauts sino-japonais de brièveté »
M. Jarrety, « Brièvetés de la poésie moderne »
H. Duchêne, « Pièces poétiques et sentences mêlées. Formes brèves de la mondanité chez Salomon Reinach »

**N° 32. – Colloque du 8-9 octobre 2021, « Méditerranée, mer de l'exil » – Paris, 2022 – 30 €**

M. Zink, « Allocution d'accueil »
N. Grimal, « Une charogne abandonnée au coin d'un désert, qui pense à l'ensevelir ? »
T. Römer, « La Bible hébraïque, une littérature d'exil »

J. JOUANNA, « Exil. Une fugue au conservatoire de la langue grecque »

O. PICARD, « Kallistratos d'Aphidna ou les aventures de l'exil : d'une condamnation infamante à la découverte du monde extérieur à la cité »

X. DARCOS, « Ovide et l'exil marin »

D. MANTOVANI, « Le droit romain de l'exil à l'époque républicaine »

É. CROUZET-PAVAN, « Nostalgies vénitiennes de la "terra" : quand l'éloignement devenait un exil (XIV^e^-XVI^e^ s.) »

Y.-M. BERCÉ, « Le refuge romain des prêtres français persécutés pendant la décennie révolutionnaire »

S. Exc. M. L. STEFANINI, « Eugénie, l'impériale exilée de la Villa Cyrnos »

C. DEFRANCE, « Les réfugiés juifs sur la Côte d'Azur pendant la Seconde Guerre mondiale à travers le témoignage de Françoise Frenkel »

J.-P. MAHÉ, « Suppliques au vent et aux oiseaux : chants d'exil arméniens »

F. DÉROCHE, « Exil saadiens »

## N° 33. – Colloque du 14-15 octobre 2022, « La redécouverte du Levant » – Paris, 2023 – 40 € H. T.

N. GRIMAL, « Allocution d'accueil »

T. RÖMER, « Levant ou Terre Sainte ? La relation compliquée entre archéologie et Bible »

P. TALLET, « Entre mer Rouge et côtes du Levant : la navigation maritime des Égyptiens sous l'Ancien Empire »

V. MATOÏAN, « Le Levant nord : regards croisés sur l'iconographie, de la Mission de Phénicie à aujourd'hui »

J.-Y. EMPEREUR, « Alexandrie redécouverte. Rendez-vous manqués »

V. CHANKOWSKI, « Du Levant à Athènes par les îles égéennes : techniques, transferts et adaptations »

F. BRIQUEL CHATONNET, « La redécouverte du monde syriaque par l'Europe »

J. PAVIOT, « La redécouverte de l'Orient des croisades au XIX^e^ siècle. Les sources occidentales, les lieux : érudits et voyageurs »

J.-M. MOUTON, « La redécouverte de l'Orient des croisades : l'apport des chroniques arabes »

L. MINERVINI, « La redécouverte du Levant francophone »

É. CROUZET-PAVAN, « La lampe et l'encrier. Les Italiens et une redécouverte médiévale du Levant »

N. VATIN, « Les Ottomans découvrent l'Occident »

S. Exc. M. L. STEFANINI, « L'*Itinéraire de Paris à Jérusalem* ou la redécouverte du Levant par Chateaubriand »

**N° 34. – Colloque du 13-14 octobre 2023, « Délos au cœur de la Méditerranée » – Paris, 2024 – 40 € H. T.**

N. Grimal, « Allocution d'accueil »
V. Chankowski, « Introduction »
A. Pasquier, « Image et représentations de l'Apollon délien »
J. Jouanna, « Délos dans la littérature d'Homère à Thucydide »
A. Goetz, « Ce que Kérylos doit à Délos »
V. Chankowski, « Délos, observatoire des mutations économiques méditerranéennes aux époques classique et hellénistique »
J.-Y. Empereur, « Vivre à Délos. Indices du cosmopolitisme à travers la reprise de l'étude de l'îlot des Comédiens »
J. Scheid, « Communautés italiennes et religion à Délos. Quelques réflexions »
D. Mulliez, « En parcourant les comptes des hiéropes : à propos de "réalités sociales" à Délos »
A.-M. Guimier-Sorbets, « Mosaïques et mosaïstes à Délos : origines, techniques et styles »
J.-C. Moretti, « Étudier l'architecture délienne en Méditerranée »
M. Brunet, « Les estampages déliens de Théophile Homolle et le fonds de la bibliothèque de l'Institut »
D. Athanasoulis, « Délos et l'archipel des Cyclades au haut Moyen Âge : métamorphoses et mutations »
N. Vatin, « Annexe : Délos vue par le marin et cartographe ottoman Pîrî Re'îs »

Achevé d'imprimer sur les presses de l'imprimerie
PEETERS (Belgique)
en octobre 2025